Tito Macco Plauto

Aulularia
Miles gloriosus
Mostellaria

Introduzione e note di Margherita Rubino
con un saggio di Vico Faggi
Traduzione di Vico Faggi

Garzanti

I edizione: marzo 1996
VI edizione: ottobre 2003

Traduzione dal latino di
Vico Faggi

Titoli originali delle opere:
Aulularia
Miles gloriosus
Mostellaria

© Garzanti Editore s.p.a., 1996
© 1999, Garzanti Libri s.p.a., Milano
Printed in Italy

Plautus, Titus Maccius
Aulularia. Miles gloriosus. Mostellaria. [Di] Tito Macco Plauto.
Introduzione e note di Margherita Rubino con un saggio di
Vico Faggi. Traduzione di Vico Faggi (I grandi libri Garzanti)

ISBN 88-11-36600-3

I. Rubino, Margherita II. Faggi, Vico III. Plauto, Tito Macco
IV. Tit. V. Tit.: Miles gloriosus VI. Tit.: Mostellaria

872

www.garzantilibri.it

Tito Macco Plauto

la vita

profilo storico-critico
dell'autore e dell'opera

guida bibliografica

«Plauto e le tecniche
del comico»

La vita e le opere
Più di altre, la fisionomia dell'autore di teatro sparisce dietro la sua opera. Con puntualità, i profili biografici dei comici latini antichi ripresentano due o tre elementi simili tra loro. Livio Andronico, Plauto e Nevio furono tutti attori, oltre che autori, del proprio teatro?
Della vita di Plauto poco si sa, e del poco si dubita: l'unico elemento certo è che fosse un attore girovago. Così dicono le fonti, e se ne potrebbe trarre conferma da certi personaggi del suo repertorio, privi di verosimiglianza e logica, ma studiati per suscitare il riso. Da interprete sulla scena ad autore per la scena: il passaggio non è insolito, e si possono ricordare, nella serie, nomi celebri e meno celebri, da Shakespeare a Molière, a Goldoni, e ancora a Eugene O'Neill, a Harold Pinter. Si direbbe che la vita stessa di Plauto, come la sua commedia, costituisca un archetipo.
A parte ragguagli fuggevoli (come Cicerone, *Brutus* XV 60, *de Senectute* XIV 50), due sono per noi i punti base di riferimento per la biografia plautina: Aulo Gellio (II sec. d.C.) nelle *Noctes Atticae* III 3, 1-4 e XVII 21, 47, e S. Girolamo (IV sec. d.C.) nel *Chronicon* ad Ol. 145, 1. Entrambi si trovarono alle prese con un materiale ricco di aneddoti e di scarsa attendibilità, furono obbligati a ricavare informazioni dalle commedie stesse dello scrittore (che sia nato a Sarsina si deduce, ad esempio, dalla *Mostellaria* v. 770); riuscirono, comunque, a fabbricargli un *curriculum*. In che arco di tempo si colloca Plauto?
Nacque, intorno al 250 a.C., a Sarsina (attualmente provincia di Forlì), da famiglia assai modesta, e gli fu posto il nome Tito. Polibio (II 24, 7) precisa che Umbri e Sarsinati fornirono quasi ventimila uomini all'apparato bellico allestito da Roma nel 226 per far fronte a un'offensiva dei temutissimi Galli. Plauto, che nelle sue commedie rivela una precisa conoscenza del lessico e degli usi militari, difficilmente avrà potuto sfuggire alla mobilitazione, qualunque sia stato il rango in cui venne arruolato. La professione dell'attore, infatti, a Roma separava dal corpo sociale, emarginava e infamava, comportando una *capitis deminutio* (all'estremo opposto, in certe civiltà antiche, l'attore è considerato un essere sacro).

Agli inizi Plauto lavorò in una compagnia di giro, *in operis artificum scaenicorum*. Il denaro così guadagnato e messo da parte lo investì, pare, nella mercatura, con risultati disastrosi. Ridotto in miseria, fu costretto, per campare, a girare in un mulino la macina (la parola usata da Gellio, *trusatiles*, è arcaica, e rivela il fondo antico della leggenda). Nel poco tempo strappato al suo lavoro scrisse tre commedie, e imboccò così la strada che lo avrebbe reso famoso. Di due conosciamo il titolo: *Saturio* (Il panciapiena) e *Addictus* (Lo schiavo per debiti). L'unico elemento biografico valido è la data di morte, il 184: ce la comunica Cicerone nel *Brutus* (xv 60).

La stessa designazione onomastica del nostro, Tito Macco Plauto,[1] con i suoi significati trasparenti (o quasi!), ci riporta in pieno ambiente teatrale. Il proprio cognome lo canzona Plauto stesso, nella *Casina* (La ragazza che profuma), v. 34: *Plautus cum latranti nomine*, cioè 'Plauto dal nome che abbaia', dal nome di cane. Ma Festo, nel *De verborum significatu* (p. 275 Lindsay), considera *Plautus* una caratterizzazione di mestiere, l'uomo dai piedi piatti, che era macchietta tipica del mimo: *a pedum planitie initio Plotus, postea Plautus est dictus*. *Plotus*, dunque, evocava nomi risibili per un teatrante di successo. Il passaggio a *Plautus* è quello del nome popolare che diviene cittadino, riflette forse in qualche modo la risalita sociale dell'ex attore di Sarsina divenuto celebre autore a Roma. Anche graficamente, il passaggio non è insolito: per rimanere in ambito teatrale, *plodite*, l'invito al battimani rivolto a fine commedia agli spettatori nei tempi più antichi (Quint. Inst. Orat. VI, I, 52) venne rimpiazzato presto da *plaudite*. Privo di ogni connessione con la scena e dunque autentico il *praenomen*, Tito: al gusto però di trovarsi di fronte al nome vero del commediografo fa riscontro l'impotenza a trarne qualche elemento diverso.

Quanto a Macco, si tratta di una maschera della farsa popolare, l'Atellana. Accanto a *Pappus*, il vecchio, a *Manducus*, il mangione, a *Bucco*, il chiacchierone, a *Dossennus*, il gobbo malizioso, esisteva *Maccus*, lo sciocco bastonato.[2]

---

[1] La forma Marco Accio Plauto, presente nel gruppo di codici della famiglia Palatina di Heidelberg e giunta attraverso il medioevo sino alle edizioni a stampa del '500, proviene, com'è stato dimostrato, da un errore di lettura di Paolo Diacono, storico e grammatico dell'VIII sec. d.C., epitomatore del *De verborum significatu* di Festo. La forma esatta *Titi Macci Plauti* è stata recuperata grazie al palinsesto ambrosiano del VI sec. d.C. scoperto da Angelo Mai nel 1815. Essendovi un genitivo, *Macci*, si è discusso a lungo se si trattasse di un gentilizio osco in -*ius*, del genitivo di *Maccius*: ma l'ipotesi è ormai da tempo scartata a favore, appunto, di un genitivo di *Maccus*.

[2] Una battuta della *Rudens* è spia della vita di attore di Plauto: «Ma non sarebbe il caso di farmi scritturare da un capocomico, per recitare la parte di *Manducus?*», chiede Carmide, battendo i denti per il freddo, come faceva la maschera atellana per la fame (*Rudens* v. 535).

In Aristofane, *Eq.* vv. 62, 396, μακκοᾶν vuol dire comportarsi da stupido, e così nel *Lessifane* di Luciano, cap. 19.; in greco moderno μάκος equivale a 'livido per le botte', nel sardo vi è un superstite *maccu*, 'imbecille'. *Maccus* nome di teatro diviene dunque nome proprio. Si tratta di passaggio analogo a quello per cui il principe De Curtis per noi è stato sempre e soltanto Totò; per un esempio inverso, Battista, nel teatro francese dell'800, fu costantemente il nome del maggiordomo, fino a designarlo. Se, quando e come prevalse la forma gentilizia *Maccius* non ci è dato di appurare. Nell'*Asinaria* (La commedia degli asini), una delle commedie più antiche, il poeta si autodefinisce *Maccus*.

Può anche darsi che il Macco delle botte si trasformasse, o assumesse la connotazione del ghiottone, del goloso della polenta di fave: lo scrittore stesso, nel *Poenulus* (Il cartaginesino), v. 282, si definisce *Plautus patruus pultiphagonides*. In questo caso, Macco sarebbe l'antenato dei vari Fritellino, Jean Potage, Hans Wurst... Nelle novelle di Boccaccio, Buffalmacco è colui che soffia sul macco per raffreddarlo, il beffatore del macco, che sarebbe poi Calandrino.

La ripresa del teatro plautino nel Rinascimento riporta il nome atellano sulle scene: nella *Cortigiana* di Pietro Aretino, il Maco senese è bellamente preso in giro; Macco è anche attore della *Maccaronis forza* di Bernardino Stefanio. Ricordi letterari o continuità di una memoria popolare? Comunque sia, la vita e il nome di Plauto sono una griglia di simboli.

Non sappiamo quali doti avesse Plauto come attore; come *Le opere* autore fu assai fecondo, conobbe un successo assoluto. Anche dopo la morte, le sue opere continuarono a venire allestite, a riscuotere trionfi. Nel II secolo circolavano sotto il suo nome oltre cento commedie. Nel I secolo Marco Terenzio Varrone, il grande studioso coevo di Cicerone, sottomise a un severo vaglio la copiosa produzione diffusa sotto l'etichetta "Plauto" e accettò come sicuramente autentiche solo ventun commedie: quelle, appunto, arrivate a noi con la sua approvazione, sostanzialmente integre tutte, tranne la *Vidularia* (Commedia del baule), di cui abbiamo scarse reliquie. Tra le commedie "pseudovarroniane" di paternità incerta sono andate perdute anche le già citate *Saturio* e *Addictus*. I codici della famiglia P riportano, in un ordine alfabetico non troppo rigido, venti commedie; non la *Vidularia*, della quale possediamo frammenti grazie al palinsesto ambrosiano e alla tradizione cosiddetta indiretta, alle citazioni, cioè, di grammatici e scoliasti.

Collocare le commedie di Plauto nel tempo è difficile: le allusioni a eventi militari, a fatti istituzionali (decreti, fe-

IX

ste, leggi), a personaggi illustri (Ierone II di Siracusa, Nevio, gli Scipioni) sono poche e poco sicure.

Soltanto per *Stichus* e *Pseudolus* (le commedie prendono nome da uno schiavo, figura secondaria nella prima, protagonista nella seconda) disponiamo di informazioni grazie alle didascalie; esse ci permettono di fissare la cronologia della rappresentazione (ma era la prima?) rispettivamente al 200 e al 191 a.C. I motivi dominanti, gli elementi che in un testo forniscono l'impronta più riconoscibile, che gerarchicamente hanno maggior peso e organizzano sotto di sé il materiale in una determinata architettura, hanno permesso a Francesco Della Corte di suggerire una divisione per gruppi. È chiaro che i vari elementi sono sempre compresenti, ma in percentuali diverse e disposti in modo vario.

Le commedie della beffa Si può parlare, per esempio, di commedie della beffa, là dove c'è il gusto per il marchingegno, il tranello astutissimo, che finisce per mettere in berlina qualche sprovveduto presuntuoso. Rientrerebbero in questa categoria l'*Asinaria*, la *Casina* e il *Persa* (Il persiano). Un mercante (*Asinaria*) ha venduto degli asini, ma la somma che porta con sé gli viene estorta, con un raggiro, da uno schiavo: il denaro è necessario al suo padroncino per conquistarsi i favori di una cortigiana. La consegna del denaro si effettua non senza dileggi e scherni ai due innamorati. Complice dell'imbroglio è anche il padre del giovane, ansioso di condividere con lui i favori della bella: è chiaro che le sue imprese galanti non si concluderanno felicemente. Nella *Casina* una trovatella, che sedici anni prima un servo aveva visto esporre e aveva consegnato alla sua padrona perché la allevasse, viene contesa tra padre e figlio, che strumentalizzano allo scopo i rispettivi schiavi, invitandoli a sposarla (il resto è sottinteso). Naturalmente si scoprirà che la ragazza è cittadina di pieno diritto e andrà in moglie al giovane. La burla atroce consiste nel celebrare un finto matrimonio, nel riuscire a mandare a letto lo schiavo del vecchio, e poi il vecchio, con l'altro schiavo (quello del figlio) camuffato da donna. Un finto persiano (*Persa*) simula di essere venuto in Grecia per vendere una splendida schiava araba; è tutta una trappola, messa su da uno schiavo e da un parassita, per carpire denari a un ruffiano e liberare una bella ragazza di sua proprietà. Il lenone verrà gabbato, preso in giro e persino processato.

Le commedie dell'avventura Ci sono commedie dell'avventura che prevedono lontananze, viaggi, smarrimenti, inattese riapparizioni come linee portanti o come sottofondo: rientrano in questo schema *Mercator* (Il mercante), *Mostellaria* (La commedia degli spettri), *Stichus* (Stico) e *Trinummus* (Le tre monete). Nel *Mercator* il figlio scioperato e spendaccione di un mercante decide di cambiar pagina, s'imbarca, fa quat-

X

trini; in un porto acquista una splendida fanciulla e torna in patria con lei, dando a intendere di averla destinata alla madre come "dama di compagnia". Colpo di fulmine per il padre, che, battendo sul tempo tutti, piazza la fanciulla in casa di un amico, con una finta vendita, e scarso gaudio della moglie del medesimo. Disperato poiché l'amata è scomparsa, il figlio si mette in caccia, vuole scovarla, è pronto a riprendere il mare, a migrare in esilio per il mondo: all'ultimo momento riavrà l'oggetto della sua passione. Nella *Mostellaria*, lo scaltro Trappola (il nome parlante è traduzione di Ettore Paratore) deve far credere al vecchio padrone, inopinatamente sbarcato al Pireo dopo un lungo soggiorno in Egitto, che la sua casa, dove il figlio si era dato al bel tempo con un'amica, riempiendosi di debiti, è divenuta dimora di fantasmi. Vi si aggira lo spettro di un tizio, ucciso dall'ex proprietario, e ne fa di ogni colore. Poi Trappola sfodera tutti i suoi trucchi e controtrucchi per salvare la situazione, finché le acque turbate non si placano col perdono concesso dal padre al figlio. Nello *Stichus* due mogli, fedeli ai mariti, partiti in cerca di fortuna, si ribellano contro il padre: seccato, perché hanno come sposi due vagabondi squattrinati, di cui non si hanno più notizie, egli vorrebbe riprendersele in casa, indurle a divorziare. La resistenza delle due virtuose mogli verrà premiata: i mariti a un certo punto ricompaiono, sani, salvi, e, il che non guasta, ricchi. Nel *Trinummus* i viaggi sono addirittura inventati: per tre soldi, un sicofante racconta fantasiose bugie a un vecchio padre, rientrato dopo una lunga assenza, e il cui figlio era stato tratto a rovina dalla vita dissipata. Attraverso complicatissime peripezie tutto si risolve sentimentalmente bene. Il tratto che, come sottotipo dell'avventura, accomuna altre commedie è l'agnizione, il riconoscimento finale di un personaggio-chiave: un groviglio di vicende viene risolto grazie alla scoperta di un'identità. È il caso della *Cistellaria* (La commedia della cesta), del *Curculio* (Il parassita del grano o Gorgoglione), dell'*Epidicus* (Epidico) e del *Poenulus*. Sono intrighi che confondono e divertono per la stessa inverosimiglianza che li contraddistingue. Esaminiamo due trame: nel *Curculio* si innamorano di una ragazza, soggetta a un lenone, un soldato, dalla solida scarsella, e un giovane, privo del denaro per riscattarla. Egli spedisce perciò in Caria a cercar prestiti un parassita, Gorgoglione (che entra in scena solo al secondo atto, ma con un ingresso favoloso), sua unica speranza. Grazie al caso opportunamente sfruttato, il parassita riesce a impadronirsi della somma destinata dal soldato all'acquisto della ragazza, la quale, al momento della minacciosa resa dei conti, risulterà, è ovvio, la sorella del soldato. *Epidicus*, un servo espertissimo nello spillar denari, vuole accontentare il padroncino, partito come soldato col cuore gonfio d'amore per una citarista: convince quindi il vecchio padre a comprarla, gabbandola per una figlia perduta. Intanto il giovane ritorna, ma in compagnia di una nuova fiamma, e deve reperire i fondi per riscattarla; quando lo ha fatto, scopre che la nuova, sospirata preda è, per l'appunto, sua sorella, la figlia perduta del vecchio. Epidico, i cui inganni si sono poi risolti in benefici generali, ottiene la libertà.

Tre commedie, *Amphitruo* (Anfitrione), *Bacchides* (Le due Bacchidi), *Menaechmi* (I due Menecmi), sono giocate sugli equivoci che possono nascere dalla compresenza di due figure simili, intercambiabili, e reali (il doppio di epoca moderna è spesso una proiezione dell'altro). Qui si attua la più completa espressione teatrale (secondo Della Corte) dell'elemento avventuroso. Il soggetto "commedia dei gemelli" offre molte possibilità all'inventiva di un autore (e si presta magnificamente perché un attore vi sfoderi tutte le sue doti istrioniche, quando i gemelli non si incontrano, e agiscono in tempi diversi): ma Plauto ha dimostrato, in questo campo, di essere un maestro. Nella tragicommedia *Amphitruo*, Giove e Mercurio complicano, il secondo con malizia e cattiveria, e contro le vane proteste del malcapitato che si trova di fronte, l'esistenza delle persone a cui si sono sostituiti d'autorità, cioè Anfitrione e Sosia (passato poi, per antonomasia, a indicare la copia esatta di un individuo). Le *Bacchides*, in cui le omonime sorelle compaiono solo all'inizio e alla fine, sono una piacevole scatola a sorpresa, un gioco effervescente sino all'effettaccio conclusivo, quando, dopo aver accontentato i giovani, le ragazze decidono di accontentare i vecchi. Nei *Menaechmi*, come nell'*Amphitruo*, un gemello è sopraffattore, involontariamente o volontariamente, dell'altro. Menecmo II va a letto con l'amichetta di Menecmo I; per colpa sua Menecmo I viene preso per pazzo e rischia di essere portato a forza da un medico per una cura radicale.

Le commedie della caricatura Tre sono i pezzi incentrati su una figura comica dominante, classificabili dunque con la specificazione "commedie della caricatura": *Miles gloriosus* ("Il soldato fanfarone"), *Pseudolus* ("Il bugiardo"), *Truculentus* ("Il rustico"). Il *Miles gloriosus*, lo smargiasso (il «vantone», come ben lo definì Pier Paolo Pasolini in una versione del 1963, da lui affrontata facendo parlare i personaggi di Plauto come i ragazzi delle borgate romane) costituisce, in un certo senso, il capostipite, insuperato, di tutti i successivi "ammazzasette" e Capitan Fracassa. Lo *Pseudolus* mette di fronte due campioni di ribalderia: Ballione, un trafficante crudele di merce umana, su cui improperi e ingiurie si rovesciano e scorrono via lisci lisci senza lasciare traccia, e Pseudolo, servo del solito giovane innamorato, capace di mille inganni, particolarmente abile, nel mare di confusione in cui si trova, a scoprire il congegno per cavarsela, e per rovesciare qualunque situazione a proprio favore. *Truculentus* è l'appellativo gettato in faccia al servo che cerca di sottrarre il padroncino, campagnuolo, dalle grinfie di una cortigiana: stupendo risulta il ritratto della meretrice, rapace, scurrile, linguacciuta. L'interesse verte principalmente sul comportamento di costei, a scapito dell'intelaiatura, sicché il *Truculentus* risulta la peggio strutturata delle commedie di Plauto.

Ci sono infine commedie dove non è possibile individuare una tematica predominante, perché i procedimenti (beffa, avventura, caricatura) si incrociano. È il caso dell'*Aulularia* (La commedia della pentola), dei *Captivi* (I prigionieri), della *Rudens* (La fune). *L'Aulularia* è un notevole crogiuolo di farsa e grottesco, in una girandola di eventi. Il centro motore dell'azione è, lo dice il titolo, una pentola di monete d'oro trovata da Euclione, che ha nascosto il tesoro e intende difenderlo da ladri o cacciatori di dote. Ora sua figlia è ricca: egli fa dunque una guardia maniacale alla pentola, corre a controllare dove l'ha nascosta, la cambia di posto. Effettivamente gli verrà rubata, e poi restituita solo quando egli consente alle nozze della figlia col giovane che l'aveva posseduta un tempo a forza e che vuole riconoscere il bimbo nato dal suo incontro con lei. La figura ridicola e patetica dell'avaro acquisterà in Molière, nel suo rifacimento da Plauto, tratti più scavati, la drammaticità di una passione che rode.

Sovrapposizione di registri

I *Captivi* escono dalla cornice usuale, sono privi di ruoli femminili, hanno risvolti lacrimevoli; ben quattro atti su cinque iniziano col monologo di un parassita. Egione ha perso due figli, uno rapito da piccolo, di cui sono scomparse le tracce, uno catturato in guerra: per riavere quest'ultimo, traffica in schiavi. Naturalmente acquista, senza saperlo, il primo figlio e il di lui servo, e manda il servo, credendolo il padrone (i due *captivi* si sono scambiati i ruoli), a trattare la permuta di prigionieri che gli consentirebbe di riavere il figlio caduto in mano ai nemici. L'inganno è scoperto, ma la matassa si dipanerà verso il piacevole esito, che restituisce al padre la prole a lui strappata dalla mala sorte.

Il prologo, recitato dalla stella Arturo, e un coro di pescatori (l'unico, nella commedia latina) in apertura del secondo atto sono gli elementi più insoliti della *Rudens* ('la fune', con cui viene tratto a riva dal mare un baule che permetterà la necessaria agnizione). Nella commedia vi sono naufraghe gettate a riva dalle onde, un lenone che tenta di portarle via a forza dal tempio nel quale si sono rifugiate, poiché le ritiene di sua proprietà (ma una di loro è nata libera); fuori dall'ordinario risulta anche la scenografia (costituita da un tempio col suo altare invece che dalle ca-

XIII

L'officina del poeta

se dei protagonisti). Inutile dire che la vicenda finisce bene, con il riconoscimento e le nozze auspicate.
È abbastanza raro che un testo regga alla lettura e che, contemporaneamente, si presti ad un'autonomia scenica, a un lavoro di interpretazione e di regia. I valori letterari (discorsi, metafore, retorica) sulla scena non sempre vengono colti come sulla pagina: sulla scena la parola è legata ai ritmi, al modo di porgere, alla fisicità del gesto. Per i classici del teatro antico, in cui interviene il fattore distanza, c'è spesso il rischio della noia, in uno spettacolo, mentre resta sempre vivo, appassionante, operante il messaggio scritto. Plauto rappresenta una delle poche eccezioni: è riuscito a ottenere il consenso duraturo come scrittore e a garantirsi un costante successo alla ribalta. È vero che Orazio protesta (*Epist.* II 1, 175) che egli badava a riempire di quattrini la cassetta: ma è noto come gli intellettuali e l'alta cultura nutrano in genere una certa diffidenza nei confronti del teatro, proprio perché esso ha altre esigenze, deve badare a risultati concreti. Non per nulla Alexander Pope nelle sue imitazioni di Orazio, parafrasi di *Satire* ed *Epistole*, scrive: «Shakespeare, che voi tutti, come ogni programma teatrale, definite il divino... spiccò il suo volo celeste per denaro». (L'*imitation* della I *epistola* del II libro è del 1737 e l'accenno a Shakespeare ricorre implicitamente ai vv. 69-72 ed esplicitamente ai vv. 119-126).

Qual è il congegno delle commedie plautine? La trama dei pezzi di Plauto risale, per lo più, alla formula menandrea, che resisterà sin quasi a Goldoni: un giovane vuole sposare una ragazza, qualcuno si oppone, qualcuno lo aiuta. L'interesse della vicenda è garantito dagli ostacoli che vengono frapposti e in qualche modo superati, dagli equivoci che vengono a un certo punto chiariti. Molti i colpi di scena, per cui una cosa che non doveva succedere succede; quando un progetto viene sventato, se ne fabbrica subito un altro. Ma la trama non è costituita da una serie di fatti giustapposti, casuali, c'è un certo concatenamento, la struttura ha una sua logica interiore: dati questi elementi e situazioni arbitrarie sin che si vuole, ne conseguono necessariamente altri elementi e altre situazioni.

L'ambiente è una presenza vaga, si avverte molto poco che l'azione si svolga a Cartagine o ad Atene o a Epidamno: è solo un nome, ma comunque sempre di città, mai di campagna.

Di solito, anche se non sempre (esistono prologhi ritardati, o, addirittura, mancanti), un prologo mette in movimento il meccanismo. Sono prologhi in genere spiritosi, che stabiliscono una sorta di complicità tra l'uditorio e l'autore: «Io non faccio come ho visto fare ad altri nelle commedie...» (*Mercator*, v. 3); «Ma voi non aspettatevi che ritorni, il figlio; no, nella commedia non ritorna. Plauto non lo vuole. Ha fatto crollare un ponte sulla sua strada, mentre era in viaggio» (*Casina*, vv. 64-66). È la dichiarazione aperta di convenzionalità teatrale: il teatro non è vero, è un gioco brillante, l'autore lo conduce a suo capriccio e ne rivendica il diritto assoluto. Il prologo plautino mira, per lo più, a istituire con la platea un rapporto amichevole, simpatico; per questo, in linea di massima, si tiene sul registro del confidenziale: «Cancellate dalla vostra mente tristi pensieri e debiti, scacciate la paura dei vostri creditori» (*Casina*, vv. 23-24); «guai se uno paga la claque... Gli si strappi il costume e la pellaccia» (*Amphitruo*, vv. 83-85). Un beniamino del pubblico attacca creandosi un ambiente favorevole, con un "a tu per tu" che oggi si direbbe da rivista: «È meglio distendere i lombi e rilassarsi. Va in scena una lunga commedia di Plauto» (*Pseudolus*, vv. 1-2).

Non sempre Plauto sceglie la strada dell'amabile chiacchierata con i suoi imprevisti, dell'affabulazione pronta a cogliere ogni pretesto per agganciare il pubblico. Talvolta si serve anche del dialogo, dà il segnale d'inizio con una scena spettacolare o ricca mimeticamente. Il *Curculio* comincia con una processione diretta al tempio di Esculapio, l'*Epidico* con un servo che entra di corsa per raggiungerne un altro col quale avrà un gesticolante colloquio. Nella *Mostellaria* i due servi aprono il discorso insultandosi e arrivando alle mani.[3]

Nell'introduzione alla *Clizia*, Machiavelli parla dei suoi personaggi, degli uomini che si ritrovano sempre uguali, il vecchio pieno d'amore, il servo ingannatore, la cortigiana piena di lusinghe. Ma egli conferisce loro una dimensione psicologica e sociologica assente negli esemplari a cui si rifaceva. In Plauto si trovano il servo ribaldo, il servo sciocco, il soldato spaccone, il semplicotto vanaglorioso, l'avaro incallito, il vecchio innamorato, la moglie rompiscatole: una galleria di figure da commedia dell'arte. Ma tutto viene intensificato nei tic, nella assurdità, nelle iperboli, diventa agitazione, se non addirittura frenesia: il vecchio perde le bave, il servo spara ogni sua cartuccia. Plauto non bada molto alle contraddizioni, ha una certa noncuranza per il coerente e il verosimile: nella *Casina* l'anziano spasimante ha voglie omosessuali; nel *Trinummus*, Stasimo, un buono, tutto casa e padrone, nel finale del secondo atto si rivela una consumata canaglia.

Ma se c'è il gusto per le scenette e i numeri, questo non comporta che Plauto esaurisca nel riso, e solo in esso, il significato dei suoi personaggi: Pseudolo, il grande truffatore, ha, e si dà, il vanto dell'intelligenza. Ed è disegnato con

---

3 Sul tema "chiave di immissione dello spettacolo" si confrontino le lucide riflessioni di Dario Fo, *Dialogo provocatorio sul comico, il tragico, la follia e la ragione*, Bari 1990, pp. 32-43.

molta cura, rivela risvolti e sfumature non imprigionabili in un tipo fisso. Scherza con il giovane ricorrendo a una bonaria, paternalistica ironia, sfida il vecchio Simone con toni beffardi, aggredisce con sarcasmi il ruffiano, simpatizza con Scimmia, il furfante suo pari, e al tempo stesso lo teme.

Spicca nella galleria dei ritratti plautini anche qualche felice grottesco, come la vecchia Lena ('Leonessa') nel *Curculio*. La donna, fervente cultrice del dio Bacco, innalza al vino un lirico, commosso elogio: lo chiama «anima mia», ne paragona il profumo a quello della mirra, cannella, rosa, olio di zafferano, erba di lavanda, essenza di fieno greco, dichiara di volere la propria tomba là dove sia stato versato vino per terra. Se qualcuno si preoccupa della sua sete, lei si preoccupa volentieri dei problemi di questo qualcuno. L'autore qui, con gusto bizzarro, mescola l'atteggiamento di devozione quasi religiosa con un vocabolario, per così dire, da droghiere.

È noto che nella *Commedia degli errori* Shakespeare riadatta due commedie plautine, i *Menaechmi*, come testo base, e l'*Amphitruo*. Nella tragedia *Tito Andronico*, che è all'incirca dello stesso periodo, si rifà alle *Metamorfosi* di Ovidio, da lui conosciute direttamente e in traduzione, e al *Thyestes* di Seneca. Il teatro è un genere molto viscoso, in cui la rielaborazione del già detto, il teatro sul teatro, è molto forte. E non dimentichiamo che sul teatrante pesano la responsabilità della compagnia, la fretta, la necessità di andar presto in scena. È normale, logico, che si copi, o addirittura ci si copi: del resto, il pubblico, accanto alle novità, vuole ritrovare ciò con cui ha familiarità, e, nel campo comico, ridere di cose di cui ha già riso. L'innovazione, se mai, può esser affidata all'attore, al regista, che manipolando, deformando, stiracchiando, mutano volto a un episodio attraverso la recitazione, l'organizzazione in scena. Plauto, da bravo uomo di mestiere, non fa eccezione alla regola. Egli stesso dichiara tranquillamente di rifarsi a dei predecessori illustri: *Maccus vortit barbare* (*Asinaria*, v. 11; cfr. *Trinummus*, v. 19), «Macco ha ritrascritto in latino». Effettivamente, egli parte da una commedia, o mescola delle commedie: quest'ultimo è il processo a cui venne dato il nome di *contaminatio*. Per molto tempo, con fiuto e tenacia, lavorando di logica e di fantasia, sulla scorta del principio romantico dell'originalità, la critica filologica è andata in caccia dei prototipi della Commedia nuova greca (la νέα), da cui Plauto attinse.

Le recenti scoperte di alcuni modelli dichiarati (o presupposti) di Plauto, in particolare i frammenti del menandreo Δὶς ἐξαπατῶν ('Colui che inganna due volte') identificato nel secolo scorso come fonte delle *Bacchides*, hanno dimostrato con quale libertà e disinvoltura egli utilizzasse il materiale che gli interessava, come lo caricasse di altri significati. La commedia moralista 'borghese' del IV sec. a.C. diventa nelle sue mani uno straordinario e spregiudicato mezzo di divertimento. Compaiono, rispetto alla νέα, elementi nuovi, ad esempio quello, del tutto assente nel vecchio schema, del denaro, della sua importanza, della truffa legata al denaro.

Quello che è certo è che Plauto non denuncia le malattie della società in cui vive, è uno scrittore abbastanza disimpegnato, né ha vene di preoccupata tristezza. Si è voluto vedere nel suo mondo alla rovescia, in cui lo schiavo ha la meglio sul padrone, il figlio sul padre, la risposta a fantasie ossessive, la spinta liberatoria rispetto alla realtà, così come si è pensato che il gioco degli uguali (nelle commedie dei gemelli) rispecchi l'angoscia dell'identità.[4] Ma i teatranti non hanno raccolto l'invito degli studiosi: la scena ha conosciuto in questo ultimo trentennio un Goldoni incupito di riflessi e preoccupazioni politiche, i risvolti in nero di un Aristofane e di un Molière. Plauto è stato sinora rappresentato solo sotto l'angolazione della franca, aperta risata.

Un'altra indimenticabile qualità del teatro plautino è il senso del ritmo, la capacità di protrarre la situazione non oltre certi limiti, di immettere svolte nella vicenda al momento più opportuno, di generare ilarità anche attraverso cadenze da balletto. La battuta arriva puntuale, il dialogo scorre veloce, non conosce tempi vuoti. Il primo attore e la sua "spalla" si coordinano sempre con perentoria esattezza, scambiandosi la parte trainante. Ma anche l'azione, in Plauto, funziona con precisione di meccanismi: basti pensare al gioco delle entrate e delle uscite nei *Menaechmi*. *I ritmi*

Ignoriamo di fatto quale fosse l'apporto della musica nelle commedie di Plauto: esse, però, erano un misto di dialoghi (*deverbia*), musica, canzoni (*cantica*); con la debita cautela si potrebbero, forse, paragonare alla moderna rivista (più, forse, che all'opera buffa, che ha poco testo parlato). In mancanza di una documentazione certa sull'accompagnamento musicale, sull'esecuzione, sulla mimica illustrata, sarebbe azzardato formulare ipotesi più precise: andrà comunque segnalata l'estrema varietà dei metri impiegati da Plauto nei *cantica* (anapesti, ionici, coriambi, gliconei, cretici, bacchei). Non per nulla nell'epitaffio funebre di Plauto si dice che per la sua morte erano in lacrime *omnes numeri innumeri*, 'tutti gli infiniti ritmi'.

---

4 Cfr. soprattutto Ch. Mauron, *Psychocritique du genre comique*, Paris 1964 (rist. 1970), in particolare pp. 96-107. Prima ancora di concepire *Love story*, Erich Segal, nella sua veste di studioso di classici antichi, suggeriva appunto l'ipotesi delle «vacanze romane»: in Plauto si scaricherebbero così le aspirazioni dei figli (indipendenti), dei servi (affrancati), delle cortigiane (sposate); è la tesi di fondo di *Roman Laughter*, Cambridge (Mass.) 1968, 1970[2].

Ma le parti liriche, le arie, i mottetti non interrompono l'azione: la storia continua.

Plauto è autore di straordinaria inventiva e felicità in qualunque settore del comico, sia verbale, che di situazioni o di personaggi. La sua capacità inimitabile è quella di dare vitalità comica alle parole, mediante la scelta e l'uso: mi limiterò ad alcuni esempi clamorosi, più immediati o più noti, in una congerie incredibile, amplissima. Plauto conosce l'inserimento, in una serie coerente, del vocabolo opportunamente distorto e fuori luogo.[5] Frequente è lo spostamento della valenza di un termine.[6] Si incontrano, più di una volta, piacevoli strafalcioni linguistici: nel *Curculio* il parassita, enumerando le imprese del suo capo (v. 444), usa come sfondo *Rhodiam atque Lyciam, Perediam et Perbibesiam*, cioè Rodi, Licia, Papponia e Beonia, e poi ancora (v. 445) *Classiam Unomammiam*, 'flotta monomammellare' (violentando grammaticalmente la parola *classis*, 'flotta'). Non mancano desinenze fantasiose: nei *Captivi* (vv. 86-87) il possibile *Molossici* ('voraci come cani molossi') si trascina dietro il non testimoniati *odiosici* e *incommodestici* (cfr. l'analoga sfilza di termini in Aristofane, *Eq.*, 1378-1380). Viene anche utilizzata l'aggregazione di termini che, staccati o uniti, assumono un'accezione diversa. Così, nel *Miles*, Pleusicle spiega perché vede meno bene da un occhio (v. 1309): avrebbe dovuto tenersi lontano «dal mare»... o «dall'amare»? Chi legge deve scegliere fra la lezione dei codici *amorem* e quella congetturale *amare* (= *a mare*), ma lo spettatore percepisce di sicuro il bisticcio verbale. Ancora: Plauto accosta volentieri parole che appaiono appartenere a una stessa famiglia (e non è vero), accenna a parentele fra termini lontanamente assonanti (*Mulier profecto natast ex ipsa Mora*, «La Femmina l'ha generata la Flemma in persona», *Miles*, 1292), prende alla lettera significati usati in senso metaforico, suggerisce l'applicazione di un vocabolo a un campo che non è quello precedentemente postulato, impiega un dispregiativo popolare per la connotazione burocratica ufficiale (come chi dicesse 'sbirro' per 'agente'), ricorre alla voce rara quando ci si aspetta quella familiare, si fonda su falsi legami di radici, su balzane etimologie.

Una trentina di anni fa Danny Kaye rimise in voga il "mitragliamento", le enumerazioni bizzarramente affa-

Il comico della parola

---

5 Nella *Casina* (vv. 493-494), Olimpione manda a comperare «seppiucce, sogliolette, calamaretti, orzaiole» (sorta di molluschi, lat. *hordeias*); Calino lo interrompe consigliando ironicamente «meglio le frumentarole, se te ne intendi» (lat. *triticias*, da *triticum* 'grano', come se *hordeias* derivasse da *hordeum*, 'orzo').
6 Sempre nella *Casina*, al v. 557, Alcesimo vuol riportare metaforicamente «la nave nel suo letto»; *pulvinarium* è 'l'ancoraggio, il luogo di approdo delle navi', ma *pulvinar* è prima di tutto 'il cuscino, il letto'.

stellate, da pronunciarsi in velocità: tipica, in questo senso, la gragnuola di insulti allitteranti del *Persa* (vv. 406 sgg.) con lo straordinario martellamento in -*ax* finale. *Oh, lutum lenonium, / commixtum caeno sterculinum publicum, / inpure, inhoneste, iniure, inlex... procax, rapax, trahax... edax, furax, fugax* si insultano Tossilo e Dordalo («o fango ruffianesco, cesso pubblico impiastricciato di schifezza, sozzo, disonesto, nemico di giustizia e leggi... procace, rapace, furace, vorace, mendace, fugace»). Compaiono in Plauto anche allitterazioni complicate (e divertite). Le due Bacchidi, fanciulle dai costumi non proprio illibati, sono definite *probiperlecebrae et persuastrices* (*Bacchidi*, v. 1167, ma come avrà fatto una persona infuriata a pronunziare questo scioglilingua?): ma nel latino arcaico e classico non è testimoniato neppure il maschile *persuasor*.

Vi sono poi i sillogismi forzati, paradossali, per vincere resistenze, per persuadere, le risposte pseudo-ingenue, ossia scantonanti... c'è in Plauto anche l'esuberanza coniativa, documentata da innumerevoli *hapax* di ogni genere.[7] Infine c'è la volgarità, il doppio senso, il riferimento scatologico, la comicità diretta crassa, basata sulla materialità delle cose, l'equivoco osceno, l'aggancio agli organi genitali, agli escrementi ecc.; ci sono i nomi parlanti (e irreali), che connotano i personaggi, ricalcati su estrosi modelli greci o escogitati *ex novo*. Paratore li ha tradotti tutti alla lettera, con risultati molto divertenti: basti pensare ai vecchi delle *Bacchides*, Bramavittoria e Ospitalone (*Nicobulus* e *Philoxenus*), o ai servi del *Poenulus*, Pasticcione e Spelacchiato (*Syncerastus* e *Milphio*) o all'usuraio Schifaquattrini (*Misargyrides*) della *Mostellaria*. Per non parlare della composizione di nomi propri sul tipo di *Thesaurochrysonicochrysides*, cioè Doratovincitordimucchiodoro (*Captivi*, v. 286).[8] Plauto condisce il suo latino con forestierismi greci – intercalari, esclamazioni, esortazioni – che qualche traduttore italiano rende ricorrendo al francese o all'inglese, vivacizza il parlato medio traslitterando argutamente termini ellenici. Così un'etera si rivolge al giovane riluttante che vorrebbe avere per alleato: *Malacissandus es* ("devi essere ammorbidito") (*Bacchides*, v. 73); *Malacissandus* è uno spiritoso calco del verbo greco μαλακίξω.

Plauto ama perpetrare misfatti contro la grammatica (cfr. anche p. XVII), creando superlativi inediti, come l'*ipsissumus* (luissimo) del *Trinummus* (v. 980). È vero che ci sono

---

[7] Da un elenco, parziale, di ben 2283 voci, Alfonso Traina ne ha desunto un secondo, di 806, relativo ai soli *hapax* marcati da iterazioni foniche (*Forma e suono*, Roma 1977, pp. 130-151).
[8] Per le infinite possibilità del comico verbale, cfr. le minuziose classificazioni di Lucia Olbrechts-Tyteca, *Il comico del discorso*, (trad. ital., Milano 1977.

dei precedenti per queste offese alle sane norme del dire: Aristofane nel *Pluto* scrive αὐτότατος (v. 83), il grande commediografo Epicarmo definisce un eroe «piuesso di esso» (fr. 81 Olivieri). Ma Plauto incrementa queste scelte, questo gusto in chiave deformante: per esempio, nel *Curculio* (vv. 15 e 506) parla di portone *oculissimum* ('più caro degli occhi') e di individui fra di loro *parissimi* ('pari al massimo grado').

Apparentandosi a certi procedimenti aristofaneschi, Plauto dà spazio a straordinarie elencazioni di oggetti, sentimenti, luoghi con una sorta di desiderio onnivoro di esaurire le possibilità del linguaggio, di ricoprire un'intera porzione di realtà, enumerando le cose anche sulla base di una loro affinità fonica. Si pensi a *Pseudolus*, vv. 64-68: *amores, mores... molles morsiunculae, papillarum horridularum oppressiunculae*, o a *Mercator*, vv. 25-26, 31: *error et terror... multiloquium, parumloquium*; Plauto crea, a volte, brillanti famiglie sonore. Nell'enunciazione simili sequenze possono venire opportunamente accelerate (cfr. p. XVIII) o al contrario rallentate, degustate, e suscitano effetti sorprendenti.

In Plauto mancano le punte estreme del comico osceno: la tematica e il lessico della tradizione popolare (Atellane, Fescennini) subiscono nei suoi testi un ridimensionamento. Naturalmente non mancano equivoci di gusto anche basso, ma non hanno alcuna oltranza scurrile: l'episodio del maschio che scopre amaramente nel suo letto non la donna desiderata, bensì un altro uomo (*Casina*, vv. 900-933) rimane a livello ridanciano. I traduttori italiani, anche bravi, sbagliano là dove optano per una terminologia sboccata, mentre Plauto ricorre a formule più neutre e se mai allusive. Il *fungus putridus* (*Bacchides*, v. 821) non è «un bischero marcio», così come *tui amoris causa* non è «per soddisfare la tua fregola» (*Casina*, v. 994). I personaggi di Plauto vengono volentieri mandati in malora, ma non a farsi fottere (*Casina* v. 978).

Il comico delle situazioni

Anche nel comico delle situazioni Plauto è assai fertile: la casistica sarebbe lunghissima, basterà indicare qualcuno dei motivi canonici. In *Casina* è spettacolare la scena del vecchio che va per fare all'amore e trova il nerboruto servo che lo picchia ed è pronto anche ad altro. Nello *Pseudolus* (vv. 600 sgg.) troviamo uno schema tipicamente plautino, ove Tizio crede di avere a che fare con Caio, e ha a che fare con Sempronio: Pseudolo si spaccia con Arpago per Siro, il servo del lenone, e ritira una preziosa lettera con il contrassegno che Arpago dovrebbe consegnare ad altro destinatario.

Nell'*Aulularia* (vv. 731 sgg.) si incontra un altro caso classico, quello dell'interlocutore che, preso dalle proprie preoccupazioni, fraintende, equivoca sulla persona (o cosa) a cui si fa riferimento: l'innamorato parla del suo misfatto rispetto alla figlia di Euclione, ed Euclione crede che il discorso riguardi la pentola rubata. Manca, in Plauto, il lazzo fisso della maschera, caratteristico di essa e solo di essa: Arlecchino, quando vuole mostrare come si apparecchia la tavola, si dimentica di quello che dovrebbe fare e strappa a pezzettini la lettera da consegnare; quando dispone di una mollica per contraffare un sigillo, se la mangia. Qui invece non ci sono situazioni inseribili pari pari in ogni trama, identiche in ogni contesto: la fame, nel parassita di Plauto, non ha canoni ripetitivi, non comporta la *gag* obbligata. E il servo plautino, al contrario dello Zanni che può arrivare all'iperbole un po' macabra di mangiare se stesso, non sogna di mangiare per soddisfare una necessità spasmodica, per placare il grido delle viscere: gode del banchetto, sì, ma come segno di vittoria, come simbolo della propria superiorità.

Un commediografo del III sec. a.C., Damosseno, mette in scena un cuoco che diventa direttore d'orchestra,[9] un cuoco carico di dottrina, discepolo di Democrito e di Epicuro: perciò sa bene come si combinano le materie, gli elementi per il pranzo. Dunque, una figura intellettualmente ripensata, per ottenere effetti giocati su sottili allusioni culturali. Il cuoco, in Plauto, è solo ed esclusivamente un cuoco; non è un personaggio, è un ruolo, presentato con molto realismo, una caricatura schizzata con estrema vivezza. I personaggi di Plauto, come già si è detto, non posseggono una particolare dimensione psicologica al di fuori del ruolo che esercitano. Il che non è un male: egli conduce un discorso spiritoso su avarizia, furbizia, lussuria, dimostrando come esse creino circostanze singolari, non scruta le passioni, i vizi dall'interno, ma li vede come molle di azioni capaci di far ridere. L'analisi avviene attraverso l'accanito tentare e ritentare le cose da parte degli interessati, attraverso la ricchezza inventiva delle scene. Non esistono figure a due facce (e comiche e semicomiche per questo), oppure antitetiche rispetto alla loro funzione, ma iperboli di un tipo: la serva furba e aggressiva è tale oltre il verosimile; se un servo è sfacciato, lo è al massimo grado; l'imbroglione è imbroglione in maniera spudorata. Plauto ignora tanto i personaggi introversi e sdoppiati che la struttura "a rovescio", ossia i personaggi che agiscono diversamente da ciò che comporta la loro collocazione nel mondo.

Il comico dei personaggi

In un grado maggiore o minore il soldato, il parassita, il ruffiano, protagonisti o comparse, attraversano semplicemente la scena, vengono più o meno illuminati da simbolici riflettori, e costituiscono l'occasione perché si verifichi qualcosa di buffo.

---

9 Cfr. I. Gallo, *Il teatro ellenistico*, Roma 1981, pp. 87 sgg.

E tuttavia, come si è già osservato prima (p. XVII), Plauto non è riducibile a un mero generatore di risate. Qualche volta nella battuta di un personaggio si cela una cattiveria capace di ferire sino in fondo gli avversari-interlocutori, o un gusto dell'intelligenza che riflette su se stessa e sa godere delle proprie trovate astute e maligne. Così Mercurio non solo si diverte alle spalle di Sosia e di Anfitrione, ma giunge a progettare di confonderli tanto da farli impazzire. Nelle *Bacchides* Crisalo, il sovrano degli inganni, arriva a mettere in guardia, con supremo sprezzo, la propria vittima contro se stesso.[10] L'intreccio di crudeltà e di humour apparenta Plauto direttamente ad Aristofane.

Divisione in atti e numero degli attori

«La commedia non sia più breve né più lunga di cinque atti», ammonisce Orazio nella sua *Ars poetica* (vv. 189-190). Ma la scansione in cinque atti non è testimoniata nella tradizione manoscritta di Plauto, né pare che i grammatici latini la conoscessero, mentre la applicano per Terenzio. La divisione, che resterà poi canonica, si deve far risalire all'edizione plautina curata dall'umanista Nicolò Angelio nel 1522: è dubbio che sia parto del suo ingegno.[11] A Roma sorsero le prime compagnie stabili (*grex, caterva*) di cui si abbia notizia. Erano costituite da un ristretto gruppo di attori professionisti (*histriones*), probabilmente cinque, sotto la guida di un direttore (*dominus*): l'ingaggio avveniva tramite un impresario (*conductor*). In base alle difficoltà dei ruoli, c'erano le *primae* e le *secundae partes*. Il seccatore di Orazio di buona memoria (*Satire* 45-46), gli si offre appunto come spalla: *haberes magnum adiutorem, posset qui ferre secundas*. Come nel teatro greco, a uno stesso attore erano affidate più parti, maschili e femminili: le donne erano ammesse sulla scena solo nelle compagnie di mimi (è noto che in epoca imperiale il pubblico reclamava a gran voce la *nudatio mimarum*). Il prologo toccava, di regola, al più giovane della compagnia.

Se, recitando, usassero le maschere, o no, è oggetto ancora oggi di discussione accesa (l'ultimo, brillante intervento risale a Cesare Questa, *Maschere e funzioni nelle commedie di Plauto*, in C. Questa-R. Raffaelli, *Maschere Prologhi Naufragi nella commedia plautina*, Bari 1984, pp. 9-65). È comunque chiaro che maschere, parrucche e costumi servivano a qualificare i ruoli di servo, parassita, lenone, vecchio, giovane ecc., non a dare raffigurazioni personali, ed erano comunque indispensabili nelle commedie basate

---

10 Cfr. I.A. Chiusano, *Altre lune. Saggi e interventi letterari*, Milano, pp. 326, 328-329.
11 C. Questa ha segnalato per primo («Rivista di Filologia Classica e Medioevale» 1962, pp. 209 sgg.) due manoscritti vaticani del XV secolo i quali testimoniano una scansione in atti anteriore ai tentativi umanistici di segmentare i testi di Plauto.

sugli equivoci originati da due personaggi di aspetto identico.

Verso la fine del XV secolo, a Ferrara, alla corte degli Estensi, si ebbe una serie di realizzazioni sceniche di Plauto: furono rappresentati in traduzione italiana *Menaechmi*, *Amphitruo*, *Trinummus*, *Poenulus*, *Mercator*, *Captivi* e *Asinaria*. Il festival ferrarese innestava, di colpo, il processo di recupero di un autore caduto nel dimenticatoio dopo i trionfi del II e I sec. a.C. Le uniche tracce sino allora di Plauto erano costituite, infatti, da una commedia del V (?) sec. d.C. di autore ignoto, il *Querolus* ('Il lagnone'), strutturato sulla base dell'*Aulularia*, e l'*Aulularia* di Vitale di Blois (XII sec.), che prendeva le mosse dal *Querolus*: il comico latino che impronta di sé il medioevo è Terenzio, non Plauto.

La fortuna

Le appassionate scoperte umanistiche (Plauto è presente con *Menaechmi*, *Asinaria* e *Poenulus* anche negli spettacoli in latino organizzati da Pomponio Leto all'Accademia romana) danno il via a una serie di riprese, di rielaborazioni (che includono anche Terenzio, si capisce). L'inizio è segnato a Ferrara nel 1508 dalla *Cassaria* di Lodovico Ariosto (in prosa; la seconda stesura, circa venti anni più tardi, sarà in versi). Due giovani, presi d'amore per due fanciulle proprietà di un ruffiano, introducono in casa del medesimo, pensando di metterlo nei guai colla giustizia, una cassa preziosa, garanzia per il riscatto di una delle ragazze. È interessante in questa commedia, come in genere nell'attività teatrale dell'Ariosto, la ricerca della coesione tra i classici antichi e un'acuta sensibilità per il reale in corso. Nel 1513 a Urbino andava in scena la *Calandria* del cardinale Bibbiena, la storia di due gemelli, un giovane e una ragazza, separati dal caso avverso e che si reincontreranno felicemente. La *Calandria* è condotta sulla falsariga dei *Menaechmi* e della *Casina*, con felice piglio e spregiudicatezza erotica: il gemello donna, infatti, è travestito da uomo e il gemello maschio da donna, e come donna suscita i gagliardi appetiti di uno spasimante maritato e imbecille.

Nel 1525 è la volta della *Clizia* di Niccolò Machiavelli, ispirata dalla *Casina* di Plauto. È la storia dell'amore senile del fiorentino Nicomaco (Niccolò Machiavelli?) per l'avvenente e giovane Clizia, allevata come trovatella in casa sua, e che suo figlio Cleandro, da lui caparbiamente ostacolato, vorrebbe sposare. Come si è già osservato, i personaggi di Machiavelli hanno ben altro spessore che le 'maschere' plautine: le allegre vicende di Plauto si incupiscono e si caricano di pessimismo. Il comico Machiavelli («historico, comico et tragico» si qualifica egli stesso in una lettera a Guicciardini, proprio del 1525) non conosce il riso franco e aperto, ma un riso protervo. «Fia questa

XXIII

Dota una nuova commedia / in buona parte cavata da Plauto»: così dichiarava Giovan Maria Cecchi, nel prologo della medesima (l'anno è il 1544, il modello è il *Trinummus*). Sempre di matrice plautina sono, tra le sue 21 commedie, ancora *Il martello* (*Asinaria*), *Gl'incantesimi* (*Cistellaria*), *La moglie* (*Menaechmi*), *La stiava* (*Mercator*). Anche se è un minore, anche se pieno di riboboli fiorentini, Cecchi va ricordato perché, col suo dire assai vicino al parlato, fu uno dei serbatoi linguistici del teatro posteriore. Linguisticamente varrà ancora la pena di ricordare come la ripresa del personaggio del *miles gloriosus* da parte dell'Aretino (*La Talanta*, 1542) si arricchisca di un delizioso impiego del lessico militare al servizio della passione d'amore.

Per ritornare ai debitori più illustri di Plauto, Molière va incluso nel novero di chi ha rifuso il debito con gli interessi: si è già accennato come il suo *Avaro* (1668, dall'*Aulularia*) incarni un'idea fissa, dissennata, in modo drammatico e grottesco. Ma prima di Molière si pensi a come genialmente ha combinato memoria di letture plautine e abilità di improvvisazione William Shakespeare. È noto che Ben Jonson, in uno dei suoi tanti malevoli attacchi all'odiato-stimato rivale, affermò che egli conosceva poco latino e ancor meno greco, ed è tuttora discusso se Shakespeare leggesse direttamente Plauto (cfr. T.W. Baldwin, *William Shakespeare's Small Latine and Lesse Greek*, Urbana 1944): ma che lo abbia utilizzato è fuori di ogni dubbio. Ci sono echi superficiali: i due servi de *La bisbetica domata*, Tranione e Grumione, portano il nome di due servi della *Mostellaria*; le parole di Amleto alla madre (atto III, scena 4) «prendilo in prestito il pudore, se non l'hai» risalgono all'insulto del marito ad Alcmena nell'*Amphitruo* (v. 821); lo sfondo marino, il naufragio, l'elemento favolistico della *Rudens* hanno offerto suggerimenti per l'architettura del dramma magico *La tempesta* (1612). Ma ci sono anche echi più profondi, e, naturalmente, filtrati. Nelle sapienti mani di Shakespeare, la figura del *miles gloriosus* si trasforma in quell'impudente, sensuale, ruffiano e codardo buffone che è Falstaff.

La rassegna potrebbe prolungarsi, perdersi nella caccia attenta di orme maggiori e minori, cominciando dai tipi della commedia dell'arte. Ma non sarà inutile segnalare almeno ancora la presenza di Plauto in due insolite riprese nell'ambito teatrale tedesco. Nel suo *Amphitryon* (1807) H. von Kleist imprime alla vicenda plautina una brusca svolta: nel gran gioco degli inganni Alcmena finisce per perdere certezza della propria identità. In Bertolt Brecht (*Un uomo è un uomo*, 1926) il soldato Galy Gay si vanta di avere ucciso migliaia di Sikhs, e il coro applaude. Nel finale, la minaccia di autocastrazione può sembrare escogitazione simbolica e modernissima. Ma uno dei grandi critici di Brecht, E. Bentley, la definisce «una iterazione letteraria della punizione minacciata a Pirgopolinice nel finale del *Miles gloriosus*».

MARGHERITA RUBINO

Guida bibliografica

Le più importanti edizioni complete delle commedie di Plauto sono tre: *Plauti Comoediae*, recensuit et emendavit Fridericus Leo, Berlin 1895-96, 2 voll.; *T. Macci Plauti Comoediae*, recognovit brevique adnotatione critica instruxit Wallace Martin Lindsay, Oxonii 1904-05, 2 voll.; *Plaute Comédies*, testo stabilito e tradotto da Alfred Ernout, Paris 1932-61, 7 voll.

Tra le molte traduzioni italiane di tutto il teatro meritano di essere menzionate almeno le tre seguenti: *Plauto. Le commedie*, a cura di Giuseppe Augello, Torino 1968-72, 3 voll.; *Plauto. Le commedie*, a cura di Carlo Carena, Torino 1975; *Plauto. Tutte le commedie*, a cura di Ettore Paratore, Roma 1976, 5 voll. Unico commento completo a tutt'oggi è *T. Macci Plauti Comoediae*. Recensuit et enarravit Ioannes Ludovicus Ussing, Hauniae 1875-92 = Hildesheim 1972, 5 voll.

Per la storia del teatro romano in genere si possono consultare utilmente: G.E. Duckworth, *The Nature of Roman Comedy*, Princeton 1952; E. Paratore, *Storia del teatro latino*, Milano 1957; W. Beare, *The Roman Stage*, London 1968[3]; J. Wright, *Dancing in Chains: The Stylistic Unity of the Comoedia Palliata*, Roma 1974; B. Gentili, *Lo spettacolo nel mondo antico*, Bari 1977; F.H. Sandbach, *Il teatro comico in Grecia e Roma*, ivi 1979; A.S. Gratwick, *Drama*, in *The Cambridge History of Classical Literature*, vol. II, pp. 77-137, Cambridge 1982; R.L. Hunter, *The New Comedy of Greece and Rome*, ivi 1985. Su Plauto e la sua opera in genere si vedano: F. Leo, *Plautinische Forschungen*, Berlin 1912[3] (rist. anast. Darmstadt 1966); F. Arnaldi, *Da Plauto a Terenzio*, vol. I *Plauto*, Napoli 1946; R. Perna, *L'originalità di Plauto*, Bari 1955; E. Paratore, *Plauto*, Firenze 1962; F. Della Corte, *Da Sarsina a Roma. Ricerche plautine*, ivi 1967[2] (rist. 1976); E.W. Segal, *Roman Laughter. The Comedy of Plautus*, Cambridge (Mass.) 1968; G. Chiarini, *Plauto*, in *Dizionario degli scrittori greci e latini*, vol. III, Milano 1987, pp. 1669-1695. In particolare sul problema del rapporto con i modelli greci: E. Fränkel, *Plautinisches im Plautus*, Berlin 1922, oggi in trad. ital. a cura di Franco Munari, *Elementi plautini in Plauto* (con aggiunte), Firenze 1960; G. Jachmann, *Plautinisches und Attisches*, ivi 1931; Netta Zagagi, *Tradition and Originality in Plautus*, Göttingen 1980; E. Lefèvre, E. Stärk, G. Vogt-Spire, *Plautus barbarus*, Tübingen 1991. Sulla cronologia: C.H. Buck, *A Chronology of the Plays of Plautus*, Baltimore 1940; A. De Lorenzi, *Cronologia ed evoluzione plautina*, Napoli 1952; K.H.E. Schutter, *Quibus annis comoediae Plautinae primum actae sint quaeritur*, Göttingen 1952.

Su prosodia e metrica: W.M. Lindsay, *Early Latin Verse*, Oxford 1922; C. Questa, *Introduzione alla metrica di Plauto*, Bologna 1967; L. Braun, *Die Cantica des Plautus*, Göttingen 1970; R. Raffaelli, *Ricerche sui versi lunghi di Plauto e di Terenzio*, Pisa 1982; C. Questa, *Il reiziano ritrovato*, Genova 1982; S. Boldrini, *Gli anapesti di Plauto (metro e ritmo)*, Urbino 1983; C. Questa, *«Numeri innumeri». Ricerche sui «Cantica» e la tradizione manoscritta di Plauto*, Roma 1984; J. Soubiran, *Essai sur la versification dramatique des Romains*, Paris 1988. Su lingua e stile: W.M. Lindsay, *The Syntax of Plautus*, Oxford 1907 (rist. New York 1936); J. Blänsdorf, *Archaische Gedankengänge in den Komödien des Plautus*, Wiesbaden 1967; A. Traina, *Forma e suono*, Bologna 1977; M.P. Schmude, *Reden-Sachstreit-Zänkereien*, Verlag Wiesbaden Stuttgart, 1988. Sul Comico: F. Della Corte, *L'essenza del comico plautino*, «Maia» 6 (1953), pp. 81-98 (= *Da Sarsina a Roma*, Firenze 1967[2], pp. 273-289); B.-A. Taladoire, *Essai sur le comique de Plaute*, Monaco 1956; M. Barchiesi, *Problematica e poesia in Plauto*, «Maia» 9, 1957, pp. 163-203; G. Chiarini, *La recita, Plauto, la farsa, la festa*, Bologna 1983[2].

Su problemi di scena: M. Barchiesi, *Plauto e il «metateatro» antico*, «Il Verri» 31, 1970, pp. 113-130; G. Monaco, *Spectatores, plaudite*, in *Studia Florentina Alexandro Ronconi sexagenario oblata*, Roma 1970, pp. 255-273; G. Petrone, *Teatro antico e inganno: finzioni plautine*, Palermo 1983; C. Questa, *Maschere e funzioni nelle commedie di Plauto*, in C. Questa-R. Raffaelli, *Maschere Prologhi Naufragi nella commedia plautina*, Bari 1984, pp. 9-65; N.W. Slater, *Plautus in Performance: the theatre of the mind*, Princeton 1985.

Sulla storia del testo: C. Questa, *Per la storia del testo di Plauto nell'Umanesimo*, I, Roma 1968; B. Bader, *Szenentitel und Szeneneinteilung bei Plautus*, Tübingen 1970; R. Raffaelli, *Prologhi, periochae, didascalie nel Terenzio Bembino (e nel Plauto Ambrosiano)*, «Scrittura e civiltà» 4, 1980, pp. 41-101; L. Braun, *Scenae Suppositiciae oder Der falsche Plautus*, Göttingen 1980; C. Questa, *«Parerga plautina». Struttura e tradizione manoscritta delle commedie*, Urbino 1985; Rita Cappelletto, *La «lectura Plauti» del Pontano*, ivi 1988.

Sulla fortuna: K. von Reinhardstoettner, *Plautus. Spätere*

Bearbeitungen plautinischer Lustspiele, Leipzig 1886 (rist. anast. Hildesheim-New York 1980); Marie Delcourt, *La tradition des comiques anciens en France avant Molière*, Liège 1934; T.A. Dorey, D.R. Dudley, *Roman Drama*, London 1965; C.Questa, *Il ratto del serraglio (Euripide, Plauto, Mozart, Rossini)*, Bologna 1979; G. Chiarini, *Lessing e Plauto*, Napoli 1983.

M.R.

«Aululària»

Sospettoso e iracondo, l'avaro Euclione maltratta la sua vecchia serva, la quale supplichevolmente gli chiede *qur me miseram verberas? Ut misera sis* risponde l'avaro; e la battuta è in perfetto stile plautino nella sua brevità, cattiveria, sorpresa. Breve perché consta di tre parole (monosillabo, trisillabo, monosillabo: cinque sillabe in tutto); cattiva perché, alla donna che chiede pietà, Euclione risponde infierendo; fonte di sorpresa dato che l'interlocutrice ben altro si attendeva, come pure lo spettatore.

Plauto è il maestro del comico di parola, ma, poiché l'*Aulularia* agisce soprattutto nel comico di carattere, spostiamo per un momento la ricerca in questa direzione. Vediamo dunque come da un vizio, quale è l'avarizia, nascano un personaggio ed un intreccio, con i loro quozienti di comicità.

L'avarizia? Antico, antichissimo vizio degli uomini, che Teofrasto, riferendosi alla spilorceria, definisce «un badare ai denari oltre il giusto» (*hyper ton kairon*). Ma questo limite, per l'avaro di Plauto, è *longe et ultra* superato. Euclione spinge il suo vizio sino ai limiti estremi, sino all'assurdo, come subito consteremo. Ma va pure detto che in qualche passo il testo plautino è ricollegabile all'insegnamento del filosofo; e così, se lo spilorcio del greco vieta alla moglie di prestare granelli di sale e un lucignolo e altre simili bagattelle, l'avaro del latino non manca di proibire alla serva di dare ai vicini acqua e fuoco, nonché di prestar loro posate e utensili domestici. E ancora: lo spilorcio va a far la spesa e se ne torna a casa senza aver acquistato nulla; l'avaro a sua volta nulla acquista, tanto più che era uscito senza un soldo in tasca.

L'avarizia si è accampata in Euclione e lo ha fatto suo, per mezzo suo è divenuta un personaggio a tutto tondo. E se Euclione va oltre il limite, c'è da dire che lo fa secondo una linea di coerenza e congruenza, di modo che ogni suo atto e pensiero risulta come una logica espansione del dato di partenza. Se giunge all'assurdo, il nostro avaro, dobbiamo riconoscere che in tale assurdo vi è una logica. Vediamo dunque i corollari che discendono dall'avarizia di Euclione.

L'avaro è dominato dal desiderio di possedere. Conseguentemente Euclione si spinge a rivendicare anche le ragnatele della sua casa e le spuntature delle unghie che gli vengono tagliate. Avere per avere, a prescindere dal valore della cosa.

L'avaro è sospettoso, poi che dappertutto vede una minaccia ai suoi averi; tanto sospettoso che dubita persino di colui che vuol beneficarlo: e si veda il suo dialogo con Megadoro.

L'avaro è pauroso, logica conseguenza del peso dei suoi sospetti; ed è, altra conseguenza, insonne, perché la paura gli impedisce di dormire.

L'avaro è frenetico, sospinto a continue verifiche ed ispezioni; tale la condotta di Euclione rispetto alla sua pentola, cui muta continuamente il nascondiglio.

L'avaro è bisbetico, sin violento, coartato com'è dai suoi sospetti; e la serva ed il cuoco fanno le spese della sua furia.

L'avaro è cieco, nel senso che, guardando ossessivamente al suo tesoro, finisce per non veder altro; nemmeno si accorge, il vecchio Euclione, che sua figlia è incinta e sta per partorire.

L'avaro non nasconde il suo vizio, non se ne vergogna, neppure è sfiorato dal sospetto della negatività del suo atteggiamento; se nasconde qualcosa, e certo lo fa, si tratta del bene che possiede, assillato com'è dal timore di essere spiato e derubato.

L'avaro è sofferente perché la paura di essere derubato e ingannato, lo sforzo di guardarsi intorno, la diffidenza generalizzata non possono non cagionargli inquietudine e pena.

L'avaro è disperato, una volta che abbia perduto il suo tesoro; e il nostro Euclione, in un bellissimo monologo, confessa il suo smarrimento (*nescio... ubi sim, aut qui sim*), si rivolge agli spettatori invocandone l'aiuto (*obsecro ego vos, mi auxilio*), per passare poi a quella forma del comico che chiameremo "degli insulti al pubblico": «Vi conosco, io, tutti quanti, lo so che ci sono molti ladri, qui dentro, che si nascondono sotto la toga imbiancata e stanno lì seduti come galantuomini».

La commedia è tutta costruita intorno al personaggio di Euclione, al suo carattere, alla sua dismisura. Ma Plauto sa troppo bene che un carattere, per straordinario che sia, non basta a dar vita ad una commedia; e allora attribuisce ad Euclione una figlia, la quale è stata violata da Liconide e sta per partorire. Alla mano della ragazza aspira il ricco Megadoro, che, guarda caso, è lo zio di Liconide nonché il vicino di casa dell'avaro. Intorno si muovono i servi, i cuochi ingaggiati per le nozze.

A un certo punto Euclione, che cerca un nascondiglio sicuro per il tesoro, va ad interrarlo nel tempio della Fede. Poi, punto dal sospetto, si precipita a controllare e, incontrando il servo di Liconide, di punto in bianco l'accusa di furto. Il servo è stupito, poiché al furto non è ancora arrivato. E qui la commedia entra nel vivo della sua comicità. Euclione, sulla base di un vago presagio, pensa di esser stato derubato (il che non è) e ritiene di aver preso il colpevole, il quale, peraltro, non può che negare. *Redde... Quid tibi vis reddam?... Rogas?...* Si arriva all'ispezione personale, alla perquisizione. Mostrami una mano, mostrami l'altra; e la terza?

Euclione è vittima dei suoi sospetti. Riprende l'oro dal tempio e lo sotterra nel bosco. Peggio per lui, perché il servo, che lo ha seguito ed ha veduto, gli ruba la pentola fatale. E segue la grande scena dell'equivoco, che vien giocata da Euclione e Liconide.

Sono, l'uno e l'altro, in grandissime ambasce. Il primo per la perdita del tesoro, il secondo per il parto della ragazza. *Ego sum miser – Immo ego sum...* Nel dialogo ciascuno dei due pensa soltanto al suo bene, a questo soltanto si riferisce. Del resto Euclione non sa nulla della figlia come Licandro nulla sa del tesoro. Il giovane confessa la sua colpa (*Fateor peccavisse*) e l'altro crede che confessi il furto della pentola. Perché l'hai commesso? Per il vino e l'amore. Ma che razza di scusa...

Inutile dire che la scena è un modello di comicità che ha fatto scuola e non cesserà mai di farlo. Lo schema, che ritroviamo anche oggi, è sempre quello: due persone stanno discutendo e ciascuna di esse attribuisce al discorso un diverso referente. Di solito troviamo, nelle varie incarnazioni che la scena subisce, che nel dialogo vengon dedotte una donna ed una cosa materiale (per esempio un'automobile che "picchia in testa"; oppure una donna, ancora, ed una mucca piemontese, o una gallina padovana). E molti sono gli autori che han rifatto, che rifanno Plauto persino senza saperlo, poiché il suo magistero è così diffuso e capillare che agisce per tramiti infiniti.

«Miles gloriosus»

Pleusicle ama la cortigiana Filocomasio e, poiché sono giovani, tutto va per il meglio, nel migliore dei modi possibili secondo la prospettiva della commedia. Ma Filocomasio cade nelle mani di un soldato e l'evento turba l'equilibrio preesistente, che dev'essere ripristinato col ritorno della ragazza al suo amante e con la punizione del soldato. Tutto ciò puntualmente si avvera, nel *Miles gloriosus*, grazie al concorso di più elementi favorevoli che sono: il caso, il servo fedele, l'ospite compiacente; con la collaborazione della stupidità del soldato, dell'astuzia della ragazza e via dicendo.

Il caso ha la sua parte, che non è piccola. Basti pensare a due fattori che si riveleranno determinanti: il servo di Pleusicle viene rapito dai pirati e consegnato proprio al *miles*, divenendo così la quinta colonna entro le mura della fortezza nemica; la casa dell'ospite compiacente, da cui Pleusicle è accolto, confina con quella del soldato, avendo in comune con questa una parete divisoria. E dite voi se è poco.
Nel quadro della situazione, che il caso ha predeterminato, viene ad inserirsi il servo astuto e fedele, che, pur essendo caduto nelle mani del *miles*, si considera sempre agli ordini del giovane Pleusicle. La trovata base del servo, che si chiama Palestrione, consiste nell'aprire un foro nella parete divisoria, il che consente a Filocomasio di passare nell'edificio adiacente e di trovarvi il suo amato Pleusicle. Non è, questa trovata del buco, una trovata straordinaria e del resto Plauto si guarda bene dall'informarci come Palestrione sia riuscito ad aprirlo e come mai nessuno se ne sia avveduto. Ma tant'è, il passaggio è aperto e Filocomasio può passare tranquillamente da una casa all'altra.
Tranquillamente? Così sarebbe se non intervenisse una scimmia, la quale, fuggendo dalla casa del soldato, va ad accamparsi sul tetto. Un servo – fedele questo al *miles* – insegue la scimmia e, guarda caso, dall'alto intravede Filocomasio che abbraccia l'amante. Il trucco è scoperto, la situazione si fa pericolosa, se non disperata, ma qui entra in azione il servo astuto, Palestrione, che ha la sua seconda trovata. E qui scatta uno dei momenti di maggior comicità della commedia. Si tratta di convincere il servo del *miles* che la donna da lui veduta non è Filocomasio ma la sua sorella. Il che avviene grazie alle acrobazie verbali di Palestrione e ai fulminei passaggi di Filocomasio da una casa all'altra, e grazie anche alle istrioniche virtù della stessa Filocomasio.
Il servo del *miles*, nella sua confusione, nel suo sbigottimento, anticipa una delle figure più famose di Plauto, e precisamente il Sosia dell'*Anfitrione*, posto che giunge a dubitare di se stesso, della sua stessa identità; ed è singolare come Plauto, a distanza di tanti anni, abbia ripreso e magistralmente sviluppato questo motivo, facendone uno dei suoi massimi risultati.
Che Filocomasio possa vedere Pleusicle, è un bel risultato, ma non definitivo. Tale sarà quando la ragazza verrà sottratta del tutto al potere del *miles*. Sarà definitivo e perfetto, il risultato, quando il *miles* avrà anche la punizione che si merita. E qui interviene una nuova trovata di Palestrione, il quale, per attuarla, si vale dell'aiuto del padroncino, dell'ospite e di due ragazze strepitosamente maliziose. Palestrione si trasforma, all'uopo, in regista, e a ciascuno assegna la sua parte, a ciascuno dà i consigli del caso, non esclusi quelli sull'abbigliamento.

Il piano è semplice: convincere il *miles* che una bellissima vicina si è innamorata di lui e vuol sposarlo. Di fronte alla prospettiva di cotanto coniugio, il *miles* liquiderà Filocomasio ed entrerà nella casa del vicino, dove lo attenderà la donna bella, ricca, innamorata, impaziente.

Le cose vanno come Palestrione ha previsto: carica di doni, Filocomasio viene congedata e rispedita a casa sua; il *miles* si avventura nella casa dell'ospite dove viene sorpreso, accusato di adulterio, minacciato di castrazione e debitamente bastonato. E tutto si svolge sull'onda di un dialogo rapido, spiritoso, mordente (non senza un paio di battute intrise di misoginia; ma è una misoginia da commedia, con le solite accuse...).

Perfetta, nella sua costruzione e nel suo gioco verbale, è la scena a quattro (Milfidippa, Acroteluzio, Pirgopolinice, Palestrione) in cui vien lanciata la rete che acchiapperà il soldato. Le due furbacchione, che il servo-regista ha indottrinato, escono di casa, fingono di non vedere Pirgopolinice e parlan di lui con spasimante ammirazione. Alternano le parole sottovoce, a loro uso, a quelle a voce alta, a beneficio (si fa per dire) del *miles*. Questi ascolta, si compiace, si gonfia, aizzato dal servo che accarezza perfidamente la sua vanità. È una scena, come si vede, complessa, e orchestrata con molta sapienza.

E altrettanto si dica dei momenti in cui prima Filocomasio, poi Palestrione, si accomiatano dal *miles*, fingendosi inconsolabili per il distacco da un uomo così simpatico, forte e amabile. La parodia dello stile *larmoyant* è raffinatissima, così come il sapor di beffa che le parole veicolano.

Al di là dell'intreccio e del dialogo, il *Miles gloriosus* trae la sua fama dal personaggio che dà origine al titolo: iperbolico, spropositato (non senza una punta di follia) nella sua dimensione di *gloriosus*, cioè di 'vantone' (Pasolini), spaccone, fanfarone, 'sbruffone' (che è la nostra proposta).

Il soldato si chiama Pirgopolinice, vale a dire, traducendo dal greco, 'colui che vince le torri della città', ossia l'eversore, il distruttore. In italiano potremmo chiamarlo 'scassatorri'. Ma tanta potenza eversiva esiste soltanto nella sua fantasia, nella sua dissennata vanità, che gli fan credere non soltanto al suo straordinario valor militare, ma anche al fascino della sua bellezza, cui nessuna donna, lui pensa, potrebbe mai sottrarsi.

Il carattere del *miles* si manifesta sin dalla prima scena, che lo vede dialogare con il suo parassita. Al pari dello Sganarello molieriano, che tien la lista delle conquiste di Don Giovanni, il parassita tien conto delle stragi compiute dal *miles*; ed anche la matematica giova alla sua beffarda ruffianeria. Quanti nemici ha sbudellato il *miles*? Il conto vien fatto: centocinquanta, più cento, più trenta, più sessanta. Il totale? Settemila, dice il parassita; ed il soldato approva e

concorda con la massima convinzione: *Tantum esse oportet: recte rationem tenes.*
Paradossale, smisurato, il personaggio – che non è un uomo ma un vizio fatto persona – entra grazie all'arte di Plauto nella storia del teatro, vi si installa, muterà nome e veste ma conserverà, nei secoli, le medesime caratteristiche. Certo vi è, alla sua origine, qualcosa di realistico, cioè quel tanto o quel poco di vanteria che non manca mai nei racconti dei reduci delle patrie battaglie. Ma quel nocciolo di verità si è dilatato, è cresciuto al punto di trasformarsi in un modello esemplare nella sua dismisura.
Lo spettatore ride del *miles*, delle sue sparate, della sua stupidità. Sa bene, sin dall'inizio, che sarà beffato e bidonato. Il duello tra lui e Palestrione è per nulla, o quasi nulla, produttivo di *suspense*, data la differenza intellettuale che divide gli antagonisti. Si pensi, per contrasto, a quel duello tra grandi che si ha in *Pseudolo*, dove si fronteggiano un servo scafatissimo e un lenone dal pelo sullo stomaco.
Il *miles*, invece, è la vittima predestinata, che s'infila da solo, o quasi, nella trappola che gli viene preparata. Il pubblico ride, gode infine delle bastonate che rimedia questo personaggio che vanta innumeri vittorie, militari e amatorie. C'è una punta di crudeltà nel riso degli spettatori, un riso che infierisce su colui che è, in definitiva, uno sciocco. Ma il meccanismo psicologico, che induce al compiacimento per la sua sconfitta, nasce da un elementare, e un poco rozzo, sentimento di giustizia. Hai spezzato braccia, troncato teste, sedotto gentildonne? Hai conquistato regni e talami? E allora beccati queste bastonate...

«Mostellaria»

Il *paterfamilias* si assenta per affari e il figlio si dà alla pazza gioia, riscatta una bella giovane, organizza banchetti, si indebita sino al collo. Il padre fa ritorno all'improvviso e si dirige verso la sua abitazione, dove intanto il figlio sta sbevazzando con la bella e gli amici. Bisogna fermare il padre! Ci riesce il servo astuto, Tranione, che al vecchio fa intendere che la casa è vuota, abbandonata da tutti perché uno spettro la abita: lo spettro di un uomo che venne assassinato a tradimento.
Superata questa prova, il servo si trova di fronte ad un altro ostacolo imprevisto: arriva l'usuraio che reclama il suo, proprio mentre il vecchio genitore è presente. È la situazione comica che diremo "della corsa a ostacoli". Ne superi uno, te ne trovi subito un altro... Serve un nuovo inghippo e il servo, messo alle strette, si arrampica sugli specchi: sì, il debito c'è, e bisogna pagarlo, ma i soldi presi a prestito furono ben impiegati, dato che servirono ad acquistare una casa. Ed ecco subito, come vuole la legge

del comico, un altro ostacolo: il vecchio genitore vuol visitare la casa che il figlio ha comperato. La situazione si fa sempre più precaria per Tranione, il quale ne inventa un'altra, portando il vecchio a visitare la casa del vicino, Simone. Qui è giocoforza inventare un equivoco e Tranione, cioè Plauto, ricorre appunto al comico dell'equivoco. Grazie alla dialettica del servo il comico funziona: Simone crede che l'altro voglia veder la casa per trarne qualche idea per i suoi programmi edilizi; il vecchio s'immagina di visitare da padrone l'immobile che il figlio ha acquistato.
L'inghippo sembra tenere, ma è troppo fragile per resistere a lungo. La verità viene a galla e il vecchio genitore esce fuori dai gangheri, deciso a farla pagare al servo. Tranione si difende menando il can per l'aia ma solo l'arrivo provvidenziale di Callidamate, il migliore amico del figlio, che promette di pagare, lo salva dalla punizione.
L'arrivo di Callidamate svolge, in qualche modo, la funzione del *deus ex machina*, il cui intervento risolve un conflitto che sembrerebbe insuscettibile di composizione. L'abilità del servo non basta, Tranione non ha l'arte assoluta di uno Pseudolo, ma bisogna riconoscere, a suo onore, che, anche quando è chiuso nell'angolo, non abbandona mai la sua arguzia e strafottenza.
Plauto si vale, come sempre, della sua arte della parola, nei dialoghi come nei monologhi, ma si giova anche delle sue collaudate tecniche del comico. Abbiamo indicato, molto succintamente, quella detta "corsa ad ostacoli", e quella dell'equivoco; vedremo ora, sempre succintamente, le altre, cominciando da quella che definiremo "reazione del terzo".
Si presuppone che due persone stiano dialogando tra di loro e che un terzo, non visto, ascolti e commenti, tra di sé ma anche rivolgendosi, in certi punti, agli spettatori. Nella specie dialogano la bella Filemazio e la sua serva, che è l'astuta ed espertissima Scafa; ad ascoltare la loro conversazione (vero manuale di galanteria) c'è Filolachete, che della ragazza è innamorato. Le reazioni del giovane seguono un movimento oscillatorio, che lo avvicina e lo allontana, di volta in volta, dalla serva. Vorrebbe premiarla ma subito dopo gli vien voglia di strozzarla...
Una variante si ha quando, al monologo di un personaggio, si accompagna il commento ironico di un altro, che di nascosto lo ascolta e reagisce. Esempio: il vecchio genitore ritorna dall'estero e spera di essere atteso con amore. Il servo Tranione commenta che sarebbe più gradita la notizia della sua morte.
Segnaliamo ancora il comico dell'ubriachezza (Callidamate, sbronzo, arriva da Filolachete) e quello della paura (Tranione imita la voce dello spettro a beneficio, diciamo, del vecchio, che ne è terrorizzato).

Nel campo del comico di parola rientra il gioco delle ripetizioni, di cui abbiamo nella *Mostellaria* due ottimi esempi. Quando Tranione fa bere al vecchio la storia del fantasma, si finge terrorizzato all'idea che l'altro abbia bussato alla porta proibita e lancia con aria stupita e atterrita i suoi *tetigisti*. E poi, quando il vecchio interroga Fanisco, servo di Callidamate, per strappare infine la verità dell'accaduto, il servo gli risponde per tre volte *Aio* per passare subito dopo, per due volte, al *Non aio*. Il gioco meccanico dell'affermazione si rovescia di colpo in quello della negazione. E le une e le altre piombano come pietre sul capo del vecchio.

E infine ricorderemo, sempre nell'ambito del comico di parola, lo strizzar d'occhio al pubblico per stabilire con lui un rapporto di complicità; il quale può anche assumere la forma, che abbiamo visto nell'*Aulularia*, degli insulti al pubblico, per dividerne le opinioni mettendo gli uni in imbarazzo, gli altri in condizioni di superiorità. Rifacciamoci al dialogo tra Filemazio e Scafa, e precisamente al punto in cui la serva parla dei profumi che, sulla pelle delle vecchie mogli, si trasformano in puzza. Filolachete, che ascolta, si rivolge al pubblico, ferocemente: «Voi, la maggior parte – voi lo sapete bene, già che ci avete a casa quelle vecchiacce di mogli che vi hanno comprato a suon di dote». La finta aggressione al pubblico, come sanno i comici di oggi, non manca mai di funzionare sulle scene. E ancora: il vecchio Simone, rivolgendosi agli spettatori, più gentilmente concede loro il beneficio del dubbio: «Io non so mica come vi trattino le vostre mogli...». Siamo sempre nell'ambito del rapporto che direttamente si istituisce tra attore e pubblico, con conseguente rottura (brusca, sfottitoria) dell'illusione scenica. Il che è modernissimo.

VICO FAGGI

Nota al testo
La presente traduzione segue il testo latino stabilito da W.M. Lindsay, *T. Macci Plauti Comoediae*, Oxford 1904-05, 2 voll.

AULULARIA / LA COMMEDIA DELLA PENTOLA

PERSONAE

LAR FAMILIARIS PROLOGUS
EUCLIO SENEX
STAPHYLA ANUS
EUNOMIA MATRONA
MEGADORUS SENEX
STROBILUS SERVUS
CONGRIO COCUS
ANTHRAX COCUS
PYTHODICUS SERVUS
LYCONIDES ADULESCENS
SERVUS LYCONIDIS
PHAEDRIA VIRGO
TIBICINAE

Scaena Athenis.

PERSONAGGI

GENIO DELLA FAMIGLIA: PROLOGO
EUCLIONE VECCHIO
STAFILA VECCHIA SERVA
EUNOMIA MATRONA
MEGADORO VECCHIO
STROBILO SERVO *di Megadoro*
CONGRIONE CUOCO
ANTRACE CUOCO
PITODICO SERVO *di Megadoro*
LICONIDE GIOVANE
SERVO DI LICONIDE
FEDRIA FANCIULLA, *figlia di Euclione*
FLAUTISTE (*Frigia e Eleusio, personaggi muti*)

La scena è ad Atene.
Presenta due case, quella di Euclione e quella di Megadoro; in mezzo, più indietro, il tempio della Buona Fede.

ARGUMENTUM I

Senex avarus sibi credens Euclio
domi suae defossam multis cum opibus
aulam invenit, rursumque penitus conditam
exanguis amens servat. Eius filiam
Lyconides vitiarat. Interea senex 5
Megadorus a sorore suasus ducere
uxorem avari gnatam deposcit sibi.
Durus senex vix promittit atque aulae timens
domo sublatam variis abstrudit locis.
Insidias servos facit huius Lyconidis 10
qui virginem vitiarat; atque ipse obsecrat
avonculum Megadorum sibimet cedere
uxorem amanti. Per dolum mox Euclio
cum perdidisset aulam, insperato invenit
laetusque natam conlocat Lyconidi. 15

ARGOMENTO I

Euclione, un vecchio avaro, a stento credendo ai suoi occhi, ha trovato una pentola con un grande tesoro, la quale era stata seppellita in casa sua. Egli stesso di nuovo la sotterra, e profondamente, e su di essa veglia quasi folle per l'ansia. La figlia del vecchio viene violata dal giovane Liconide. Nel frattempo il vecchio Megadoro, che la sorella ha indotto a prender moglie, chiede in sposa la ragazza. Il vecchio testardo concede a gran fatica il suo consenso e intanto, nel timore che la pentola gli venga rubata, la porta fuori di casa e la nasconde via via in luoghi diversi. Lo spia e lo sorprende uno schiavo di Liconide, il seduttore della ragazza. Lo stesso Liconide convince lo zio Megadoro a concedergli la giovane, di cui è innamorato.
Euclione, che a tradimento era stato privato della pentola, insperatamente la ritrova e, tutto contento, concede la figlia a Liconide.

ARGUMENTUM II

Aulam repertam auri plenam Euclio
Vi summa servat, miseris adfectus modis.
Lyconides istius vitiat filiam.
Volt hanc Megadorus indotatam ducere,
Lubensque ut faciat dat coquos cum obsonio. 5
Auro formidat Euclio, abstrudit foris.
Re omni inspecta compressoris servolus
Id surpit. Illic Euclioni rem refert.
Ab eo donatur auro, uxore et filio.

ARGOMENTO II

Ansiosamente veglia il vecchio Euclione
    sulla pentola piena d'oro che
Un giorno casualmente ha rinvenuto.
    Un giovane, Liconide, ha violato
La figlia di Euclione. Megadoro,
    che vuol prenderla in moglie senza dote,
Una cena promette, e lauta, per
    ottenere dal padre il suo consenso.
La pentola nasconde fuor di casa
    nel timore di perder l'oro, Euclione.
A spiarlo c'è un servo di Liconide,
    il seduttore. Il servo vede tutto:
Ruba quindi la pentola dell'oro.
    Ma il giovane Liconide, che sa,
Informa della cosa il vecchio Euclione.
    E questi finalmente si decide:
Al giovane concede ed oro e figlia
    e il bambino da questa generato.[1]

PROLOGUS

LAR FAMILIARIS

Lar. Ne quis miretur qui sim, paucis eloquar.
Ego Lar sum familiaris ex hac familia
unde exeuntem me aspexistis. Hanc domum
iam multos annos est quom possideo et colo
patri | avoque iam huiius qui nunc hic habet, 5
sed mihi avos huiius opsecrans concredidit
auri thensaurum clam omnis: in medio foco
defodit, venerans mé ut id servarem sibi.
Is quoniam moritur (ita avido ingenio fuit),
numquam indicare id filio voluit suo, 10
inopemque optavit potius eum relinquere
quam eum thensaurum commostraret filio;
agri reliquit ei non magnum modum,
quo cum labore magno et misere viveret.
Ubi is obiit mortem qui mihi id aurum credidit, 15
coepi opservare, ecqui maiorem filius
mihi honorem haberet quam eius habuisset pater.
Atque ille vero minu' minusque impendio
curare minu'que me impertire honoribus.
Item a me contra factum est, nám item obiit diem. 20
Is ex se húnc reliquit qui hic nunc habitat filium
pariter moratum ut pater avosque huiius fuit.
Huic filia una est. Ea mihi cottidie
aut ture aut vino aut aliqui semper supplicat,
dat mihi coronas. Eius honoris gratia 25
feci thensaurum ut hic reperiret Euclio,
quo illam facilius nuptum, si vellet, daret.
Nam compressit eam de summo adulescens loco.

PROLOGO

IL GENIO DELLA FAMIGLIA

Ge. Non state a domandarvi chi sono: ve lo dirò in due parole. Sono il Genio della casa da cui mi avete visto uscire.[2] Da molti anni la posseggo, la casa, e la proteggo, per il padre e il nonno di quegli che ora la abita. Ma suo nonno, un giorno, con tante preghiere e in gran segreto, mi affidò un tesoro: lo seppellì al centro del focolare e mi supplicò di conservarglielo. E lui, poi, quando venne a morte, avaraccio com'era, non volle confidare la faccenda nemmeno a suo figlio, e preferì lasciarlo in povertà piuttosto che informarlo dell'esistenza del tesoro. Gli lasciò soltanto un po' di terra sulla quale sgobbare duramente per cavarne un tozzo di pane. Quando poi morì quello che mi aveva affidato l'oro, io mi diedi ad osservare se il figlio mostrasse per me maggior riguardo che suo padre. Ma lui, lui si curava sempre meno di me e mi onorava meno che mai. E allora io lo ripagai con la stessa moneta, sinché tirò le cuoia. Lasciò peraltro un figlio, quello che ora abita la casa, un tipo di spilorcio tal quale suo padre e suo nonno. Ha una figlia, una sola, la quale, tutti i giorni dell'anno, mi prega sacrificando incenso, o vino, o altro, e offrendomi ghirlande. È merito suo se ho consentito a suo padre, Euclione, di scoprire il tesoro, al fine che possa trovarle, se crede, più facilmente uno sposo. Sì, perché un giovanotto, intanto, uno di nobile famiglia, ha trovato il modo di sedurla. Lo sa, il

Is scit adulescens quae sit quam compresserit,
illa illum nescit, neque compressam autem pater.   30
Eam ego hódie faciam ut hic senex de proxumo
sibi uxórem poscat. Id ea faciam gratia
quo ille eam facilius ducat qui compresserat.
Et hic qui poscet eam sibi uxorem senex,
is adulescentis illius est avonculus,   35
qui illam stupravit noctu, Cereris vigiliis.
Sed hic senex iam clamat intus ut solet.
Anum foras extrudit, ne sit conscia.
Credo aurum inspicere volt, ne surruptum siet.

giovanotto, chi sia la ragazza che ha sedotto, ma lei ignora chi sia lui. Suo padre, poi, non sa nulla di nulla. Cosa farò io oggi? Farò sì che un vecchio, e cioè il vicino di casa, la domandi in sposa. E farò così proprio perché arrivi a chiederla come moglie il giovanotto che l'ha sverginata.[3] Già: il vecchio che la chiederà in moglie è lo zio di quel giovanotto che se l'è posseduta una notte, durante la veglia di Cerere.[4]
Ma sentilo, il vecchiardo Euclione, come strilla là dentro, al suo solito modo. Vuol sbattere fuori la vecchia schiava perché non abbia a fiutar qualcosa. Ho idea che voglia contemplarselo, il suo oro, nel timore che qualcuno glielo abbia fregato.[5]

ACTUS I

EUCLIO STAPHYLA

Euc. Exi, inquam, age exi: éxeundum hercle tibi hinc est
                                                    foras, 40
   circumspectatrix cum oculis emissiciis.
Sta. Nam qur me miseram verberas?
Euc.   Ut misera sis
   atque ut te dignam mala malam aetatem exigas.
Sta. Nam qua me nunc caussa extrusisti ex aedibus?
Euc. Tibi ego rationem reddam, stimulorum seges? 45
   Illuc regredere ab ostio. Illuc sis vide,
   ut incédit. At scin quo modo tibi res se habet?
   Si hercle hodie fustem cepero aut stimulum in
                                                    manum,
   testudineum istum tibi ego grandibo gradum.
Sta. Utinam me divi adaxint ad suspendium 50
   potius quidem quam hoc pacto apud te serviam.
Euc. At ut scelesta sola secum murmurat!
   Oculos hercle égo istos, inproba, ecfodiam tibi,
   ne me opservare possis quid rerum geram.
   Apscede etiam nunc – etiam nunc – etiám – ohe, 55
   istic astato. Si hercle tu ex istoc loco
   digitum transvorsum aut unguem latum excesseris
   aut si respexis, donicum ego te iussero,
   continuo hercle ego te dedam discipulam cruci.
   Scelestiorem me hac anu certo scio 60
   vidisse numquam, nimi'que ego hanc metuo male
   ne mi ex insidiis verba inprudenti duit
   neu persentiscat aurum ubi est apsconditum,
   quae in occipitio quoque habet oculos pessuma.

ATTO I

EUCLIONE STAFILA

Euc. (*esce di casa spingendo fuori Stafila*) Vattene, ti dico. Fuori di qui, e subito. Per Ercole, devi scomparire, tu, brutta ficcanaso dagli occhi che esplorano dappertutto.[6]

Sta. Perché mi maltratti, me disgraziata?

Euc. Perché tu sia disgraziata e te la passi male, la vecchiaia, proprio come meriti.

Sta. Ma perché mi hai buttato fuori di casa?

Euc. E dovrei anche dirtelo, messe di staffilate? Scostati dalla porta! Ma guarda come cammina, guardala. Ma non lo sai, tu, che cosa ti aspetta? Per Ercole, se oggi mi capita per le mani qualcosa come un bastone, come una frusta, te lo faccio smuovere, io, quel passo da tartaruga.[7]

Sta. Perché gli dèi non mi danno il coraggio di impiccarmi piuttosto che servirti come uno straccio?

Euc. Mugugna anche, per conto suo, la scellerata.[8] Ma io te li strapperò questi occhi, carogna, così non potrai più spiare quel che faccio. Tirati più indietro... più indietro... più... Ecco, fermati lì. Per Ercole, se ti muovi di lì per lo spazio di un dito e l'orlo di un'unghia, se ti volti a guardare prima che te lo comandi, io ti insegnerò subito a cosa serve una croce.[9] No, non l'ho mai vista, ne sono certo, una carogna più carogna di questa vecchiaccia; e io ci ho anche fifa, io, che non riesca a fregarmi mentre sono distratto, e arrivi a capire dov'è nascosto il testoro. Perché lei, la vigliacca, ha gli occhi anche dietro la

AULULARIA · ACTUS I

      Nunc ibo ut visam, éstne ita aurum ut condidi, 65
      quod me sollicitat plurumis miserum modis. –
Sta. Noenum mecastor quid ego ero dicam meo
      malae rei evenisse quamve insaniam
      queo comminisci; ita me miseram ad hunc modum
      deciens die uno saepe extrudit aedibus. 70
      Nescio pol quaé illunc hominem intemperiae
                                                tenent:
      pervigilat noctes totas, tum autem interdius
      quasi claudus sutor dómi sedet totos dies.
      Neque iam quo pacto celem erilis filiae
      probrum, propinqua partitudo quoi appetit, 75
      queo comminisci; neque quicquam meliust mihi,
      ut opinor, quam ex me ut unam faciam litteram
      †longum, laqueo† collum quando opstrinxero.

EUCLIO STAPHYLA

Euc. Nunc defaecato demum animo egredior domo,
      postquam perspexi salva esse intus omnia. 80
      Redi núnciam intro atque intus serva.
Sta.   Quippini?
      Ego intus servem? An ne quis aedis auferat?
      Nam hic apud nos nihil est aliud quaesti furibus,
      ita inaniis sunt oppletae atque araneis.
Euc. Mirum quin tua me caussa faciat Iuppiter 85
      Philippum regem aut Dareum, trivenefica.
      Araneas mi ego illas servari volo.
      Pauper sum; fateor, patior; quod di dant fero.
      Abi intro, occlude ianuam. Iam ego hic ero.
      Cave quemquam alienum in aedis intro miseris. 90
      Quod quispiam ignem quaerat, exstingui volo,
      ne caussae quid sit quod te quisquam quaeritet.
      Nam si ignis vivet, tú exstinguere extempulo.
      Tum aquam aufugisse dicito, si quis petet.
      Cultrum, securim, pistillum, mortarium, 95
      quae utenda vasa semper vicini rogant,

testa. Vado a vedere, adesso, se c'è ancora, l'oro, là dove l'ho nascosto, l'oro che mi tormenta in tutti i modi, povero me. (*Rientra in casa.*)

Sta. Per Castore, non so che dire, non riesco proprio ad immaginare che accidenti gli ha preso, al mio padrone, o che razza di pazzia. Povera me, è così che mi sbatte fuori di casa, dieci volte in un giorno. Non lo so davvero, per Polluce, che razza di smanie lo prendano. Sta su di notte, sveglio, ma di giorno, per tutto il giorno, se ne sta chiuso in casa, a sedere, come un calzolaio zoppo.[10] E io come riesco, nemmeno riesco a immaginarlo, a tenerla nascosta la vergogna di sua figlia, che ormai è vicina a partorire... Ho paura che per me non ci sia di meglio che trasformarmi in una i lunga, con una bella corda intorno al collo.

EUCLIONE STAFILA

Euc. (*uscendo di casa, tra sé*) Adesso sì che posso uscir di casa, finalmente, col cuore leggero,[11] poi che ho visto che là dentro tutto è a posto. (*A Stafila*) Tu, torna subito in casa, e fa' la guardia.

Sta. E come no? Farò la guardia? Perché non ti portino via la casa? Perché da noi, per i ladri, non c'è niente da fregare, se non il vuoto e le ragnatele.

Euc. Strano, neh, che Giove non faccia di me, per amor tuo, un re come Filippo, come Dario,[12] razza di avvelenatrice. Le ragnatele? Io me le voglio conservare. Sì, lo confesso, sono povero, e porto pazienza, perché io prendo quel che gli dèi mi danno. Va' dentro, tu, e sbarra la porta. Presto sarò di ritorno. Attenta a non far entrare in casa degli estranei. Qualcuno potrebbe chiederti del fuoco e allora io ordino che il fuoco sia spento. Così non c'è ragione che qualcuno si attenti a chiederlo. Se trovo il fuoco acceso, io spengo te. E subito... E se qualcuno chiedesse dell'acqua, digli che è scolata via.[13] E quelle cose che i vicini stan sempre a chiedere in prestito – coltello,

fures venisse atque apstulisse dicito.
Profecto in aedis meas me apsente neminem
volo intro mitti. Atque etiam hoc praedico tibi,
si Bona Fortuna veniat, ne intro miseris. 100
Sta. Pol ea ipsa credo ne intro mittatur cavet,
nam ad aedis nostras nusquam adiit quaquam

                                                prope.

Euc. Tace atque abi intro.
Sta.   Taceo atque abeo. –
Euc.   Occlude sis
fores ambobus pessulis. Iam ego hic ero.
Discrucior animi, quía ab domo abeundum est

                                            mihi. 105

Nimis hercle invitus abeo. Sed quid agam scio.
Nam noster nostrae qui est magister curiae
dividere argenti dixit nummos in viros;
id si relinquo ac non peto, omnes ilico
me suspicentur, credo, habere aurum domi. 110
Nam veri simile non est hominem pauperem
pauxillum parvi facere quin nummum petat.
Nam nunc quom celo sedulo omnis ne sciant,
omnes videntur scire et me benignius
omnes salutant quam salutabant prius; 115
adeunt, consistunt, copulantur dexteras,
rogitant me ut valeam, quid agam, quid rerum

                                            geram.

Nunc quo profectus sum ibo; postidea domum
me rusum quantum potero tantum recipiam.

scure, pestello, mortaio… – tu digli che son venuti i ladri e l'hanno rubate. Insomma, in casa mia, in mia assenza, voglio che tu non faccia entrare nessuno. Anzi ti do un altro ordine, questo: non far entrare nemmeno la Buona Fortuna, se mai capitasse in questi paraggi.

Sta. La Buona Fortuna in casa nostra? Per Polluce, credo proprio che se ne guardi. Perché non si è mai avvicinata, lei, a casa nostra, anche se poi non sta mica lontana.

Euc. Zitta, tu, e vattene in casa.

Sta. Taccio e vado.

Euc. Attenta a chiuder bene la porta, con tutti e due i catenacci. Io, tra poco, sarò qui.[14] (*Stafila entra in casa.*)

Euc. Che gran dispiacere, per me, dovermi allontanare da casa. Mi allontano proprio a malincuore. Però so bene quel che debbo fare. Perché il capo della nostra curia ha annunciato che distribuirà danaro a ciascun membro. Se non ci vado, se ci rinuncio, subito tutti, penso, sospetteranno che io ci abbia in casa un tesoro. Ecché è verosimile che un morto di fame se ne infischi dei soldi, per pochi che siano, e non chieda nulla di nulla? Anche adesso, che faccio di tutto perché nessuno sappia, sembra che tutti sappiano, e tutti son più cortesi di prima nel salutarmi, e mi vengono incontro, si fermano, mi stringon la mano, mi chiedono tutti come sto, cosa faccio, che combino.[15] Suvvia, vado dove occorre che vada; e poi, più presto che posso, me ne ritornerò a casa mia. (*Esce in direzione del foro.*)

ACTUS II

EUNOMIA MEGADORUS

Eun. Velim te arbitrari med haec verba, frater, 120
    meai fidei tuaique rei
    caussa facere, ut aequom est germanam sororem.
    Quamquam hau falsa sum nos odiosas haberi;
    nam multum loquaces merito omnes habemur,
    nec mutam profecto repertam nullam esse 125
    <aut> hodie dicunt mulierem <aut> ullo in saeclo.
    Verum hoc, frater, unum tamen cogitato,
    tibi proxumam me mihique esse item te;
    ita aequom est quod in rem esse utrique arbitremur
    et mihi te et tibi <me> consulere et monere; 130
    neque occultum id haberi neque per metum mussari
    quin participem pariter ego te et tu me [ut] facias.
    Eo nunc ego secreto ted huc foras seduxi,
    ut tuam rém ego tecum hic loquerer familiarem.
Me. Da mi, optuma femina, manum. 135
Eun. Ubi ea est? Quis ea est nam optuma?
Me. Tu.
Eun.   Tune ais?
Me.   Si négas, nego.
Eun. Decet téquidem vera proloqui;
    nam optuma nulla potest eligi:
    alia alia peior, frater, est.
Me.   Idem ego arbitror, 140
    nec tibi advorsari certum est de istac re<d>
                                        umquam, soror.
Eun. Da mihi
    operam amabo.

18

ATTO II

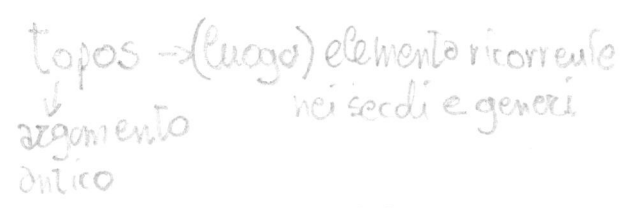

EUNOMIA MEGADORO

Eun. Ci tengo, fratello, ad una cosa: che tu sia convinto che le parole, che sto per dirti, nascono dal mio affetto e per il tuo interesse, come si addice ad una sorella germana;[16] anche se sono convinta che le donne son ritenute delle scocciatrici. E già, noi tutte siamo giudicate delle gran chiacchierone. Ma sì, dicono che né oggi né mai, in alcun secolo, si è trovata una donna che sappia star zitta.[17] Tu però, fratello, tieni presente una cosa, una sola: che io sono la parente più stretta che hai, e tu il mio. Perciò è giusto che, quando è in ballo l'interesse comune, noi due ci scambiamo consigli e ammonimenti, tu a me, io a te. Ed è giusto che non ci siano segreti tra di noi, e nemmeno reticenze dovute a paura che ci impediscano di confidarci, io con te, tu con me. Ecco, io ora ti ho fatto venir qui, in disparte, per parlare con te in tutta confidenza, per una cosa che ti tocca molto da vicino.
Me. Dammi la mano. Tu sei una perla di donna.
Eun. E dov'è? E chi è questa perla?
Me. Tu.
Eun. Lo dici tu?
Me. Se mi smentisci, mi smentisco.
Eun. Però bisogna che ti dica la verità. Di perle, fra le donne, non se ne trova da nessuna parte. Fratello mio, una è peggio dell'altra.
Me. Anch'io la penso così. Sorella mia, su questo non ho nulla da obiettarti.
Eun. Tu, per favore, prestami attenzione.

19

Me.   Tuast, utere atque
impera, si quid vis.
Eun. Id quod in rem tuam óptumum esse arbitror,
ted id monitum advento.   145
Me. Soror, móre tuo faci'.
Eun.   Facta volo.
Me. Quid est id, soror?
Eun.   Quod tibi sempiternum
salutare sit: liberis procreandis –
Me. Ita di faxint –
Eun.   Volo te úxorem
domum dúcere.   150
Me.   Eí occídi!
Eun.   Quid ita?
Me. Quia mi misero cerebrum excutiunt
tua dicta, soror: lapides loqueris.
Eun. Heia, hoc face quod te iúbet soror.
Me.   Sí lubeat, faciam.
Eun. In rem hoc tuam est.
Me.   Út quidem émoriar priu' quam ducam.
Sed his légibu' si quam dare vis ducam: 155
quae cras veniat, perendie, soror, fóras feratur;
his legibu' quam dare vis? Cedo: nuptías adorna.
Eun. Cum maxuma possum tibi, frater, dare dote;
sed est grandior natu: mediá est mulieris aetas.
Eam sí iubes, frater, tibi me poscere, poscam.   160
Me. Num non vis me interrogare te?
Eun.   Immo, si quid vis, roga.
Me. Post mediam aetatem qui media ducit uxorem
                                                        domum,
si eam senex anum praegnatem fortuito fecerit,
quid dubitas quin sit paratum nomen puero
                                                       Postumus?
Nunc ego istúm, soror, laborem degam et
                                             deminuam tibi.   165
Ego virtute deum et maiorum nostrum dives sum
                                                            satis.
Istas magnas factiones, animos, dotes dapsilis,

Me. È tua, la mia attenzione. Prendila e servitene, se ti piace.
Eun. Sono qui per consigliarti quel che ritengo più utile per te.
Me. Sorella mia, lo fai sempre.
Eun. Voglio una cosa…
Me. Che cosa, sorella?
Eun. …una cosa che ti metta al sicuro, e per sempre. Perché tu abbia figli…
Me. Così vogliano gli dèi!
Eun. Voglio che tu prenda moglie.
Me. Ahi, sono perduto.
Eun. Perché mai?
Me. Perché le tue parole, sorella, mi squassano il cervello. Sono pietre, le tue parole.
Eun. Suvvia, fa come tua sorella ti consiglia.
Me. Se mi andasse a genio lo farei.
Eun. È per il tuo bene.
Me. Meglio morire che prender moglie. Però, se proprio vuoi darmene una, io la prenderò, ma a queste condizioni: che arrivi domani e venga portata al cimitero il giorno dopo. A queste condizioni la prendo, la moglie che tu vuoi darmi. Prepara le nozze.
Eun. Fratello, posso dartene una con una splendida dote, ma non è di primo pelo, anzi è di mezza età. Fratello mio, se mi comandi di andare a chiedertela, io la chiederò per te.
Me. Tu, adesso, mi permetti di farti una domanda?
Eun. Ma certo! Chiedimi quel che vuoi.
Me. Se un uomo, che ha passato la mezza età, si porta a casa una moglie di mezza età, se poi il vecchio, per caso, mette incinta la vecchia, lo sai o no quale nome è bell'e pronto per il bambino? Postumo. Ora io, sorella, ti risparmio questa fatica, te ne libero. Per grazia degli avi e degli dèi, sono abbastanza ricco. Questi grandi partiti, il

clamores, imperia, eburata vehicla, pallas,
                                              purpuram
nil moror, quae in servitutem sumptibus redigunt
                                                              viros.
Eun. Dic mihi, si audes, quis ea est quam vis ducere
                                                          uxorem? 170
Me.   Eloquar.
No[vi]stin hunc senem Euclionem ex proxumo
                                                        pauperculum?
Eun. Novi, hominem hau malum mecastor.
Me.   Eiius cupio filiam
virginem mi desponderi. Verba ne facias, soror.
Scio quid dictura es: hanc esse pauperem. Haec
                                                pauper placet.
Eun. Di bene vortant.
Me.   Idem ego spero.
Eun.   Quid me? Num quid vis?
Me.   Vale. 175
Eun. Et tu, frater. –
Me.   Ego conveniam Eúclionem, si domi est.
Sed eccum <video>. Nescio unde sese homo recipit
                                                       domum.

EUCLIO MEGADORUS

Euc. Praesagibat mi animus frustra me ire, quom exibam
                                                            domo;
itaque abibam invitus; nam neque quisquam
                                                       curialium
venit neque magister quem dividere argentum
                                                     oportuit. 180
Nunc domum properare propero, nam egomet sum
                                        hic, animus domi est.
Me. Salvos atque fortunatus, Euclio, semper sies.
Euc. Di te ament, Megadore.
Me.   Quid tu? Recten atque ut vis vales?
Euc. Non temerarium est ubi dives blande appellat

sussiego, le pingui doti, gli applausi, il potere, le carrozze d'avorio, i mantelli e la porpora, a me non fanno né caldo né freddo. Son cose che rendono schiavi gli uomini, con tutte le spese che comportano.[18]

Eun. Dimmelo, per favore: chi è quella che vuoi sposare?
Me. Ti dirò. Lo conosci Euclione, quel vecchio morto di fame che abita qui vicino?
Eun. Sì che lo conosco, per Castore. E non è un uomo malvagio.
Me. Sua figlia, quella giovinetta, vorrei che mi fosse promessa in moglie. So quello che stai per dirmi: che è povera. E povera mi piace.[19]
Eun. Che degli dèi ti assistano.
Me. È quel che spero anch'io.
Eun. Senti. Hai ancora bisogno me?
Me. Statti bene.
Eun. E tu pure, fratello. (*Si allontana.*)
Me. Adesso vado da Euclione, se è in casa. Ma eccolo là. Non capisco da dove stia arrivando, quell'uomo.

EUCLIONE MEGADORO

Euc. Me lo diceva, il cuore, mentre uscivo di casa, che ci sarei andato inutilmente. E per questo ci andavo a malincuore. E già, della curia nessuno si è fatto vivo, meno che meno il capo che doveva distribuire la pecunia. Che fretta, ora, di fare in fretta per arrivare a casa. Perché io sono qui, ma il mio cuore è a casa.[20]
Me. Che tu sia sempre sano e fortunato, Euclione.
Euc. Che gli dèi ti proteggano, Megadoro.
Me. E tu? Vai proprio bene come desideri?
Euc. (*tra sé*) Non è un caso, no, che un riccone si rivolga con

               pauperem.
 Iam illic homo aurum scit me habere, eo me salutat
                blandius. 185
Me. Ain tu te valere?
Euc.   Pol ego hau perbene a pecunia.
Me. Pol si est animus aequos tibi, sat[is] habes qui
            bene vitam colas.
Euc. Anus hercle huic indicium fecit de auro, perspicue
              palam est,
 quoí ego iam linguam praecidam atque oculos
             ecfodiam domi.
Me. Quid tu solus tecum loquere?
Euc.   Meam pauperiem conqueror. 190
 Virginem habeo grandem, dote cassam atque
              inlocabilem,
 neque eam queo locare quoiquam.
Me.   Tace, bonum habe animum, Euclio.
 Dabitur, adiuvabere a me. Dic, si quid opust,
               impera.
Euc. Nunc petit, quom pollicetur; inhiat aurum ut
              devoret.
 Altera manu fert lapidem, panem ostentat altera. 195
 Nemini credo qui large blandust dives pauperi:
 ubi manum inicit benigne, ibi onerat aliquam
               zamiam.
 Ego istos novi polypos qui ubi quicquid tetigerunt
               tenent.
Me. Da mi operam parumper, si operaest, Euclio, id
             quod te volo
 de communi re appellare méa et tua.
Euc.   Ei misero mihi, 200
 aurum mi intus harpagatum est. Nunc hic eam rem
              volt, scio,
 mecum adire ad pactionem. Verum intervisam
              domum.
Me. Quó abis?
Euc. Iam revortar ad te: nam est quod invisam domum –
Me. Credo edepol, ubi mentionem ego fecero de filia,

cortesia a un poveraccio. Questo qui sa già tutto del tesoro mio, per questo mi fa tanti complimenti.
Me. Che mi stai dicendo? Stai bene?
Euc. Per Polluce, io, quanto a pecunia, niente bene, no.
Me. Per Polluce, se hai l'animo in pace, ne hai abbastanza per viver bene.
Euc. Accidenti, la vecchia gli ha soffiato qualcosa del tesoro. È sin troppo evidente. Ma io, a quella, non appena arrivo a casa, le taglio la lingua, le cavo gli occhi.
Me. Ma che stai dicendo tra di te?
Euc. È della mia povertà che mi lamento. È da marito, mia figlia, ma non ha dote, e allora chi se la prende? Non mi riesce proprio di maritarla.[21]
Me. Stattene buono, Euclione, e su con la vita. Avrà la sua dote, io stesso ti aiuterò. Parla, se hai bisogno, comanda.
Euc. Promette di dare, lui, ma vuole prendere. Eccolo lì a bocca aperta per divorare il mio tesoro. Nasconde il sasso in una mano, con l'altra mostra la pagnotta. Non mi fido, no, di un riccone che fa tante smorfie a un poveraccio. Con la mano che offrono da amici, loro ti rifilano qualche malanno. Li conosco bene, questi polipi, che non mollano più tutto quel che riescono a toccare.[22]
Me. Prestami un poco di attenzione, Euclione, se ti va. Voglio parlarti, brevemente, di qualcosa che ci riguarda tutti e due. Io e te.
Euc. Oh povero me! Là dentro il tesoro mi è stato rapinato.[23] E lui vuole, adesso, lo capisco, venire a patti con me. Vado subito in casa a controllare.
Me. Dove vai?
Euc. Ritorno subito da te. Adesso ho qualcosa da controllare in casa. (*Entra nella sua casa.*)
Me. Per Polluce, credo proprio che, quando gli parlerò del-

mi ut despondeat, sese a me derideri rebitur; 205
neque illo quisquam est alter hodie ex paupertate
                                        parcior.

Euc. Di me servant, salva res est. Salvom est si quid non
                                              perit.
    Nimi' male timui. Priu' quam intro redii,
                                          exanimatus fui.
    Redeo ad te, Megadore, si quid me vis.
Me.   Habeo gratiam.
    Quaeso, quod te percontabor, ne id te pigeat
                                          proloqui. 210
Euc. Dum quidem né quid perconteris quod non lubeat
                                          proloqui.
Me. Dic mihi, quali me arbitrare genere prognatum?
Euc.   Bono.
Me. Quid fide?
Euc.   Bona.
Me.   Quid factis?
Euc.   Neque malis neque inprobis.
Me. Aetatem meam scis?
Euc.   Scio esse grandem, item ut pecuniam.
Me. Certe edepol equidem te civem sine mala omni
                                           malitia 215
    semper sum arbitratus et nunc arbitror.
Euc.   Aurum huic olet.
    Quid nunc me vis?
Me.   Quoniam tu me et ego te qualis sis scio,
    quae res recte vortat mihique tibique tuaeque filiae,
    filiam tuam mi uxorem posco. Promitte hoc fore.
Euc. Heia, Megadore, hau decorum facinus tuis factis
                                             facis, 220
    ut inopem atque innoxium aps te atque aps tuis me
                                             inrideas.
    Nam de te neque re neque verbis mérui uti fáceres
                                             quod facis.
Me. Neque edepol ego te derisum venio neque derideo,
    neque dignum arbitror.
Euc.   Qur igitur poscis meam gnatam tibi?

la figlia perché me la conceda, lui si crederà che lo voglia sfottere. No, non c'è nessuno che sia più tirchio di lui, per colpa della sua povertà.
Euc. (*tra sé, uscendo*) Grazie a dio, il mio tesoro è salvo. Salvo è ciò che non è perduto. Troppa paura mi son preso. Prima di entrare ero proprio mezzo morto. (*A Megadoro*) Sono da te, Megadoro, se da me desideri qualcosa.
Me. Ti ringrazio; e ti prego: non ti rincresca di rispondere a quanto ti chiederò.
Euc. Ma sì, purché tu non mi venga a chiedere cose cui mi rincresca di rispondere.
Me. Dimmi, tu che ne pensi della mia famiglia?
Euc. Bene.
Me. E della mia reputazione?
Euc. Buona.
Me. E della mia condotta?
Euc. Cattiva no, disonesta neppure.
Me. La mia età, la conosci, no?
Euc. So che è abbondante come la tua ricchezza.
Me. Te, io ti ho sempre considerato, e sempre ti considero, come uomo privo di ogni malizia.
Euc. (*tra sé*) Questo sta fiutando il tesoro.[24] (*Forte*) Che cosa vuoi da me?
Me. Visto che sai di me come io so di te, con il voto che tutto possa riuscir bene per me, per te e per la giovane, io ti chiedo in moglie tua figlia. Dammi la tua parola.
Euc. No, Megadoro, non è bello che tu faccia così, prendendo in giro un poveraccio come me, che non ha fatto torto a te e ai tuoi. Mai me lo sono meritato, per fatti o parole, che tu mi trattassi come stai facendo.
Me. Per Polluce, non ti ho deriso, io, e non ti derido, e sono convinto che tu non meriti di esserlo.
Euc. Perché allora mi chiedi mia figlia?

Me. Ut propter me tibi sit melius mihique propter té et tuos. 225
Euc. Venit hoc mihi, Megadore, in mentem, ted esse hominem divitem,
factiosum, mé item esse hominem pauperum pauperrumum;
nunc si filiam locassim meam tibi, in mentem venit
te bovem esse et mé esse asellum: ubi tecum coniunctus siem,
ubi onus nequeam ferre pariter, iaceam ego asinus in luto, 230
tu me bos magis hau respicias gnatus quasi numquam siem.
Et te utar iniquiore ét meu' me ordo inrideat,
neutrubi habeam stabile stabulum, si quid divorti fuat:
asini me mordicibus scindant, bóves incursent cornibus.
Hoc magnum est periclum, ab asinis ad boves transcendere. 235
Me. Quam ad probos propinquitate proxume te adiunxeris,
tam optumumst. Tu condicionem hanc accipe, ausculta mihi,
atque eam despondé mi.
Euc. At nihil est dotis quod dem.
Me. Ne duas.
Dum modo morata recte veniat, dotata est satis.
Euc. Eo dico, ne me thensauros repperisse censeas. 240
Me. Novi, ne doceas. Desponde.
Euc. Fiat. Sed pro Iuppiter,
num ego disperii?
Me. Quid tibi est?
Euc. Quid crepuit quasi ferrum modo? –
Me. Hic apud me hortum confodere iussi. Sed ubi hic est homo?
Abiit neque me certiorem fecit. Fastidit mei, 245
quia videt me suam amicitiam velle: more hominum

Me. Perché tu viva meglio, per opera mia, ed io pure, grazie a te e ai tuoi.

Euc. Sai cosa mi assilla, Megadoro? Che tu sia ricco e influente, mentre io sono il più misero dei miseri. Se ti concedessi mia figlia, penso che saresti tu il bue ed io l'asino. Una volta che fossi aggiogato con te, e non potessi sostenere i pesi come te, io finirei nel fango e tu, bue, non ti degneresti nemmeno di guardarmi, come se non fossi mai nato. Me la farei con uno troppo in alto e i miei pari mi deriderebbero. Non avrei una stalla sicura da nessuna parte, nel caso che nascesse tra noi un contrasto; gli asini mi sbranerebbero a morsi, i buoi mi prenderebbero a cornate. C'è questo pericolo, ed è grande, a promuoversi da asino a bue.

Me. Quanto più ti congiungi in parentela con gente dabbene, tanto meglio ti trovi. Accoglila, la mia domanda, ascoltami, promettimi tua figlia.

Euc. E la dote? Io non ho nulla da darle.

Me. E tu non darla. Basta che venga da me ben costumata, la sua dote è sufficiente.

Euc. Te lo dico perché tu non abbia a credere che io ho trovato dei tesori.

Me. Lo so, non farmi la lezione. Concedimi tua figlia.

Euc. Sia. Ma per il sommo Giove, forse che sono già morto, io?

Me. Che ti succede?

Euc. Cos'è questo rumore? Proprio ora... Sembra un ferro... (*Rientra rapidamente in casa.*)

Me. L'ho dato io, l'ordine di zappare nel mio giardino. Ma dove si è cacciato quell'uomo? È andato via e manco mi ha risposto. Gli sono antipatico perché vede che sto cercando la sua amicizia. Fa come tutti. Perché se un ricco

                                                    facit;
nam si opulentus it petitum pauperioris gratiam,
pauper metuit congrediri, per metum male rem
                                                           gerit.
Idem, quando occasio illaec periit, post sero cupit.
Euc. Si hercle ego te non elinguandam dedero usque ab
                                                      radicibus, 250
impero auctorqué sum ut tú me quoivis
                                                 castrandum loces.
Me. Video hercle ego te me arbitrari, Eúclio, hominem
                                                   idoneum,
quem senecta aetate ludos facias, hau merito meo.
Euc. Neque edepol, Megadore, facio, neque, si cupiam,
                                                   copia est.
Me. Quid nunc? Etiam mihi despondes filiam?
Euc.   Illis legibus, 255
cum illa dote quam tibi dixi.
Me.   Sponden ergo?
Euc.   Spondeo.
Me. Istuc di bene [vortant] –
Euc.   Ita di faxint. Illud facito ut memineris,
convenisse ut ne quid dotis mea ad te adferret filia.
Me. Memini.
Euc.   At scio quo vos soleatis pacto perplexarier:
pactum non pactum est, non pactum pactum est,
                                         quod vobis lubet. 260
Me. Nulla controvorsia mihi tecum erit. Sed nuptias
num quae caussa est hodie quin faciámus?
Euc.   Immo édepol optuma.
Me. Ibo igitur, parabo. Numquid me vis?
Euc.   Istuc. Í et vale.
Me. Heus, Strobile, sequere propere me ad macellum
                                                strenue. –
Euc. Illic hinc ábiit. Di inmortales, opsecro, aurum quid
                                                 valet! 265
Credo ego illum iam indaudisse mi esse
                                           thensaurum domi.
Id inhiat, ea adfinitatem hanc opstinavit gratia.

va a chiedere un favore a chi è più povero, questi ha paura di incontrarlo e, per tale paura, butta via l'occasione. E poi, quando l'occasione è perduta, si mangia le dita, ma è tardi.

Euc. (*esce di casa ma si rivolge verso l'interno*) Per Ercole, la lingua, a te, se non te la faccio strappare sin dalle radici, io stabilisco e comando, io: consegnami a chi vuoi perché mi castri.

Me. Per Ercole, capisco che tu mi consideri, Euclione, l'uomo giusto da sfottere per via dei suoi anni. Ma io non me lo merito.

Euc. Ma no, Megadoro, non è questo che sto facendo. E poi, anche se volessi farlo, non ne sarei capace.

Me. E allora? Ti decidi a concedermi tua figlia?

Euc. Alle condizioni che sai, con quella dote che ti ho detto.

Me. Me la concedi, allora?

Euc. La concedo.

Me. Che gli dèi ci siano benevoli.

Euc. Benevoli, sì. Ma tu cerca di ricordartelo: siamo d'accordo, noi, che mia figlia di dote non ti porta niente.

Me. Certo che me ne ricordo.

Euc. Ma lo so, lo so io come imbrogliate le carte, voialtri: il patto non è un patto, il non patto è un patto, così come vi gira.

Me. No, non ci sarà nessuna bega tra di noi. Ma le nozze, perché non le facciamo proprio oggi?

Euc. Per Polluce, è un'ottima idea.

Me. Allora vado, e preparo. Desideri qualcosa?

Euc. Questo: va' e stammi bene.

Me. (*rivolgendosi ad un servo*) Ehi, tu, Strobilo, vieni con me. Presto, al mercato!

Euc. Se ne è andato! O dèi immortali, vi chiamo a testimoni: com'è potente l'oro! Sono convinto che quello l'ha fiutato già che a casa ci ho un tesoro, io. Spalanca le fauci, lui, ed è per questo che insiste per imparentarsi con me.

AULULARIA · ACTUS II

EUCLIO STAPHYLA

Euc. Ubi tu es quae deblateravisti iam vicinis omnibus
    meae me filiae daturum dotem? Heus, Staphyla, te
        voco.
    Ecquid audis? Vascula intus pure propera atque
        elue: 270
    filiam despondi ego: hodie huic nuptum Megadoro
        dabo.
Sta. Di bene vortant. Verum ecastor non potest,
        subitum est nimis.
Euc. Tace atque abi. Curata fac sint quom a foro redeam
        domum;
    atque aedis occlude; iam ego hic adero. –
Sta..   Quid ego nunc agam?
    Nunc nobis prope adest exitium, mihi atque erili
        filiae, 275
    nunc probrum atque partitudo prope adest ut fiat
        palam;
    quod celatum atque occultatum est usque adhuc,
        nunc non potest.
    Ibo intro, ut erus quae imperavit facta, quom
        veniat,sient.
    Nam ecastor malum maerore metuo ne mixtum
        bibam. –

STROBILUS ANTHRAX CONGRIO

Str. Postquam opsonavit erus et conduxit coquos   280
    tibicinasque hasce apud forum, edixit mihi
    ut dispertirem opsonium hic bifariam.
An. Mequidem hercle, dicam <pro>palam, non divides;
    si quo tu totum me ire vis, operam dabo.
Co. Bellum et pudicum vero prostibulum popli.   285
    Post si quis vellet, te hau non velles dividi.
Str. Atque ego istuc, Anthrax, aliovorsum dixeram,
    non istuc quod tu insimulas. Sed erus nuptias

EUCLIONE STAFILA

Euc. (*rivolgendosi verso la sua casa*) Ehi, dove sei tu che hai strombazzato a tutti i vicini che sto per dare una dote a mia figlia? Ehi, Stafila, è te che sto chiamando. Ci senti o non ci senti? (*La donna esce.*) Sbrigati a lavare le stoviglie, in casa, e a tutta velocità. Ho promesso in sposa mia figlia. Oggi stesso la darò in moglie a Megadoro.

Sta. Che gli dèi ci aiutino. Non si può, per Castore. Subito subito è troppo presto.

Euc. Taci e va'. Fa' che tutto sia pronto, quando sarò di ritorno dal foro. E chiudi bene la casa. In un attimo sarò di nuovo qui. (*Esce.*)

Sta. E io, adesso, che cosa faccio? La rovina, ora, è vicina a noi, a me e alla figlia del padrone, ora la vergogna ci precipita addosso perché il parto sta per avvenire. Ciò che sinora era celato e nascosto, ora non può più esserlo. Rientro in casa perché, quando ritorni il padrone, sia pronto tutto quel che ha comandato. Per Castore, ho una gran paura che dovrò sorbirmi mali e malanni mescolati.[25] (*Rientra in casa.*)

STROBILO ANTRACE CONGRIONE

Str. (*arrivando dal mercato con due cuochi, due flautiste e varie provviste*) Ha fatto la spesa in piazza, il padrone, e ha ingaggiato i cuochi e queste flautiste. Mi ha anche ordinato di dividere la spesa, qui, in due parti.[26]

An. Per Ercole, di me – te lo dico chiaro e tondo – non farai due parti. Se invece vuoi che me ne vada tutto intero da qualche parte, lo farò senza meno.

Co. Quanto è bello e pudico questo pubblico lupanare. Se qualcuno volesse, non ti spiacerebbe, neh, di farti aprire di dietro.

Str. Ma Antrace! Io l'intendevo in altro modo, non come fingi di credere tu. Il fatto è che il mio padrone oggi si

	meus hodie faciet.	
An.	Quoiius ducit filiam?	
Str.	Vicini huius Euclionis <hinc> e proxumo.	290
	Ei adeo opsoni hinc iussit dimidium dari,	
	coquom alterum itidemque alteram tibicinam.	
An.	Nempe huc dimidium dicis, dimidium domum?	
Str.	Nemp' sicut dicis.	
An.	Quid? Hic non poterat de suo	
	senex ópsonari filiai nuptiis?	295
Str.	Vah.	
An.	Quid negotist?	
Str.	Quid negoti sit rogas?	
	Pumex non aeque est ardus atque hic est senex.	
An.	Ain tandem?	
Co.	Ita esse ut dicis!	
Str.	Tute existuma:	
	* * * <existumat>	
	suam rem periisse seque eradicarier.	
	Quin divom atque hominum clamat continuo	
	fidem,	300
	de suo tigillo fumus si qua exit foras.	
	Quin, quom it dormitum, follem opstringit ob	
	gulam.	
An.	Qur?	
Str.	Ne quid animae forte amittat dormiens.	
An.	Etiamne opturat inferiorem gutturem,	
	ne quid animai forte amittat dormiens?	305
Str.	Haec mihi te ut tibi med aequom est, credo,	
	credere.	
An.	Immo equidem credo.	
Str.	Át scin etiam quomodo?	
	Aquam hercle plorat, quom lavat, profundere.	
An.	Censen talentum magnum exorari pote	
	ab istóc sene, ut det qui fiamus liberi?	310
Str.	Famem hercle utendam si roges, numquam dabit.	
	Quin ipsi pridem tonsor unguis dempserat:	
	conlegit, omnia apstulit praesegmina.	
An.	Edepol mortalem parce parcum praedicas.	

sposa.
An. Chi prende in moglie?
Str. La figlia di questo Euclione qui, il vecchio nostro vicino. Mi ha ordinato di dargli la metà della spesa, uno dei due cuochi, una delle due flautiste.
An. Vuoi dire metà qui e metà in casa vostra?
Str. Come hai detto.
An. Come? Il vecchio non poteva farsela lui la spesa per la figlia?
Str. Puah!
An. Che c'è?
Str. Tu mi chiedi che c'è? La pomice stessa è meno arida di questo vecchiardo.[27]
An. Dici sul serio?
Co. È davvero come dici tu?
Str. Giudica, tu stesso. [...] Quello dice che la roba sua è andata persa, che lui stesso è spiantato. Non smette mai, quello, di invocare il soccorso divino ed umano, solo che un fil di fumo s'involi dal suo focolare. Quello, quando va a dormire, s'attacca alla bocca un soffietto.
An. E perché?
Str. Per non perdere, mentre dorme, neanche un poco di fiato.
An. E la bocca di sotto? Se la tappa anche quella per non perdere, nel sonno, qualche po' di quel fiato?
Str. Credo che tu debba credermi, come io credo a te.
An. Ti credo, altroché.
Str. Ma non sai il resto? Per Ercole, quando si lava piange. Per l'acqua che va persa.
An. Tu pensi che si possa andare da questo vecchio a chiedergli un talento perché possiamo farci liberi?
Str. Per Ercole, lui non ti darebbe nemmeno la fame, se gliela chiedessi in prestito. Tempo fa il barbiere gli aveva tagliato le unghie: e lui li raccoglie, quei ritagli, e se li porta via. Tutti quanti.
An. Per Polluce, l'uomo che dipingi è uno spilorcio sputato.

Str. Censen vero adeo ess' parcum et misere vivere? 315
Pulmentum pridem eripuit ei miluos:
homo ad praetorem deplorabundus venit;
infit ibi postulare plorans, eiulans,
ut sibi liceret miluom vadarier.
Sescenta sunt quae memorem, si sit otium. 320
Sed uter vostrorum est celerior? Memora mihi.
An. Ego, ut múlto melior.
Str.   Coquom ego, non furem rogo.
An. Coquom ergo dico.
Str.   Quid tu ais?
Co.   Sic sum ut vides.
An. Coquos ille nundinalest, in nonum diem
solet ire coctum.
Co.   Tun, trium lítterarum homo, 325
me vituperas? Fur.
An.   Etiam fur, trifurcifer.

STROBILUS ANTHRAX CONGRIO

Str. Tace nunciam tu, atque agnum hinc uter est
                                                      pinguior
<cape atque abi intro ad nos.>
An.   Licet. –
Str.   Tu, Congrio,
hunc sume atque abi intro illo, et vos illum
                                                      sequimini.
Vos ceteri ite huc ad nos.
Co.   Hercle iniuria 330
dispertivisti: pinguiorem agnum isti habent.
Str. At nunc tibi dabitur pinguior tibicina.
I sane cum illo, Phrugia. Tu autem, Eleusium,
huc intro abi ad nos.
Co.   O Strobile subdole,
huccine detrusti me ad senem parcissumum? 335
Ubi si quid poscam, usque ad ravim poscam prius
quam quicquam detur.

Str. Ti sei convinto di quanto avaro sia? Di come miseramente viva? Un nibbio, giorni fa, gli ha rubato un pezzo di carne, e lui corre dal pretore, tutto in lacrime, e lì frignando e uggiolando chiede di poter intentare un processo al nibbio... Ce ne fosse il tempo, potrei raccontartene a bizzeffe. Ma tra voi due chi è il più svelto? Fammelo sapere.
An. Il più svelto sono io, e tanto.
Str. Sto cercando un cuoco, non un ladro.[28]
An. Parlo proprio del cuoco.
Str. (*a Congrione*) E tu, che mi dici?
Co. Sono come mi vedi.
An. È un cuoco da strapazzo, buono per mercati da strapazzo.
Co. Osi insultarmi, tu, uomo da due sillabe: ladro.
An. Tu invece, furfante da triplice forca...

STROBILO ANTRACE CONGRIONE

Str. Taci, subito, tu. L'agnello più grasso, fra questi due, prendilo su ed entra in casa nostra.
An. Va bene.
Str. Tu, Congrione, prendi l'altro e vattene là dentro; e voi seguitelo. Voialtri entrate da noi.
Co. Per Giove, hai fatto le parti ingiustamente. Loro hanno l'agnello più grasso.
Str. E allora beccati la flautista più grassa. Da brava, Frigia, vattene insieme con lui. Tu invece, Eleusia, vieni con noi in casa.
Co. Tu, imbroglione di uno Strobilo, mi sbatti qui dentro, eh, dal vecchio più spilorcio che ci sia? Se chiederò qualcosa, qui dentro, dovrò gridare sino a perdere la voce prima che mi sia data...

Str.   Stultu's, et sine gratia est
ibi recte facere, quando quod facias perit.
Co.   Qui vero?
Str.   Rogitas? Iam principio in aedibus
turba istic nulla tibi erit: siquid uti voles,   340
domo aps te adferto, ne operam perdas poscere.
Hic autem apud nos magna turba ac familia est,
supellex, aurum, vestis, vasa argentea:
ibi si perierit quippiam (quod te scio
facile apstinere posse, si nihil obviam est),   345
dicant: coqui apstulerunt, comprehendite,
vincite, verberate, in puteum condite.
Horum tibi istic nihil eveniet (quippe qui
ubi quid surrupias nihil est). Sequere hac me.
Co.   Sequor.

STROBILUS STAPHYLA CONGRIO

Str.   Heus, Staphyla, prodi atque ostium aperi.
Sta.   Qui vocat?   350
Str.   Strobilus.
Sta.   Quid vis?
Str.   Hos ut accipias coquos
tibicinamque opsoniumque in nuptias.
Megadorus iussit Euclioni haec mittere.
Sta.   Cererin, Strobile, has sunt facturi nuptias?
Str.   Qui?
Sta.   Quia temeti nihil allatum intellego.   355
Str.   At iam adferetur, si a foro ipsus redierit.
Sta.   Ligna hic apud nos nulla sunt.
Co.   Sunt asseres?
Sta.   Sunt pol.
Co.   Sunt igitur ligna, ne quaeras foris.
Sta.   Quid, inpurate? Quamquam Volcano studes,
cenaene caussa aut tuae mercedis gratia   360

Str. Sei uno sciocco e un ingrato. Far del bene a te, è fatica sprecata.
Co. E perché?
Str. Me lo chiedi? Punto primo, in questa casa non c'è pericolo di ressa. Ti serve qualcosa? Te la porti da casa tua senza perder tempo a chiederla. Da noi invece c'è troppa gente, troppa servitù, suppellettili, oro, vesti, vasi d'argento. Se per caso manca qualcosa, – lo so che tu non tocchi nulla, se non hai nulla sottomano – tutti a gridare: «L'han rubata i cuochi, prendeteli, legateli, frustateli, sbatteteli nel pozzo». A te, di là, nulla di questo può succedere, dato che non c'è nulla che tu possa fregare. Avanti, per di qua, seguimi.
Co. Ti seguo.

STROBILO STAFILA CONGRIONE

Str. Ehi, Stafila, vieni fuori, apri la porta.
Sta. (*affacciandosi alla porta della casa di Euclione*) Chi mi cerca?
Str. Io, Strobilo.
Sta. Che cosa vuoi?
Str. Che tu faccia entrare questi cuochi, la flautista e la spesa per le nozze. Megadoro mi ha ordinato di portare tutto ad Euclione.
Sta. O Strobilo, che si fanno in onor di Cerere queste nozze?
Str. Perché?
Sta. Perché qui, di vino, vedo che non ne han portato nemmeno una goccia.[29]
Str. Lo porteranno, sì, non appena il padrone fa ritorno dal foro.
Sta. Qui da noi non c'è legna.
Co. Ci sono le travi?
Sta. Certo che ci sono.
Co. Allora c'è, la legna, senza cercarla fuorivia.
Sta. Ma cosa vuoi, razza di puzzone? Poi che sei devoto a Vulcano, che pretendi? Che la casa la mettiamo a fuoco

AULULARIA · ACTUS II

      nos nostras aedis postulas comburere?
Co. Hau postulo.
Str.   Duc istos intro.
Sta.   Sequimini. –

PYTHODICUS (STROBILUS?)

Py. Curate. Ego intervisam quid faciant coqui;
      quos pol ut ego hodie servem cura maxuma est.
      Nisi unum hoc faciam, ut in puteo cenam coquant: 365
      ind' coctam susum subducemus corbulis.
      Si autem deorsum comedent si quid coxerint,
      superi incenati sunt et cenati inferi.
      Sed verba hic facio, quasi negoti nil siet,
      rapacidarum ubi tantum siet in aedibus.   370

EUCLIO CONGRIO

Euc. Volui animum tandem confirmare hodie meum,
       ut bene haberem me filiai nuptiis.
       Venio ad macellum, rogito piscis: indicant
       caros; agninam caram, caram bubulam,
       vitulinam, cetum, porcinam: cara omnia.   375
       Atque eo fuerunt cariora, aes non erat.
       †Abeo iratus illinc, quoniam† nihil est qui emam.
       Ita illís inpuris omnibus adii manum.
       Deinde egomet mecum cogitare intervias
       occepi: festo die si quid prodegeris,   380
       profesto egere liceat, nisi peperceris.
       Postquam hanc rationem ventri cordique edidi,
       accessit animus ad meam sententiam,
       quam minimo sumptu filiam ut nuptum darem.
       Nunc tusculum emi et hasc' coronas floreas: 385
       haec imponentur in foco nostro Lari,

per la cena o per la tua paga?
Co. Non pretendo tanto.
Str. Falli entrare.
Sta. Seguitemi. (*Entrano nella casa di Euclione: Congrione, la flautista, i servi; Strobilo si allontana.*)

PITODICO (STROBILO?)

Pi. (*esce dalla casa di Megadoro e si rivolge verso l'interno*) Attenzione, voi. Io vado a vedere che combinano i cuochi. Oggi ho questo compito, io. È il più serio, dover sorvegliare quella gente. A meno che io non faccia così: loro cucinano nel pozzo e i piatti, poi, vengon tirati su con delle ceste. Ma se quelli là sotto sbafano quel che vanno cucinando, che succede? Che i superi restano a pancia vuota, gli inferi a pancia piena. Ma perché mi perdo in chiacchiere, come se non ci avessi nulla da fare, con tutti quei rapaci che si aggirano per la casa...

EUCLIONE CONGRIONE

Euc. (*arrivando dal foro; tra sé*) Oggi volevo tirarmi su il morale, e trattarmi bene, visto che mia figlia si sposa. Arrivo al mercato, chiedo il prezzo dei pesci. Me ne mostrano, cari. Caro l'agnello, caro il bue, vitello e tonno e porco: tutto caro.[30] Più cari che mai, dato che non avevo un soldo. Me ne vado via, indignato, perché non c'è nulla che possa comprare. Ma così li ho fregati tutti, quei puzzoni. E poi strada facendo comincio a ragionare tra di me. «Se nel giorno di festa sperperi, in quelli feriali dovrai tirar la cinghia, per non aver risparmiato». Dopo aver regalato questo bel discorso alla mia pancia e al mio cuore, l'animo mio si volse a questa decisione: maritar la figlia con il minimo dei minimi di spesa. Ho acquistato, quindi, un pizzichino di incenso, questo qui, e corone di fiori. Le appenderò sul focolare del Genio do-

AULULARIA · ACTUS II

      ut fortunatas faciat gnatae nuptias.
      Sed quid ego apertas aedis nostras conspicor?
      Et strepitust intus. Numnam ego compilor miser?
Co. Aulam maiorem, si pote, ex vicinia   390
     pete: haec est parva, capere non quit.
Euc.   Ei mihi,
      perii hercle. Aúrum rapitur, aula quaeritur.
      Nimirum occidor, nisi ego intro huc propere
                                propero currere.
      Apollo, quaeso, subveni mi atque adiuva,
      confige ságittis fures thensaurarios,   395
      qui | in re tali iam subvenisti antidhac.
      Sed cesso priu' quam prosus perii currere.

ANTHRAX

An. Dromo, desquama piscis. Tu, Machaerio,
     congrum, murenam exdorsua quantum potest.
     Ego hinc artoptam ex proxumo utendam peto   400
     a Congrione. Tu istum gallum, si sapis,
     glabriorem reddes mihi quam volsus ludiust.
     Sed quid hoc clamoris oritur hinc ex proxumo?
     Coqui hercle, credo, faciunt officium suom.
     Fugiam intro, ne quid hic itidem turbae fuat.   405

mestico perché le nozze di mia figlia siano fortunate. Ma cosa vedo? La mia casa è tutta spalancata! E che razza di baccano là dentro! O povero me, forse mi stanno rapinando?

Co. (*dentro casa, ad un servo*) Una pentola più grande, se è possibile. Chiedila ai vicini. Questa è piccola, non basta.

Euc. Ahimè! Sono morto, per Ercole! Rapiscono il tesoro, cercano la pentola.[31] Finito, sono finito, se non mi precipito là dentro. Apollo, ti prego, aiutami tu, soccorrimi tu. Trafiggili, tu, con le tue frecce, i rapitori del tesoro, come hai già soccorso altri in simili casi. Ma perché me ne sto qui invece di precipitarmi prima di essere distrutto? (*Entra di corsa in casa.*)

ANTRACE

An. (*si affaccia alla porta della casa di Megadoro ma si rivolge all'interno*) Tu, Dromone, squama i pesci; tu, Macherione, togli le lische al grongo e alla murena, meglio che puoi. Io vado qui presso a chiedere in prestito a Congrione una teglia. Questo gallo, tu, se sei capace, devi farmelo diventare più liscio di un ballerino depilato. Ma chi è, che è questo trambusto che ci arriva dai vicini? Per Ercole, i cuochi, mi pare, fanno il loro mestiere. Rientro di corsa, che non succeda anche qui lo stesso casino.

ACTUS III

CONGRIO

Co. Attatae! Cives, populares, incolae, accolae, advenae
    omnes,
date viam qua fugere liceat, facite totae plateae
    pateant.
Neque ego umquam nisi hodie ad Bacchas veni in
    bacchanal coquinatum,
ita me miserum et meos discipulos fustibus male
    contuderunt.
Totus doleo atque oppido perii, ita me iste habuit
    senex gymnasium;   410
attat, perii hercle ego miser,
aperit bacchanal, adest,
sequitur. Scio quam rem geram: hoc
ipsu' magister me docuit.
Neque ligna ego usquam gentium praeberi vidi
    pulchrius,
itaque omnis exegit foras, me atque hos, onustos
    fustibus.

EUCLIO CONGRIO

Euc. Redi. Quó fugis nunc? Tene, tene.
Co.   Quid, stolide, clamas?   415
Euc. Quia ad trisviros iam ego deferam nomen tuom.
Co.   Quám ob rem?
Euc. Quia cultrum habes.
Co.   Coquom decet.

44

ATTO III

CONGRIONE

Co. (*esce correndo dalla casa di Euclione*) Largo! Pista! Cittadini, popolani, gente di qui, gente di campagna, forestieri, tutti quanti voi, fatemi largo perché io possa fuggire. Le piazze, tutte quante, sgombratele, tutte![32] No, non c'ero mai stato, io, prima d'oggi, a fare il cuoco alle baccanti, in mezzo a un baccanale! O povero me! Ci hanno coperto di legnate, me e i miei aiutanti. Sono tutto un dolore. No, sono morto. E così quel vecchiaccio mi ha preso per una palestra. Ahimè, per Ercole, ahimè! Sono morto, povero me. Si riapre il baccanale, mi corre dietro, è qui! Ma so io come regolarmi. Me l'ha insegnato lui, il maestro. Mai vista mai, da nessuna parte, una provvista di legna così ricca, che ci ha sbattuto fuori tutti quanti, me e questi qui, carichi di legnate.

EUCLIONE CONGRIONE

Euc. (*compare sulla porta, esce*) Torna qui! Ma dove scappi adesso? Pigliatelo, fermatelo!
Co. Pazzo, perché gridi?
Euc. Perché io denuncio ai triumviri il tuo nome, e subito.
Co. Perché?
Euc. Perché tu hai in mano un coltello.
Co. Deve avercelo, un cuoco.

Euc.   Quid comminatu's mihi?
Co.   Istuc male factum arbitror, quia non latu' fodi.
Euc. Homo nullust te scelestior qui vivat hodie,
neque quoi égo de industria amplius male plus
                              lubens fáxim.   420
Co. Pol etsí taceas, palam id quidem est: res ipsa testest;
ita fustibus sum mollior magi' quam ullu' cinaedus.
Sed quid tibi nos tactiost, mendice homo?
Euc.   Quae res?
Etiam rogitas? An quia minus quam | aequom erat
                              féci?
Co. Sine, at hercle cum magno malo tuo, si hóc caput
                              séntit.   425
Euc. Pol ego hau scio quid post fuat: tuom núnc caput
                              séntit.
Sed in aedibus quid tibi meis nam erat negoti
me apsente, nisi ego iusseram? Volo scire.
Co.   Tace ergo.
Quia venimu' coctum ad nuptias.
Euc.   Quid tu, malum, cúras
utrum crudum an coctum égo edím, nisi tu mi es
                              tutor?   430
Co. Volo scire, sínas an non sinas nos coquere hic
                              cenam?
Euc. Volo scire ego item, meae domi mean sálva futura?
Co. Utinam mea mihi modo auferam, quae ad <te>
                              tuli, sálva:
me hau paenitet, tua ne expetam.
Euc.   Scio, ne doce, nóvi.
Co. Quid est quá prohibes nunc gratia nos coquere
                              hic cenam?   435
Quid fecimus, quid diximus tibi secu' quam velles?
Euc. Etiam rogitas, sceleste homo, qui | angulos omnis
mearum aedium et conclavium mihi pervium fácitis?
Ibi ubi tibi erat negotium, ad focum si adesses,
non fissile auferres caput: merito id tibi factum est.   440
Adeo ut tu meam sententiam iam noscere possis:

Euc. Perché mi hai minacciato?
Co. Ho sbagliato. Sì, perché non ti ho bucato la pancia.
Euc. Peggiore di te, fra i vivi, non c'è nessuno, oggigiorno. Nessuno cui farei del male con più gusto.
Co. Per Polluce, anche se stai zitto, la faccenda è scoperchiata. I fatti parlano. Perché io, causa le tue bastonate, mi son fatto più floscio di un frocio.[33] Ma tu, razza di morto di fame, che ragione hai di lisciarmi?
Euc. Ragione? Forse perché ho fatto meno di quel che era giusto fare?
Co. Per Polluce, mollami, o tanto peggio per te, se questa mia testa è ancora in grado di ragionare.
Euc. Per Polluce, non lo so, io, che cosa succederà dopo: per ora la tua testa è in grado di ragionare. Ma tu, in casa mia, che ci stavi a fare in mia assenza e senza l'ordine mio? È questo che voglio sapere.
Co. Allora sta' zitto. Perché noi siamo venuti per le nozze, a cucinare.
Euc. Ma a te, farabutto, che te ne frega se mangio crudo o cotto? Sarai mica il mio tutore?
Co. Voglio saperlo: permetti o non permetti che noi prepariamo la cena da te?
Euc. E io voglio sapere se la roba di casa mia si salverà.
Co. Magari potessi portarla via intera, la mia roba che ho portato qui. Non m'importa d'altro. La roba tua non la voglio.
Euc. So tutto, io, non parlare, ho già capito.
Co. Ma perché ci impedisci di cuocere la cena in casa tua? Che abbiamo fatto, che abbiamo detto che ti possa dispiacere?
Euc. E lo domandi pure, mascalzone? Voi ficcate il naso in tutti gli angoli, in tutti i buchi di casa mia. Se tu fossi rimasto al posto tuo, accanto al fuoco, mica te ne andresti con la testa rotta. Hai avuto quel che meritavi. Perché tu possa conoscere, da subito, la mia sentenza, eccola: se ti

47

AULULARIA · ACTUS III

      si ad ianuam huc accesseris, nisi iussero, própius,
      ego te faciam miserrumus mortalis uti sis.
      Scis iam meam sententiam. –
Co.   Quo abis? Redi rúsum.
      Ita me bene amet Laverna, te <iam> iam, nisi reddi   445
      mihi vasa iubes, pipulo te hic differam ante aedis.
      Quid ego nunc agam? Ne ego edepol veni huc
                                            auspicio malo.
      Nummo sum conductus: plus iam medico
                                             mercedest opus.

EUCLIO CONGRIO

Euc. Hoc quidem hercle, quoquo | ibo, mecum erit,
                                               mecum feram,
      neque isti id in tantis periclis umquam committam
                                               ut siet.   450
      Ite sane nunc[iam] intro omnes, et coqui et
                                               tibicinae,
      etiam | intro duce, si vis, vel gregem venalium,
      coquite, facite, festinate nunciam quantum lubet.
Co. Temperi, postquam implevisti fusti fissorum caput.
Euc. Intro abí: opera huc conducta est vostra, non oratio. 455
Co. Heus, senex, pro vapulando hercle ego aps te
                                             mercedem petam.
      Coctum ego, non vapulatum, dudum conductus fui.
Euc. Lege agito mecum. Molestus ne sis. I cenam coque,
      aut abi in malum cruciatum ab aedibus.
Co.   Abi tu modo. –

EUCLIO

Euc. Illic hinc ábiit. Di inmortales, facinus audax incipit 460
      qui cum opulento pauper homine [coepit] rém
                                           habere aut negotium.
      Veluti Megadorus temptat me ómnibus miserum

avvicini a questa porta senza l'ordine mio, io ti riduco come il più disgraziato dei mortali. E ora conosci la mia sentenza.

Co. Ma dove vai? Torna indietro. Poi, che la dea dei ladri mi protegga,[34] se non mi fai ridare le mie stoviglie, io ti combino, proprio qui dinanzi a casa tua, un grandissimo casino. (*Euclione intanto è rientrato in casa sua.*) E adesso che faccio? Per Polluce, sono arrivato qui sotto cattiva stella. Mi hanno ingaggiato per un nummo; ora dovrò spender di più per farmi curare dal medico.

EUCLIONE CONGRIONE

Euc. (*esce di casa con la pentola nascosta sotto la veste*) Per Ercole, dovunque io vada, questa resterà insieme con me, con me la porterò, mica permetterò che resti qui in mezzo a tanti pericoli. (*Rivolto al cuoco*) Voi, entrate pur dentro, tutti quanti, cuochi e flautiste. Fa' entrare, se ti gira, pure una mandria di servi. Cucinate, sgobbate, muovetevi come vi pare.

Co. Alla buonora! Dopo che col bastone mi hai riempito di buchi la capoccia!

Euc. Va' dentro. L'opera vostra, non le vostre chiacchiere, è stata presa in affitto.

Co. Ehi, vecchio, ti chiederò la paga anche per le bastonate! Sono stato ingaggiato, io, per cucinare, non per farmi bastonare.

Euc. Fammi causa ma non rompere. Va', prepara la cena: oppure vattene via da questa casa e fatti mettere in croce.

Co. Vacci tu invece! (*Entra in casa insieme con i suoi aiutanti.*)

EUCLIONE

Euc. Se ne è andato. Dèi immortali, in che rischio di affare si caccia il povero che si mette a trattare con il ricco... Megadoro, per esempio, mi attacca in cento modi, po-

                                                    modis,
qui simulavit méi honóris mittere huc caussa
                                                    coquos:
is ea caussa misit, hoc qui surruperent misero mihi.
Condigne etiam meu' med intus gallus gallinacius,   465
qui erat anuí peculiaris, perdidit paenissume.
Ubi erat haec defossa, occepit ibi scalpurrire
                                                    ungulis
circumcirca. Quid opust verbis? Ita mihi pectus
                                                    peracuit:
capio fustem, obtrunco gallum, furem
                                                    manufestarium.
Credo edepol ego illi mercedem gallo pollicitos
                                                    coquos,   470
si id palam fecisset. Exemi ex manu †manubrium.
Quid opust verbis? Facta est pugna in gallo
                                                    gallinacio.
Sed Megadorus meus adfinis eccum incedit a foro.
Iam hunc non ausim praeterire quin consistam et
                                                    conloquar.

MEGADORUS EUCLIO

Me. Narravi amicis multis consilium meum   475
     de condicione hac. Euclionis filiam
     laudant. Sapienter factum et consilio bono.
     Nam meo quidem animo sí idem faciant ceteri
     opulentiores, pauperiorum filias
     ut indotatas ducant uxores domum,   480
     et multo fiat civitas concordior,
     et invídia nos minore utamur quam utimur,
     et illaé malam rem metuant quam metuont magis,
     et nos minore sumptu simus quam sumus.
     In maxumam illuc populi partem est optumum;   485
     in pauciores avidos altercatio est,
     quorum animis avidis atque insatietatibus
     neque lex neque sutor capere est qui possit modum.

vero me. I cuochi, lui, ha fatto finta di mandarli in onor mio, e invece no, lui voleva che mi svaligiassero, povero me. Degno di lui è il mio gallo. Ma sì, il gallo del peculio della vecchia, che per un pelo non mi ha rovinato. Questa pentola mia era stata appena seppellita che lui, con le sue unghiacce, si mette a raspare tutt'intorno. C'è bisogno di dirlo? M'infurio di brutto, afferro un bastone e giù, via la testa a quel ladro pescato sul fatto. Per Polluce, sono convinto che i cuochi, al gallo, gli avevano promesso un bel compenso, se scopriva il segreto.[35] Gli ho strappato l'elsa dalle mani. Che altro dire? Fu la guerra del gallo gallinaceo. Ma eccolo qui, Megadoro, il mio genero. Se ne ritorna dal foro. No, non posso più ignorarlo, bisogna che lo fermi, che gli parli.

MEGADORO EUCLIONE

Me. (*tra sé*) Ho parlato con molti amici del mio proposito di sposarmi. Dicono un gran bene, loro, della figlia di Euclione; dicono che sono stato saggio e l'ho pensata bene. È certo: se anche gli altri facessero come me, sposando le figlie dei più poveri, portandosele a casa senza dote, in città ci sarebbe più concordia, e quanto! Noi ricchi saremmo meno invidiati, le nostre mogli avrebbero maggior timore di comportarsi male, e noi, spenderemmo meno di quel che ora spendiamo. Tutto questo va bene, benissimo, per la maggioranza. Il contrasto sarebbe con quei pochi spilorci che sono così avidi e insaziabili che neppure la legge e il calzolaio possono prender-

AULULARIA · ACTUS III

Namque hoc qui dicat «Quó illae nubent divites
dotatae, si istuc ius pauperibus ponitur?». 490
Quo lubeant nubant, dum dos ne fiat comes.
Hoc sí ita fiat, mores meliores sibi
parent, pro dote quos ferant, quam nunc ferunt,
ego faxim muli, pretio qui superant equos,
sient víliores Gallicis cantheriis. 495

Euc. Ita me di amabunt ut ego hunc ausculto lubens.
Nimi' lepide fecit verba ad parsimoniam.

Me. Nulla igitur dicat: «Equidem dotem ad te attuli
maiorem multo quam tibi erat pecunia;
enim mihi quidem aequomst purpuram atque
 aurum dari, 500
ancillas, mulos, muliones, pedisequos,
salutigerulos pueros, vehicla qui vehar».

Euc. Ut matronarum hic facta pernovit probe!
Moribu' praefectum mulierum hunc factum velim.

Me. Nunc quoquo venias plus plaustrorum in aedibus 505
videas quam ruri, quando ad villam veneris.
Sed hoc étiam pulchrum est praequam ubi sumptus
 petunt.
Stat fullo, phyrgio, aurufex, lanarius;
caupones patagiarii, indusiarii,
flammarii, violarii, carinarii; 510
aut manulearií, aut murobatharii,
propolae linteones, calceolarii;
sedentárii sutores diabathrarii;
solearii astant, astant molocinarii;
petunt fullones, sarcinatores petunt; 515
strophiarii astant, astant semul zonarii.
Iam hosce apsolutos censeas: cedunt, petunt
treceni, quom stant thylacistae in atriis
textores limbularii, arcularii.
Ducuntur, datur aes. Iam apsolutos censeas, 520
cum incedunt infectores corcotarii,
aut aliqua mala crux semper est quae aliquid petat.

Euc. Compellarem ego illum, ni metuam ne desinat
memorare mores mulierum: nunc sic sinam.

gli le misure. Qualcuno potrebbe dire: «E le donne ricche, quelle con la dote, con chi si sposeranno, se per le povere si fa una legge come questa?». Be', sposino chi gli pare, purché la dote non le segua. Se le cose andassero così, le donne cercherebbero di aver miglior costume, da portare in dote, altro che la dote di adesso.[36] I muli, che costano più dei cavalli, io li farei calar di prezzo, a buon mercato più che i ronzini della Gallia.

Euc. (*a parte*) Dio come l'ascolto volentieri quest'uomo! Il suo discorso sul risparmio è proprio bello!

Me. Nessuna donna si azzarderebbe più a dire: «Io, a te, ti ho portato una dote che val più del tuo patrimonio; perciò è giusto che mi vengan regalati porpora e gioielli, serve, muli e mulattieri, valletti e messaggeri, e carrozze che mi portino in giro».

Euc. Come conosce bene gli usi delle dame, lui! Vorrei che lo nominassero prefetto dei costumi delle donne.

Me. Oggi come oggi, dovunque tu vada, vedi più vetture in città che in campagna, quando ti rechi in villa. Ma son rose e fiori al confronto di quel che ti fanno spendere. Eccoli lì: lavandaio, ricamatore, orefice, lanaiolo. E poi e poi: trafficanti in trine e camicie, tintori in arancione e violetto e giallo; sarti per le tuniche con le maniche; profumieri e venditori di biancheria; calzolai e scarpari e ciabattini; fabbricanti di sandali e di tessuti specialissimi. Eccoli lì, tutti! Eccoli lì. I lavandai bussano a denari, battono cassa i sarti. E arrivano quelli dei busti insieme con quelli delle cinture. Tu credi di averli liquidati, se ne vanno, ma subito ti assaltano in trecento, mentre già premono nell'atrio, con la borsa in mano, tessitori, merlettai e stipettari. Li fai entrare, li paghi sull'unghia, pensi di aver finito, invece no, irrompono tintori in zafferano, qualche canchero ancora, tutti a pretendere qualcosa.[37]

Euc. Vorrei chiamarlo ma non vorrei che smettesse di lodare i costumi delle donne. Be', per ora lascio che continui.

Me. Ubi nugigerulis res soluta est omnibus, 525
ibi ad postremum cedit miles, aes petit.
Itur, putatur ratio cum argentario;
miles inpransus astat, aes censet dari.
Ubi disputata est ratio cum argentario,
etiam ipsus ultro debet argentario: 530
spes prorogatur militi in alium diem.
Haec sunt atque aliae multae in magnis dotibus
incommoditates sumptusque intolerabiles.
Nam quae indotata est, ea in potestate est viri;
dotatae mactant et malo et damno viros. 535
Sed eccum adfinem ante aedis. Quid agis, Euclio?

EUCLIO MEGADORUS

Euc. Nimium lubenter edi sermonem tuom.
Me. An audivisti?
Euc.   Úsque a principio omnia.
Me. Tamen méo quidem animo aliquanto facias rectius,
si nitidior sis filiai nuptiis. 540
Euc. Pro re nitorem et gloriam pro copia
qui habent, meminerunt sese unde oriundi sient.
Neque pol, Megadore, mihi neque quoiquam
                                    pauperi
opinione melius res structa est domi.
Me. Immo est <quod satis est>, et di faciant ut siet, 545
<et> plus plusque istuc sospitent quod nunc habes.
Euc. Illud mihi verbum non placet «quod nunc habes».
Tam hoc scit me habere quam egomet. Anu' fecit
                                      palam.
Me. Quid tu te solus e senatu sevocas?
Euc. Pol ego te ut accúsem merito meditabar.
Me.   Quid est? 550
Euc. Quid sit me rogitas? Qui mihi omnis angulos
furum implevisti in aedibus misero mihi,
qui mi intro misti in aedis quingentos coquos
cum senis manibus, genere Geryonaceo;

Me. Appena li hai pagati, quei venditori di bagatelle, ecco che ti sbuca fuori un soldato che vuole la sua parte. Tu corri dal banchiere, fai i conti con lui e intanto il soldato se ne sta lì a pancia vuota e aspetta la pecunia. Però, alla fine dei conti, risulta che sei tu in debito con il banchiere. Le speranze del soldato vengono rimandate a un altro giorno. Queste sono, queste e tante altre, le gioie che ti dà una ricca dote. Queste sono le spese che ti schiacciano. La donna, se non ci ha la dote, sta sotto il potere del marito; se ce l'ha, lo sistema e l'accoppa, il maritino... Ma eccolo là, dinanzi a casa, il suocero mio... Che stai facendo, Euclione?

EUCLIONE MEGADORO

Euc. Il tuo ragionamento, l'ho ascoltato proprio con piacere.
Me. L'hai ascoltato?
Euc. Dal principio alla fine.
Me. Però, se mi è lecito dirlo, tu dovresti cercare di essere un poco più elegante per il matrimonio di tua figlia.
Euc. Eleganza secondo l'avere, decoro secondo il potere: chi se ne sta alla regola è fedele all'origine sua. No, Megadoro, nella casa dei poveri non c'è nulla di più di quel che ci si può aspettare.
Me. Avete quel che vi basta, però. Vogliano gli dèi che sia sempre così e che salvaguardino sempre meglio tutto ciò che hai.[38]
Euc. (*tra sé*) Mica mi piace quel «tutto ciò che hai». Lui lo sa, come lo so io, ciò che ho. La vecchia ha parlato!
Me. Ma perché solo soletto ti allontani dal senato?[39]
Euc. Mi stavo preparando ad accusarti, per Polluce! E a giusto titolo.
Me. Che c'è?
Euc. E me lo domandi? Tu mi hai riempito la casa, in ogni pertugio, di un branco di ladroni, povero me. Tu ci hai infilato cinquecento cuochi, ciascuno con sei mani, al

> quos si Argus servet, qui oculeus totus fuit, 555
> quem quondam Ioni Iuno custodem addidit,
> is numquam servet. Praeterea tibicinam,
> quae mi interbibere sola, si vino scatat,
> Corinthiensem fontem Pirenam potest.
> Tum opsonium autem –

Me.   Pol vel legioni sat est. 560
> Etiam agnum misi.

Euc.   Quo quidem agno sat scio
> magi' curiosam nusquam esse ullam beluam.

Me. Volo ego ex te scire qui sit agnus curio.

Euc. Quia ossa ac pellis totust, ita cura macet.
> Quin exta inspicere in sole ei vivo licet: 565
> ita is pellucet quasi lanterna Punica.

Me. Caedundum conduxi ego illum.

Euc.   Tum tu idem optumumst
> loces écferendum; nam iam, credo, mortuost.

Me. Potare egó hodie, | Euclio, tecum volo.

Euc. Non potem egó quidem hercle.

Me.   Át ego iussero 570
> cadum unum vini veteris a me adferrier.

Euc. Nolo hercle, nam mihi bibere decretum est aquam.

Me. Ego te hodie reddam madidum, si vivo, probe,
> tibi quoi decretum est bibere aquam.

Euc.   Scio quam rem agat:
> ut me deponat vino, eam adfectat viam, 575
> post hoc quod habeo ut commutet coloniam.
> Ego id cavebo, nam alicubi apstrudam foris.
> Ego faxo et operam et vinum perdiderit simul.

Me. Ego, nisi quid me vis, eo lavatum, ut sacruficem. –

Euc. Edepol, ne tu, aula, multos inimicos habes 580
> atque istuc aurum quod tibi concreditum est.
> Nunc hoc mihi factust optumum, ut ted auferam,
> aula, in Fidei fanum: ibi apstrudam probe.
> Fides, novisti mé et ego te: cave sis tibi
> ne tu immutassis nomen, si hoc concreduo. 585
> Ibo ad te fretus tua, Fides, fiducia. –

modo di Gerione. A sorvegliarli tutti, non ci riuscirebbe nemmeno quell'Argo che era tutt'occhi, al quale Giunone affidò una volta la custodia di Io. E poi quella flautista: mi prosciugherebbe la fonte Pirena di Corinto, se mai buttasse vino. Quanto alle provviste...

Me. Per Polluce, quelle basterebbero ad un esercito. Ti ho mandato pure un agnello.

Euc. L'agnello? Sono certo che in tutto il mondo non esiste animale più curione di quello.

Me. Un agnello curione? Vorrei sapere cos'è.

Euc. Tutto quanto pelle e ossa perché le cure l'hanno macerato.[40] Alla luce del sole gli puoi vedere le budella, pure da vivo. È trasparente come una lanterna punica.

Me. L'ho comperato per mangiarlo.

Euc. Per portarlo al cimitero, dovevi. Perché io lo vedo già morto.

Me. Euclione, oggi voglio brindare con te.

Euc. Per Ercole, non ci sto.

Me. Da casa mia ti farò portare un barile di vin vecchio.

Euc. Per Ercole, no. Ho deciso di bere solo acqua.

Me. Hai deciso di bere solo acqua? E io, se vivo, ti ridurrò ubriaco fradicio.

Euc. (*tra sé*) Lo so io a che cosa mira. Mi stronca col vino e si apre la strada, dopo di che la roba mia cambia indirizzo. Ma io starò in guardia, io, l'andrò a seppellire fuori casa. Farò in modo che la sua fatica ed il suo vino vadano in malora tutti insieme.

Me. Be', hai altro da dirmi? Io vado a lavarmi per il sacrificio. (*Si allontana.*)

Euc. Per Polluce, pentola mia, ce ne hai di nemici, tu e l'oro che ti è affidato. Adesso, per me, la cosa giusta è portarti via, carissima pentola,[41] là, nel tempio di Buona Fede. Ti nasconderò nel modo più sicuro. Tu mi conosci, Fede, ed io conosco te. Bada bene, ti prego: non cambiare il tuo nome, poi che ti affido questo bene. Corro da te, Fede, confidando nella tua fedeltà.[42]

ACTUS IV

LYCONIDIS SERVUS

L. S. Hoc est servi facinus frugi, facere quod ego
                                        persequor,
 ne morae molestiaeque imperium erile habeat sibi.
 Nam qui ero ex sententia servire servos postulat,
 in erum matura, in se sera condecet capessere. 590
 Sin dormitet, ita dormitet servom sese ut cogitet.
 Nam qui amanti ero sérvitutem servit, quasi ego
                                        servio,
 si erum videt superare amorem, hoc servi esse
                                        officium reor,
 retinere ad salutem, non enim quo incumbat eo
                                        impellere.
 Quasi puerí qui nare discunt scirpea induitur ratis, 595
 qui laborent minu', facilius ut nent et moveant
                                        manus,
 eodem modo servom ratem esse amanti ero
                                        aequom censeo,
 ut toleret, ne pessum abeat tamquam
                                        <catapirateria>.
 Eri ille imperium ediscat, ut quod frons velit oculi
                                        sciant;
 quod iubeat citis quadrigis citius properet persequi. 600
 Qui ea curabit apstinebit censione bubula,
 nec sua opera rediget umquam ín splendorem
                                        compedis.
 Nunc eru' meus amat fíliam huiius Euclionis
                                        pauperis;
 eam ero nunc renuntiatum est nuptum huic

ATTO IV

SERVO DI LICONIDE

Ser. È questo il compito di un buon servitore: fare come sto facendo io, perché l'ordine del padrone non soffra ritardi o negligenze. Eh sì, il servo che vuol servire il padrone secondo i suoi desideri, dev'essere sollecito nel curare gli interessi del padrone, lento nei propri. Il servo ha voglia di dormicchiare? Dormicchi, ma sempre col pensiero che lui è solo uno schiavo. Chi serve un padrone innamorato, e tocca a me, se nota che l'amore lo scombiccherà, deve cercare di salvarlo, dico io, non di spingerlo verso il precipizio. Come ai bambini che imparano a nuotare si dà un salvagente di giunco, perché nuotino più facilmente e muovano le mani, così il servo, dico io, dev'esser un salvagente per il suo padroncino innamorato, deve tenerlo su, che non affondi come uno scandaglio. Deve intuire, il servo, cosa vuole il padrone; i suoi occhi debbono leggerne sulla fronte i desideri. Gli ordini, poi, deve eseguirli più veloce d'una veloce quadriga. Chi segue queste regole si salva dal nervo di bue, non rende più lucide le catene a suo danno. Ora come ora, il mio padrone è cotto della figlia di quello spiantato di Euclione. E cosa vanno a soffiargli? Che viene data in

Megadoro dari.
Is speculatum huc misit me, ut quae fierent fieret
particeps.
Nunc sine omní suspicione in ara hic adsidam sacra;
hinc ego et huc et illuc potero quid agant
arbitrarier.

EUCLIO LYCONIDIS SERVUS

Euc. Tu modo cave quoiquam indicassis aurum meum
esse istic, Fides:
non metuo ne quisquam inveniat, ita probe in
latebris situmst.
Edepol ne illic pulchram praedam agat, si quis
illam invenerit
aulam onustam auri; verum id te quaeso ut
prohibessis, Fides.
Nunc lavabo, ut rem divinam faciam, ne adfinem
morer
quin ubi accersat meam extemplo filiam ducat
domum.
Vide, Fides, etiam atque etiam nunc, salvam ut
aulam aps te auferam:
tuae fide concredidi aurum, in tuo luco et fano
est situm. –
L. S. Di inmortales, quod ego hunc hominem facinus
audivi loqui?
Se aulam onustam auri apstrusisse hic intus in fano
Fidi.
Cave tu illi fidelis, quaeso, potius fueris quam mihi.
Atque hic pater est, ut ego opinor, huius erus quam
amat <meus>.
Ibo hinc intro, perscrutabor fanum, si inveniam
uspiam
aurum, dúm hic est occupatus. Sed si repperero, o
Fides,
mulsi congialem plenam faciam tibi fideliam.

moglie a Megadoro. Il padrone mi ha spedito qui ad esplorare perché gli dia notizia di quel che succede. Ora io mi piazzo sul sacro altare, qui, proprio qui, per non destar sospetti. Da qui potrò scoprire che cosa sta succedendo, da una parte e dall'altra.[43]

EUCLIONE SERVO DI LICODINE

Euc. (*esce dal tempio*) Attenta, Fede! Non rivelarlo a nessuno che il mio tesoro è qui. Non ho paura che qualcuno lo trovi, dato che è nascosto a regola d'arte. Accidenti, però, che razza di colpo farebbe chi arrivasse a scoprirla, la mia pentola piena zeppa d'oro! Perciò ti imploro, Fede, di impedire 'sto fatto… Ora vado a lavarmi per celebrare il sacrificio. Non voglio essere in ritardo per quando arriva lo sposo, che se la porti via subito, mia figlia. Fa' in modo, o Fede, – ancora ti supplico, ancora – che io possa riportarmela a casa, tutta sana, la pentola mia. Alla tua fede, Fede, ho affidato il mio bene, che si trova nel tuo bosco e nel tuo tempio.[44]

Ser. Dèi immortali! Che razza di affare mi è capitato di sentire da quest'uomo! Che lui ha nascosto qui dentro, nel tempio della Fede, una pentola colma d'oro. Ti prego, Fede, non esser più fedele a lui che a me. Il vecchio è il padre, se non sbaglio, della ragazza di cui il mio padrone è innamorato. M'infiltrerò qui dentro, io, perquisirò tutto il tempio, io, mentre il vecchio è occupato, e cercherò di trovare il suo tesoro. Ma se lo scopro, Fede, lo sai cosa ti offro? Un boccale da tre litri di vino mielato.[45]

Id adeo tibi faciam; verum ego mihi bibám, ubi id
fecero. –

EUCLIO

Euc. Non temere est quod corvos cantat mihi nunc ab
laeva manu;
semul radebat pedibus terram et voce croccibat
sua: 625
continuo meum cor coepit artem facere ludicram
atque in pectus emicare. Sed ego cesso currere.

EUCLIO LYCONIDIS SERVUS

Euc. <I> foras, lumbrice, qui sub terra erepsisti modo,
qui modo nusquam comparebas, nunc quom
compares peris.
[Ego] Edepol te, praestrigiator, miseris iam
accipiam modis. 630
L. S. Quae te mala crux agitat? Quid tibi mecum est
commerci, senex?
Quid me adflictas? Quid me raptas? Qua me
caussa verberas?
Euc. Verberabilissume, etiam rogitas, non fur, sed trifur?
L. S. Quid tibi surrupui?
Euc.   Redde huc sis.
L. S.   Quid tibi vis reddam?
Euc.   Rogas?
L. S. Nil equidem tibi apstuli.
Euc.   At illud quod tibi apstuleras cedo. 635
Ecquid agis?
L. S.   Quid agám?
Euc.   Auferre non potes.
L. S.   Quid vis tibi?
Euc. Pone.
L. S. Id quidem pol te datare credo consuetum, senex.

Sì, farò proprio così: io te l'offro a te ma me lo scolo me. (*Entra nel tempio.*)

EUCLIONE

Euc. (*esce dalla sua casa*) Se un corvo mi canta come adesso dalla parte sinistra, non è mica un caso, eh no. Raspava la terra con le zampe mentre gracchiava con quella sua voce: subito il mio cuore si è messo a danzare, bum bum, a sobbalzarmi nel petto. Ma perché non mi metto a correre? (*Entra nel tempio.*)

EUCLIONE SERVO DI LICONIDE

Euc. (*esce dal tempio trascinandosi dietro il servo di Liconide*) Vieni fuori, tu, verme sbucato appena dalla terra, tu che non ti facevi vedere, eh, ma adesso che ti fai vedere, muori. Per Polluce, ti accolgo come meriti, razza di imbroglione.
Ser. Che canchero ti agita? Vecchio, che hai da spartire con me? Perché mi tampini? Perché mi trascini? E per quale motivo mi bastoni?
Euc. Me lo chiedi anche, pelle da bastonate, tu, ladro tre volte ladro?
Ser. Che cosa t'ho rubato?
Euc. Avanti, rendimelo!
Ser. Che cosa vuoi che ti renda?
Euc. E me lo chiedi?
Ser. Ma io non ti ho preso niente.
Euc. Rendimi quel che mi hai rubato. Ti sbrighi?
Ser. Sbrigarmi perché?
Euc. Tanto non puoi portarlo via.
Ser. Che vuoi?
Euc. Dammelo!
Ser. Vecchio, mi sa che il vizio di darlo ce l'hai tu.

AULULARIA · ACTUS IV

Euc. Pone hoc sis, aufer cavillam, non ego nunc nugas
                                                        ago.
L. S. Quid ergo ponam? Quin tu eloquere quidquid est
                                                  suo nomine.
    Non hercle equidem quicquam sumpsi nec tetigi.
Euc.   Ostende huc manus. 640
L. S. Em tibi, ostendi, eccas.
Euc.   Video. Age ostende etiam tertiam.
L. S. Laruae hunc atque intemperiae insaniaeque agitant
                                                      senem.
    Facin iniuriam mi [annon]?
Euc.   Fateor, quia non pendes, maxumam.
    Atque id quoque iam fiet, nisi fatere.
L. S.   Quid fatear tibi?
Euc. Quid apstulisti hinc?
L. S.   Di me perdant, si ego tui quicquam apstuli, 645
    nive adeo apstulisse vellem.
Euc.   Ágedum, excutedum pallium.
L. S. Tuo arbitratu.
Euc.   Ne inter tunicas habeas.
L. S.   Tempta qua lubet.
Euc. Vah, scelestus quam benigne, ut ne apstulisse
                                                  intellegam!
    Novi sycophantias. Age rusum. Óstende huc
                                                  manum
dexteram.
L. S.   Em.
Euc.   Nunc laevam ostende.
L. S.   Quin equidem ambas profero. 650
Euc. Iam scrutari mitto. Redde huc.
L. S.   Quid reddam?
Euc.   A, nugas agis,
certe habes.
L. S.   Habeo ego? Quid habeo?
Euc.   Non dico, audire expetis.
    Id meum, quidquid habes, redde.
L. S.   Insanis: perscrutatus es
tuo arbitratu, neque tui me quicquam invenisti

Euc. Caccia fuori, via! Niente scherzi, eh, perché io faccio sul serio.

Ser. Ma cosa debbo darti? La cosa, chiamala col suo nome. Accidenti, non ho toccato nulla, io, non ho preso nulla.

Euc. Mostrami le mani.

Ser. A te. Ecco, te le ho mostrate.

Euc. Vedo. Su, mostrami la terza.[46]

Ser. (*piano, tra sé*) Gli spiriti stralunano 'sto vecchio, le furie, la follia. (*Forte*) Ma tu ce l'hai con me? Oppure no?

Euc. Certo che sì. Specie perché non stai spenzolando dalla forca. Ma questo accadrà subito, se non confessi.

Ser. Confessarti che?

Euc. Che cosa hai rubato, qui?

Ser. Gli dèi mi fottano, se mai t'ho preso qualcosa. (*Piano*) Magari l'avessi fatto.

Euc. Avanti, scuoti questo tuo mantello.

Ser. Come vuoi tu.

Euc. Ce l'hai sotto la tunica?

Ser. Vuoi tastarmi? Tastami.

Euc. Guarda come fa il carino, 'sta canaglia. Per farmi credere che lui non ha rubato. Li conosco, i trucchi. Avanti, si ricomincia. Qua, mostrami la destra.

Ser. Eccola.

Euc. E adesso la sinistra.

Ser. Ecco, te le mostro tutte e due.

Euc. Basta, non ti frugo più. Restituisci!

Ser. Restituire cosa?

Euc. Tu scherzi, sì, ma certo ce l'hai.

Ser. Io ho? Che cosa?

Euc. Vorresti ascoltarlo da me? Non te lo dico. Ciò che è mio, qualunque cosa sia, restituiscilo.

Ser. Tu vaneggi. Mi hai perquisito, no?, come volevi, e

                                                              penes.
Euc. Mane, mane. Quís illic est? Quis hic íntus alter erat
                                                 tecum simul? 655
    Perii hercle: ill' nunc intus turbat, hunc si amitto
                                                     hic abierit.
    Postremo hunc iam perscrutavi, hic nihil habet.
                                                   Abi quo lubet.
L. S. Iuppiter te dique perdant.
Euc.   Hau male egit gratias.
    Ibo intro atque illi socienno tuo iam interstringam
                                                      gulam.
    Fugin hinc ab oculis? Abin hinc annon?
L. S.   Abeo.
Euc.   Cave sís te videam. – 660

LYCONIDIS SERVUS

L. S. Emortuom ego me mavelim leto malo
    quam non ego illi dém hodie insidias seni.
    Nam | hic iam non audebit aurum apstrudere:
    credo ecferet iam secum et mutabit locum.
    Attat, fori' crepuit. Senex eccum aurum ecfert
                                                        foras. 665
    Tantisper huc ego ad iánuam concessero.

EUCLIO LYCONIDIS SERVUS

Euc. Fide censebam maxumam multo fidem
    esse, ea sublevit os mihi paenissume:
    ni subvenisset corvos, periissem miser.
    Nimis hercle ego illum corvom ad me veniat velim 670
    qui indicium fecit, ut ego illic aliquid boni
    dicam; nam quod edit tam duim quam perduim.
    Nunc hoc ubi apstrúdam cogito solum locum.
    Silvani lucus extra murum est avius,
    crebro salicto oppletus. Ibi sumam locum. 675

cos'hai trovato? Niente.
Euc. Alto là! Chi è l'altro? Quello che se ne stava là dentro con te? Sono rovinato, per Ercole! Quello, intanto, là dentro butta tutto all'aria; però se mollo questo, l'altro si squaglia. Però… Questo qui l'ho già perquisito, non ci ha niente addosso, lui. Tu fila, dove ti pare.
Ser. Che Giove e gli dèi ti fottano.
Euc. Come ringrazi bene! Entrerò là dentro e lo prenderò per il collo, il complice tuo. Ti togli dai piedi, tu? Squagli o non squagli?
Ser. Squaglio.
Euc. E bada bene di non ritornare. (*Entra nel tempio.*)

SERVO DI LICONIDE

Ser. Mala morte mi prenda se non lo frego, oggi, 'sto vecchiardo. Qui dentro, lui, non oserà più nasconderlo, il suo tesoro. Mi sa che ora lo porta via e gli cambia nascondiglio. Attenzione,[47] la porta cigola. Eccolo lì, il vecchio, che porta via il suo tesoro. Ora mi piazzo qui per un momento, vicino alla porta. (*Si apparta.*)

EUCLIONE SERVO DI LICONIDE

Euc. (*esce dal tempio con la pentola*) Nella Fede, credevo che ci fosse il massimo della fede, ma ci è mancato poco che mi fregasse di brutto. Se non c'entrava il corvo, povero me, sarei morto. Per Ercole, vorrei proprio che venisse da me, quel corvo che mi ha aperto gli occhi, per regalargli qualche bella parolina. Niente di più, perché, dando da mangiare a lui, toglierei a me. Ora me lo studio, io, il posto più nascosto per nascondere il tesoro. Fuori mura, fuori mano, c'è il bosco Silvano, tutto pieno di salici. Lo sceglierò lì, il

AULULARIA · ACTUS IV

Certumst, Silvano potius credam quam Fide. –
L. S. Eugae, eugae, di me salvom et servatum volunt.
Iam ego illúc praecurram atque inscendam
                              aliquam in arborem
indéque opservabo | aurum ubi apstrudat senex.
Quamquam hic manere mé erus sese iusserat;   680
certum est, malam rem potius quaeram cum lucro. –

LYCONIDES EUNOMIA (PHAEDRIA)

Ly.   Dixi tibi, mater, iuxta rem mecum tenes,
      super Euclionis filia. Nunc te opsecro
      resecroque, mater, quod dudum opsecraveram:
      fac mentionem cum aunculo, mater mea.   685
Eun. Scis tute facta velle me quae tu velis,
      et istúc confido <a> fratre me impetrassere;
      et caussa iusta est, siquidem ita est ut praedicas,
      te eam cómpressisse vinolentum virginem.
Ly.   Egone ut te advorsum mentiar, mater mea?   690
Ph.   Perii, mea nutrix. Opsecro te, uterum dolet.
      Iuno Lucina, tuam fidem!
Ly.   Em, mater mea,
      tibi rem potiorem video: clamat, parturit.
Eun. I hac intro mecum, gnate mi, ad fratrem meum,
      ut istúc quod me oras impetratum ab eo auferam. –   695
Ly.   I, iam sequor te, mater. Sed servom meum
      †Strobilum† miror ubi sit, quem ego me iusseram
      hic opperiri. Nunc ego mecum cogito:
      si mihi dat operam, me illi irasci iniurium est.
      Ibo intro, ubi de capite meo sunt comitia. –   700

LYCONIDIS SERVUS

L. S. Picis divitiis, qui aureos montis colunt,
      ego solus supero. Nam istos reges ceteros

posto. Sì, è deciso, mi fido più di Silvano che di Fede.[48]
Ser. Evviva, evviva, gli dèi mi vogliono sano e salvo.[49] Io lo precedo laggiù, e salirò su un albero e dall'albero guarderò dove il vecchiardo vada a nascondere il tesoro. Sì, è vero, il padrone mi ha detto di restare qui, ma un buon guadagno val più di un castigo. (*Si avvia verso il bosco Silvano, dove Euclione sta procedendo.*)

LICONIDE EUNOMIA (FEDRIA)

Li. (*entra in scena insieme con sua madre, Eunomia*) Ti ho parlato, madre mia, della figlia di Euclione, e ora sai tutto al pari di me. Madre, madre mia, ora ti prego e supplico, come già prima ti pregavo: parlane a mio zio.
Eun. Io desidero, e tu lo sai, ciò che desideri tu, ed ho fiducia che da mio fratello riuscirò ad ottenerlo. E c'è anche un ottimo motivo, se la cosa sta come mi dici e tu l'hai violentata, la ragazza, mentre eri ubriaco.
Li. Dovrei mentire con te, madre mia?[50]
Fe. (*dall'interno, gridando*) Nutrice, nutrice mia, io muoio! Ti prego, ho le doglie. Giunone Lucina, mi affido a te!
Li. Ecco, madre: i fatti ti sono più chiari delle parole. Grida, lei: sta partorendo.[51]
Eun. Vieni in casa con me, da mio fratello, figlio mio, perché io possa ottenere da lui ciò per cui mi preghi.
Li. Va', madre. Ti seguirò al più presto. (*Eunomia entra nella casa di Megadoro.*) Ma io sto cercando dove si è cacciato il mio servo. Glielo avevo ordinato, io, di aspettarmi qui. Ora io ragiono tra di me: se quello mi sta aiutando, non è giusto che me la prenda con lui. Adesso entro, qui dove si vota sulla mia vita.

SERVO DI LICONIDE

Ser. Li supero, io, da solo, li supero in ricchezza quei grifoni che abitano montagne tutte d'oro. I re, poi, non mi de-

memorare nolo, hóminum mendicabula:
ego sum ille rex Philippus. O lepidum diem!
Nam ut dudum hinc abii, multo illo adveni prior 705
multoque priu' me conlocavi in arborem
indéque esspectabam, aurum ubi apstrudebat senex.
Ubi ille ábiit, ego me deorsum duco de arbore,
ecfodio aulam auri plenam. Índe ex eo loco
video recipere se senem; ill' me non videt, 710
nam ego declinavi paullulum me extra viam.
Attat, eccum ipsum. Íbo ut hoc condam domum. –

EUCLIO LYCONIDES

Euc. Perii, interii, occidi. Quo curram? Quo non
    curram? Tene, tene. Quem? Quis?
Nescio, nil video, caecus eo atque equidem quo
    eam aut ubi sim aut qui sim
nequeo cum animo certum investigare. Opsecro
    ego vos, mi auxilio, 715
oro, optestor, sitis et hominem demonstretis, quis
    eam apstulerit.
Quid ais tu? Tibi credere certum est, nam esse
    bonum ex voltu cognosco.
Quid est? Quíd ridetis? Novi omnis, scio fures esse
    hic compluris,
qui vestitu et creta occultant sese atque sedent
    quasi sint frugi.
Hem, nemo habet horum? Occidisti. Dic igitur,
    quis habet? Nescis? 720
Heu me miserum, misere perii,
male perditu', pessume ornatus eo:
tantum gemiti et mali maestitiaeque
hic dies mi optulit, famem et pauperiem.
Perditissumus ego sum omnium in terra;
nam quid mi opust vita, [qui] tantum auri
perdidi, quod concustodivi
sedúlo? Egomét me defrudavi

gno neanche di citarli, quelle mezze calzette. Sono io, io in persona, il re Filippo.[52] O giorno felice! E già, non appena mi son mosso da qui, sono arrivato là molto prima di lui, mi son piazzato su un albero e da lì ho spiato dove il vecchio nascondesse l'oro. Non appena quello se ne è andato, giù, mi lascio scivolare giù dall'albero e scavo, zap zap, sino alla pentola tutta piena d'oro. Poi, dallo stesso posto, vedo che il vecchio sta ritornando. Lui non mi vede, no, perché io ero scantonato un pochetto fuori strada.[53] Accidenti, rieccolo qui. Corro a nasconderlo in casa, il tesoro. (*Entra in casa di Megadoro.*)

EUCLIONE LICONIDE

Euc. Morto, sono morto, e sepolto pure. Dove correre? Dove non correre? Fermalo, fermalo! Ma chi? E chi? Non lo so, non vedo nulla, vado alla cieca, e non so dove vado, dove sono, chi sono, non riesco a stabilirlo.[54] (*Verso gli spettatori*) Voi, vi supplico! Venite in mio aiuto, vi prego, vi imploro, indicatemi l'uomo che me l'ha rubato.[55] Che vai dicendo, tu? Sì, a te si può prestar fiducia, dalla faccia sembri uno perbene. Ehi, che c'è? Perché ridete? Vi conosco, io, tutti quanti, so bene che ci sono molti ladri qui dentro, che si nascondono sotto la toga imbiancata e stanno lì, seduti come dei galantuomini. Ehi, chi di loro ce l'ha? Mi hai ucciso. Dimmelo, su: chi ce l'ha? Non lo sai?[56] Oh misero, me misero, miseramente morto! Malamente perduto, mi aggiro malconcio. Troppe lacrime mi ha inflitto questo giorno, e dolori e tristezze, e fame e povertà. Perduto, io sono il più perduto che ci sia sulla terra. Ma sì, che mi serve la vita se ho perduto tutto quell'oro? Tutto quell'oro che custodivo con tutto

71

AULULARIA · ACTUS IV

      animumque meum geniumque meum; 725
      nunc éo alií laetificantur
      meo malo et damno. Pati nequeo.
Ly. Quinam homo hic ante aedis nostras eiulans
                            conqueritur maerens?
      Atque hicquidem Euclio est, ut opinor. Oppido
                            ego interii: palamst res,
      scit peperisse iam, ut ego opinor, filiam suam.
                                  Nunc mi incertumst
      abeam an maneam an adeam an fugiam. Quid
                            agam? Édepol nescio. 730

EUCLIO LYCONIDES

Euc. Quis homo hic loquitur?
Ly.   Ego sum miser.
Euc.   Immo ego sum, et misere perditus,
      quoi tanta mala maestitudoque optigit.
Ly.   Animo bono es.
Euc. Quó, opsecro, pacto esse possum?
Ly.   Quia istuc facinus quod tuom
      sollicitat animum, id ego feci et fateor.
Euc.   Quid ego ex te audio?
Ly. Id quod verumst.
Euc.   Quid ego <de te> demerui, adulescens, mali, 735
      quam ob rem ita faceres meque meosque perditum
                                  ires liberos?
Ly. Deu' mihi impulsor fuit, is me ad illam inlexit.
Euc.   Quo modo?
Ly. Fateor peccavisse <me> et me culpam
                                commeritum scio;
      id adeo te oratum advenio ut animo aequo ignoscas
                                      mihi.
Euc. Qur id ausu's facere ut id quod non tuom esset
                                  tangeres? 740
Ly. Quid vis fieri? Factum est illud: fieri infectum non
                                  potest.

il mio zelo? Io ho defraudato me stesso, l'animo mio, il mio Lare. Altri gioiscono adesso della mia sventura e del mio danno. E non ce la faccio a sopportarlo.[57]

Li. (*esce dalla casa di Megadoro*) Chi è quell'uomo che straparla dinanzi a casa nostra, e uggiola e geme e si lamenta?[58] Ma sì, sono certo che si tratta di Euclione. Sono rovinato. Tutto è scoperto, lui lo sa, sa che sua figlia ha partorito, ne sono convinto. Non so proprio se andarmene o restare, se avvicinarmi o tagliar la corda. Per Polluce, non so proprio che fare.[59]

EUCLIONE LICONIDE

Euc. Chi è quest'uomo che parla?
Li. Sono uno sventurato.
Euc. Eh no, lo sventurato sono io, io, perdutamente perduto, io che sì nera tristezza sta opprimendo.
Li. Su, fatti coraggio.
Euc. Perdonami, ma come posso?
Li. Perché il misfatto che tormenta l'animo tuo l'ho combinato io, e lo confesso.[60]
Euc. Che mi tocca sentire da te?
Li. La verità.
Euc. Che male mi son meritato da te, ragazzo, perché tu mi facessi questo e rovinassi me e i miei figli?
Li. Un dio mi mosse, mi spinse verso di lei.
Euc. E come?
Li. Sono colpevole, lo confesso, so di essermi macchiato di una colpa. Per questo sono qui a pregarti: perché tu sia clemente e mi conceda il perdono.
Euc. Come hai osato stender la mano su ciò che non era tuo?
Li. Che vuoi farci? Ciò che è stato è stato, mica puoi disfar-

Deos credo voluisse; nam ni vellent, non fieret, scio.
Euc. At ego deos credo voluisse ut apud me te in nervo
enicem.
Ly. Ne istuc dixis.
Euc. Quid tibi ergo meam me invito tactiost?
Ly. Quia vini vitio atque amoris feci.
Euc. Homo audacissume, 745
cum istacin te oratione huc ad me adire ausum,
inpudens!
Nam si istuc ius est ut tu istuc excusare possies,
luci claro deripiamus aurum matronis palam,
postid si prehensi simus, excusemus ebrios
nos fecisse amoris caussa. Nimi' vilest vinum atque
amor, 750
si ebrio atque amanti inpune facere quod lubeat
licet.
Ly. Quin tibi ultro supplicatum venio ob stultitiam
meam.
Euc. Non mi homines placent qui quando male fecerunt
purigant.
Tu illam scibas non tuam esse: non attactam
oportuit.
Ly. Ergo quia sum tangere ausus, hau causificor quin
eam 755
ego habeam potissumum.
Euc. Tun habeas me invito meam?
Ly. Hau te invito postulo; sed meam esse oportere
arbitror.
Quin tu iam invenies, inquam, meam illam esse
oportere, Euclio.
Euc. Nisi refers –
Ly. Quid tibi ego referam?
Euc. Quod surrupuisti meum,
iam quidem hercle te ad praetorem rapiam et tibi
scribam dicam. 760
Ly. Surrupio ego tuom? Unde? Aut quid id est?
Euc. Ita te amabit Iuppiter,
ut tu nescis.

lo. Sono convinto che gli dèi volevano così. Se non l'avessero voluto, la cosa non sarebbe successa, dico io.
Euc. Ma io son convinto che gli dèi vogliano che io ti faccia morire in catene, in casa mia.
Li. No, non dir così!
Euc. Forse che tu non l'hai toccato, il bene mio, contro la mia volontà?
Li. Ma io l'ho fatto per colpa del vino, e per amore.
Euc. Tu, spudorato! Tu hai la faccia di venir da me con questi discorsi? Se esistesse la legge che invochi, per scusarti, allora noi potremmo in piena luce spogliar le donne dei loro gioielli, e poi, una volta arrestati, scusarci col dire che eravamo sbronzi e che l'abbiamo fatto per amore. Ma allora il vino e l'amore sarebbero ben spregevoli cose, se consentono ad un ubriaco e ad un innamorato di fare impunemente tutto ciò che gli piace.
Li. Sono venuto qui spontaneamente a supplicare il tuo perdono alla mia follia.
Euc. No, non mi piacciono per niente gli uomini che prima la fanno grossa e poi vengono a scusarsi. Lo sapevi, tu, che non era tua, e non dovevi toccarla.
Li. Proprio perché ho osato toccarla io non cerco cavilli e voglio tenermela tutta per me.[61]
Euc. Tenerla, tu, contro la mia volontà?
Li. No, non contro la tua volontà. Però ritengo che sia giusto che sia mia. Anche tu, Euclione, dovrai riconoscere – ti dico – che è bene che sia mia.
Euc. E se non la restituisci...
Li. Che cosa dovrei restituirti?
Euc. Ciò che mi hai rubato. Se no, per Ercole, io ti trascino dinanzi al pretore e ti denuncio.
Li. Ti ho rubato qualcosa, io? E dove? E che cosa mai?
Euc. Che Giove ti assista, dal momento che non sai nulla.

75

AULULARIA · ACTUS IV

Ly.   Nisi quidem tu mihi quid quaeras dixeris.
Euc. Aulam auri, inquam, te reposco, quam tu confessu's
                                               mihi
  te apstulisse.
Ly.   Neque edepol ego dixi neque feci.
Euc.   Negas?
Ly. Pernego immo. Nam neque ego aurum neque
                                      istaec aula quae siet   765
  scio nec novi.
Euc.   Illam, ex Silvani luco quam apstuleras, cedo.
  I, refer. Dimidiam tecum potius partem dividam.
  Tam etsi fur mihi es, molestus non ero. I vero, refer.
Ly. Sanus tu non es qui furem me voces. Ego te, Euclio,
  dé alia re rescivisse censui, quod ad me attinet;   770
  magna est [res] quam ego tecum otiose, si otium
                                                 est, cupio loqui.
Euc. Dic bona fide: tu id aurum non surrupuisti?
Ly.   Bona.
Euc. Neque <eum> scis qui apstulerit?
Ly.   Istuc quoque bona.
Euc.   Atque id si scies
  qui apstulerit, mihi indicabis?
Ly.   Faciam.
Euc.   Neque partem tibi
  ab eo quoiumst indipisces neque furem excipies?
Ly.   Ita.   775
Euc. Id <si> fallis?
Ly.   Tum me faciat quod volt magnus Iuppiter.
Euc. Sat habeo. Age nunc loquere quid vis.
Ly.   Si me novisti minus,
  genere quo sim gnatus: hic mihi est Megadorus
                                                      aunculus,
  meu' fuit pater Antimachus, ego vocor Lyconides,
  mater est Eunomia.
Euc.   Novi genu'. Nunc quid vis? Id volo   780
  noscere.
Ly.   Filiam ex te tú habes.
Euc.   Immo éccillam domi.

Li. Se non mi dici neanche che cosa pretendi...
Euc. La pentola dell'oro![62] Io dico che pretendo ciò che mi hai confessato di aver preso.
Li. No che non l'ho detto. E non l'ho fatto.
Euc. Tu neghi?
Li. Nego e stranego. Di quell'oro, di quella pentola, e che roba sia, io non so nulla e non ne ho mai saputo.
Euc. Quella, dico, che hai portato via dal bosco di Silvano. Va' e riportamela. Magari dividerò con te, metà per uno. Anche se mi hai derubato, non ti denuncerò. Va', dunque, e riportamela.
Li. Tu sei matto, se mi dai del ladro. Euclione, io pensavo che tu avessi saputo di un'altra cosa, che mi tocca da vicino. È importante, la faccenda che io voglio discutere con te, ma con calma, se è possibile.
Euc. Parla, secondo buona fede: tu l'oro non l'hai rubato?
Li. Lo giuro.
Euc. Lo sai chi l'ha rubato?
Li. No, lo giuro.
Euc. Ma se venissi a sapere chi l'ha portato via, me lo diresti?
Li. Certo che sì.
Euc. Non spartirai con il ladro? Non gli darai ricetto?
Li. Certo che no.
Euc. E se tu mancassi alla parola?
Li. Che il sommo Giove faccia di me quel che gli pare.
Euc. Questo mi basta. E adesso dimmi quel che vuoi tu.
Li. Sai nulla di me? Da che famiglia provengo? Be', Megadoro è mio zio, Antimaco era mio padre, mi chiamo Liconide. Mia madre è Eunomia.
Euc. Conosco la famiglia. E adesso che cosa vuoi? Desidero saperlo.
Li. Hai una figlia, tu.
Euc. Certo, sta in casa.

Ly. Eam tu despondisti, opinor, meo aunculo.
Euc. Omnem rem tenes.
Ly. Is me nunc renuntiare repudium iussit tibi.
Euc. Repudium rebus paratis, exornatis nuptiis?
Ut illum di inmortales omnes deaeque quantum est
  perduint, 785
quem propter hodie auri tantum perdidi infelix,
  miser.
Ly. Bono animo es, bene dice. Nunc quae res tibi et
  gnatae tuae
bene feliciterque vortat – ita di faxint, inquito.
Euc. Ita di faciant.
Ly. Et mihi ita di faciant. Audi nunciam.
Quí homo culpam admisit in se, nullust tam parvi
  preti 790
quin pudeat, quin purget sese. Nunc te optestor,
  Euclio,
ut si quid ego erga te inprudens peccavi aut gnatam
  tuam,
ut mi ignoscas eamque uxorem mihi des, ut leges
  iubent.
Ego me iniuriam fecisse filiae fateor tuae,
Cereris vigiliis per vinum atque impulsu
  adulescentiae. 795
Euc. Ei mihi, quód ego facinus ex te aúdio?
Ly. Qur eiulas,
quém ego avom feci iam ut esses filiai nuptiis?
Nam tua gnata peperit, decumo mense post:
  numerum cape;
ea re repudium remisit aunculus caussa mea.
Í intro, exquaere sitne ita ut ego praedico.
Euc. Perii oppido, 800
ita mihi ad malum malae res plurumae se
  adglutinant.
Ibo intro, ut quid huiius verum sit sciam. –
Ly. Iam te sequor.
Haec propemodum iam esse in vado salutis res
  videtur.

Li. L'hai promessa, mi pare, a mio zio.
Euc. Dici la verità.
Li. Lo zio mi ordina di riferirti che la ripudia.[63]
Euc. Ripudia? Quando tutto è pronto, le nozze già disposte? Che gli dèi lo puniscano, tutti gli dèi, tutte quante le dee, quante ce ne sono. Proprio oggi, per causa sua, ho perduto tutto il mio oro, oh me infelice, oh me disgraziato.
Li. Su con la vita, non maledire. Che tutto si metta per il meglio, per te, per tua figlia. Dillo: così vogliano gli dèi!
Euc. Così vogliano gli dèi!
Li. Anche a favor mio. Adesso ascoltami. L'uomo che è caduto in colpa, anche se è un uomo dappoco, prova un sentimento di vergogna e vuol giustificarsi. Ora, Euclione, io ti supplico: se, sconsideratamente, io ho fatto del male a te o a tua figlia, tu perdonami e concedimela come sposa, come la legge prescrive. Sì, lo confesso: ho usato violenza a tua figlia. Fu durante la veglia di Cerere, per colpa del vino, per l'ardore della giovinezza.
Euc. Ahimè, che misfatto mi tocca di ascoltare dalla tua bocca!
Li. Ma perché guaisci se t'ho reso nonno nel giorno stesso delle nozze? Perché tua figlia ha partorito al nono mese. Fa' il conto tu. Per questo motivo, e anche nel mio interesse, mio zio ha deciso per il ripudio. Tu entra in casa e chiedi se le cose stanno come dico.
Euc. Rovinato sono, rovinato del tutto.[64] Contro di me le disgrazie si sommano alle disgrazie, e non c'è fine. Entrerò in casa, sì, per vedere cosa c'è di vero. (*Entra in casa.*)
Li. E presto io ti seguirò. Ma pare che la faccenda, più o meno, stia avviandosi al guado della salvezza. Non rie-

Nunc servom esse ubi dicam meum †Strolum† non
reperio;
nisi etiam hic opperiar tamen paullisper; postea
intro 805
hunc supsequar. Nunc interim spatium ei dabo
exquirendi
meum factum ex gnatae pedisequa nutrice anu: ea
rem novit.

sco a capire dove sia il mio servo. Be', l'aspetterò ancora per un pochetto. E poi dentro, al seguito del vecchio. Intanto gli lascio tutto il tempo per informarsi su cosa ho combinato con sua figlia. Glielo dirà la vecchia nutrice, che ha sempre accompagnato la ragazza e sa tutto.

ACTUS V

LYCONIDIS SERVUS LYCONIDES

L. S. Di inmortales, quibus et quantis me donatis gaudiis!
Quadrilibrem aulam aúro onustam hábeo. Quis me
                                  est ditior?
Quis me Athenis nunc magi' quisquam est homo
                              quoi di sint propitii? 810
Ly. Certo enim ego vocem hic loquentis modo mi
                              audire visu' sum.
L. S.   Hem,
erumne ego aspicio meum?
Ly.   Videon ego hunc servom meum?
L. S. Ipsus est.
Ly.   Haud alius est.
L. S.   Congrediar.
Ly.   Contollam gradum.
Credo ego illum, út iussi, eampse anum adiisse,
                         huius nutricem virginis. 815
L. S. Quin ego illi me invenisse dico hanc praedam atque
                                    eloquor?
Igitur orabo ut manu me emittat. Ibo atque eloquar.
Repperi –
Ly.   Quid repperisti?
L. S.   Non quod pueri clamitant
in faba se repperisse.
Ly.   Iamne autem, ut soles? Deludis.
L. S. Ere, mane, eloquar iam, ausculta.
Ly.   Age ergo loquere.
L. S.   Repperi hodie, 820
ere, divitias nimias.

ATTO V

SERVO DI LICONIDE LICONIDE

Ser. (*esce dalla casa di Megadoro*) Dèi immortali, con quali doni, con quanti doni mi gratificate! Mia è la pentola gravida d'oro. Quattro libbre! Chi è più ricco di me? Ce n'è uno, uno solo, ad Atene, cui gli dèi siano più propizi?
Li. Mi pare proprio di sentire la voce di qualcuno che sta parlando qui vicino.
Ser. È il mio padrone quello che sto vedendo?
Li. È il mio servo quello che sto vedendo?
Ser. È lui.
Li. Lui, non altri.
Ser. Lo abbordo.
Li. Mi avvicino. Penso che sia andato, come gli avevo detto, proprio dalla vecchia che fa da nutrice alla ragazza.
Ser. Perché non dirglielo che ho trovato quel bottino? Ma sì, glielo dico. Così potrò pregarlo di concedermi la libertà. Ho trovato…
Li. Che cosa hai trovato?
Ser. Certo non ciò che i bambini gridano di aver trovato nelle fave.[65]
Li. Ricominci, come al solito? Non mi diverti.
Ser. Fermati, padrone. Ti dico tutto, tu ascoltami.
Li. Avanti, parla.
Ser. Padrone, oggi io ho trovato grandi ricchezze.

AULULARIA · ACTUS V

Ly.   Ubinam?
L. S.   Quadrilibrem, inquam, aulam auri plenam.
Ly.   Quod ego facinus audio ex te?
L. S.   Eúclioni huic seni surrupui.
     Ubi id est aurum?
L. S.   In arca apud me. Nunc volo me emitti manu.
Ly.   Egone te emittam manu,
     scelerum cumulatissume?   825
L. S. Abi, ere, scio quam rem geras.
     Lepide hercle animum tuom temptavi. Iám ut
                                eriperes apparabas:
     quid faceres, si repperissem?
Ly.   Non potes probasse nugas.
     I, redde aurum.
L. S.   Reddam ego aurum?
Ly.   Redde, inquam, ut huic reddatur.
L. S.   Unde?
Ly.   Quod modo fassu's esse in arca.
L. S.   Soleo hercle ego garrire nugas.   830
     Ita loquor.
Ly.   Át scin quo modo?
L. S.   Vel hercle énica, numquam hinc feres a me

         *   *   *   *

Li. E dove?
Ser. Una pentola, ti dico, tutta piena d'oro. Quattro libbre!
Li. Che malefatta tua mi tocca di ascoltare?
Ser. L'ho sgraffignata al vecchio Euclione.
Li. L'oro, dov'è l'oro?
Ser. Nella mia stanza, in un baule. Ora voglio che tu mi renda libero.
Li. Libero tu? Un perfetto furfante come te!
Ser. Su, padrone, lo so bene cosa vuoi fare. Per Ercole, ti ho messo alla prova, ma per gioco. Tu già ti preparavi a portarmelo via. Che avresti fatto se io l'avessi trovato veramente?
Li. Non puoi rifilarmi delle frottole. Va' e restituiscilo, l'oro.
Ser. Restituire l'oro? Io?
Li. Restituiscilo, ti dico, perché ritorni al vecchio.
Ser. Dove lo pesco?
Li. Nel baule, come mi hai appena detto.
Ser. Ma io sono abituato a contar balle. È il mio modo di parlare.
Li. Ma non sai come va a finire?
Ser. Per Ercole, anche se mi scanni, non riuscirai a portarmelo via.[66] [...]

(FRAGMENTA)

    Pro illis corcotis, strophiis, sumptu uxorio.   I
    Ut admemordit hominem!   II
(*Euc.*) Ego ecfodiebam in die denos scrobes.   III
(*Euc.*) Nec noctu nec diu quietus umquam eram; nunc
                                          dormiam. IV
(*L. S.*) Qui me holera cruda ponunt, hallec adduint.   V

(FRAGMENTA DUBIA)
Quin mihi caperratam tuam frontem, Strobile,
                                  omittis? VI
Sed leno egreditur foras.   VII
Hinc ex occulto sermonatus sublegam.

(FRAMMENTI)

	Per quelle vesti color zafferano, per quei reggipetti, spese da donne.	I
	L'uomo, come l'ha rosicchiato.	II
Euc.	In un giorno solo scavavo dieci buche.	III
Euc.	Giorno e notte, mai mi sentivo in pace. Ora dormirò.[67]	IV
Ser.	Quelli che mi servono la verdura cruda, ci aggiungano della salsa.	V

(FRAMMENTI DUBBI)

O Strobilo, perché non lasci perdere questa fronte agrottata?	VI
Ma esce il lenone; da qui, di nascosto, ascolterò le sue parole.	VII

MILES GLORIOSUS / IL SOLDATO FANFARONE

PERSONAE

PYRGOPOLYNICES MILES
ARTOTROGUS PARASITUS
PALAESTRIO SERVUS
PERIPLECTOMENUS SENEX
SCELEDRUS SERVUS
PHILOCOMASIUM MULIER
PLEUSICLES ADULESCENS
LURCIO (?) PUER
ACROTELEUTIUM MERETRIX
MILPHIDIPPA ANCILLA
PUER
LORARII
CARIO COCUS

Scaena Ephesi.

PERSONAGGI

PIRGOPOLINICE SOLDATO
ARTOTROGO PARASSITA
PALESTRIONE SCHIAVO
PERIPLECOMENO VECCHIO
SCELEDRO SCHIAVO
FILOCOMASIO CORTIGIANA
PLEUSICLE GIOVANE
LURCHIONE (?) SCHIAVO
ACROTELEUZIO CORTIGIANA
MILFIDIPPA SCHIAVA
UNO SCHIAVETTO
ALTRI SCHIAVI
CARIONE CUOCO[1]

L'azione è ambientata ad Efeso.
La scena rappresenta una strada sulla quale danno la casa di Periplecomeno, a destra, e quella di Pirgopolinice, a sinistra della prima e alla stessa adiacente.[2]

ARGUMENTUM I

Meretricem Athenis Ephesum miles avehit.
Id dum ero amanti servos nuntiare volt
Legato peregre, ipsus captust in mari
Et eidem illi militi dono datust.
Suom arcessit erum Athenis et forat 5
Geminis communem clam parietem in aedibus,
Licere ut quiret convenire amantibus.
Obhaerentis custos hos videt de tegulis,
Ridiculis autem, quasi sit alia, luditur.
Itemque impellit militem Palaestrio 10
Omissam faciat concubinam, quando ei
Senis vicini cupiat uxor nubere.
Ultro abeat orat, donat multa. Ipse in domo
Senis prehensus poenas pro moecho luit.

ARGOMENTO I

Mena da Atene ad Efeso un soldato
　　una ragazza di vita. Si sforza
Il servo di chi l'ama di informare
　　il padrone che è all'estero, in servizio.
Lungo il viaggio per mare il servo stesso
　　è dai pirati preso e dato al miles.
Egli riesce a chiamare il suo padrone
　　da Atene. E grazie a un foro
Schiuso nella parete divisoria
　　tra le due case, fa che si rivedano
Gli amanti, ma dal tetto li intravede
　　avviticchiati un custode; e il servo
Lo raggira dicendogli che quella
　　è gemella dell'altra. Ed al soldato
Offre una nuova esca, convincendolo
　　a mollar la ragazza. Altro partito
Rallegrerà il soldato: una vicina
　　moglie di un vecchio, brama
In matrimonio averlo. Il militare
　　scarica la ragazza supplicandola,
Oltretutto coprendola di doni.
　　E come risultato viene poi
Sorpreso nella casa di quel vecchio
　　suo vicino; ed è trattato come
Un colpevole adultero, che merita
　　adeguata gravissima sanzione
Secondo legge prescrive. Così
　　vien punito il soldato fanfarone.[3]

93

ARGUMENTUM II

Meretricem ingenuam deperibat mutuo
Atheniensis iuvenis; Naupactum is domo
legatus abiit. Miles in eandem incidit,
deportat Ephesum invitam. Servos Attici,
ut nuntiaret domino factum, navigat; 5
capitur, donatur illi captus militi.
Ad erum ut veniret Ephesum scribit. Advolat
adulescens atque in proximo devortitur
apud hospitem paternum. Medium parietem
perfodit servos commeatus clanculum 10
qua foret amantum. Geminam fingit mulieris
sororem adesse. Mox ei dominus aedium
suam clientam sollicitandum ad militem
subornat. Capitur ille, sperat nuptias,
dimittit concubinam et moechus vapulat. 15

ARGOMENTO II

Un giovane ateniese amava, ricambiato, una cortigiana nata libera. Per una ambasceria, lasciata la sua casa, si reca a Naupatto. Sulla ragazza piomba un soldato, che la trascina ad Efeso. Si mette in viaggio per mare, onde dar notizia del fatto al padrone, il suo servo ateniese, ma viene catturato e, una volta preso, regalato proprio a quello stesso soldato. Riesce tuttavia a scrivere al padrone invitandolo a venire ad Efeso. Si precipita, il giovane, e trova alloggio e assistenza presso un ospite del padre. Il servo apre un foro nella parete divisoria e così permette agli amanti di incontrarsi di nascosto. E fa credere che sia arrivata la sorella gemella della ragazza. Subito dopo il padrone di casa gli mette a disposizione una sua cliente per raggirare il soldato. E questi si fa raggirare. Pensando ad un bel matrimonio, lascia libera la ragazza e finisce per buscarle come adultero.

ACTUS I

PYRGOPOLYNICES ARTOTROGUS

Py. Curate ut splendor meo sit clupeo clarior
quam solis radii esse olim quom sudumst solent,
ut, ubi usus veniat, contra conserta manu
praestringat oculorum aciem | in acie hostibus.
Nam ego hanc machaeram mihi consolari volo, 5
ne lamentetur neve animum despondeat,
quia se iam pridem feriatam gestitem,
quae misera gestit fartem facere ex hostibus.
Sed ubi Artotrogus hic est?
Ar.   Stat propter virum
fortem atque fortunatum et forma regia, 10
tum bellatorem – Mars haud ausit dicere
neque aequiperare suas virtutes ad tuas.
Py. Quemne ego servavi in campis Curculionieis,
ubi Bumbomachides Clutomestaridysarchides
erat imperator summus, Neptuni nepos? 15
Ar. Memini. Nempe illum dicis cum armis aureis,
quoius tu legiones difflavisti spiritu,
quasi ventus folia aut peniculum tectorium.
Py. Istuc quidem edepol nihil est.
Ar.   Nihil hercle hoc quidemst
praeut alia dicam – quae tu numquam feceris. 20
Peiiuriorem hoc hominem si quis viderit
aut gloriarum pleniorem quam illic est,
me sibi habéto, ego me mancupio dabo;
nisi unum, épityra estur insanum bene.
   Py.   Ubi tu es?
Ar.   Eccum. Edepol vel elephanto in India, 25

ATTO I

PIRGOPOLINICE ARTOTROGO

Pi. Badate, voi: il mio scudo deve sfolgorare più che i raggi del sole nel cielo più terso. Così che, se si presenta l'occasione, nel fuoco della battaglia, bruci gli occhi dei nemici.[4] Io voglio consolarla, questa mia spada, che non si lamenti, poverina, e non si perda d'animo, poveraccia, poi che da troppo tempo la tengo in ozio mentre lei spasima dalla voglia di far polpette dei nemici. Ma dov'è Artotrogo?[5]

Ar. È qui, proprio qui, vicino ad un eroe che è forte, favoloso d'aspetto come te.[6] E che razza di soldato! Oserebbe Marte confrontarsi con lui? No, non oserebbe dire che le sue gesta sono pari alle tue.

Pi. Chi? Quello che ho salvato nei campi gorgoglioneschi, dove il capo supremo si chiamava Bumbummachide Fessachioide,[7] il nipote di Nettuno?

Ar. Ricordare? Ma certo. Tu parli di quel tale dalle armi d'oro? Le sue legioni, vvvummm!, tu le hai spazzate via con un soffio, come fa il vento con le foglie e le pannocchie sul tetto.

Pi. E questo che cos'è? Nulla, per Polluce.

Ar. Nulla, per Ercole, se mai pensiamo alle altre imprese, quelle che non ti sei mai sognato di fare.[8] Se qualcuno ne conosce uno più bugiardo di lui, più sbruffone di lui, mi tenga pure come schiavo, io mi consegno mani e piedi. Però c'è un fatto: a casa sua si mangia un pasticcio d'olive che ti fa perdere la capa.

Pi. Ehi, dove sei?

Ar. Eccomi qua. Ma tu, in India, con quell'elefante, come

quo pacto ei pugno praefregisti bracchium.
Py. Quid, «bracchium»?
Ar. Illud dicere volui, «femur».
Py. At indíligenter iceram.
Ar. Pol si quidem
conixus esses, per corium, per viscera
perque os elephanti transmineret bracchium. 30
Py. Nolo istaec hic nunc.
Ar. Ne hercle operae pretium quidemst
mihi te narrare tuas qui virtutes sciam.
Venter creat omnis hasce aerumnas: auribus
peraudienda sunt, ne dentes dentiant,
et adsentandumst quidquid hic mentibitur. 35
Py. Quid illúc quod dico?
Ar. Ehem, scio iam quid vis dicere.
Factum herclest, memini fieri.
Py. Quid id est?
Ar. Quidquid est.
Py. Habes –
Ar. Tabellas vis rogare. Habeo, et stilum.
Py. Facete advortis tuom animum ad animum meum.
Ar. Novisse mores tuos me meditate decet 40
curamque adhibere ut praeolat mihi quod tu velis.
Py. Ecquid meministi?
Ar. Memini centum in Cilicia
et quinquaginta, centum in Scytholatronia,
triginta Sardos, sexaginta Macedones –
sunt homines quos tu – óccidisti uno die. 45
Py. Quanta istaec hominum summast?
Ar. Septem milia.
Py. Tantum esse oportet. Recte rationem tenes.
Ar. At nullos habeo scriptos: sic memini tamen.
Py. Edepol memoria's optumá.
Ar. Offae monent.
Py. Dum tale facies quale adhuc, adsiduo edes, 50
communicabo semper te mensa mea.
Ar. Quid in Cappadocia, ubi tu quingentos simul,
ni hebes machaera foret, uno ictu occideras?

Pi.   hai fatto a rompergli un braccio con un pugno?
Pi.   Che cosa? Un braccio?
Ar.   Volevo dire una gamba.
Pi.   Ma sì, gli ho dato un colpetto.
Ar.   Accidenti! Se facevi sul serio, il tuo braccio gli sfondava la pelle e la panza e gli veniva fuori dalla bocca.
Pi.   Lasciale perdere, adesso, queste cose.
Ar.   Le tue imprese, mica è il caso che tu le racconti a me, che le conosco per filo e per segno. (*Tra sé*) È la panza, la panza, che mi fa passare queste tribolazioni. Se le orecchie non orecchiano, i denti mi si sdentano. E così lui racconta frottole e io dico di sì.
Pi.   Cos'è che stavo per dirti?
Ar.   Ah, lo so io che cosa vuoi dire: sì, è andata proprio così, mi ricordo bene.
Pi.   E cioè?
Ar.   Tutto.
Pi.   Hai?…
Ar.   Vuoi le tavolette? Le ho, con lo stilo.
Pi.   Bravo, il tuo animo si aggancia sempre al mio.
Ar.   Dovere. Sì, è mio dovere studiare i tuoi pensamenti, fiutare le tue intenzioni.
Pi.   E che ricordi?
Ar.   Dunque: in Cilicia sono centocinquanta, cento a Scitolatronia, trenta a Sardi, Macedoni sessanta. Quelli che tu hai liquidato in un solo giorno.
Pi.   E la somma qual è?
Ar.   Settemila.[10]
Pi.   Sì, dev'essere così. I conti li tieni benissimo.
Ar.   E nota che non ci ho nulla di scritto, tutto a memoria, io.
Pi.   Accidenti, è una memoria magnifica.
Ar.   È la bucolica che la tiene su.[11]
Pi.   Se continui così, tu mangerai sempre. Alla mia tavola sarai sempre il benvenuto.
Ar.   E la Cappadocia? Là ne facevi fuori cinquecento, con una botta sola, se la spada non perdeva il filo.

Py. At peditastelli quia erant, sivi viverent.
Ar. Quid tibi ego dicam, quod omnes mortales sciunt, 55
Pyrgopolynicem te unum in terra vivere
virtute et forma et factis invictissumis?
Amant ted omnes mulieres neque iniúria,
qui sis tam pulcher; vel illae quaé here pallio
me reprehenderunt.
Py.   Quid eae dixerunt tibi? 60
Ar. Rogitabant: «Hicine Achilles est?» inquit mihi.
«Immo eius frater» inquam «est». Ibi illarum altera
«Ergo mecastor pulcher est» inquit mihi
«et liberalis. Vide caesaries quam decet.
Ne illae sunt fortunatae quae cum isto cubant!». 65
Py. Itane aibant tandem?
Ar.   Quaen me ambae opsecraverint
ut te hodie quasi pompam illa praeterducerem?
Py. Nimiast miseria nimi' pulchrum esse hominem.
Ar.   Immo itast.
Molestaé sunt: orant, ambiunt, exopsecrant
videre ut liceat, ad sese arcessi iubent, 70
ut tuo non liceat dare operam negotio.
Py. Videtur tempus esse ut eamus ad forum,
ut in tabellis quos consignavi hic heri
latrones, ibus denumerem stipendium.
Nam rex Seleucus me opere oravit maxumo 75
ut sibi latrones cogerem et conscriberem.
Regi hunc diem mihi operam decretumst dare.
Ar. Age demus ergo.
Py.   Sequimini, satellites. –

Pi. Ma sì, li lasciai vivere, erano dei soldatucoli.
Ar. Ma che cosa posso dirti? Tanto lo sanno tutti che al mondo ci sei tu e solo tu per coraggio e bellezza e fior di imprese. Le donne? Stravedono per te, loro, e mica ci hanno torto, bello come sei. Prendi quelle che ieri mi han tirato per il mantello.
Pi. Che ti dicevano, eh?
Ar. Non la finivano di chiedermi. «Ma è Achille?» mi fa una. E io: «No, è suo fratello». E sotto un'altra che mi fa: «Dio come è bello, e che classe! E la chioma? Guarda come gli cade! Fortunate quelle che possono infilarsi nel suo letto!».
Pi. Dicevano proprio così?
Ar. Come no? Tutte e due mi pregavano che ti facessi passare di là, oggi, più o meno come in processione.
Pi. Che guaio essere così bello!
Ar. E già. Sono così fastidiose! Pregano, assillano, scongiurano[12] per poterti vedere. Mi comandano di portarti da loro. Ma così non ti lasciano il tempo di curare i tuoi interessi.
Pi. Ah sì! È il momento di recarsi al foro. Debbo versar la paga ai mercenari che ieri ho ingaggiato. Seleuco, il re, mi ha pregato e strapregato perché glieli arruolassi. Bene, è deciso: oggi lavoro per il re.
Ar. E allora muoviamoci.
Pi. Guardie del corpo, a me![13] (*Pirgopolinice e Artotrogo, con le guardie, escono dirigendosi verso destra. Dalla casa del soldato esce il servo Palestrione.*)

ACTUS II

PALAESTRIO

Pa. Mihi ad enarrandum hoc argumentum est comitas,
si ad auscultandum vostra erit benignitas; 80
qui autem auscultare nolet exsurgat foras,
ut sit ubi sedeat ille qui auscultare volt.
Nunc qua adsedistis caussa in festivo loco,
comoediai quam nos acturi sumus
et argumentum et nomen vobis eloquar. 85
Ἀλαζών Graece huic nomen est comoediae,
id nos Latine «gloriosum» dicimus.
Hoc oppidum Ephesust; illest miles meus erus,
qui hinc ad forum abiit, gloriosus, inpudens,
stercoreus, plenus peiiuri atque adulteri. 90
Ait sése ultro omnis mulieres sectarier:
is deridiculost quaqua incedit omnibus.
Itaque hic meretrices, labiis dum nictant ei,
maiorem partem videas valgis saviis.
Nam ego hau diu apud hunc servitutem servio; 95
id volo vos scire quo modo ád hunc devenerim
in servitutem ab eo quoi servivi prius.
Date operam, nam nunc argumentum exordiar.
Erat erus Athenis mihi adulescens optumus;
is amabat meretricem †matre† Athenis Atticis 100
et illa íllum contra; qui est amor cultu optumus.
Is publice legatus Naupactum fuit
magnai rei publicai gratia.
Interibi hic miles forte Athenas advenit,
insinuat sese ad illam amicam <mei> eri. 105
Occepit eiius matri subpalparier

ATTO II

PALESTRIONE

Pa. A me la cortesia di raccontarvi il soggetto della commedia, sempre che abbiate la compiacenza di ascoltarmi. Se poi qualcuno non ne ha voglia, tolga pure il disturbo, e lasci il posto a chi ha voglia di ascoltare. Ora, dato che è per questo che siete venuti a sedervi in questo luogo di divertimenti, passerò a dirvi il titolo e l'argomento della commedia. In greco il titolo suona *Alazon*;[14] per noi latini è lo sbruffone. Siamo a Efeso. Quel soldato che se ne è andato al foro, è il mio padrone. Sbruffone, impudente, merdoso, spergiuro e adultero pure. Dice, lui, che le donne, tutte, gli corrono dietro; e invece ovunque si presenti tutte quante lo prendono in giro. A sentir lui, le cortigiane, a furia di mandargli baci per adescarlo, si sono deformate le labbra. Quanto a me, non è molto tempo che sono suo schiavo.[15] E voi dovete sapere come mai sono caduto nelle sue mani dopo esser stato al servizio di un altro. Per favore, ascoltatemi, perché ora comincio a raccontarvi la vicenda.[16]
Ad Atene avevo per padrone un giovane, un ottimo giovane che amava una cortigiana proprio di Atene, in Attica. E quella lo ricambiava: ed è l'amore più bello che ci sia. Ma il giovane fu mandato, al servizio della repubblica, a Naupatto, e proprio allora il caso vuole che capiti ad Atene il nostro soldato, il quale si intrufola presso l'amica del mio padrone e comincia ad arruffianarsene

vino, ornamentis opiparisque opsoniis,
itaque intumum ibi se miles apud lenam facit.
Ubi primum evenit militi huic occasio,
sublinit os illi lenae, matri mulieris, 110
quam eru' meus amabat; nám is illius filiam
conicit in navem miles clam matrem suam,
eamque húc invitam mulierem in Ephesum advehit.
Ubi amicam erilem Athenis avectam scio,
ego quantum vivos possum mihi navem paro, 115
inscendo, ut eam rem Naupactum ad erum nuntiem.
Ubi sumu' provecti in altum, fit quod <di> volunt,
capiunt praedones navem illam ubi vectus fui:
priu' perii quam ad erum veni quo ire occeperam.
Ill' <qui> me cepit dat me huic dono militi. 120
Hic postquam in aedis me ad se deduxit domum,
video illam amicam erilem, Athenis quae fuit.
Ubi contra aspexit me, oculis mihi signum dedit
ne se appellarem; deinde, postquam occasio est,
conqueritur mecum mulier fortunas suas: 125
ait sése Athenas fugere cupere ex hac domu,
sese illum amare meum erum, Athenis qui fuit,
neque peius quemquam odisse quam istum militem.
Ego quoniam inspexi mulieris sententiam,
cepi tabellas, consignavi, clanculum 130
dedi mércatori quoidam qui ad illum deferat
meum erum, qui Athenis fuerat, qui hanc amaverat,
ut is huc veniret. Is non sprevit nuntium;
nam et venit et is in proxumo hic devortitur
apud suóm paternum | hospitem, lepidum senem; 135
itaque illi amanti suo hospiti morem gerit
nosque opera consilioque adhortatur, iuvat.
Itaque ego paravi hic intus magnas machinas
qui amantis una inter se facerem convenas.
Nam unum conclave, concubinae quod dedit 140
miles, quo nemo nisi eapse inferret pedem,
in eo conclavi ego perfodi parietem
qua commeatus clam esset hinc huc mulieri;
et sene sciente hoc feci: is consilium dedit.

la madre offrendo vino, doni e squisitezze; e così diventa intimo della mezzana. Alla prima occasione il soldato la fa in barba alla vecchia, cioè alla madre della ragazza, e carica la ragazza su una nave, di nascosto di quella ruffiana. E così trascina ad Efeso la ragazza recalcitrante. E io, io, non appena vengo a sapere del ratto della ragazza, ce la metto tutta, mi trovo una nave, salgo a bordo per recarmi a Naupatto a informare il mio padrone. Senonché, quando arriviamo in mare aperto, succede quel che gli dèi han decretato: la nave su cui viaggiavo viene catturata dai pirati. E così sono fritto, fritto, prima di arrivare dove volevo, cioè dal mio padrone. Il pirata che mi aveva catturato mi regala al soldato che sapete, e questo mi trascina qui, a casa sua. E qui scorgo, subito subito, la ragazza del mio padrone, quella che stava ad Atene. E lei, non appena mi sbircia, mi strizza l'occhio perché non la chiami per nome. Poi, alla prima occasione, si sfoga con me della sua sfortuna, dice che vuol fuggirsene ad Atene, che ama soltanto il mio padrone, che il soldato le è odioso come nessun altro. Conosciuti i sentimenti della donna, scrivo di nascosto una lettera, la sigillo, consegno il tutto ad un mercante perché lo porti al mio padrone, quello di Atene, si capisce, che amava la ragazza. Gli scrivo di venire qui e lui non si fa pregare: arriva e si piazza in quella casa lì, da un simpatico vecchietto che era stato ospite di suo padre. Il vecchietto gli dà corda, all'innamorato, e ci consiglia, ci aiuta con le parole e i fatti. E così io, qui dentro, ho concepito un bellissimo trucco per far sì che i due amanti possano incontrarsi. Dunque... Il soldato, alla sua concubina ha assegnato una camera dove nessuno può mettere piede tranne lei. Bene, io ci ho fatto un buco, nella parete della camera, e così la donna può passare dalla sua casa alla nostra senza che nessuno la veda.[17] Con il nostro vecchio mica ho agito di nascosto, no, è stato lui a darmi

Nam meu' conservos est homo hau magni preti, 145
quem concubinae miles custodem addidit.
Ei nos facetis fabricis et doctis dolis
glaucumam ob oculos obiciemus eumque ita
faciemus ut quod viderit non viderit.
Et mox ne erretis, haec duarum hodie vicem 150
et hinc et illinc mulier feret imaginem,
atque eadem erit, verum alia esse adsimulabitur.
Ita sublinetur os custodi mulieris.
Sed fori' concrepuit hinc a vicino sene;
ipse exit: hic illest lepidus quem dixi senem. 155

PERIPLECTOMENUS PALAESTRIO

Pe. Ni hercle diffregeritis talos posthac quemque in tegulis
 videritis alienum, ego vostra faciam latera lorea.
 Miquidem iam arbitri vicini sunt meae quid fiat domi,
 ita per impluvium intro spectant. Nunc adeo edico omnibus:
 quemque a milite hoc videritis hominem in nostris tegulis, 160
 extra unum Palaestrionem, huc deturbatote in viam.
 Quod ille gallinam aut columbam se sectari aut simiam
 dicat, disperiistis ni usque ad mortem male mulcassitis.
 Atque adeo, ut ne legi fraudem faciant aleariae,
 adcuratote ut sine talis domi agitent convivium. 165
Pa. Nescioquid malefactum a nostra hic familiast, quantum audio:
 ita hic senex talos elidi iussit conservis meis.
 Sed me excepit: nihili facio quid illis faciat ceteris.
 Adgrediar hominem.
Pe. Estne advorsum hic qui advenit Palaestrio?
Pa. Quid agis, Periplectomene?

l'idea. C'è anche il fatto che il soldato ha affibbiato alla ragazza, per controllarla, un servo che vale mezzo soldo. Con le nostre trovate, con le nostre ingegnose invenzioni, gli faremo veder lucciole per lanterne, e lui sarà convinto di non aver veduto quel che ha veduto. E voi, attenti a non confondervi: oggi la ragazza sosterrà due parti, una di là, una di qua. Sempre la stessa è, ma farà finta di essere un'altra. E così il suo guardiano sarà menato per il naso. Ma ecco che scricchiola la porta del nostro vecchietto. Sta uscendo lui, quel simpaticone che vi ho detto.

PERIPLECOMENO PALESTRIONE

Pe. (*parla verso l'interno della casa*) Perbacco! D'ora in avanti, se vedrete un estraneo sul tetto e non gli romperete le ossa, io vi farò le budella a striscioline. Basta con i vicini che vengono a spiare in casa mia! Perché loro spiano, sicuro, guardano giù dall'impluvio. Ora pubblicamente io notifico a tutti: tolto Palestrione, chiunque vedrete salire dalla casa del soldato sul mio tetto, voi lo farete volare sulla strada. Giù! E niente scuse, che lui sul tetto cercava una gallina, un colombo, una scimmia, niente, voi creperete malamente se non gli preparate il funerale. E poi bisogna far rispettare la legge sui giochi d'azzardo: e loro non abbiano più ossa per giocare agli ossi a casa loro.[18]

Pa. A quel che sento, ne han fatto una grossa quelli della nostra famiglia. Non per niente questo vecchio comanda di rompere le ossa ai miei compagni! Però per me ha fatto un'eccezione. E che me ne frega degli altri? Ora vado ad agganciarlo.

Pe. Chi è che mi viene incontro? Ma è Palestrione!

Pa. Che stai facendo, Periplecomeno?

Pe. Hau multos homines, si optandum foret, 170
nunc videre et convenire quam te mavellem.
Pa. Quid est?
Quid tumultuas cum nostra familia?
Pe. Occisi sumus.
Pa. Quid negotist?
Pe. Res palamst.
Pa. Quae res palam est?
Pe. De tegulis
modo nescioquis inspectavit vostrum familiarium
per nostrum impluvium intus apud nos
Philocomasium atque hospitem 175
osculantis.
Pa. Quis homo id vidit?
Pe. Tuo' conservos.
Pa. Quis is homost?
Pe. Nescio, ita abripuit repente sese subito.
Pa. Suspicor
me periisse.
Pe. Ubi abît, conclamo: «Heus quid agis tu» inquam
«in tegulis?».
Ille mihi abiens ita respondit, se sectari simiam.
Pa. Vae mihi misero quoi pereundumst propter nihili 180
bestiam!
Sed Philocomasium hicine etiam nunc est?
Pe. Quom exibam, hic erat.
Pa. I sis, iube transire huc quantum possit, se ut videant
domi
familiares, nisi quidem illa nos volt, qui servi sumus,
propter amorem suom omnis crucibus
contubernalis dari.
Pe. Dixi ego istuc; nisi quid aliud vis.
Pa. Volo. Hoc ei dicito: 185
profecto ut ne quoquam de ingenio degrediatur
muliebri
earumque artem et disciplinam optineat colere.
Pe. Quém ad modum?
Pa. Ut eum, qui se hic vidit, verbis vincat né is se

Pe. Potendo scegliere, non molti vorrei vederne ed incontrarne, ma te sì.
Pa. Cos'è successo? Perché sbraiti contro la nostra famiglia?
Pe. Siamo morti.
Pa. E perché mai?
Pe. Scoperto tutto!
Pa. Tutto cosa?
Pe. Dal tetto, poco fa, uno dei vostri ha guardato giù per l'impluvio.[19] E da noi cos'ha visto? Filocomasio e il mio ospite che si baciavano.
Pa. Chi è che li ha visti?
Pe. Uno schiavo come te.
Pa. Come si chiama?
Pe. E chi lo sa. Se l'è squagliata subito.
Pa. Io sospetto... di essere morto.
Pe. Lui scappa, io grido: «Ehi, tu, che ci fai sul tetto?». E lui, sempre scappando, mi risponde che stava cercando una scimmia.
Pa. Una scimmia? E io debbo morire per una scimmia? Filocomasio è ancora qui?
Pe. Mentre io uscivo, c'era.
Pa. Corri, ti prego, e dille di passare subitissimo dall'altra parte. E che si faccia vedere dalla gente di casa. Sempre che non voglia, per i suoi amori, che noi servi ci si faccia compagnia spenzolando dalla croce.
Pe. Questo glielo ho già detto. Se non vuoi altro...
Pa. Questo voglio che tu le dica: che mai e poi mai si allontani dalle arti femminili, che anzi le usi tutte, malizie ed astuzie.
Pe. In che modo?
Pa. Lei deve, con le sue chiacchiere, convincere quello che

                viderit.
Siquidem centiens hic visa sit, tamen infitias eat.
Os habet, linguam, perfidiam, malitiam atque
                audaciam,
confidentiam, confirmitatem, fraudulentiam.
Qui arguat se, eum contra vincat iureiurando suo: 190
domi habet animum falsiloquom, falsificum,
                falsiiurium,
domi dolos, domi délenifica facta, dómi fallacias.
Nam mulier holitori numquam supplicat si quast
                mala:
domi habet hortum et condimenta ad omnis mores
                malificos.
Pe. Ego istaec, si erit hic, nuntiabo. Sed quid est,
               Palaestrio,   195
quod volutas tute tecum in corde?
Pa.   Paullisper tace,
dum ego mihi consilia in animum convoco et dum
                consulo
quid agam, quem dolum doloso contra conservo
                parem,
qui illam hic vidit osculantem, id visum ut ne visum
                siet.
Pe. Quaere: ego hinc apscessero aps te huc interim.
               Illuc sis vide,   200
quém ad modum astitit, severo fronte curans,
                cogitans.
Pectus digitis pultat, cor credo evocaturust foras;
ecce avortit: nixus laevo in femine habet laevam
                manum,
dextera digitis rationem computat, feriens femur
dexterum. Ita vehementer icit: quod agat aegre
                suppetit.   205
Concrepuit digitis: laborat; crebro commutat status.
Eccere autem capite nutat: non placet quod
                repperit.
Quidquid est, incoctum non expromet, bene
                coctum dabit.

l'ha vista che non l'ha mica vista; e anche se l'ha vista cento volte, lei cento volte dica di no. La faccia ce l'ha, e lingua, perfidia, malizia ed audacia, sicurezza e testardaggine, e tristizia. Qualcuno l'accusa? E lei lo confonda giurando e spergiurando. Ce l'ha, lei, l'animo falso, falsario, falsifico e falsente, ci ha trucchi e moine, fallacie sin che vuole.[20] Una donna, poco furba che sia, mica va a pregare l'erbivendolo di venderle l'erba trastulla, figurarsi. L'orto ce l'ha in casa, lei, con tanta di quella verdura che può farti verde quando vuole.

Pe. Le dirò tutto, se è ancora qui. Ma a te, a te, che ti sta frullando per la capa?

Pa. Zitto tu, un momentino, che convoco a consiglio i miei consigli e con gli stessi mi consiglio.[21] Che fare? Che trucco gli servo a quel servo che l'ha veduta qui a sbaciucchiare, per convincerlo che mica l'ha veduto quello che ha veduto?

Pe. Tu cerca. Intanto io mi metto qui in disparte... Ma guardalo, guardalo come se ne sta, con che cipiglio, e come cogita e pensa. Si batte il petto con le dita. Sembra quasi che voglia farsi uscire il cuore dal petto. Ma adesso si gira. Si puntella, si mette la sinistra sulla coscia sinistra... Con la destra si mette a contare... Con la destra si batte sulla coscia destra... ma come picchia!... Stenta a trovare la via... Fa schioccare le dita... Si spreme, cambia continuamente posizione... Però adesso scuote la testa, no, non gli piace quel che ha trovato... Sia come sia, la sua pietanza mica te la serve cruda, te la

Ecce autem aedificat: columnam mento suffigit suo.
Apage, non placet profecto mihi illaec aedificatio; 210
nam os columnatum poetae esse indaudivi barbaro,
quoi bini custodes semper totis horis occubant.
Eugae! Euscheme hercle astitit et dulice et
                                                comoedice;
numquam hodie quiescet priu' quam id quod petit
                                                perfecerit.
Habet opinor. Age si quid agis, vigila, ne somno
                                                stude, 215
nisi quidem hic agitare mavis varius virgis vigilias.
Tibi ego dico. †Anheriatus vestis† heus te adloqui,
                                                Palaestrio.
Vigila inquam, expergiscere inquam, lucet hoc
                                                inquam.
Pa.   Audio.
Pe. Viden hostis tibi adesse tuoque tergo opsidium?
                                                Consule,
arripe opem auxiliumque ad hanc rem: propere
                                      hoc, non placide decet. 220
Anteveni aliqua, áliquo saltu circumduce exercitum,
coge in opsidium perduellis, nostris praesidium
                                                  para;
interclude inimicis commeatum, tibi muni viam
qua cibatus commeatusque ad te et legiones tuas
tuto possit pervenire: hanc rém age, res subitaria est. 225
Reperi, comminiscere, cedo calidum consilium cito,
quae hic sunt visa ut visa ne sint, facta infecta ne
                                                   sient.
Magnam illic homo rem incipissit, magna munit
                                                moenia.
Tute unus si recipere hoc [ad] te dicis, confidentiast
nos inimicos profligare posse.
Pa.   Dico et recipio 230
ad me.
Pe.   Et ego impetrare dico id quod petis.
Pa.   At te Iuppiter
bene amet!

darà ben cotta... Ah, ecco che si dà a costruire! Si piazza una colonna sotto il mento... Via, via, non mi sfagiola questa costruzione! Perché ho sentito di un poeta latino che ci ha un puntello sotto la testa e due custodi che gli stanno addosso senza tregua...[22] Bene! Con che stile si erge, sembra uno schiavo da commedia.[23] No, quello non si dà pace, oggi, sinché non ha trovato quel che cerca... Scommetto che ci siamo... Avanti che sei a buon punto! Su, sveglia, non cedere al sonno, se non vuoi vegliare livido per le verghe, là dentro. Ehi, dico a te! Ecché ti sei ubriacato ieri? Parlo con te, Palestrione. Svegliati, ti dico, destati, ti ripeto: è giorno fatto.

Pa. Ascolto.
Pe. Non vedi che il nemico ti sta addosso e ti minaccia alle spalle? Deciditi, aggrappati a qualcosa, a qualche aiuto. E fa' presto, non c'è tempo da perdere. Precedili per qualche scorciatoia. Guida la truppa per un passo nascosto, circondali, stringili di assedio, rinforza le nostre difese. Tagliagli i viveri, ai nemici, e tu apriti una via perché le vettovaglie arrivino sicure a te e ai tuoi soldati.[24] Avanti, provvedi! Il tempo stringe. Ma se dici che ti assumi il compito, ho fiducia che possiamo battere i nemici.
Pa. L'assumo e mi impegno.
Pe. E io dico che riuscirai in ciò che vuoi.
Pa. Che Giove ti assecondi.

Pe.   Auden participare me quod commentu's?
Pa.   Tace,
dum in regionem astutiarum mearum te induco, ut
                                                scias
iuxta mecum mea consilia.
Pe.   Salva sumes indidem.
Pa. Eru' meus elephanti corio circumtentust, non suo,   235
neque habet plus sapientiai quam lapis.
Pe.   Ego istuc scio.
Pa. Nunc sic rationem incipisso, hánc instituam
                                             astutiam,
ut Philocomasio hanc sororem geminam germanam
                                                  alteram
dicam Athenis advenisse cúm amatore aliquo suo,
tam similem quam lacte lactist; apud <te> eos híc
                                             devortier 240
dicam hospitio.
Pe.   Eugae eugae, lepide, laudo commentum tuom!
Pa. Ut si illic concriminatus sit advorsum militem
meu' conservos, eam vidisse hic cum alieno osculari,
                                                      eam
arguam vidisse apud te contra conservom meum
cum suo amatore amplexantem atque osculantem.
Pe.   Immo optume! 245
Idem ego dicam si <ex> me exquiret miles.
Pa.   Sed simillimas
dicito esse, et Philocomasio id praecipiendum est ut
                                                  sciat,
ne titubet si <ex>quiret ex ea míles.
Pe.   Nimi' doctum dolum!
Sed si ambas videre in uno miles concilio volet,
quid agimus?
Pa.   Facilest: trecentae possunt caussae conligi: 250
«Non domist, ábiit ambulatum, dormit, ornatur,
                                               lavat,
prandet, potat: occupatast, operae non est, non
                                                 potest»,
quantum vis prolationis, dum modo hunc prima via

Pe. Non ti spiace rivelarmi ciò che hai cogitato?
Pa. Taci, tu, mentre io ti introduco nel paese dei miei divisamenti, onde tu li conosca al par di me.
Pe. Sani e salvi li ritroverai là dove li hai deposti.
Pa. Il mio padrone ha pelle di elefante, mica di uomo, e meno intelligenza di una pietra.
Pe. Questo lo so anch'io.
Pa. Ecco ora il mio piano, ecco la trappola che ho inventato: dirò che la sorella di Filocomasio, la sua gemella, è arrivata qui da Atene insieme con il suo amante. Dirò che le sorelle si assomigliano come due gocce di latte.[25] E dirò pure che i due amanti sono ospiti tuoi in questa tua casa.
Pe. Bene, bravo, magnifico! Approvo il tuo piano di battaglia.
Pa. E così, se il mio compagno ha detto al soldato di averla vista mentre baciava un estraneo, io lo convincerò che quello ha visto l'altra, la sorella, che abbracciava e baciava il suo amante in casa tua.
Pe. L'hai pensata bene. Io ripeterò le stesse parole, se il soldato mi vorrà interrogare.
Pa. Ma digli che sono uguali spaccate. E bisognerà istruirla, Filocomasio, che sappia tutto e non si impappini se il soldato la interpella.
Pe. Non c'è inghippo più sopraffino. Ma se il soldato vuol vederle insieme, tutte e due, come la mettiamo?
Pa. È facile. Di scappatoie possiamo trovarne mille. «Non è in casa, è andata a spasso, dorme, fa toeletta o il bagno, mangia e beve, è occupata, non ha tempo, non può». Quanti ne vuoi, di pretesti, purché al primo colpo riu-

MILES GLORIOSUS · ACTUS II

inducamus vera ut esse credat quae mentibitur.
Pe. Placet ut dicis.
Pa. Intro abi ergo et, si isti est mulier, eam iube 255
cito domum transire, atque haec ei dice, monstra,
praecipe,
ut teneat consilia nostra, quem ad modum exorsi
sumus,
de gemina sorore.
Pe. Docte tibi illam perdoctam dabo.
Numquid aliud?
Pa. Intro ut abeas.
Pe. Abeo. –
Pa. Et quidem ego ibo domum
atque hominem investigando operam huic
dissimulabiliter dabo 260
qui fuerit conservos qui hodie siet sectatus simiam.
Nam ill' non potuit quin sermone suo aliquem
familiarium
participaverit de amica eri, sese vidisse eam
hic in proxumo osculantem cum alieno
adulescentulo.
Novi morem egomet: «Tacere nequeo solus quod
scio». 265
Si invenio qui vidit, ad eum vineam pluteosque
agam:
res paratast, vi pugnandoque hominem caperest
certa res.
Si ita non reperio, ibo odorans quasi canis venaticus
usque donec persecutus volpem ero vestigiis.
Sed fores crepuerunt nostrae, ego voci moderabor
meae; 270
nam illic est Phílocomasio custos meu' conservos
qui it foras.

SCELEDRUS PALAESTRIO

Sc. Nisi quidem ego hodie ambulavi dormiens in tegulis,

Pe.	sciamo a fargli credere che sono verità le fandonie che la ragazza gli rifilerà.
Pe.	Dici proprio bene.
Pa.	E allora va' dentro e se la ragazza è ancora lì falla rientrare subito a casa. Dille tutto, insegnale, istruiscila, che si attenga al nostro piano e a quanto abbiamo inventato sulla sua gemella.
Pe.	Vado ad ammaestrarla da maestro. Nient'altro?
Pa.	Va' dentro!
Pe.	E io vado.
Pa.	E io pure vado a casa mia. E cercherò di sapere, facendo finta di niente, chi è quel mio collega che oggi dava la caccia alla scimmia. Certo non ha potuto fare a meno, lui, di confidarsi con qualche altro servo, e parlare della ragazza del padrone, e dire che l'ha vista nella casa del vicino baciarsi con un bel forestiero. Lo conosco il vizio: se una cosa la so soltanto io, mica posso tacerla. Be', se scopro chi è che l'ha veduta, metto in moto le macchine di guerra. È deciso: attaccare a tutta forza e catturarlo. E se non riesco a scovarlo? Andrò in giro annusando come un cane da caccia sinché non avrò scoperto le tracce della volpe. Ma qui sta cigolando la porta di casa nostra. Ssst, bisogna parlare sottovoce. Ma guarda, è il custode di Filocomasio, è il mio collega che sta uscendo.

SCELEDRO PALESTRIONE

Sc.	(*tra sé*) Se non stavo dormendo, io, mentre mi aggiravo

certo edepol scio mé vidisse hic proxumae viciniae
Philocomasium erilem amicam sibi malam rem
quaerere.
Pa. Hic illam vidit osculantem, quantum hunc audivi
loqui. 275
Sc. Quis hic est?
Pa. Tuo' conservos. Quid agis, Sceledre?
Sc. Te, Palaestrio,
volup est convenisse.
Pa. Quid iam? Aut quid negotist? Fac sciam.
Sc. Metuo –
Pa. Quid metuis?
Sc. Ne hercle hodie, quantum hic familiariumst,
maxumum in malum cruciatumque insuliamus.
Pa. Tu sali
solus, nam égo istam ínsulturam et desulturam nil
moror. 280
Sc. Nescis tu fortasse apud nos facinus quod natumst
novom.
Pa. Quod id est facinus?
Sc. Inpudicum.
Pa. Tute sci soli tibi,
mihi ne dixis, scire nolo.
Sc. Non enim faciam quin scias.
Simiam hodie sum sectatus nostram in horum
tegulis.
Pa. Edepol, Sceledre, homo sectatu's nihili nequam
bestiam. 285
Sc. Di te perdant!
Pa. Té istuc aequom – quoniam occepisti, eloqui.
Sc. Forte fortuna per impluvium huc despexi in
proxumum:
atque ego illi áspicio osculantem Philocomasium
cum altero
nescioquo adulescente.
Pa. Quod ego, Sceledre, scelus ex te audio?
Sc. Profecto vidi.
Pa. Tutin?

sui tetti, allora l'ho vista, certo che l'ho vista, la bella del padrone che cercava guai nella casa del vicino.
Pa. (*tra sé*) Ho capito bene? Allora è lui che l'ha veduta mentre dava baci.
Sc. Chi c'è qui?
Pa. Il tuo compagno, c'è. Come ti va, Sceledro?
Sc. Oh, Palestrione! Sono felice di incontrarti.
Pa. E perché? Cos'è successo? Dimmi tutto.
Sc. Ho paura...
Pa. Paura di che?
Sc. Per Ercole! Possiamo cascare, noi tutti della casa, in bocca agli strumenti di tortura.
Pa. Cascaci tu, da solo. Mica ci tengo a fare questi tuffi.
Sc. Ma tu non sai che fattaccio ci è nato in casa.
Pa. Che fattaccio?
Sc. Uno scandalo!
Pa. Tientelo per te. Non parlarmene, non voglio sapere nulla.
Sc. Ma io devo proprio dirtelo. Una scimmia, sui tetti, io oggi stavo inseguendola...
Pa. O Sceledro! Un uomo da nulla inseguiva una bestia da nulla...
Sc. Gli dèi ti fulminino.
Pa. Te, invece... Be', parla, già che hai cominciato.
Sc. Per puro caso, attraverso l'impluvio, guardo giù, nella casa del vicino. E che vedo? Filocomasio che sta baciando un giovane nonsochì.
Pa. Ma perché, Sceledro, debbo ascoltare le tue boiate?
Sc. L'ho vista, garantito.
Pa. Tu?

Sc.   Egomet duobus his oculis meis. 290
Pa. Abi, non veri simile dicis neque vidisti.
Sc.   Num tibi
   lippus videor?
Pa.   Medicum istuc tibi meliust percontarier.
   Verum enim tu istam, si te dí ament, temere hau
                                                 tollas fabulam:
   tuis nunc cruribus capitique fraudem capitalem hinc
                                                      creas.
   Nam tibi iam ut pereas paratum est dupliciter nisi
                                                   supprimis 295
   tuom stultiloquium.
Sc.   Qui vero dupliciter?
Pa.   Dicam tibi.
   Primumdum, si falso insimulas Philocomasium, hoc
                                                      perieris;
   iterum, si id verumst, tu ei custos additus periveris.
Sc. Quid fuat me nescio: haec me vidisse ego certo scio.
Pa. Pergin, infelix?
Sc.   Quid tibi vis dicam nisi quod viderim? 300
   Quin etiam nunc intus hic in proxumost.
Pa.   Eho an non domist?
Sc. Visse, abi intro tute, nam ego mi iam nil credi
                                                     postulo.
Pa. Certum est facere. –
Sc.   Híc te opperiam; eadem illi insidias dabo,
   quam mox horsum ad stabulum iuvenix recipiat se
                                                        <e> pabulo.
   Quid ego nunc faciam? Custodem me illi miles
                                                      addidit: 305
   nunc si indicium facio, interii; <interii> si taceo
                                                         tamen,
   si hoc palam fuerit. Quid peius muliere aut
                                                       audacius?
   Dúm ego in tegulis sum, illaec †sum† hospitio edit
                                                          foras;
   edepol facinus fecit audax. Hoccine si miles sciat,
   credo hercle has sustollat aedis totas atque hunc in

Sc. Io, proprio io, con questi occhi.
Pa. Ma va', quel che dici è inverosimile. Tu non hai visto nulla.
Sc. Mi hai preso per orbo?[26]
Pa. Orbo? È meglio che tu lo chieda a un medico. Però, una storia come questa – che gli dèi ti salvino – non dovresti lasciartela scappare così alla leggera. Stai creando un pericolo mortale per le tue gambe, la testa. In ogni caso ti stai preparando una brutta fine, se non la pianti di sputar scemenze.
Sc. In ogni caso? E perché?
Pa. Ti spiego. Punto primo: se accusi a torto la ragazza, sei spacciato. Punto secondo: se l'accusi a ragione, sei spacciato lo stesso, perché tu sei il suo guardiano.
Sc. Che ne sarà di me? Non lo so; però so che l'ho veduta.
Pa. O infelice, insisti?
Sc. Che vuoi che ti dica, se non quello che ho visto? Guarda che lei è ancora lì, nella casa del vicino.
Pa. Ah sì? Non è in casa nostra?
Sc. Va' dentro, vacci, se ne hai voglia. Perché io non pretendo che mi si dia retta.
Pa. È proprio quello che farò. (*Entra in casa del soldato.*)
Sc. E io starò qui ad aspettarlo. E intanto aspetterò al varco la giovenca, quando dal pascolo farà ritorno alla stalla. Mo' che faccio? Il soldato mi ha comandato di farle la guardia. E ora, se la denuncio, sono fottuto; se sto zitto, è lo stesso, nel caso che l'affare venga fuori. Chi c'è di peggio e di più sfacciato di una donna? Mentre io me ne stavo sul tetto, lei ha tagliato la corda. Che grinta, accidenti, che coraggio! Se il soldato mangia la foglia, sono convinto che mette in croce tutta la casa, me compreso.

crucem. 310
Hercle quidquid est, mússitabo potius quam
                                              interream male;
non ego possum quae ipsa sese venditat tutarier.
Pa. Sceledre, Sceledre, quis homo in terra te alter est
                                                  audacior?
Quis magi' dis inimicis natus quam tu atque iratis?
Sc.   Quid est?
Pa. Iuben tibi oculos ecfodiri, quibus id quod nusquam
                                                 hic vides? 315
Sc. Quid, nusquam?
Pa.   Non ego tuam empsim vitam vitiosa nuce.
Sc. Quid negotist?
Pa.   Quid negoti sit rogas?
Sc.   Qur non rogem?
Pa. Non tu tibi istam praetruncari linguam largiloquam
                                                   iubes?
Sc. Quám ob rem iubeam?
Pa.   Philocomasium eccam domi, quam in proxumo
vidisse aibas te osculantem atque amplexantem
                                             cum altero. 320
Sc. Mirumst lolio victitare te tam vili tritico.
Pa. Quid iam?
Sc.   Quia luscitiosu's.
Pa.   Verbero, edepol tu quidem
caecus, non luscitiosu's. Nam illa quidem | illae
                                                   domi.
Sc. Quid, domi?
Pa.   Domi hercle vero.
Sc.   Abi, ludis me, Palaestrio.
Pa. Tum mihi sunt manus ínquinatae.
Sc.   Quidum?
Pa.   Quia ludo luto. 325
Sc. Vae capiti tuo!
Pa.   <Tuo> istuc, Sceledre, promitto fore
nisi oculos orationemque aliam commutas tibi.
Sed fores cóncrepuerunt nostrae.
Sc.   At ego ilico opservo fores;

E allora, comunque sia, è meglio che io faccia zitto e mosca, piuttosto che finir male. Mica posso tenerla a bada, una donna che si mette in vendita.[27]

Pa. (*uscendo di casa*) Sceledro, Sceledro, dove lo trovo, su questa terra, uno più avventato di te? Chi più di te è nato in odio e ira agli dèi?

Sc. Che ti prende?

Pa. Perché non te li fai strappare dalle orbite quegli occhi con cui vedi ciò che non esiste?

Sc. Non esiste cosa?

Pa. La tua vita, io non la comprerei nemmeno per una noce secca.

Sc. Ma di cosa parli?

Pa. Di cosa parlo? E me lo chiedi?

Sc. E perché no?

Pa. Perché non te la fai tagliare questa tua linguaccia spudorata?

Sc. Tagliarla? E perché?

Pa. Perché Filocomasio è in casa nostra, altro che baciarsi e strofinarsi con un altro in casa del vicino, come dicevi tu di averla vista.

Sc. Che strano, tu mangi loglio invece che frumento, che costa così poco.

Pa. Che c'entra?

Sc. Il loglio rovina la vista.

Pa. Pelle da bastonate, tu ce l'hai rovinata, la vista, anzi sei tutto cieco. Perché la donna se ne sta a casa nostra.

Sc. Ma come? A casa?

Pa. A casa, sicuro.

Sc. Vattene, Palestrione, tu stai giocando con me.

Pa. Ma allora ci ho le mani sozze.

Sc. Perché?

Pa. Perché sto giocando con un sacco di merda.[28]

Sc. Crepa!

Pa. Crepa tu, Sceledro, e certo sarà così se non ti sbrighi a cambiarti gli occhi e la lingua. Ma la nostra porta sta cigolando.[29]

Sc. E io sto di guardia a quest'altra. Mica ce l'ha un'altra via

   nam nihil est qua hinc huc transire ea possit nisi
                 recto ostio.
Pa. Quin domi eccam! Nescioquae te, Sceledre, scelera
               suscitant. 330
Sc. Mihi ego video, mihi ego sapio, <mihi> ego credo
              plurumum:
 mé homo nemo deterrebit quin ea sit in his aedibus.
 Hic opsistam, ne inprudenti huc ea se subrepsit mihi.
Pa. Meus illic homo est, deturbabo iam ego illum de
               pugnaculis.
 Vin iam faciam uti stultividum te fateare?
Sc.   Áge face. 335
Pa. Neque te quicquam sapere corde neque oculis uti?
Sc.   Volo.
Pa. Nemp' tu istic ais esse erilem concubinam?
Sc.   Atque arguo
 eam me vidisse osculantem hic intus cum alieno viro.
Pa. Scin tu nullum commeatum hínc esse a nobis?
Sc.   Scio.
Pa. Neque solarium neque hortum nisi per impluvium?
Sc.   Scio. 340
Pa. Quid nunc? Si ea domist, si facio ut eam exire hinc
               videas domo,
 dignun es verberibus multis?
Sc.   Dignus.
Pa.   Serva istas fores,
 ne tibi clam se supterducat istinc atque huc transeat.
Sc. Consilium est ita facere.
Pa.   Pede ego iam illam huc tibi sistam in viam. –
Sc. Agedum ergo face. Vólo scire utrum egon id quod
               vidi viderim 345
 an illic faciat, quod facturum dicit, ut ea sit domi.
 Nam egoquidem meos óculos habeo nec rogo

per ritornare, la ragazza.
Pa. Ma è da noi! Non so proprio, Sceledro, quali scelleraggini ti scervellino.
Sc. Vedo con i miei occhi, penso con la mia testa, mi fido di me più che d'ogni altro. Non c'è uomo al mondo che possa convincermi che la ragazza non è in questa casa (*indica la casa di Periplecomeno*). Qui resterò, io, che quella non mi sgusci via sotto il naso.
Pa. (*tra sé*) È mio, quest'uomo. E adesso lo stano dal suo buco. (*Forte*) Vuoi che ti convinca a confessare che hai le traveggole?
Sc. Provaci.
Pa. E che non hai sale in zucca? E che non sai servirti degli occhi?
Sc. Avanti.
Pa. È vero o non è vero che tu dici che la concubina del padrone è là?
Sc. È vero, e dichiaro che l'ho veduta là dentro mentre baciava uno straniero.
Pa. E lo sai che non c'è alcun passaggio da quella casa alla nostra?
Sc. Certo che lo so.
Pa. Niente terrazza, niente giardino, si passa soltanto per l'impluvio, no?
Sc. Lo so.
Pa. E allora? Se lei è in casa nostra, se te la faccio vedere mentre esce da qui, te lo meriti o no un sacco di legnate?
Sc. Me lo merito.
Pa. Sta di guardia a questa porta, che non ti sgusci di nascosto e s'infili di qua.
Sc. È proprio la mia idea.
Pa. Te la farò comparire qui, su questa strada, con i suoi piedini.
Sc. E fallo. (*Palestrione entra nella casa del soldato.*) Voglio proprio sapere se ho visto quello che ho visto o se lui riuscirà a fare quel che promette, e cioè provare che la ragazza è in casa. Ce li ho, gli occhi, io, mica debbo

>   utendos foris.
> Sed hic illi subparasitatur semper, hic eae proxumust,
> primus ad cibum vocatur, primo pulmentum datur;
> nam illic noster est fortasse circiter triennium   350
> neque quoiquam quam illic in nostra meliust famulo
>   familia.
> Sed ego hoc quod ago, id me agere oportet, hoc
>   opservare ostium.
> Sic opsistam. Hac quidem pol certo verba mihi
>   numquam dabunt.

PALAESTRIO PHILOCOMASIUM SCELEDRUS

Pa. Praecepta facito ut memineris.
Ph.   Totiens monere mirumst.
Pa. At metuo ut sati' sis subdola.
Ph.   Cedo vel decem, edocebo   355
> minime malas ut sint malae, mihi solae quod superfit.
> Age nunciam insiste in dolos; ego aps te procul
>   recedam.

Pa. Quid ais tu, Sceledre?
Sc.   Hanc rem geró. Habeo auris, loquere quidvis.
Pa. Credo ego istoc exemplo tibi esse pereundum extra
>   portam,
> dispessis manibus, patibulum quom habebis.
Sc.   Quamnam | ob rem?   360
Pa. Respicedum ad laevam: quis illaec est mulier?
Sc.   Pro di inmortales,
> eri cóncubinast haec quidem!
Pa.   Mihi quoque pol ita videtur.
> Age nunciam, quando lubet –
Sc.   Quid agam?
Pa.   Perire propera.
Ph. Ubi iste ést bonu' servos qui probri me maxumi
>   innocentem
> falso insimulavit?
Pa.   Em tibi! Hic mihi dixit tibi quae dixi.   365

chiederli in prestito... Ma quello si arruffiana sempre alla ragazza, le sta sempre intorno. A tavola lo invitano per primo, per primo lo servono pure. E pensare che è da noi sì e no da tre mesi, ma fra tutti i servi non c'è nessuno che sia trattato meglio. Ma io ora faccio ciò che debbo fare: la guardia alla porta. Starò attento, io. Perbacco, non mi prenderanno per il naso!

PALESTRIONE FILOCOMASIO SCELEDRO

Pa. (*a Filocomasio*) Bada di ricordarti bene i miei suggerimenti.
Fi. Uffa!, quante volte me lo ripeti?
Pa. Ma io ho paura che tu non sia abbastanza furba.
Fi. Dammene anche dieci, le meno furbe che ci siano, e io ne faccio delle volpi, perché di furberia ce n'ho d'avanzo.
Pa. Tu adesso va' avanti con il nostro piano; io mi terrò un poco indietro. (*A Sceledro*) Ehi, Sceledro, che dici?
Sc. Io bado al compito mio. Tu parla pure, le orecchie ce l'ho.
Pa. Credo proprio che dovrai startene così, in questa posa, fuori porta, quando sarai suppliziato a braccia aperte.[30]
Sc. E perché mai?
Pa. Da' un'occhiata alla tua sinistra. Quella donna, chi è?
Sc. Dèi immortali! Ma quella è proprio la concubina del padrone.
Pa. Anche a me pare così, perbacco. E tu, ora, se vuoi prepararti...
Sc. Prepararmi a che?
Pa. A morire, e subito.
Fi. Dov'è quel fior di schiavo che falsamente accusa una innocente come me di un'orribile colpa?
Pa. Eccotelo qui. È lui che mi ha detto tutto ciò che ti ho detto.

Ph. Tun me vidisse in proxumo hic, sceleste, ais osculantem?
Pa. Ac cum alieno adulescentulo dixit.
Sc. Dixi hercle vero.
Ph. Tun me vidisti?
Sc. Atque his quidem hercle oculis –
Ph. Carebis, credo, qui plus vident quam quod vident.
Sc. Numquam hercle deterrebor quin viderim id quod viderím.
Ph. Ego stulta et mora multum 370 quae cum hoc insano fabuler, quem pol ego capitis perdam.
Sc. Noli minitari: scio crucem futuram mihi sepulcrum; ibi mei maióres sunt siti, pater, avos, proavos, abavos. Non possunt mihi minaciis tuis hísce oculi ecfodiri. Sed paucis verbis te volo, Palaestrio. Opsecro, unde 375 exit haec huc?
Pa. Und' nisi domo?
Sc. Domo?
Pa. Mé viden?
Sc. Te video. Nimi' mirumst facinus quo modo haec hinc huc transire potuit; nam certo neque solariumst apud nós neque hortus ullus neque fenstra nisi clatrata; nam certe ego te hic intus vidi.
Pa. Pergin, sceleste, intendere hanc arguere?
Ph. Ecastor ergo 380 mi hau falsum evenit somnium quod noctu hac somniavi.
Pa. Quid somnia[vi]sti?
Ph. Ego eloquar. Sed amabo advortite animum. Hac nocte in somnis mea soror geminast germana visa venisse Athenis in Ephesum cum suo amatore quodam;

Fi. Tu, scellerato, sostieni che mi hai vista qui dal vicino mentre mi lasciavo baciare?
Pa. Da un giovane straniero, ha precisato.
Sc. L'ho detto sì, per Ercole.
Fi. Tu mi hai veduta?
Sc. Per Ercole, sì, con questi occhi.
Fi. Te li strapperanno, penso, questi occhi che vedono più di quel che vedono.
Sc. Non mi convincerò mai, per Ercole, di non aver visto quello che ho visto.
Fi. Ma che scema, ma che pazza, che me ne sto a parlare con questo demente! Ma a lui, per Polluce, gliela farò pagare con la vita.
Sc. Non minacciare. La croce sarà la mia tomba? Lo so. Lì sono finiti tutti i miei: padre, nonno, bisnonno e trisavolo... Ma questi occhi miei, no, non me li possono strappare per le tue minacce. A te, Palestrione, voglio dire soltanto due parole: ti scongiuro, da dove salta fuori questa qui?
Pa. Da dove? Da casa, no?
Sc. Da casa?
Pa. Ma tu mi vedi?
Sc. Certo che ti vedo. È strabiliante come sia potuta passare da là a qua. Certo, da noi terrazza non c'è, orto nemmeno, e le finestre hanno l'inferriata. Eppure io l'ho vista là dentro.
Pa. Tu, scellerato, insisti? Insisti ad accusarla?
Fi. Per Castore, ma allora il mio sogno di stanotte non era mica bugiardo.
Pa. Che cosa hai sognato?
Fi. Vi racconto. Però fate attenzione, per piacere. Nel sogno, stanotte, mi è apparsa la mia gemella, che veniva da Atene con un tale, il suo amante. E mi sembrava che tut-

i ambo hóspitio huc in proxumum mihi devortisse
visi. 385
Pa. Palaestrionis somnium narratur. Perge porro.
Ph. Ego laeta visa quia soror venisset, propter eandem
suspicionem maxumam sum visa sustinere.
Nam arguere in somnis me meus mihi familiaris
visust
me cum alieno adulescentulo, quasi nunc tu, esse
osculatam 390
quom illa osculata mea soror gemina esset suompte
amicum.
Id me insimulatam perperam falsum esse somniavi.
Pa. Satin eadem vigilanti expetunt quae in somnis visa
memoras?
Eu hercle praesens somniúm! Abi intro et
comprecare.
Narrandum ego istuc militi censebo.
Ph. Facere certumst, 395
neque me quidem patiar probri falso inpune
insimulatam. –
Sc. Timeo quid rerum gesserím, ita dorsus totus prurit.
Pa. Scin te periisse?
Sc. Nunc quidem domi certost. Certa res est
nunc nostrum opservare ostiúm, ubi ubist.
Pa. At, Sceledre, quaeso,
ut ad id exemplum somnium quam simile somniavit 400
atque ut tu suspicatus es eam vídisse osculantem!
Sc. Nescio quid credam egomet mihi iam, ita quod
vidisse credo
me id iam non vidisse arbitror.
Pa. Ne tu hercle sero, opinor,
resipisces: si ad erum haec res prius praevenit,
peribis pulchre.
Sc. Nunc demum experior mi ob oculos caliginem
opstitisse. 405
Pa. Dudum edepol planumst id quidem, quae hic usque
fuerit intus.
Sc. Nihil habeo certi quid loquar: non vidi eam, etsi vidi.

ti e due si sistemassero nella casa del vicino.[31]

Pa. (*al pubblico*) Questa sta raccontando il sogno di Palestrione. (*A Filocomasio*) Avanti, continua.

Fi. Mi sentivo felice perché arrivava mia sorella, però mi parve anche di essere vittima, proprio per via di mia sorella, di un terribile sospetto. E nel sogno mi sembrava che un servo di casa mi accusasse, quasi quasi come ora fai tu, di essermi baciata con un ragazzo forestiero, mentre era lei, la mia gemella, che baciava il suo amante. Sì, ho sognato questo, di essere accusata, calunniata.

Pa. Ma lo sai che ti capita da sveglia quello che ricordi di aver sognato? Il sogno si è avverato, per Ercole! Vattene dentro e mettiti a pregare. Penso proprio che tutto questo bisogna dirglielo, al soldato.

Fi. Lo farò senz'altro. Mica mi lascio accusare impunemente, io, che non ho colpe. (*Entra in casa.*)

Sc. Cosa ho fatto! Accidenti, ho paura. Già la schiena mi prude.[32]

Pa. Tu sei morto. Lo sai?

Sc. È in casa, adesso, questo è sicuro. È sicuro che adesso debbo mettermi di guardia alla porta, dovunque sia la ragazza.

Pa. Ma tu, Sceledro, guarda un po' come van d'accordo il sogno che ha fatto lei e il sospetto che hai avuto tu, di averla veduta sbaciucchiare...

Sc. Non so neanche se posso credere a me stesso. E già: comincio a pensare di non aver veduto quello che credevo di aver veduto.[33]

Pa. Non è un po' tardi per pentirsi? Se al padrone gli arriva la faccenda, tu sei sistemato per le feste.

Sc. Adesso finalmente mi accorgo che ci avevo la nebbia negli occhi.

Pa. Da un pezzo era chiaro, per Polluce, dato che la ragazza è rimasta sempre in casa nostra.

Sc. Che cosa posso dire di certo? Nulla. Non l'ho veduta, anche se l'ho veduta.

Pa. Ne tu edepol stultitia tua nos paene perdidisti:
dum te fidelem facere ero voluisti, absumptu's paene.
Sed fores vicini proxumi crepuerunt. Conticiscam. 410

PHILOCOMASIUM SCELEDRUS PALAESTRIO

Ph. Inde ignem in aram, ut Ephesiae Dianae laeta laudes
gratisque agam eique ut Arabico fumificem odore
amoene,
quom me in locis Neptuniis templisque turbulentis
servavit, saevis fluctibus ubi sum adflictata multum.
Sc. Palaestrio, o Palaestrió!
Pa. O Sceledre, Sceledre, quid vis? 415
Sc. Haec mulier, quae hinc exît modo, estne erilis
concubina
Philocomasium an non est ea?
Pa. Hercle opinor, ea videtur.
Sed facinus mirum est quo modo haec hinc huc
transire potuit,
si quidem east.
Sc. An dubium tibi est eam esse hanc?
Pa. Ea videtur.
Sc. Adeamus, appellemus. Heus, quid istúc est,
Philocomasium? 420
Quid tibi istic in istisce aedibus debetur, quid
negotist?
Quid nunc taces? Tecum loquor.
Pa. Immo edepol tute tecum;
nam haec nil respondet.
Sc. Te adloquor, viti probrique plena,
quae circum vicinos vagas.
Ph. Quicum tu fabulare?
Sc. Quicum nisi tecum?
Ph. Quis tu homo es aut mecum quid est negoti? 425
Sc. Me rogas? Hem, qui sim?
Ph. Quin ego hoc rogem quod nesciam?
Pa. Quis ego sum igitur, si hunc ignoras?

Pa. Sì, ma con la tua scemenza c'è mancato poco che ci rovinassi tutti quanti. Volevi fare il bravo col padrone e quasi quasi ci rimettevi la pelle. Ma la porta del vicino sta cigolando. Starò zitto. (*Filocomasio si affaccia alla porta della casa di Periplecomeno ma si volge verso l'interno.*)

FILOCOMASIO SCELEDRO PALESTRIONE

Fi. Accendi il fuoco sull'ara. Felice come sono, voglio rendere grazie e onore a Diana Efesia, effondere per lei soavi profumi di Arabia, per lei che mi ha salvato dal regno di Nettuno, dai templi tempestosi del dio ove venni squassata dai flutti crudeli.[34]
Sc. Palestrione, ehi, Palestrione!
Pa. Sceledro, ehi, Sceledro, che vuoi?
Sc. Quella donna, quella che è appena uscita di qua, è Filocomasio? È o non è la concubina del nostro padrone?
Pa. Per Ercole, sì, credo di sì. Sembra proprio lei. Ma che strano! Come avrà fatto a passare da qui a là, sempre che sia lei?
Sc. Tu che ne dici? Dubiti?
Pa. Sembra lei.
Sc. Facciamoci sotto, chiamiamola. Ehi, tu, Filocomasio, che cosa succede? Che interesse hai in questa casa? Che affari ci hai? E perché non parli? Dico a te.
Pa. Dici a te, invece, perché quella manco ti risponde.
Sc. Ehi, parlo con te, razza di viziosa, di scostumata... Tu che vai vagolando dai vicini...
Fi. Ma tu con chi parli?
Sc. Con chi se non con te?
Fi. Ma tu chi sei? E cosa c'entri con me?
Sc. Tu mi chiedi chi sono?
Fi. E perché non dovrei? Mica lo so.
Pa. E allora io, chi sono io, se non conosci lui?

Ph.   Mihi odiosus, quisquis es,
et tu et hic.
Sc.   Non nos novisti?
Ph.   Neutrum.
Sc.   Metuo maxume.
Pa. Quid metuis?
Sc.   Enim ne <nos> nosmet perdiderimus uspiam;
nam nec te neque me novisse ait haec.
Pa.   Persectari hic volo, 430
Sceledre, nos nostri an alieni simus, ne dum
                                               quispiam
nos vicinorum inprudentis aliquis immutaverit.
Sc. Certe equidem noster sum.
Pa.   Et pol ego. Quaeris tu, mulier, malum.
Tibi ego dico, heus, Philocomasium!
Ph.   Quae te intemperiae tenent
qui me perperam perplexo nomine appelles?
Pa.   Eho! 435
Quis igitur vocare?
Ph.   Diceae nomen est.
Sc.   Iniuria's,
falsum nomen possidere, Philocomasium, postulas;
ἄδικος es tu, non δικαία, et meo ero facis iniuriam.
Ph. Egone?
Sc.   Tu<ne>.
Ph.   Quaé heri Athenis Ephesum adveni vesperi
cum meo amatore, adulescente Atheniensi?
Pa.   Dic mihi, 440
quid hic tibi in Epheso est negoti?
Ph.   Geminam germanam meam
hic sororem esse indaudivi, eam veni quaesitum.
Sc.   Mala es.
Ph. Immo ecastor stulta multum quae vobiscum fabuler.
Abeo.
Sc.   Abire non sinam te.
Ph.   Mitte.
Sc.   Manufestaria's.
Non omitto.

Fi. Puoi essere chi vuoi; per me, uno scocciatore. Tu e lui.
Sc. Tu non mi conosci?
Fi. Nessuno dei due.
Sc. Ho una gran paura...
Pa. Paura di che?
Sc. Ma che noi due, chissà in quali parti, ci siamo perduti. Sì perché lei dice che non conosce né me né te.
Pa. C'è una cosa che voglio mettere in chiaro, Sceledro. Noi siamo noi? Oppure siamo degli altri? Che di nascosto qualcuno dei vicini a nostra insaputa non ci abbia scambiato?[35]
Sc. Io sono io, qui non ci piove.
Pa. E io pure! Donna, vai in cerca di rogna? Ehi, dico a te, ehi, Filocomasio!
Fi. Ma a te che pazzia ti prende che continui a chiamarmi con un nome che non è il mio?
Pa. E allora come ti chiami?
Fi. Il mio nome è Giusta.
Sc. Ti inganni. Tu, Filocomasio, pretendi di possedere un nome che non è tuo. Giusta tu? No, tu sei ingiusta e ingiustizia fai al padrone mio.
Fi. Io?
Sc. Sì, tu.
Fi. Io che ieri sono arrivata a Efeso da Atene, con l'amante mio che è un giovane ateniese?
Sc. E allora dimmi: che ci fai qui a Efeso?
Fi. La mia sorella gemella ho sentito che si trova qui. E io sono venuta a cercarla.
Sc. Furbastra!
Fi. Scema, sono, proprio scema, che sto a parlare con gente come voi. Me ne vado.
Sc. Mica ti lascio andare, io.
Fi. Lasciami subito!
Sc. Lasciarti? Ma io ti ho presa sul fatto.

MILES GLORIOSUS · ACTUS II

Ph.   At iam crepabunt mihi manus, malae tibi, 445
nisi me omittis.
Sc.   Quid, malum, astas? Quin retines altrinsecus?
Pa. Nil moror negotiosum mihi esse tergum. Qui scio
an ista non sit Philocomasium atque alia eius similis
                                               siet?
Ph. Mittis me an non mittis?
Sc.   Immo ví atque invitam ingratiis,
nisi voluntate ibis, rapiam te domum.
Ph.   Hosticum hoc mihi 450
domicilium est, Athenis domus est atque erus; ego
                                       istam domum
neque moror neque vos qui hómines sitis novi
                                       neque scio.
Sc. Lege agito: te nusquam mittam, nisi das firmatam
                                           fidem
te huc, si omisero, intro ituram.
Ph.   Vi me cogis, quisquis es.
Do fidem, si omittis, isto me intro ituram quo iubes. 455
Sc. Ecce omitto!
Ph.   At ego abeo missa. –
Sc.   Muliebri fecit fide.
Pa. Sceledre, manibus amisisti praedam. Tám east
                                       quam potis
nostra erilis concubina. Vin tu facere hoc strenue?
Sc. Quid faciam?
Pa.   Ecfer mihi machaeram huc intus.
Sc.   Quid facies ea?
Pa. Intro rumpam recta in aedis: quemque hic intus
                                       videro 460
cum Philocomasio osculantem, eum ego
                                     optruncabo extempulo.
Sc. Visanest ea esse?
Pa.   Immo edepol plane east.
Sc.   Sed quo modo
dissimulabat!
Pa.   Abi, machaeram huc ecfer.
Sc.   Iam faxo hic erit. –

Fi.   Tra poco le mie mani e le tue guance faranno un bel suono, se non mi lasci subito.

Sc.   E tu, accidenti, perché non ti muovi? Perché non la trattieni dall'altra parte?

Pa.   La mia schiena, non voglio che venga trafficata. Che cavolo ne so, io, se questa è Filocomasio o un'altra che le somigli?

Fi.   Mi molli o non mi molli?

Sc.   Anche a forza, a tuo dispetto, alla faccia tua, ti ci trascino io, se non vieni di tua iniziativa.

Fi.   Qui sono ospite, ma la mia casa è ad Atene, nell'Attica. Di codesta casa (*indica quella del soldato*) non mi importa niente. Voi, non vi conosco, non so chi siete.

Sc.   Fammi causa, ma io non ti mollo, no, se non mi prometti in fede che, se ti lascio, tu vai lì dentro da sola.

Fi.   Con la forza mi costringi, tu, chiunque tu sia. Bene, ti prometto che, se mi lasci, io entrerò dove tu mi comandi.

Sc.   Ecco, ti lascio.

Fi.   Ecco, sono libera, me ne vado. (*Entra rapidamente in casa di Periplecomeno.*).

Sc.   La buona fede delle donne!

Pa.   La preda, te la sei fatta scappare dalle mani, Sceledro. Più che mai quella è la concubina del padrone. Vuoi farmi un piacere, da bravo?

Sc.   Che debbo fare?

Pa.   Portami qui fuori una spada.

Sc.   Che ci vuoi fare?

Pa.   Irrompo diritto dentro casa. Chiunque trovo che stia baciando Filocomasio, zac, io gli taglio la testa.

Sc.   Ti sembrava che fosse lei?

Pa.   Certo che era lei. Non c'è dubbio.

Sc.   Però fingeva bene.

Pa.   Va' e portami la spada.

Sc.   Farò che sia già qui. (*Entra in casa.*)

MILES GLORIOSUS · ACTUS II

Pa. Neque eques neque pedes profectost quisquam
                                   tanta audacia
qui aeque faciat confidenter quicquam quam mulier
                                     facit. 465
     Ut utrubique orationem docte divisit suam,
     ut sublinitur os custodi cauto, conservo meo!
     Nimi' beat quod commeatus transtinet trans
                                      parietem.
Sc. Heus, Palaestrio, machaera nihil opust.
Pa.   Quid iam? Aut quid est?
Sc. Domi eccam erilem concubinam.
Pa.   Quid, domi?
Sc.   In lecto cubat. 470
Pa. Edepol ne tu tibi malam rem repperisti, ut
                                      praedicas.
Sc. Quid iam?
Pa.   Quia hanc attingere ausu's mulierem hinc ex
                                     proxumo.
Sc. Magis hercle metuo.
Pa.   Sed numquam quisquam faciet quin soror
istaec sit gemina huius: eam pol tu osculantem hic
                                      videras.
Sc. Id quidem palam est eam esse, ut dicis; quid propius
                                     fuit, 475
     quam ut perirem, si elocutus essem ero?
Pa.   Ergo, si sapis,
mussitabis: plus oportet scire servom quam loqui.
Ego abeo a te, ne quid tecum consili commisceam,
atque apud hunc ero vicinum; tuae mihi turbae non
                                     placent.
Eru' si veniet, si me quaeret, hic ero: hinc me
                                     arcessito. — 480

SCELEDRUS PERIPLECTOMENUS

Sc. Satin abiit ille neque erili negotio
     plus curat, quasi non servitutem serviat?

Pa. Cavaliere o fante, non ce n'è uno che con tanta audacia, con tanta freddezza, agisca come una donna. Ah come le ha recitate le due parti! E il mio collega, quel bravo guardiano, lei come l'ha preso per il naso! Come funziona bene quel passaggio attraverso la parete.

Sc. (*uscendo di casa*) Ehi, Palestrione. Niente spada. Non serve.

Pa. E perché? Cosa c'è?

Sc. Ma è di là, lei, in casa, la donna del padrone.

Pa. Cosa? Da noi?

Sc. È di là, a letto.

Pa. Per Polluce! Ti sei tirato addosso un bel guaio, tu, a quel che mi dici.

Sc. E perché?

Pa. Hai osato metterle le mani addosso, alla donna che sta dal vicino.

Sc. Per Ercole, la fifa mi cresce.

Pa. Nessuno lo negherà più, adesso, che quella sia la gemella della nostra. Perbacco, è lei che tu hai visto che sbaciucchiava là dentro.

Sc. È chiaro che lei è quella che dici tu. E io sarei stato a un passo dalla morte, se avessi parlato al padrone, non è vero?

Pa. E allora, se capisci qualcosa, non una parola. Un servo deve sapere più di quel che dice. Io ti lascio, non voglio esser coinvolto nei tuoi affari, e me ne vado dal vicino. I tuoi imbrogli non mi piacciono. Se verrà il padrone e chiederà di me, io sarò là; e tu fammi chiamare. (*Entra nella casa di Periplecomeno.*).

SCELEDRO PERIPLECOMENO

Sc. Se ne è proprio andato. Se ne fotte, lui, degli interessi del padrone. Come se non fosse suo schiavo. Be', c'è

Certo illa quidem hic nunc intus est in aedibus,
nam egomet cubantem eam modo offendi domi.
Certum est nunc opservationi operam dare. 485
Pe. Non hercle hisce homines me marem, sed feminam
vicini rentur esse servi militis:
ita me ludificant. Meamne hic invitam hospitam,
quae heri huc Athenis cum hospite advenit meo,
tractatam et ludificatam, ingenuam et liberam? 490
Sc. Perii hercle! Hic ad me recta habet rectam viam.
Metuo illaec mihi res ne malo magno fuat,
quantum hunc audivi facere verborum senem.
Pe. Accedam ad hominem. Tun, Sceledre, hic, scelerum caput,
meam lúdificavisti hospitam ante aedis modo? 495
Sc. Vicine, ausculta quaeso.
Pe.   Ego auscultem tibi?
Sc. [Ex]purgare volo me.
Pe.   Tun ted expurges mihi,
qui facinus tantum tamque indignum feceris?
An quia latrocinamini, arbitramini
quidvis licere facere vobis, verbero? 500
Sc. Licetne?
Pe.   At ita me di deaeque omnes ament
nisi mihi supplicium virgarum de te datur
longum diutinumque, a mani ad vesperum,
quod meas confregisti imbricis et tegulas,
ibi dum condignam te sectatu's simiam, 505
quodque inde inspectavisti meum apud me hospitem
amplexum amicam, quom osculabatur, suam,
quodq' concubinam erilem insimulare ausus es
probri pudicam meque summi flagiti,
tum quod tractavisti hospitam ante aedis meas: 510
nisi mihi supplicium stimuleum de <te> datur,
dedecoris pleniorem erum faciam tuom
quam magno vento plenumst undarum mare.
Sc. Ita sum coactus, Periplectomene, ut nesciam
utrum me <ex>postulare priu' tecum aequiust – 515

una cosa che è sicura: quella è in casa nostra, adesso. Perché l'ho appena veduta sdraiata sul letto. E certo è il momento di far buona guardia.

Pe. (*esce dalla sua casa e finge di non vedere Sceledro*) Accidenti, per chi mi prendono? Questi vicini credono che io sia una donnicciola, non un uomo. Mi sfottono, loro. Maltrattarla, sbeffeggiarla, sulla pubblica via, la mia ospite, che ieri è arrivata da Atene con un ospite mio, lei che è nata libera e libera è!

Sc. Per Ercole, sono morto! Viene diretto contro di me. Ho paura che la faccenda si metta male per me, stando alle parole del vecchio che ho ascoltato.

Pe. Gli andrò sotto. Tu, Sceledro, scellerato, l'hai sbeffeggiata la mia ospite? Qui, dinanzi alla mia casa, poco fa?

Sc. Ascoltami, vicino, ti supplico.

Pe. Ascoltarti, io?

Sc. Voglio scusarmi.

Pe. Scusarti con me? Tu che l'hai fatta così sporca? Tu, arnese da frusta, che ti credi? Perché fate i mercenari pensate che vi sia lecito tutto?

Sc. Posso?

Pe. Che gli dèi mi assistano, e le dee, tutti quanti insieme! Poiché tu mi hai rotto embrici e tegole inseguendo una scimmia, tua degna compagna; poiché dal tetto hai spiato l'ospite mio che abbracciava e baciava la sua amica; poiché hai tacciato d'immoralità la concubina del tuo padrone, che è donna pudica; poiché mi hai accusato di grandissimo scandalo e hai messo le mani sulla mia ospite davanti a casa mia; ebbene, se non ottengo soddisfazione su di te, a suon di scudisciate,[36] io coprirò di infamia il tuo padrone più di quanto il vento furioso copra di onde il mare.

Sc. O Periplecomeno, sono tanto frastornato, io, che non so nemmeno se debbo, per prima cosa, querelarmi con te

MILES GLORIOSUS · ACTUS II

      nisi <si> istaec non est haec neque <haec> istast,
                                                  mihi
      med expurgare haec tibi videtur aequius;
      sicut etiam nunc nescio quid viderim:
      itast ista huiius similis nostrai tua,
      siquidem non eadem est.
Pe.   Vise ad me intro, iam scies.   520
Sc. Licetne?
Pe.   Quin te iubeo; et placide noscita.
Sc. Ita facere certum est. –
Pe.   Heus, Philocomasium, cito
      transcurre curriculo ad nos, ita negotiumst.
      Post, quando exierit Sceledrus a nobis, cito
      transcurrito ad vos rusum curriculo domum.   525
      Nunc pol ego metuo ne quid infuscaverit.
      Si hic non videbit mulierem – aperitur foris.
Sc. Pro di inmortales! Similiorem mulierem
      magi'que eándem, ut pote quae non sit eadem, non
                                                     reor   530
      deos fácere posse.
Pe.   Quid nunc?
Sc.   Commerui malum.
Pe. Quid igitur? Eanest?
Sc.   Etsi east, non est ea.
Pe. Vidistin istam?
Sc.   Vidi et illam et hospitem
      complexam atque osculantem.
Pe.   Éanest?
Sc.   Nescio.
Pe.   Vin scire plane?
Sc.   Cupio.
Pe.   Abi intro ad vos domum.   535
      Continuo, vide sitne istaec vostra intus.
Sc.   Licet,
      pulchre admonuisti. Iám ego ad te exibo foras. –
Pe. Numquam edepol hominem quemquam ludificarier
      magis facete vidi et magi' miris modis.
      Sed eccum egreditur.

oppure, se quella non è questa, e questa non è quella, con te scusarmi. Così che anche adesso non so che cosa ho veduto, tanto è simile quella di questa casa a quella della nostra. Seppure non è la stessa.

Pe. Va' dentro a guardare: saprai.
Sc. Posso?
Pe. Anzi te lo ordino. Va' e studiala con calma.
Sc. Sicuro, faccio così. (*Entra in casa di Periplecomeno.*)
Pe. (*volgendosi verso la casa del soldato*) Ehi, Filocomasio! Presto! Passa di corsa in casa mia. Bisogna così. Ma poi, quando Sceledro sarà uscito da casa mia, tu rientra di corsa nella tua. Per Polluce, io, adesso, ho paura che qualcosa vada storto. Se quello lì non dovesse vederla, la donna... Ma ecco che la porta si spalanca.
Sc. (*uscendo dalla casa*) Per gli dèi immortali! Una donna più somigliante, più che la stessa, che non sia la stessa, credo che neanche gli dèi possano farla.
Pe. E allora?
Sc. Il castigo? Me lo sono meritato.
Pe. E allora è lei?
Sc. È lei ma non è lei.
Pe. È questa, questa di qui, che hai veduto?
Sc. Ho visto lei e l'ospite, baci ed abbracci.
Pe. È lei?
Sc. Non lo so.
Pe. Vuoi proprio sincerartene?
Sc. Certo che lo voglio.
Pe. Va' a casa tua, e di corsa; e guarda se c'è dentro la donna di casa vostra.
Sc. Giusto, dici bene. Vado e ritorno subito da te. (*Entra nella casa del soldato.*)
Pe. No, per Polluce, mai e poi mai mi è capitato di vedere un uomo preso in giro così allegramente e buffamente. Ma eccolo che ritorna.

Sc.   Periplectomene, te opsecro   540
per deos atque homines perque stultitiam meam
perque tua genua –
Pe.   Quíd opsecras me?
Sc.   Inscitiae
meae et stultitiae ignoscas. Nunc demum scio
me fuisse excordem, caecum, incogitabilem.
Nam Philocomasium eccam intus.
Pe.   Quid nunc, furcifer?   545
Vidistin ambas?
Sc.   Vidi.
Pe.   Erum exhibeas volo.
Sc. Meruisse equidem me maxumum fateor malum
et tuae fecisse me hospitae aio iniuriam;
sed meam esse erilem concubinam censui,
quoi me custodem erus addidit miles meus.   550
Nam ex uno puteo similior numquam potis
aqua aquai sumi quam haec est atque ista hospita.
Et me despexe ad te per impluvium tuom
fateor.
Pe.   Quidni fateare ego quod viderim?
Et ibi osculantem meum hospitem cum ista hospita 555
vidisti?
Sc.   Vidi (qur negem quod viderim?),
sed Philocomasium me vidisse censui.
Pe. Ratu'n ístic me hominem esse omnium minimi preti,
si ego me sciente paterer vicino meo
eam fíeri apud me tam insignite iniuriam?   560
Sc. Nunc demum a me insipienter factum esse arbitror
quom rem cognosco; at non malitiose tamen
feci.
Pe.   Immo indigne; nám hominem servom suos
domitos habere oportet oculos et manus
orationemque.
Sc.   Ego\<ne\> si post hunc diem   565
muttivero, etiam quod egomet certo sciam,
dato excruciandum me: egomet me dedam tibi;
nunc hoc mi ignosce quaeso.

Sc. Periplecomeno, per gli dèi, per gli uomini, per la mia scemenza, per le tue ginocchia, io ti supplico...
Pe. Mi supplichi perché?
Sc. Perché tu perdoni la mia ignoranza e la mia scemenza. Ora lo so, finalmente, lo so che sono stupido, cieco e insensato: perché lei, Filocomasio, è là dentro.
Pe. E adesso, pendaglio da forca? Le hai viste o no tutte e due?
Sc. Le ho viste.
Pe. Voglio che tu faccia venire qui il tuo padrone.
Sc. Lo confesso, sì, che mi sono meritato un grandissimo castigo; lo riconosco, sì, di aver offeso la tua ospite; ma io pensavo che fosse la concubina del mio padrone, quella che il padrone mi aveva ordinato di sorvegliare. Perché le acque che tiri su dal medesimo pozzo non sono più simili di quel che sono simili queste due donne. Confesso di aver guardato in casa tua, attraverso l'impluvio...
Pe. E come potresti non confessare? Ti ho sorpreso sul fatto. E tu, li hai visti l'ospite mio e la mia ospite che si baciavano?
Sc. Sì che li ho visti, come potrei negare di aver visto? Ma ero convinto di aver visto Filocomasio.
Pe. Certo che mi hai preso per il più vile degli uomini se hai pensato che io potessi tollerare che in casa mia, me consapevole, si consumasse un tale oltraggio al mio vicino.
Sc. Adesso, adesso che so tutto, capisco bene di aver agito da stupido. Ma non ci ho messo malizia.
Pe. Però è stata una cosa indegna. Lo stato servile impone di tener a freno gli occhi e le mani e le parole.
Sc. Se io, a partire da oggi, mi lascerò sfuggire una parola, anche quando mi sento sicuro, tu fammi mettere subito alla tortura. Io stesso mi consegnerò a te. Ma ora, te ne supplico, concedimi il tuo perdono.

Pe.   Vincam animum meum,
ne malitiose factum id esse aps te arbitrer.
Ignoscam tibi istuc.
Sc.   At tibi di faciant bene!
Pe. Ne tu hercle, si te dí ament, linguam comprimes,
posthac etiam illud quod scies nesciveris
nec videris quod videris.
Sc.   Bene me mones,
ita facere certum est. Sed satine oratu's?
Pe.   Abi.
Sc. Numquid nunc aliud me vis?
Pe.   Ne me noveris.
Sc. Dedit híc mihi verba. Quam benigne gratiam
fecit ne iratus esset! Scio quam rem gerat
ut, miles quom extemplo a foro adveniat domum,
domi cómprehendar. Una hic et Palaestrio
me habent venalem: sensi et iam dudum scio.
Numquam hercle ex ista nassa ego hodie escam
                                                    petam;
nam iam aliquo aufugiam et me occultabo aliquot
                                                    dies,
dum haec consilescunt turbae atque irae leniunt.
Nam uni satis populo inpio merui mali.
Verum tamendem quidquid est, ibo hinc domum. –
Pe. Illic hinc apscessit. Sat edepol certo scio
occisam saepe sapere plus multo suem:
quoin id adimatur ne id quod vidit viderit?
Nam illius oculi atque aures atque opinio
transfugere ad nos. Usque adhuc actum est probe;
nimium festivam mulier operam praehibuit.
Redeo in senatum rusum; nam Palaestrio
domi núnc apud me est, Sceledrus nunc autemst
                                                    foris:
frequens senatus poterit nunc haberier.
†Ibo intro, ne, dum apsum, multae sortitae fuant†.

Pe. Sì, vincerò me stesso, mi convincerò che non l'hai fatto con malizia. Sei perdonato, per questa volta.
Sc. Gli dèi ti rimeritino.
Pe. Se gli dèi ti amano, tieni a bada la lingua. D'ora in avanti, anche ciò che sai, non lo saprai; e ciò che vedrai, non l'avrai visto.
Sc. Tu mi insegni bene e io seguirò la tua lezione. Mi hai detto tutto?
Pe. Va'.
Sc. Ti serve altro?
Pe. Ignorami. (*Fa qualche passo e si mette in disparte.*)
Sc. (*tra sé*) Mi ha riempito di chiacchiere, lui. Com'era benevolo nel concedermi che non era adirato. Lo so io che cosa ci ha per la capa. Non appena se ne torna a casa, il mio soldato, mi fanno la festa. Lui e Palestrione d'accordo vogliono che sia venduto. Lo so, l'ho capito da un pezzo. Accidenti, io non ci casco mica nella rete. Me la squaglio io, da qualche parte, e per qualche giorno mi terrò nascosto, sinché tempeste e furori non si saranno placati. Mi son tirato addosso tanti guai che nemmeno un popolo di canaglie... Mah, mi succeda quel che succeda, io rientro a casa. (*Entra nella casa del soldato.*)
Pe. Si è tolto dai piedi. Per Polluce! Son convinto che una scrofa macellata ha più giudizio di lui.[37] Si è convinto di non aver veduto ciò che ha veduto. Eh sì, i suoi occhi, le sue orecchie, penso proprio che sian passati dalla nostra parte. Insomma, è andata bene, sinora. La ragazza ha recitato magnificamente la sua parte. Be', io ritorno al senato. Palestrione è già a casa mia. Sceledro è fuori dai piedi. Il senato potrà tenere seduta plenaria. E allora dentro, subito. Non vorrei che in mia assenza venissero sorteggiate le cariche.[38] (*Entra in casa.*)

ACTUS III

PALAESTRIO PERIPLECTOMENUS PLEUSICLES

Pa. Cohibete intra limen etiam vos parumper, Pleusicles,
sinite me priu' perspectare, ne uspiam insidiae sient
concilium quod habere volumus. Nam opus est
nunc tuto loco
unde inimicus ne quis nostri spolia capiat consili.
Nam bene consultum inconsultumst, si id inimicis
usuist, 600
neque potest quin, si id inimicis usuist, opsit tibi;
nam bene \<consultum\> consilium surrupitur
saepissume,
si minu' cum cura aut cautela locu' loquendi lectus
est.
Quippe qui, si rescivere inimici consilium tuom,
tuopte tibi consilio occludunt linguam et
constringunt manus 605
atque eadem quae illis voluisti facere, illi faciunt tibi.
Sed speculabor nequis aut hinc aut ab laeva aut a
dextera
nostro consilio venator adsit cum auritis plagis.
Sterilis hinc prospectus usque ad ultumamst
plateam probe.
Evocabo. Heus Periplectomene et Pleusicles,
progredimini! 610
Pe. Ecce nos tibi oboedientes.
Pa. Facilest imperium in bonis.
Sed volo scíre, eodém consilio quod intus meditati
sumus
gerimus rem?

ATTO III

PALESTRIONE PERIPLECOMENO PLEUSICLE

Pa. (*sulla soglia di casa*) Pleusicle, fermatevi ancora un po'. Lasciate che io, prima, dia un'occhiata in giro, che non ci sia qualche pericolo per la riunione che stiamo per fare. Ci serve un luogo sicuro, a noi, dove nessun nemico possa scipparci il piano della vittoria, dove nessun nemico possa tender l'orecchio. Un buon consiglio diventa malconsiglio se va a favore del nemico. Ciò che giova a lui, danneggia te. Non c'è dubbio, se i nemici annusano il tuo piano, col tuo piano ti tappano la bocca e ti legan le mani, e fanno a te proprio quello che volevi fare a loro. Ma io faccio l'esploratore, io, e scruto che nessun cacciatore sia qui con reti orecchiute per la nostra riunione.[39] Di qui la vista è libera, sì, sino in fondo alla piazza. Ora li chiamo. Ehi, Periplecomeno, ehi, Pleusicle, fatevi avanti. (*Periplecomeno e Pleusicle escono di casa.*)
Pe. Eccoci qui, agli ordini tuoi.
Pa. È facile comandare alla brava gente. Voglio sapere una cosa: condurremo la faccenda secondo il piano che abbiamo studiato in casa?

Pe.   Magis non potest esse ad rem utibile.
Pa.   †Immo†
quid tibi, Pleusicles?
Pl.   Quodn' vobis placeat, displiceat mihi?
Quis homo sit magis meu' quam tu's?
Pa.   Loquere lepide et commode.   615
Pe. Pol ita decet hunc facere.
Pl.   At hoc me facinus miserum macerat
meumque cor corpusque cruciat.
Pe.   Quid id est quod cruciat? Cedo.
Pl. Me tibi istúc aetatis homini facinora puerilia
obicere neque te decora neque tuis virtutibus;
ea te expetere ex opibus summis méi honóris gratia   620
mihique amanti ire opitulatum atque ea te facere
                                    facinora
quae istaec aetas fugere facta magi' quam sectari
                                          solet:
eam pudet me tibi in senecta obicere sollicitudinem.
Pa. Novo modo tu homo amas, siquidem te quicquam
                                  quod faxis pudet;
nihil amas, umbra es amantis magi' quam amator,
                                      Pleusicles.   625
Pl. Hancine aetatem exercere méi amóris gratia?
Pe. Quid ais tu? Itane tibi ego videor oppido
                                  Accherunticus?
Tam capularis? Tamne tibi diu vídeor vitam vivere?
Nam equidem hau sum annos natus praeter
                              quinquaginta et quattuor,
clare oculis video, pernix sum pedibus, manibus
                                       mobilis.   630
Pa. Si albicapillus hic, videtur neutiquam ab ingenio
                                          senex.
Inest in hoc emussitata sua sibi ingenua indoles.
Pl. Pol id quidem experior ita esse ut praedicas,
                                    Palaestrio;
nam benignitas quidem huiius oppido
                                      adulescentulist.
Pe. Immo, hospes, magi' quom periclum facies, magi'   635

Pe. Uno più adatto non può esserci.
Pa. Ma certo. Tu che ne dici, Pleusicle?
Pl. Vuoi che dispiaccia a me quel che piace a voi? Chi mi è più vicino di te?
Pe. Dici bene e parli giusto.
Pa. Per Polluce! Parla come deve.
Pl. Ma c'è ancora una cosa che mi tormenta, che mi strazia anima e corpo.
Pe. Cos'è che ti strazia? Parla.
Pl. Che io ti spinga, alla tua età, in queste ragazzate, che non fanno onore a te e alla tua dignità; che tu, per causa mia, ti ci metta con tutte le tue forze e mi venga in aiuto nei miei amori, e ti butti in imprese che la tua età preferisce fuggire anziché perseguire. Mi vergogno di darti tante noie, nel tempo della tua vecchiaia.
Pa. Giovanotto, tu sei innamorato in modo curioso, se ti vergogni davvero di quello che fai. No, tu non ami, non sei un innamorato, Pleusicle. Tu sei l'ombra di un innamorato.
Pl. (*a Periplecomeno*) Che questa tua età, io, per il mio amore, venga a turbarla...
Pe. Ma che dici? Ecché ti sembra che io sia già maturo per l'Acheronte?[40] Con un piede nella fossa? Ti pare che io sia vissuto troppo a lungo? Ma io di anni ne ho solo cinquantaquattro, e i miei occhi ci vedono bene, e i miei piedi sono svelti, e agili le mani.
Pa. Se i suoi capelli sono bianchi, il suo cervello non è da vecchio. E la sua indole è tanto nobile quanto equilibrata.
Pl. Per Polluce, me ne sto accorgendo, Palestrione, che è proprio come dici tu. Ha l'animo disponibile di un giovane.
Pe. E quanto più, ospite mio, mi metterai alla prova, tanto

MILES GLORIOSUS · ACTUS III

                                                         nosces meam
comitatem erga te amantem.
Pl.   Quid opus nota noscere?
Pe. Ut apud te exemplum experiundi habeas, ne †itas†
                                                         foris;
nam nisi qui ipse amavit aegre amantis ingenium
                                                    inspicit:
et ego amoris aliquantum habeo umorisque etiam in
                                                    corpore 640
nequedum exarui ex amoenis rebus et voluptáriis.
Vel cavillator facetus vel conviva commodus
item ero neque ego oblocutor sum alteri in convivio:
incommoditate apstinere me apud convivas
                                                 commodo
commemini et meam orationis iustam partem
                                                   persequi 645
et meam pártem itidem tacere, quom aliena est
                                                  oratio;
minime sputator, screator sum, itidem minime
                                                 mucidus:
post Ephesi sum natus, non enim in Apulis; non
                                           sum Animula.
Pa. O lepidum semisenem, si quas memorat virtutes
                                                    habet,
atque equidem plane educatum in nutricatu
                                                 Venerio! 650
Pe. Plus dabo quam praedicabo ex me venustatis tibi.
Neque ego úmquam alienum scortum subigito in
                                                 convivio
neque praeripio pulpamentum neque praevorto
                                                  poculum
neque per vinum umquam ex me exoritur discidium
                                               in convivio:
si quis ibi est odiosus, abeo domum, sermonem
                                                  segrego; 655
Venerem, amorem amoenitatemque accubans
                                                 exerceo.
Pa. Tu quidem edepol omnis moris ad venustatem

più che avrai modo di conoscere la mia premura nel favorirti in amore.
Pl. Che bisogno c'è di verificare quel che già è sicuro?
Pe. Quando hai davanti un buon esempio, non cercare più in là. Chi non l'ha provato di persona, l'amore, a stento capisce l'animo di chi ama. Ma io, sotto la pelle, ho ancora un pizzico di amore e di umore, e non mi sono ancora inaridito rispetto a quanto c'è di piacevole e di godibile. Sempre sarò un conversatore spiritoso e un commensale disponibile. Nei banchetti non tolgo la parola di bocca agli altri. Non dimentico mai la buona creanza con i commensali che hanno garbo. Nella conversazione so parlare con giusta misura e così tacere quando la parola tocca agli altri.[41] Non sputacchio, non scaracchio, non ho il moccolo al naso. E poi sono nato a Efeso, mica nelle Puglie, mica ad Animula, io.[42]
Pa. O caro mezzovecchio! Se ha tutti i meriti che elenca, è Venere che l'ha cresciuto ed educato.
Pe. Delle grazie di Venere te ne posso tirar fuori, da me, più di quel che mi vanti. Nei banchetti io mica le tasto le puttane degli altri, mica frego le pietanze sotto gli occhi del vicino, mica piazzo il mio bicchiere prima di quello degli altri. E mai, per colpa del vino, faccio nascere delle liti a tavola. Se c'è qualcuno che mi sta antipatico, tronco la conversazione e me ne ritorno a casa. Nei banchetti mi do a Venere, all'amore, al piacere.
Pa. Per Polluce, tutti i tuoi modi di fare sprizzano amabilità.

†vicet†;
cedo tris mi homines aurichalco contra cum istis
                                                    moribus.
Pl. At quidem illúc aetatis qui sit non invenies alterum
lepidiorem ad omnís res nec qui amicus amico sit
                                                    magis. 660
Pe. Tute me ut fateare faciam esse adulescentem
                                                    moribus,
ita apud omnis comparebo tibi res benefactis
                                                    frequens.
Opu'ne erit tibi advocato tristi, iracundo? Ecce me!
opu'ne leni? Leniorem dices quam mutum est mare
liquidiusculusque ero quam ventus est favonius.
Vel hilarissumum convivam hinc indidem
                                                    expromam tibi 665
vel primarium parasitum atque opsonatorem
                                                    optumum;
tum ad saltandum non cinaedus malacus aequest
                                                    atque ego.
Pa. Quid ad illas artis optassis, si optio eveniat tibi?
Pl. Huius pro meritis ut referri pariter possit gratia, 670
tibique, quibu' nunc me esse experior summae
                                                    sollicitudini.
At tibi tanto sumptui esse mihi molestumst.
Pe.   Morus es.
Nam in mala uxore atque inimico si quid sumas,
                                                    sumptus est,
in bono hospite atque amico quaestus est quod
                                                    sumitur:
et quod in dínis rebus sumas sumpti sapienti lucrost. 675
Deum virtute est te unde hospitio accipiam apud me
                                                    comiter:
es, bibe, animo opsequere mecum atque onera te
                                                    hilaritudine.
Liberae sunt aedes, liber sum autem ego; me volo
                                                    vivere.
Nam mihi, deum virtute dicam, propter divitias
                                                    meas

Dammeli, tre uomini così, che io te li pago a peso d'oro.
Pl. No, non ne trovi un altro della sua età che sia più simpatico, in tutto e per tutto, e più amico verso gli amici.
Pe. Ti farò confessare che sono, per temperamento, un giovanotto. E in ogni evenienza mi mostrerò ricco di premure a tuo vantaggio. Avrai bisogno che ti assista un tipo severo e iracondo? Eccomi! Ti servirà un tipo mansueto? Dovrai riconoscere che sarò più mansueto del mare in bonaccia, sarò più carezzevole di un soffio di brezza. Ti farò uscir fuori, se del caso, dalla mia persona, il convitato più allegro, il capo dei parassiti, il miglior spendaccione. E se c'è bisogno di danzare, non c'è frocio più flessuoso di me.
Pa. (*a Pleusicle*) Se dovessi scegliere fra tutte queste virtù, quale preferiresti?
Pl. Quella di ricambiare tutti i suoi favori, secondo i suoi meriti, e così pure a te. Capisco bene, ora, come vi adoperiate, e con quanto impegno, a mio vantaggio. E tu, Periplecomeno, mi dispiace di farti spendere tanto.
Pe. Non essere sciocco. Buttati via sono i soldi che spendi per una cattiva moglie o per un nemico. È tanto guadagno invece ciò che spendi per un bravo ospite e per un amico. Per il saggio, poi, il profitto sta in quel che viene speso per il culto divino. Per grazia degli dèi sono in grado di ospitarti cortesemente. Tu mangia, bevi, fa' il tuo comodo da me, concediti un poco di allegria. Questa mia casa è libera, io pure sono libero; e voglio vivere al modo mio. Per la benevolenza degli dèi, e con le mie

  licuit uxorem dotatam genere summo ducere;   680
  sed nolo mi oblatratricem in aedis intro mittere.
Pa. Qur non vis? Nam procreare liberos lepidumst opus.
Pe. Hercle vero liberum esse tete, id multo lepidiust.
Pa. Tú homo et alteri sapienter potis es consulere et tibi.
Pe. Nam bona uxor suave ductust, si sit usquam
             gentium   685
  ubi ea possit inveniri; verum egone eam ducam
              domum
  quae mihi numquam hoc dicat: «Eme, mi vir, lanam,
             und' tibi pallium
  malacum et calidum conficiatur tunicaeque hibernae
               bonae,
  ne algeas hac hieme» (hoc numquam verbum ex
             uxore audias),
  verum priu' quam galli cantent quae me e somno
              suscitet,   690
  dicat: «Da, mi vir, calendis meam qui matrem
              moenerem,
  da qui faciam condimenta, da quod dem
             quinquatrubus
  praecantrici, coniectrici, háriolae atque haruspicae;
  flagitiumst si nihil mittetur quae supercilio spicit;
  tum plicatricem clementer non potest quin
              moenerem;   695
  iam pridem, quia nihil apstulerit, suscenset ceriaria;
  tum opstetrix expostulavit mecum, parum missum
               sibi;
  quid? Nutrici non missuru's quicquam quae vernas
               alit?».
  Haec atque huiius similia alia damna multa
              mulierum
  mé uxoré prohibent, mihi quae huius similes
             sermones sera[n]t.   700
Pa. Di tibi propitii sunt, nam hercle si istam semel
              amiseris
  libertatem, hau facile in eundem rusum restitues
               locum.

ricchezze, avrei potuto scegliermi una moglie ben fornita di dote, da una famiglia altolocata. Sì, posso dirlo. Ma non voglio mica prendermi in casa una cagna rabbiosa.
Pa. Perché non vuoi sposarti? È bello mettere al mondo degli eredi.
Pe. È più bello essere l'erede.[43]
Pa. Tu sì che sei in grado di dar buoni consigli agli altri, e pure a te.
Pe. Prendersi una brava sposa? Magnifico, se mai ci fosse un luogo dove trovarla. Invece dovrei prendermi in casa una donna che non mi direbbe mai: «Comprami della lana, sposo mio, perché voglio farti un mantello morbido e caldo e delle tuniche per l'inverno che ti riparino dal freddo». No, non le sentirai queste parole da una moglie; ma che invece, prima che il gallo canti, ti scuoterebbe dal sonno per dirti: «Dammi i soldi, sposo mio, per fare un regalo a mia madre alle calende di marzo; dammi i soldi per fare marmellate; dammeli perché paghi, durante le feste di Minerva, l'indovina e la fattucchiera, l'interprete dei sogni e quella degli astri; e che vergogna, ah!, sarebbe non regalar nulla a quella che legge nelle sopracciglia. E la pieghettatrice? Non posso non compensarla in qualche modo. E la stiratrice? È un pezzo che mi tiene il broncio perché non ha buscato niente. E la levatrice? Si è lamentata con me perché ha avuto troppo poco. E la nutrice degli schiavi? Non vuoi mandarle niente?». Queste rogne, e tutte le altre dello stesso tipo, che le mogli ti riservano, mi tengon lontano da una sposa che mi romperebbe l'anima con simili fregnacce.[44]
Pa. Gli dèi ti sono favorevoli, a te. La tua libertà, una volta che l'avessi perduta, per Ercole non sarebbe facile riaverla.

Pl. At illa laus est, magno in genere et in divitiis
            maxumis
  liberos hominem educare, generi monumentum et
            sibi.
Pe. Quando habeo multos cognatos, quid opu' sit mihi
            liberis? 705
  Nunc bene vivo et fortunate atque ut volo atque
            animo ut lubet.
  Mea bona mea morti cognatis didam, inter eos
            partiam.
  Í apud me aderunt, me curabunt, visent quid agam,
            ecquid velim.
  Priu' quam lucet adsunt, rogitant noctu ut somnum
            ceperim.
  Eos pro liberis habebo qui mihi mittunt munera. 710
  Sacruficant: dant inde partem mihi maiorem quam
            sibi,
  abducunt ad exta; me ad se ad prandium, ad cenam
            vocant;
  ille misérrumum se retur minimum qui misit mihi.
  Illi inter se certant donis, egomet mecum mussito:
  bona mea inhiant, me certatim nutricant et
            munerant. 715
Pa. Nimi' bona ratione nimiumque ad te et tuam vitam
            vides:
  et tibi sunt gemini et trigemini, si te bene habes, filii.
Pe. Pol si habuissem, sati' cepissem miseriarum e liberis:
  continuo excruciarer animi: si ei fort' fuisset febris, 720
  censerem emori; cecidissetve ebrius aut de equo
            uspiam,
  metuerem ne ibi diffregisset crura aut cervices sibi.
Pl. Huic homini dignum est divitias esse et diu vitam
            dari,
  qui et rem servat et se bene habet suisque amicis
            usui est.
Pa. O lepidum capút! Ita me di deaeque ament,
            aequom fuit 725
  deos paravisse uno exemplo ne omnes vitam

Pl. Ma è grandissimo vanto, per chi è di famiglia nobile e ricca, educare figli che siano testimonianza di sé e della sua stirpe.

Pe. Ho tanti parenti! Che me ne faccio dei figli? Adesso vivo bene, felicemente, come voglio e come mi gira. I miei beni? Li darò ai parenti, quando morirò, tra di loro li spartirò equamente. Sono da me prima che faccia giorno, mi chiedono come ho passata la notte, e come ho preso sonno... Quando fanno i sacrifici, ecco che mi riservano una porzione più grossa della loro, mi vogliono al banchetto sacro, mi invitano a pranzo e a cena. E si considera sfortunato quello che mi ha offerto meno degli altri. Fanno a gara tra loro nel coprirmi di regali. E io vado sussurrando tra di me: puntano ai miei beni ma intanto mi mantengono e mi viziano.

Pa. Sì, hai ragione, ci badi sin troppo, tu, ai tuoi interessi e alla tua vita. Ne hai dei figli, tu, quanti ne vuoi, se ti tratti così.

Pe. Per Polluce, se avessi avuto dei figli, con quanti guai li avrei pagati! Sarei stato sempre in allarme. Uno ha la febbre? Tremo per la sua vita. È ubriaco e cade? Oppure cade da cavallo? Che paura che si sia rotto una gamba o la testa!

Pl. È proprio giusto che quest'uomo sia ricco e campi a lungo, lui che sa badare ai suoi averi e si tratta bene ed è pronto ad aiutare gli amici.

Pa. Che uomo simpatico! Che gli dèi e le dee non me ne vogliano, sarebbe stato giusto che avessero deciso di non far passare a tutti la vita alla stessa maniera. Come fa il

                viverent;
sicuti mérci pretium statuit qui est probus
               agoranomus:
quae probast mers, pretium ei statuit, pro virtute ut
               veneat,
quae inprobast, pro mercis vitio dominum pretio
               pauperet,
itidem divos dispertisse vitam humanam aequom
               fuit: 730
qui lepide ingeniatus esset, vitam ei longinquam
               darent,
qui inprobi essent et scelesti, is adimerent animam
               cito.
Si hoc paravissent, et homines essent minu' multi
               mali
et minus audacter scelesta facerent facta, et postea,
quí homines probi essent, esset is annona vilior. 735
Pe. Qui deorúm consilia culpet stultus inscitusque sit,
quique eos vituperet. Nunc [iam] istis rebus desisti
               decet.
Nunc volo opsonare, ut, hospes, tua te ex virtute et
               mea
meae domi accipiam benigne, lepide et lepidis
               victibus.
Pl. Nihil me paenitet iam quanto sumptui fuerim tibi; 740
nam hospes nullus tám in amici hospitium devorti
               potest
quin, ubi triduom continuom fuerit, iam odiosus
               siet;
verum ubi dies decem continuos sit, east ódiorum
               Ilias:
tam etsi dominus non invitus patitur, servi
               murmurant.
Pe. Serviendae servituti ego servos instruxi mihi, 745
hospes, non qui mi imperarent quibu've ego essem
               obnoxius:
si illis aegrest mihi id quod volup est, meo remigio
               rem gerunt,

buon ispettore dell'annona,⁴⁵ che fissa il prezzo delle merci e stabilisce, in base alla qualità, a quanto si venda quella buona, e per quella cattiva fa subire al mercante una perdita proporzionata ai difetti della roba; nello stesso modo gli dèi avrebbero dovuto regolarsi con la vita degli uomini, concedendo lunghi anni a quelli di qualità e obbligando carogne e mascalzoni a togliere presto il disturbo. Avessero provveduto così, gli dèi, i malvagi sarebbero molto meno numerosi e meno spudoratamente commetterebbero delitti. E poi per i galantuomini la vita sarebbe meno cara.

Pe. È stupido, è stolto chi critica i disegni degli dèi, e li biasima pure. Ma ora è bene piantarla lì con questi discorsi. Ora voglio andare a fare la spesa perché, caro ospite mio, in casa mia voglio offrirti un'ospitalità che sia degna del tuo merito e del mio: delicata e con delicati mangiarini.

Pl. Invece mi rincresce per le spese che ti ho fatto fare. Per quanto amico sia colui che lo ha invitato, nessun ospite, che si trattenga per tre giorni di fila, può fare a meno di puzzare. Se poi i giorni sono addirittura dieci, è un'Iliade di malumori.⁴⁶ E anche se il padrone sopporta senza fare una piega, i servi cominciano a mugugnare.

Pe. I servi? Gli ho insegnato a servirmi, caro il mio ospite, non a comandarmi, non considerarmi il loro tirapiedi. Se non gli piace quello che mi piace, la barca resta mia e

tamen id quod odiost faciundumst cum malo atque
                                          ingratiis.
Nunc, quod occepi, opsonatum pergam.
Pl.   Si certumst tibi,
commodulum opsona, ne magno sumptu: mihi
                                          quidvis sat est.
Pe. Quin tu istanc orationem hinc veterem atque
                                          antiquam amoves?
Proletario sermone nunc quidem, hospes, utere;
nam i solent, quando accubuere, ubi cena
                                          adpositast, dicere:
«Quid opus fuit hoc <sumpto> sumptu tanto
                                          nostra gratia?
Insanivisti hercle, nám idem hoc hominibus sat erat
                                          decem».
Quod eorum caussa opsonatumst culpant et
                                          comedunt tamen.
Pa. Fit pol illud ad íllud exemplum. Ut docte et
                                          perspecte sapit!
Pe. Sed eidem homines numquam dicunt, quamquam
                                          adpositumst ampliter:
«Iube illud demi; tolle hanc patinam; remove
                                          pernam, nil moror;
aufer illam offam porcinam, probus hic conger
                                          frigidus<t>,
remove, abi aufer»: neminem eorum haec
                                          adseverare audias,
sed procellunt sese [et procumbunt] in mensam
                                          dimidiati, dum appetunt.
Pa. Bonu' bene ut malos descripsit mores!
Pe.   Hau centensumam
partem dixi atque, otium rei si sit, possum
                                          expromere.
Pa. Igitur id quod agitur, <ei> hic primum praevorti
                                          decet.
Nunc hoc animum advortite ambo. Mihi opus est
                                          opera tua,
Periplectomene; nám ego inveni lepidam

loro debbono remare. Anche se il compito gli è odioso, anche se non gli garba, debbono eseguirlo. E adesso, via a far la spesa, come avevo deciso.

Pl. Bene, se così hai deciso, ma vacci piano, non spendere troppo. Mi accontento di poco.

Pe. Ma perché non la pianti con questi discorsi vecchi barbogi? Tu ora stai parlando, ospite mio, come le mezze calzette.[47] Quelli lì, quando sono a tavola, e la cena vien servita, non fanno che ripetere: «Che bisogno c'era? Carissimo ospite, perché scomodarsi tanto per noi? Ma tu sei diventato matto? Qui ce n'è per dieci persone!». Ti danno addosso perché hai speso per loro... E intanto continuano a sbafare.

Pa. Perdio, la va proprio così. Questo qui la sa lunga.

Pe. Però mica dicono, quelli, per quanto ricca sia la cena: «Fa' portar via questo piatto, leva anche quello; il prosciutto, fallo portare indietro, non ne voglio: quel pezzo di maiale, rimandalo indietro; l'anguilla è buona anche fredda. Togli, ritira, fa portar via». Mica gliele senti dire queste cose, no, invece si sporgono e si allungano su metà della tavola per arraffare.

Pa. Bravo, li hai dipinti a meraviglia quei brutti modi di fare.

Pe. Neanche un centesimo ho detto di quel che potrei dire, se ce ne fosse il tempo.

Pa. E allora occupiamoci anzitutto di quel che bisogna fare. Per favore prestatemi attenzione, tutti e due. Periplecomeno, ho bisogno del tuo aiuto. Perché io ho pensato

                                                sycophantiam,
qui admutiletur miles usque caesariatus, atque uti
huic amanti ac Philocomasio hanc ecficiamus
                                                       copiam,
ut hic eam abducat habeatque.

Pe.   Dari istanc rationem volo.   770
Pa. At ego mi anulum dari istunc tuom volo.
Pe.   Quam ad rem usui est?
Pa. Quando habebo, igitur rationem mearum
                                      fabricarum dabo.
Pe. Utere, accipe.
Pa.   Accipe a me rusum rationem doli
quam institui.
Pe.   Perpurigatis damu' tibi ambo operam auribus.
Pa. Eru' meus ita magnus moechus mulierum est ut
                                             neminem   775
fuisse aeque neque futurum credo.
Pe.   Credo ego istúc idem.
Pa. Isque Alexandri praestare praedicat formam suam
itaque omnis se ultro sectari in Epheso memorat
                                         mulieres.
Pe. Edepol qui te de isto multi cupiunt nunc mentirier,
sed ego ita esse ut dicis teneo pulchre. Proin,
                                        Palaestrio, 780
quam potis tam verba confer maxume ad
                                         compendium.
Pa. Ecquam tu potes reperire forma lepida mulierem
quoi facetiarum cor pectusque sit plenum et doli?
Pe. Ingenuamne an libertinam?
Pa.   Aequi istuc facio, dum modo
eam des quae sit quaestuosa, quaé alat corpus
                                         corpore, 785
quoique sapiat pectus; nam cor non potest quod
                                         nulla habet.
Pe. Lautam vis an quae nondum sit lauta?
Pa.   Sic consucidam,
quam lepidissumam potis quamque adulescentem
                                           maxume.

un bellissimo inghippo per tagliar la criniera del soldato e far sì che il nostro innamorato e Filocomasio abbiano la loro scappatoia e lui se la porti via e se la tenga.
Pe. Voglio ascoltarlo, questo piano.
Pa. Voglio che tu mi dia questo anello.
Pe. Che vuoi farne?
Pa. Quando l'avrò per le mani ti dirò quale è il piano del mio inghippo.
Pe. Tieni, e usalo.
Pa. Ricambio offrendoti l'inghippo che ho pensato.
Pe. E noi, le orecchie ben sturate, ti ascoltiamo.
Pa. Il mio padrone è un cacciatore di donne quale mai c'è stato e ci sarà, dico io.
Pl. Lo dico anch'io.
Pa. Proclama che in fatto di bellezza, lui, vince persino Paride. Racconta che le donne di Efeso gli stanno dietro tutte quante.
Pe. Su questo punto, perbacco, molti vorrebbero smentirti, ma io penso che le cose vadano proprio come dici tu. E ora, Palestrione, vieni al sodo, e subito.
Pa. Puoi trovarmi una donna che sia bella, piena di spirito e di astuzia?
Pe. Una donna libera o una liberta?
Pa. Fa lo stesso, purché me ne trovi una che sia avida di danaro, che si alimenti con il suo corpo,[48] che tenga sale in zucca. Del cuore non parlo, tanto le donne non ce l'hanno.
Pe. Vuoi una tipa dall'aria distinta oppure no?
Pa. Prosperosa, così...[49] Quanto più carina e giovane possibile.

Pe. Habeo eccillam meam clientam, meretricem
              adulescentulam.
Sed quid ea usus est?
Pa.   Ut ad te eam iam deducas domum 790
itaque eam huc ornatam adducas, ex matronarum
              modo,
capite compto, crinis vittasque habeat adsimuletque
              se
tuam esse uxorem: ita praecipiundum est.
Pl.   Erro quam insistas viam.
Pa. At scietis. Sed ecqua ancillast illi?
Pe.   Ést prime cata.
Pa. Ea quoque opus est. Ita praecipito mulieri atque
              ancillulae, 795
ut simulet se tuam esse uxorem et deperire hunc
              militem,
quasique hu\<n\>c anulum faveae suae dederit, ea
              porro mihi,
militi ut darem, quasique ego rei sim interpres.
Pe.   Audio.
Ne me surdum verberavit! Si audes, ego recte meis
auris ut   *
\<*Pa.*\>   *
ei dabo, \<a\> tua mi uxore dicam delatum et datum, 800
ut sese ad eum conciliarem; ille eiusmodi est: cupiet
              miser,
qui nisi adulterio studiosus rei nulli aliaest inprobus.
Pe. Non potuit reperire, si ipsi Soli quaerendas dares,
lepidiores duas ad hanc rem quám ego. Hábe
              animum bonum.
Pa. Ergo adcura, sed propere opust. Nunc tu ausculta
              mi, Pleusicles. 805
Pl. Tibi sum oboediens.
Pa.   Hoc facito, miles domum ubi advenerit,
memineris ne Philocomasium nomines.
Pl.   Quem nominem?
Pa. Diceam.
Pl.   Nempe eandém quae dudum constitutast.

Pe. Ce l'ho, quella giusta. Una cliente mia, una meretrice molto giovane. Ma tu che vuoi farne?

Pa. Voglio che tu la faccia venire da te, vestita come si deve: che abbia, come le matrone, la testa ben acconciata, lunghi capelli e bende.[50] Fingerà di essere la tua sposa. In tal senso bisogna istruirla.

Pl. Non capisco dove vuoi arrivare.

Pa. Ma lo saprete. Ha anche una serva?

Pe. Ce l'ha, e furba di tre cotte.

Pa. Servirà anche lei. Tu istruirai ragazza e serva perché la prima finga di essere tua moglie, di spasimare per il soldato, di aver dato questo anello alla sua serva; e finga che la serva l'abbia dato a me perché io lo consegni al soldato, come se fossi io l'intermediario di tutta la faccenda.

Pe. Ho sentito. Per favore, non prendermi per sordo, le orecchie mi servono ancora [...].

Pa. [...] Gli darò l'anello. Gli dirò che tua moglie me l'ha dato perché glielo portassi; e che vuole entrare nelle sue grazie. E lui – è fatto così – entrerà subito in calore, il poveraccio, perché nulla gli è più gradito dell'adulterio, a quel furfante.

Pe. Se tu avessi dato al Sole in persona l'incarico di scovarti due donne tagliate per la parte, non avrebbe potuto trovarne due più adatte di quelle che ci ho io. Puoi stare tranquillo.

Pa. E dunque al lavoro, ma bisogna far presto. E adesso ascoltami tu, Pleusicle. (*Periplecomeno si allontana verso destra.*)

Pl. Eccomi ai tuoi comandi.

Pa. Bada a questo: quando il soldato verrà in casa, ricordati di non chiamarla Filocomasio.

Pl. E come devo chiamarla?

Pa. Giusta.

Pl. Sì, il nome che abbiamo deciso poco fa.

Pa.   Pax! Abi.
Pl.   Meminero. Sed quid meminisse id refert, \<rogo\>
                                        ego te tamen.
Pa.   Ego enim dicam tum quando usus poscet; interea
                                               tace;   810
     ut nunc etiam hic agit, actutum partis defendas tuas.
Pl.   Eo ego intro igitur. –
Pa.   Et praecepta sobrie ut cures face.

PALAESTRIO LURCIO

Pa.   Quantas res turbo, quantas moveo machinas!
     Eripiam ego hodie concubinam militi,
     si centuriati bene sunt manuplares mei.   815
     Sed illúm vocabo. Heus Sceledre, nisi negotiumst,
     progredere ante aedis, te vocat Palaestrio.
Lu.   Non operaest Sceledro.
Pa.   Quid iam?
Lu.   Sorbet dormiens.
Pa.   Quid, sorbet?
Lu.   Illud «stertit» volui dicere.
     Sed quia consimile est, quom stertas, quasi sorbeas –   820
Pa.   Eho an dórmit Sceledrus intus?
Lu.   Non naso quidem,
     nam eo mágnum clamat.
Pa.   Tetigit calicem clanculum:
     †domisit† nardini amphoram cellarius.
     Eho tu sceleste, qui illi subpromu's, eho –   825
Lu.   Quid vis?
Pa.   Qui[d] lubitum est illi condormiscere?
Lu.   Oculis opinor.
Pa.   Non te istuc rogito, scelus.
     Procede huc. Periisti iam nisi verum scio.
     Prompsisti tu illi vinum?
Lu.   Non prompsi.
Pa.   Negas?

Pa. Vattene in pace.
Pl. Ricorderò tutto. Ma vorrei sapere che bisogno c'è che me ne ricordi.
Pa. Te lo dirò senz'altro, quando sarà il momento. Per adesso, silenzio. Mentre l'ospite recita il suo ruolo, tu preparati a recitare il tuo.
Pl. E allora rientro in casa.
Pa. Entra, e ricordati di seguire punto per punto le mie dritte. (*Pleusicle entra in casa.*)

PALESTRIONE LURCHIONE

Pa. Che casino sto incasinando, che razza di macchina metto in movimento! Al soldato, oggi, io gli sfilo la concubina, se le mie truppe sono ben schierate. Ma ora chiamo quel tipo. Ehi, Sceledro! Esci di casa se non hai da fare. È Palestrione che ti chiama. (*Dalla casa di Pirgopolinice esce un giovane schiavo, Lurchione.*)[51]
Lu. Sceledro non può venire.
Pa. Perché.
Lu. Dorme ed ingoia.
Pa. Che? Ingoia?
Lu. Ronfa, volevo dire. Ma quando ronfa è come se ingoiasse.
Pa. A sì? Allora Sceledro sta dormendo in casa?
Lu. Lui dorme ma il suo naso no. Con quello fa un gran rumore.
Pa. Di nascosto ha alzato il gomito, lui, mentre da cantiniere stappava un'anfora di vino al nardo.[52] Ehi, tu, mascalzone che gli fai da vice, ehi!
Lu. Che vuoi?
Pa. Ma come gli è venuto lo sfizio di addormentarsi?
Lu. Secondo me chiudendo gli occhi.
Pa. Non è questo che ti chiedo, razza di furfante. Vieni qui. Tu sei già morto se non riesco a sapere la verità. Il vino, sei stato tu a spillarglielo?
Lu. Non l'ho spillato, no.
Pa. Tu dici di no?

Lu. Nego hercle vero, nam ill' me votuit dicere; 830
neque equidem heminas octo exprompsi in urceum
neque illic calidum | exbibit in prandium.
Pa. Neque tu bibisti?
Lu.   Di me perdant si bibi,
si bibere potui!
Pa.   Quid iam?
Lu.   Quia enim opsorbui;
835 nam nimi' calebat, amburebat gutturem.
Pa. Alii ebrii sunt, alii poscam potitant.
Bono subpromo et promo cellam creditam!
Lu. Tu | hercle idem fáceres si tibi esset credita:
quoniam aemulari non licet, nunc invides. 840
Pa. Eho an umquam prompsit antehac? Responde,
                                          scelus.
Atque ut tu scire possies, dico tibi:
si falsa dices, Lurcio, excruciabere.
Lu. Ita vero? Ut tu ipse me dixisse delices,
post \<e\> sagina ego eiciar cellaria, 845
ut tibi, si promptes, alium subpromum pares.
Pa. Non edepol faciam. Age eloquere audacter mihi.
Lu. Numquam edepol vidi promeré. Verum hoc erat:
mihi imperabat, ego promebam postea.
Pa. Hoc illi crebro capite sistebant cadi. 850
Lu. Non hercle tam istoc valide cassabant cadi;
sed in célla erat paullum nimi' loculi lubrici,
ibi erat bilibris aula sic propter cados,
ea saepe deciens complebatur: vidi eam
plenam atque inanem fieri; ópera maxuma, 855
ubi bacchabatur aula, cassabant cadi.
Pa. Abi, abi íntro iam. Vos in cella vinaria
bacchanal facitis. Iam hercle ego illum ádducam a
                                            foro.
Lu. Perii! Excruciabit me erus, domum si venerit,
quom haec facta scibit, quia sibi non dixerim. 860
Fugiam hercle aliquo atque hoc in diem extollam
                                            malum.
Ne dixeritis, opsecro, huic, vostram fidem!

Lu. Certo che dico di no, per Ercole. Perché lui mi ha proibito di dire di sì. Per cui non gli ho versato nel boccale un paio di litri e lui non se li è fatti a colazione belli e caldi.
Pa. E tu non hai bevuto?
Lu. Che gli dèi mi stramaledicano se ho bevuto, io, se son riuscito a bere.
Pa. Perché mai?
Lu. Perché l'ho buttato giù di colpo. Scottava, bruciava il gargaruzzolo.
Pa. Uno si sbronza, neh, l'altro beve acqua e aceto. O povera cantina affidata a quel bravo cantiniere e al suo vice!
Lu. Fosse affidata a te, faresti lo stesso, per Ercole. Ci hai invidia, tu, perché non puoi fare come noi.
Pa. Ma lui, prima di oggi, l'aveva mai fregato, il vino? Rispondi, farabutto. E perché tu sia avvisato, ti dico che, se dirai il falso, sarai messo alla tortura.
Lu. Ah sì? Perché proprio tu vada a dire che io ho confessato? E perché dopo, io sia scacciato dalla cantina, dove mi ingrasso, e tu, nominato cantiniere, ti prenda un altro aiutante?
Pa. No, non lo farò, per Polluce! Avanti, parla liberamente.
Lu. Non l'ho mai visto mentre si versava il vino. La verità è che lui mi dava l'ordine, e io subito versavo.
Pa. Per questo gli orci stavano sempre a testa in giù!
Lu. Non era per questo che gli orci capitombolavano. Il fatto è che nella cantina c'era un cantuccio proprio scivoloso. E lì, vicino agli orci, c'era un boccale da due litri, il quale veniva riempito spesso, almeno un dieci volte al giorno. Il boccale si faceva pieno, vuoto, pieno, così di seguito; e, quando il boccale andava su di giri, agli orci toccava di andar giù.[53]
Pa. E adesso vattene, rientra. Siete voi che in cantina andate su di giri. Ora me ne vado al foro e porto qui il padrone.
Lu. Sono morto! Mi metterà alla tortura non appena arriva, il padrone, e viene a sapere queste cose, perché io non gli confessavo nulla. Per Ercole, taglio la corda, io, da qualche parte e per oggi mi schivo 'sto malanno. (*Al pubblico*) E voi, voi siete pregati di non dirgli nulla, in fede vostra.

MILES GLORIOSUS · ACTUS III

Pa. Quo tú agis?
Lu.   Missus sum alio: iam huc revenero.
Pa. Quis misit?
Lu.   Philocomasium.
Pa.   Abi, actutum redi.
Lu. Quaeso tamen tú meam partem, infortuniùm   865
    si dividetur, mé apsente accipito tamen. –
Pa. Modo intellexi quam rem mulier gesserit:
    quia Scéledrus dormit, hunc subcustodem suom
    foras áblegavit, dum ab se huc transiret. Placet
    sed Periplectomenus quam ei mandavi mulierem   870
    nimi' lepida forma ducit. Dí hercle hanc rem
                                       adiuvant.
    Quam digne ornata incedit, hau meretricie!
    Lepide hoc succedit sub manus negotium.

PERIPLECTOMENUS ACROTELEUTIUM MILPHIDIPPA PALAESTRIO

Pe. Rem omnem tibi, Acroteleutium, tibique una,
                                    Milphidippa,
    domi démonstravi in ordine. Hanc fabricam
                                   fallaciasque   875
    minu' si tenetis, denuo volo pércipiatis plane;
    sati' si intellegitis, aliud est quod potius fabulemur.
Ac. Stultitia atque insipientia mea istaéc sit, <mi
                                      patrone,>
    me ire in opus alienum aut [t]ibi meam operam
                                      pollicitari,
    si ea in ópificina nesciam aut mala esse aut
                                      fraudulenta.   880
Pe. At meliust <com>monerier.
Ac.   Meretricem commoneri
    quam sane magni referat, nihil clám est. Quin
                                    egomet ultro,
    postquam adbibere aures meae tuae oram orationis,
    tibi dixi, miles quém ad modum potisset deasciarei.
Pe. At nemo solus sati' sapit. Nam ego multos saepe vidi   885

172

Pa. Dove corri?
Lu. Devo andare in un posto, come mi hanno comandato. Poi ritorno subito qui.
Pa. Chi è che ti ha comandato?
Lu. Filocomasio.
Pa. Va', ritorna subito.
Lu. Tu fammi un piacere. Mentre io sono via, se qui saranno distribuite delle frustate, beccati tu la parte mia. (*Esce.*)[54]
Pa. L'ho capita, adesso, l'idea della ragazza. Poiché Sceledro sta dormendo, lei ha spedito via il suo aiutante per passare dalla sua casa alla nostra. Bel colpo! Ma guarda, guarda: Periplecomeno sta accompagnando qui la donna che gli ho chiesto: e lei è proprio bella. Perdio, gli dèi ci sono favorevoli in questa faccenda. Com'è elegante, come si muove, mica da puttana! L'affare sta girando per il meglio.

PERIPLECOMENO ACROTELEUZIO MILFIDIPPA PALESTRIONE

Pe. A casa ti ho spiegato tutto e a puntino, Acroteleuzio, e anche a te, Milfidippa. Se del piano vi è sfuggito qualcosa, voglio che ascoltiate di nuovo attentamente. Se invece avete capito tutto, è meglio che passiamo ad altro.
Ac. Sarei una scema, sarei un'ignorante, patrono mio, se mi buttassi in un affare altrui o promettessi il mio aiuto, e poi all'atto pratico non sapessi dimostrare di esser furba.
Pe. Però rinfrescarvi la memoria è sempre meglio.
Ac. Come sia utile dar lezioni ad una puttana, non è un segreto per nessuno. Ma io, proprio io, non ti ho suggerito, appena sentite le prime battute, come si può far fesso quel soldato?
Pe. Ma nessuno, da solo, ne sa abbastanza. Ne ho veduti, io,

regionem fugere consili priu' quam repertam
                                                haberent.
Ac. Si quid faciundum est mulieri male atque malitiose,
ea síbi inmortalis memoriast meminisse et
                                                sempiterna;
sin bene quid aut fideliter faciundumst, eo
                                                deveniunt
obliviosae extemplo uti fiant, meminisse nequeunt. 890
Pe. Ergo istuc metuo, quom venit vobis faciundum
                                                utrumque:
nam id proderit mihi, militi male quod facietis
                                                ambae.
Ac. Dum nescientes quod bonum faciamus, ne formida.
Pe. Mala mille meres.
Ac.   St! Ne pave, peioribus conveniunt. 895
Pe. Ita vos decet. Consequimini.
Pa.   Cesso ego illis obviam ire.
Venire salvom gaudeo, lepide hercle ornatus
                                                [in]cedis.
Pe. Bene opportuneque obviam es, Palaestrio. Em tibi
                                                adsunt
quas me iussisti adducere et quo ornatu.
Pa.   Eu! Noster esto.
Palaestrio Acroteleutium salutat.
Ac.   Quis hic amabo est 900
qui tam pro nota nominat me?
Pe.   Hic noster architectust.
Ac. Salve, architecte.
Pa.   Salva sis. Sed dic mihi, ecquid hic te
oneravit praeceptis?
Pe.   Probe meditatam utramque duco.
Pa. Audire cupio quém ad modum; ne quid peccetis
                                                paveo.
Pe. Ad tua praecepta de meo nihil his novom adposivi. 905
Ac. Nemp' ludificari militem tuom erum vis?
Pa.   Exlocuta's[t].
Ac. Lepide et sapienter, commode et facete res parata
                                                est.

e quanti, che fuggivano dalla terra dei buoni consigli prima di esserci arrivati.
Ac. La donna, se ha da fare qualcosa di maligno, si ritrova una memoria prodigiosa, che non fallisce mai. Se le tocca invece qualcosa di onesto e di pulito, diventa di colpo smemorata, non ricorda più niente.[55]
Pe. Ecco perché ho paura! Perché voi dovete fare l'una cosa e l'altra. Sarà a mio vantaggio il danno che farete a quel soldato.
Ac. Finché il bene lo facciamo senza saperlo, non c'è da aver paura.
Pe. Che danno, la donna![56]
Ac. Tu non aver paura, le donne se la fanno con gente peggiore di loro.
Pe. È quel che meritate. Seguitemi.
Pa. (*tra sé*) Ecché aspetto ad andargli incontro? Sono felice che tu sia ben arrivato. Procedi con un seguito magnifico.
Pe. Palestrione, tu arrivi proprio al momento giusto. Eccole qui, dinanzi a te, quelle che mi chiedesti di portare, e proprio con l'aspetto che volevi.
Pa. Evviva, sei dei nostri. Palestrione rende omaggio ad Acroteleuzio.
Ac. Chi è quest'uomo, di grazia, che mi chiama come se mi conoscesse?
Pe. Questo qui è il nostro architetto.
Ac. Salute, architetto.
Pa. Salute anche a te. Ma dimmi un poco: ti ha istruito a dovere questo qui?
Pe. Te le porto istruite per filo e per segno.
Pa. Ma io voglio verificare. Ho paura che voi due mi facciate qualche errorino.
Pe. Gli ho riferito le tue istruzioni, e niente di mio.
Ac. Ma tu vuoi bidonarlo, il tuo padrone?
Pa. L'hai detto.
Ac. La trappola è preparata: con spirito e astuzia, con arte e malizia.

Pa. Atque huius uxorem te volo <ted> adsimulare.
Ac. Fiat.
Pa. Quasi militi animum adieceris simulare.
Ac. Sic futurum est.
Pa. Quasique ea res per me interpretem et tuam
ancillam ei curetur. 910
Ac. Bonu' vatis poteras esse, nam quae sunt futura dicis.
Pa. Quasique anulum hunc ancillula tua aps té detulerit
ad me
quem ego militi <porro> darem tuis vérbis.
Ac. Vera dicis.
Pe. Quid istís nunc memoratis opust quae
commeminere?
Ac. Meliust.
Nam, mi patrone, hoc cogitato, ubi próbus est
architectus, 915
bene lineatam si semel carinam conlocavit,
facile esse navem facere, ubi fundata, constitutast.
Nunc haec carina sati' probe fundata, [et] bene
statutast,
adsunt fabri architectique <adsunt> ad eam haud
inperiti.
Si non nos materiarius remoratur, quod opus<t>
qui det 920
(novi indolem nostri ingeni), cito erit parata navis.
Pa. Nemp' tu novisti militem meum erum?
Ac. Rogare mirumst.
Populi odium quidni noverim, magnidicum,
cincinnatum,
moechum unguentatum.
Pa. Num ille te nam novit?
Ac. Numquam vidit:
qui noverit me quis ego sim?
Pa. Nimi' lepide fabulare; 925
eo pote fúerit lepidius pol fieri.
Ac. Potin ut hominem
mihi des, quiescas ceterá? Ni ludificata lepide
ero, cúlpam omnem in me imponitó.

Pa. Voglio che tu faccia finta di essere la sposa di questo qui.
Ac. Così sarà.
Pa. Farai finta di essere stracotta del soldato.
Ac. Così sarà fatto.
Pa. E che io e la tua schiava ti facciamo da ruffiani in questo affare.
Ac. Ma tu sei proprio un fior d'indovino! Racconti proprio quel che sarà.
Pa. E che la tua schiava mi abbia consegnato, per tuo incarico, questo anello, perché io lo consegni poi, a nome tuo, al soldato.
Ac. Ma dici proprio la verità.
Pe. Che stai a ricordarle le cose che sanno già così bene?
Ac. È sempre meglio. Tu pensa a questo, patrono mio: se l'architetto sa il fatto suo, se ha ben progettato la carena, costruire la nave è facile, sempre che venga strutturata come si deve. Adesso, qui, la carena è ben impostata, l'architetto ha carpentieri che la sanno lunga. Se il nostro fornitore non manca al dovere di rifornirci – lo conosco, io, il nostro estro – la nave sarà presto completata.
Pa. Il soldato, che è il mio padrone, tu lo conosci, no?
Ac. Ma che stai a chiedere? Come potrei non conoscerlo? È la bestia nera della gente, quello sbruffone ricciolino, quel puttaniere profumato.
Pa. Ma lui ti conosce?
Ac. Non mi ha mai vista. E allora come potrebbe sapere chi sono?
Pa. Parli da maestra. La faccenda non potrebbe partire meglio.[57]
Ac. Vedi di consegnarmi l'uomo, tu. Per il resto dormi tranquillo. Se non riuscirò a bidonarlo, dammi tutte le colpe.

Pa. Age igitur intro abite,
insistite hoc negotium sapienter.
Ac. Alia cura.
Pa. Age, Periplectomene, has nunciam duc intro; ego ad
forum illum 930
conveniam atque illi hunc anulum dabo atque
praedicabo
a túa uxóre mihi datum esse eamque íllum deperire;
hanc ad nos, quom extemplo a foro veniemus,
mittitote.
Quasi clanculum ad <eum> missa sit.
Pe. Faciemus: alia cura.
Pa. Vos modo curate, ego illúm probe iam oneratum
huc acciebo. – 935
Pe. Bene ambula, bene rem geras. Egone hoc si
ecficiam plane,
ut concubinam militis meus hospes habeat hodie
atque hinc Athenas avehat, <si> hodie hunc dolum
dolamus,
quid tibi ego mittam muneris!
Ac. Datne ab se mulier operam? 940
Pe. Lepidissume et comissume.
Ac. Confido confuturum.
Ubi facta erit conlatio nostrarum malitiarum,
hau vereor ne nos subdola perfidia pervincamur.
Pe. Abeamus ergo intro, haec uti meditemur cogitate,
ut accurate et commode hoc quod agendumst
exsequamur, 945
ne quid, ubi miles venerit, titubetur.
Ac. Tu morare.

Pa. Orsù, entrate in casa. Ripassatevi bene la lezione.
Ac. Non starci a pensare.
Pa. Su, Periplecomeno, falle entrare, e subito. Io andrò a cercarlo al foro, il nostro uomo, e gli darò l'anello, e gli martellerò nel cranio che me l'ha dato tua moglie, la quale sta consumandosi per lui. Non appena saremo ritornati dal foro, voi mandateci Milfidippa, come se fosse stata inviata al soldato di nascosto.
Pe. Lo faremo. Non stare a preoccuparti.
Pa. Ma badateci, voi. Ve lo porterò qui con il basto sul collo.
Pe. Buon viaggio e buon lavoro. (*Ad Acroteleuzio*) Se oggi ci riesco, io, a far sì che il mio ospite ottenga la concubina del soldato, e che da qui se la porti ad Atene, se oggi noi mettiamo a segno il nostro disegno, io, a te, che regalo debbo farti?
Ac. Ci darà una mano la ragazza?
Pe. Con spirito, sì, e con astuzia.
Ac. Sono sicura del successo. Una volta che siano riunite, le nostre malizie, non c'è pericolo che noi si possa perdere, in fatto di astuzia e di perfidia.
Pe. Ritiriamoci in casa, dunque, per riflettere bene sul da farsi e perché sia compiuto a regola d'arte quel che c'è da compiere. E quando arriverà il soldato, nessun passo falso, mi raccomando.
Ac. Tu ci fai perdere tempo. (*Entrano in casa.*)

ACTUS IV

PYRGOPOLYNICES PALAESTRIO

Py. Volup est, quod agas, si id procedit lepide at\<que
    ex\> sententia;
nam ego hodie ad Seleucum regem misi parasitum
    meum,
ut latrones quos conduxi hinc ad Seleucum duceret,
qui eius regnum tutarentur, mihi dum fieret otium. 950
Pa. Quin tu tuam rem cura potius quam Seleuci, quae
    tibi
condicio nova et lúculenta fertur per me
    interpretem.
Py. Immo omnis res posteriores pono atque operam do
    tibi.
Loquere: auris meas profecto dedo in dicionem
    tuam.
Pa. Circumspicedum ne quis nostro hic auceps sermoni
    siet. 955
Nam hoc negoti clandestino ut agerem mandatumst
    mihi.
Py. Nemo adest.
Pa.   Hunc arrabonem amoris primum a me accipe.
Py. Quid hic? Unde est?
Pa.   A luculenta ác festiva femina,
quae te amat tuamque éxpetessit pulchram
    pulchritudinem;
eius nunc mi anulum ad te ancilla porro ut deferrem
    dedit. 960
Py. Quid ea? Ingenuan an festuca facta e serva liberast?
Pa. Vah! Egone ut ad te ab libertina esse auderem

ATTO IV

PIRGOPOLINICE PALESTRIONE

Pi. (*entrando in scena da destra*)[58] Che gusto quando ti riesce bene quel che fai, proprio come volevi. Ecco, io oggi gli ho mandato, al re Seleuco, il mio parassita, perché gli conduca i mercenari che ho ingaggiato per la difesa del suo regno, mentre io mi prendo un poco di vacanza.[59]

Pa. Perché non badi ai fatti tuoi invece che a quelli di Seleuco? Per mio tramite ti arriva un'occasione nuova di zecca, da leccarsi le dita.

Pi. Bene, lascio perdere tutto e ti do ascolto. Parla: concedo le mie orecchie al tuo potere.

Pa. Guardiamoci intorno, che non ci sia qualcuno che dia la caccia alle nostre parole. Sì perché mi è stato ordinato di trattarlo, questo affare, in gran segreto.

Pi. No, non c'è nessuno.

Pa. Dalle mie mani ricevi, per prima cosa, questo pegno d'amore.

Pi. Che cos'è? Da dove viene?

Pa. Da donna ricca e vezzosa, che ti ama e spasima per la tua bellissima bellezza. L'anello, me l'ha portato poco fa una sua schiava, perché te lo consegnassi.

Pi. Lei com'è? È nata libera oppure è una schiava liberata dalla bacchetta del littore?[60]

Pa. Ecché io oserei mettermi di mezzo per offrirti una liber-

>   internuntius,
> qui ingenuis sati' responsare nequeas quae cupiunt
>   tui?

Py. Nuptanst an viduá?
Pa.   Et nupta et vidua.
Py.   Quo pacto potis
nupta et vidua esse eadem?
Pa.   Quia adulescens nuptast cum sene.
Py. Eugae!
Pa.   Lepida et liberali formast.
Py.   Cave mendacium.
Pa. Ad tuam fórmam illa una dignast.
Py.   Hercle pulchram praedicas.
Sed quis east?
Pa.   Senis huius uxor Periplectomeni ex proxumo.
Ea demoritur te atque ab illo cupit abire: odit
                                                     senem.
Nunc te orare atque opsecrare iussit ut eam copiam
sibi potestatemque facias.
Py.   Cupio hercle equidem si illa volt.
Pa. Quae cupit?
Py.   Quid illá faciemus concubina quae domist?
Pa. Quin tu illam iube aps te abire quo lubet: sicut soror
eius huc gemina venit Ephesum et mater,
                                            accersuntque eam.
Py. Eho tu, advenit Ephesum mater eiius?
Pa.   Aiunt qui sciunt.
Py. Hercle occasionem lepidam, ut mulierem excludam
                                                      foras!
Pa. Immo vin tu lepide facere?
Py.   Loquere et consilium cedo.
Pa. Vin tu illam actutum amovere, a te ut abeat per
                                                    gratiam?
Py. Cupio.
Pa.   Tum te hoc facere oportet. Tibi divitiarum
                                               adfatimst:
iube sibi aurum atque ornamenta, quae illi instruxti
                                                 mulieri,

965

970

975

980

ta, quando tu non riesci a tener a bada le donne libere che ti vogliono?
Pi. È sposata? È vedova?
Pa. È sposata ed è vedova.
Pi. Sposata e insieme vedova, ma com'è possibile?
Pa. Perché lei, giovane com'è, ha sposato un vecchio.
Pi. Evviva!
Pa. È simpatica, molto distinta…
Pi. Non mentire, eh!
Pa. Lei sola è degna della tua bellezza.
Pi. Perdio, mi parli proprio di una gran bellezza. Ma chi è?
Pa. È la moglie di questo vecchio qui, il tuo vicino, Periplecomeno. Sta morendo per te e vuol piantare il vecchio. Lo odia, lei. Mi ha ordinato di pregarti e supplicarti perché tu le conceda il modo e l'occasione.
Pi. Lei vuole? Perdio, lo voglio anch'io.
Pa. Lei vuole? Certo!
Pi. Ma che ce ne facciamo della concubina che sta in casa mia?
Pa. E perché non le ordini di sloggiare e di andarsene dove le pare? Tanto, a Efeso sono venute sua sorella gemella e sua madre, che la cercano.
Pi. Ma no? È arrivata ad Efeso sua madre?
Pa. Così dicono i ben informati.
Pi. Per Ercole, ecco una buona occasione per sbatterla fuori.
Pa. Ma tu vuoi farla una cosa giusta?
Pi. Parla e consigliami.
Pa. Vuoi liberartene subito e che se ne vada senza storie?
Pi. Certo che lo voglio.
Pa. E allora, ecco quel che devi fare. Tu hai ricchezze a strafottere, no? Dille che se li tenga in regalo, l'oro e i

MILES GLORIOSUS · ACTUS IV

  dono habere, <abire>, auferre áps te quo lubeat sibi.
Py. Placet ut dicis; sed ne istanc amittam et haec mutet
                  fidem
  vide modo.
Pa.   Vah! Delicatu's, quae te tamquam oculos amet.
Py. Venu' me amat.
Pa. St tace! Aperiúntur fores, concede huc clanculum. 985
  Haec celox illiust, quae hinc egreditur, internuntia.
Py. Quaé haec celox?
Pa.   Ancillula illiust, quae hinc egreditur foras.
  Quae anulum istunc attulit quem tibi dedi.
Py.   Edepol haec quidem
  bellulast.
Pa.   Pithecium haec est prae illa et spinturnicium.
  Viden tu illam oculis venaturam facere atque
                aucupium auribus? 990

MILPHIDIPPA PYRGOPOLYNICES PALAESTRIO

Mi. Iam est ante aedis circus ubi sunt ludi faciundi mihi.
  Dissimulabo, hos quasi non videam neque esse hic
              etiamdum sciam.
Py. Tace, subauscultemus ecquid de me fiat mentio.
Mi. Numquis[nam] hic própe adest qui rem alienam
            potius curet quam suam,
  qui aucupet me quid agam, qui de vesperi vivat suo? 995
  Eos nunc homines metuo, mihi ne opsint neve
              opstent uspiam,
  domo si bita<n>t, dum huc transbitat, quae huius
              cupiens corporist,
  <er>a mea, quoius propter amorem cor nunc
              miser<ae contremit>,
  quae amat hunc hominem nimium lepidum et nimia
              pulchritudine,
  militem Pyrgopolynicem.
Py.   Satin haec quoque me deperit?
  Meam laudat speciem. Edepol huiius sermo hau

	gioielli che le hai dato, e che se li porti via da casa tua, dove meglio crede.
Pi.	Mi piace come parli. Però devo farci un pensierino: e se io mollo l'una e l'altra cambia parere?
Pa.	Sei cavilloso, tu. Quella ti ama come la pupilla dei suoi occhi.
Pi.	Venere mi ama!
Pa.	Ssst, silenzio! La porta sta per aprirsi. Fatti in disparte, mettiti nascosto. Ecco la sua scialuppa che fuoriesce di là per un'ambasciata. Ma sì, è quella che ha portato l'anello che ti ho dato.
Pi.	Accidenti, è belloccia pure lei.[61]
Pa.	Questa qui, al confronto della sua padrona, è una scimmia, un uccellaccio. Non la vedi? Va a caccia con gli occhi e con le orecchie.

MILFIDIPPA PIRGOPOLINICE PALESTRIONE

Mi.	(*tra sé*) Eccolo lì, dinanzi alla casa, il circo dove mi esibirò nei miei giochi.[62] Farò finta di non vederli e di non sapere che sono lì.
Pi.	Zitto! Cerchiamo di sentire se parla di me.
Mi.	C'è mica, qui intorno, qualcuno che s'impiccia degli affari altrui invece che dei suoi? Che stia a spiare quel che faccio? Uno che a casa ci ha la mangiatoria servita? Io, adesso, ci ho paura di uomini così, che mi si mettano di traverso, che diventino di impiccio, mentre per di qua sta per passare quella che muore dalla voglia per quest'uomo... quella che ama un uomo troppo simpatico, troppo bello, il soldato Pirgopolinice.
Pi.	Ma che mi ami anche questa? Sta elogiando la mia bellezza. Per Polluce, le sue parole non han bisogno d'es-

Pa. Quo argumento?
Py. Quia enim loquitur laute et minime sordide.
Pa. Quidquid istaec de te loquitur, nihil attrectat
sordidi.
Py. Tum autem illa ipsa est nimium lepida nimi'que
nitida femina.
Hercle vero iam adlubescit primulum, Palaestrio.
Pa. Priu'ne quam illam oculis tuis –
Py. Videon id quod credo tibi? 1005
Tum haec celocla autem illa apsente subigit me ut
amem.
Pa. Hercle hanc quidem
nihil tu amassis; mihi haec desponsast: tibi si illa
hodie nupserit,
ego hanc continuo uxorem ducam.
Py. Quid ergo hanc dubitas conloqui?
Pa. Sequere hac me ergo.
Py. Pedisequos tibi sum.
Mi. Utinam, quoius caussa foras
sum egressa, <eiius> conveniundi mihi potestas
evenat. 1010
Pa. Erit et tibi exoptatum optinget, bonum habe
animum, ne formida;
homo quidamst qui scit quod quaeris ubi sit.
Mi. Quem ego hic audivi?
Pa. Socium tuorum conciliorum et participem
consiliorum.
Mi. Tum pol ego id quod celo hau celo.
Pa. Immo et celas et non celas.
Mi. Quo argumento?
Pa. Infidos celas: ego sum tibi firme fidus. 1015
Mi. Cedo signum, si harunc Baccharum es.
Pa. Amat mulier quaedam quendam.
Mi. Pol istuc quidem multae.
Pa. At non multae de digito donum mittunt.
Mi. Enim cognovi nunc, fecisti modo mi ex proclivo
planum.

sere lucidate.
Pa. E perché?
Pi. Perché parla pulito e non volgare.
Pa. E come no? In ogni parola che ti dedica non c'è un filo di volgarità.
Pi. Ma anche lei è sin troppo simpatica, sin troppo carina, la ragazza. Perdio, Palestrione, comincia proprio a piacermi.
Pa. Prima che tu, con i tuoi occhi, abbia veduto l'altra?
Pi. La vedo, sì, perché ti credo. Intanto la scialuppa che è qui mi costringe ad amare.
Pa. Non sognarti di innamorarti di questa. È promessa a me. Se la padrona oggi ti prende per marito, io prendo quest'altra come moglie.
Pi. E allora cosa aspetti a parlarle?
Pa. E tu allora vienimi dietro.
Pi. Certo che ti seguo.
Mi. Magari riuscissi ad incontrarlo, quello per cui sono uscita di casa.
Pa. Ci riuscirai. Avrai ciò che desideri. Su con la vita e niente paura. C'è un tizio qui che sa dov'è quello che cerchi.
Mi. Chi è che sto ascoltando?
Pa. Il compagno dei tuoi convegni, il socio dei tuoi pensieri.
Mi. Oddio! Ma allora non nascondo ciò che nascondo.
Pa. Ma sì, tu nascondi e non nascondi.
Mi. Per quale ragione?
Pa. Nascondi per i malfidati; ma io sono fidatissimo.
Mi. Se sei addentro nei misteri, dammene la prova.[63]
Pa. Una certa donna ama un certo uomo.
Mi. Per Polluce, ce ne sono tante che lo fanno.
Pa. Ma non sono tante quelle che mandano un anello in dono. (*Se lo toglie dal dito.*).
Mi. Ora sì che ti conosco. Mi hai spianato la via, che era in

MILES GLORIOSUS · ACTUS IV

Sed hic numquis adest?
Pa.   Vel adest vel non.
Mi.   Cedo te mihi solae solum.
   Pa. Brevin an longinquo sermoni?
Mi.   Tribu' verbis.
Pa.   Iam ad te redeo. 1020
Py. Quid ego? Hic astabo tantisper cum hac forma et
                                      factis [sic] frustra?
Pa. Patere atque asta, tibi ego hanc opera do.
Py.   Properandó – excrucior.
Pa. Pedetemptim (tu haec scis) tractare soles hasce
                                    huius modi mercis.
Py. Age age ut tibi maxume concinnumst.
Pa.   Nullumst hoc stolidiu' saxum.
Redeo ad te. Quid me voluisti?
Mi.   Quo pacto hoc Ilium appelli 1025
velis, id fero ád te consilium.
Pa.   Quasi hunc depereat –
Mi.   Teneo istuc.
Pa. Conlaudato formam et faciem et virtutes
                                    commemorato.
Mi. Ad eam rem habeo omnem aciem, tibi uti dudum
                                  iam demonstravi.
Pa. Tu cetera cura et contempla et de meis venator
                                        verbis.
Py. Aliquam mihi partem hodie operae des denique,
                            iam tandem ades †ilicot†. 1030
Pa. Adsum, impera si quid vis.
Py.   Quid illaec narrat tibi?
Pa.   Lamentari
ait illam, miseram cruciari et lacrumantem se
                                        adflictare,
quia tis egeat, quia te careat. Ob eam rem huc ad te
                                        missast.
Py. Iube adire.
Pa.   At scin quid tu facias? Facito fastidi plenum,
quasi non lubeat; me inclamato, quia sic te volgo
                                        volgem. 1035

salita. Ma qui non c'è nessuno?
Pa. C'è e non c'è.
Mi. Ti prego, voglio te solo per me sola.
Pa. Sarà breve o lungo il tuo discorso?
Mi. Tre parole.
Pa. Ritorno subito da te. (*Si avvicina a Pirgopolinice.*)
Pi. E io? Debbo starmene qui per tanto tempo, senza far nulla, io, con il mio fisico e le mie prodezze?[64]
Pa. Porta pazienza e sta lì. Mi sto dando da fare per te.
Pi. Ma sbrigati, perché l'attesa mi rode.
Pa. Tu lo sai, questa è una merce che va trattata a piccoli passi.
Pi. Va be', fa' come ti par meglio.
Pa. (*tra sé*) Neanche un sasso è più duro della sua testa... (*A Milfidippa*) Eccomi di nuovo a te. Che cosa vuoi?
Mi. Un tuo consiglio: questa Ilio qui, come vuoi che venga attaccata?
Pa. Tu digli che quella si sta consumando per lui.
Mi. Lo so, questo.
Pa. Tu loda la sua bellezza, il suo fascino; ricorda le sue imprese.
Mi. Per questo ci ho le armi giuste, e te l'ho appena dimostrato.
Pa. Tu, per il resto, sta' attenta, e bada alle mie parole di cacciatore.
Pi. Tu, prestami un poco della tua attenzione, alla buon'ora. Vieni qui subito, perdigiorno!
Pa. Eccomi. Comanda, se desideri qualcosa.
Pi. Che ti sta raccontando quella là?
Pa. Dice, lei, che quella poveretta si tormenta, e piange, e versa lacrime, perché tu le manchi, perché ha bisogno di te. Per questo l'ha mandata da te.
Pi. Dille che si avvicini.
Pa. Ma tu lo sai che cosa devi fare? Fa' finta di essere scocciato, di non aver voglia. Dammi una sgridata perché ti do in pasto alla folla.

Py. Memini et praeceptis parebo.
Pa.   Vocon ergo hanc quae te quaerit?
Py. Adeat, si quid volt.
Pa.   Si quid vis, adi, mulier.
Mi.   Pulcher, salve.
Py. Meum cognomentum commemoravit. Di tibi dent
                                  quaequomque optes.
Mi. Tecum aetatem exigere ut liceat –
Py.   Nimium optas.
Mi.   Non me dico,
sed eram meam quae te demoritur.
Py.   Aliae multae idem istuc cupiunt   1040
quibu' copia non est.
Mi.   Ecastor hau mirum si te habes carum,
hominem tam pulchrum et praeclarum virtute et
                                    forma, factis.
Deu' dignior fuit quisquam homo qui esset?
Pa.   Non hercle humanust ergo –
nam volturio plus humani credo est.
Py.   Magnum me faciam
nunc quom illaec me illi[c] conlaudat.
Pa.   Viden tu ignavom ut sese infert?   1045
Quin tu huic responde, haec illaec est ab illa quam
                                  dudum <dixi>.
Py. Qua ab illarum? Nam ita me occursant multae:
                             meminisse hau possum.
Mi. Ab illa quae digitos despoliat suos et tuos digitos
                                  decorat.
Nam hunc anulum áb tui cupientí huic detuli, híc
                                porro <ad te>.
Py. Quid nunc tibi vis, mulier? Memora.
Mi.   Ut quae te cupit, eam ne spernas,   1050
quae per tuam nunc vitam vivit: sit necne sit spes in
                                  te uno est.
Py. Quid nunc volt?
Mi.   Te compellare et complecti et contrectare.
Nam nísi tu illi fers suppetias, iam illa animum
                                  despondebit.

Pi. Ho capito. Starò ai tuoi consigli.
Pa. La chiamo, allora, questa donna che vuol conferire con te?
Pi. Se desidera qualcosa, si faccia avanti.
Pa. Donna, se desideri qualcosa, fatti avanti.
Mi. Salute, bellissimo![65]
Pi. Questa sa il mio nome. Che gli dèi ti concedano tutto quello che desideri.
Mi. Di poter vivere al tuo fianco.
Pi. La pretesa è eccessiva.
Mi. Non dico per me, ma per la mia padrona, che spasima per te.
Pi. Ce ne sono tante che vogliono la stessa cosa, ma non ci arrivano.
Mi. Non c'è da meravigliarsi se fai il prezioso. Un uomo così bello, famoso per il suo coraggio, per il suo fascino e le sue prodezze! C'è mai stato un essere umano più degno di essere dio?
Pa. Certamente in lui non c'è nulla di umano. Credo che un avvoltoio sia più umano di lui.
Pi. (*tra sé*) Mi darò delle arie, dato che questa mi sta facendo tante lodi.
Pa. (*piano, a Milfidippa*) Guardalo, lo scemo, come si pavoneggia. (*Forte*) Avanti, rispondile. Questa viene da parte di quella di cui ti ho appena parlato.
Pi. Quella chi? Ce ne sono tante e poi tante che mi assediano, mica posso ricordarle tutte.
Mi. Quella che spoglia le sue dita per adornare le tue. Perché questo anello io l'ho consegnato a lui da parte di una che ti vuole, e lui l'ha dato a te.
Pi. E ora, donna, dimmi che cosa vuoi.
Mi. Che tu non abbia a disprezzare colei che ti desidera, perché lei vive in grazia della vita tua. Per lei, essere o non essere, dipende solo da te.
Pi. E allora che cosa vuole?
Mi. Parlarti, stringerti, coprirti di baci.[66] Eh sì, se non le offri aiuto, cadrà nella disperazione. Suvvia, mio nobile

MILES GLORIOSUS · ACTUS IV

Age,
mi Achilles, fiat quod te oro, serva illam pulchram
                                                  pulchre,
exprome benignum ex te ingeniúm, urbicape,
                                          occisor regum. 1055
Py. Eu hercle ódiosas res! Quotiens hoc tibi, verbero,
                                        ego interdixi,
meam ne sic volgo pollicitere operám?
Pa.   Audin tu, mulier?
Dixi hoc tibi dudum et nunc dico: nisi huic verri
                                    adfertur merces,
non hic suo seminio quemquam proculenam
                                        impertiturust. 1060
Mi. Dabitur quantum ipsus preti poscet.
Pa.   Talentum Philippi huic opus auri est;
minus ab nemine accipiet.
Mi.   Eu ecastor nimi' vilest tandem!
Py. Non mihi avaritia umquam innatast: satis habeo
                                   divitiarum,
plus mi auri mille est modiórum Philippi.
Pa.   Praeter thensauros.
Tum argenti montes, non massas, habet Aetina non
                                     aeque altos. 1065
Mi. Eu ecastor
hominem peiiurum!
Pa.   Út ludo?
Mi.   Quid ego? Ut sublecto?
Pa.   Scite.
Mi. Sed amabo, mitte me áctutum.
Pa.   Quin tu huic respondes aliquid,
aut facturum aut non facturum?
Mi.   Quid illam miseram animi excrucias,
quae nùmquam male de te meritast?
Py.   Iube eampse exire huc ad nos.
Dic me ei omnia quae volt facturum.
Mi.   Faci' nunc ut facere aequom, 1070
quom, quae te volt, eandem tu vis.
Py.   Non insulsum huic ingenium.

192

Achille, concedi ciò che ti chiedo. Salvala, la bella, tu che bello sei. Fa' che sgorghi dal tuo animo la tua generosità, tu, conquistatore di città, uccisore di re.
Pi. Che barba, per Ercole! Tu, pelle da frustate, quante volte te l'ho detto di non promettere al volgo i miei favori!
Pa. Donna, hai sentito? Te l'ho appena detto e ora te lo ripeto: un verro come questo, se non gli offri il giusto prezzo, mica concede il seme suo alla prima venuta.
Mi. Avrà tutto quello che pretende.
Pa. Per lui ci vuole un talento d'oro di Filippo. Non accetterà un soldo di meno.
Mi. Ma è troppo poco!
Pi. No, non sono nato avaro, io. Di ricchezze ne ho quanto basta. Di Filippi, ne ho più di mille staia.
Pa. Tesori a parte. E l'argento? Non ne ha dei mucchi, ma delle montagne. Il monte Etna non è così alto.
Mi. (*piano*) Accidenti che razza di ballista.
Pa. (*piano, alla donna*) Come sto recitando?
Mi. E io? Come sto sfottendolo? (*Forte, a Pirgopolinice*) Ti prego di congedarmi subito.
Pa. Perché non le dici qualcosa? Ti decidi o no?
Mi. Perché la tormenti, quella poveretta? Non ti ha fatto nulla di male, lei.
Pi. Dille che venga qui, in persona, da me. Dille anche che farò tutto quel che desidera.
Mi. Ora stai facendo ciò che è giusto, perché stai desiderando ciò che lei desidera…
Pa. (*tra sé*) Non è mica scema questa qui.
Mi. … e perché non mi hai disdegnato quale sua ambasciatrice, ed anzi mi hai concesso di implorarti. (*Piano, a Palestrione*) Che te ne pare? Come sto andando?
Pa. Non ce la faccio, per Ercole, a trattenere una risata.
Mi. Per questo ho girato via la faccia.
Pi. Per Polluce, tu non lo immagini neanche, donna, quale onore io le stia facendo.

193

MILES GLORIOSUS · ACTUS IV

Mi. Quomq' me oratricem hau sprevisti sistique exorare
ex te.
Quid est? Ut ludo?
Pa. Nequeo hercle equidem risu[m]
admoderarier: <hahahae!>.
Mi. Ob eam caussam huc aps te avorti.
Py. Non edepol tu scis, mulier,
quantum ego honorem nunc illi habeo.
Mi. Scio et istuc illi dicam. 1075
Pa. Contra auro alii hanc vendere potuit operam.
Mi. Pol istuc tibi credo.
Pa. Meri bellatores gignuntur, quas hic praegnatis fecit,
et pueri annos octingentos vivont.
Mi. Vae tibi, nugator!
Py. Quin mille annorum perpetuo vivont ab saeclo ad
saeclum.
Pa. Eo minu' dixi ne haec censeret me advorsum se
mentiri. 1080
Mi. Perii! Quot hic ipse annos vivet, quoius filii tam
diu vivont?
Py. Postriduo natus sum ego, mulier, quam Iuppiter ex
Ope natust.
Pa. Si hic pridie natus foret quam ille est, hic haberet
regnum in caelo.
Mi. Iam iam sat, amabo, est. Sinite abeam, si possum,
viva a vobis.
Pa. Quin ergo abeis, quando responsumst?
Mi. Ibo atque illam huc adducam, 1085
propter <quam> opera est mihi. Numquid vis?
Py. Ne magi' sim pulcher quam sum,
ita me mea forma habet sollicitum.
Pa. Quid hic nunc stas? Quin abis?
Mi. Abeo.
Pa. Atque adeo (audin?) dicito docte et cordate, ut cor
ei saliat –
Philocomasio dic, sist istic, domum ut transeat:
hunc hic esse.
Mi. †Hic cum era est, clam nostrum hunc† sermonem

194

Mi. Lo so, invece, e glielo dirò.
Pa. Poteva cederle ad un'altra, e a peso d'oro, le sue grazie.
Mi. Lo credo bene.
Pa. Dalle donne che lui ha fecondato vengono al mondo dei veri eroi. Ottocento anni vivono i suoi figli.
Mi. Guai a te, linguaiolo!
Pi. Vivono invece mille anni, secolo dopo secolo.
Pa. Be', ho detto di meno, io, perché non pensasse, questa qui, che le rifilassi delle panzane.
Mi. Accidenti a me! E lui, quanti anni vivrà, lui, se i suoi figli campano così a lungo?
Pi. Donna, sono nato il giorno dopo che Giove nacque da Ope.
Pa. Fosse nato lui prima di Giove, oggi terrebbe lui il regno del cielo.
Mi. Basta così, per pietà.[67] Datemi licenza di partire viva, sinché posso.
Pa. E perché non te ne vai? La risposta l'hai avuta.
Mi. Sì, me ne vado, e condurrò qui colei per la quale mi sono adoperata. Vuoi altro, tu?
Pi. Non vorrei essere più bello di quel che sono. Questa mia bellezza mi cagiona un sacco di scocciature.
Pa. Be', sei ancora qui? Perché non smammi?
Mi. Vado.
Pa. Un momento! Mi ascolti? Parlale con grazia e con senno, che il cuore le sobbalzi dolcemente... (*Piano*) Di' a Filocomasio, se è ancora di là, che rientri in casa nostra, perché il nostro uomo è qui.
Mi. È là con la mia padrona. Hanno ascoltato di nascosto le

> sublegerunt. 1090

Pa. Lepide factumst: iam ex sermone hoc gubernabunt
> doctiu' porro.

Mi. Remorare, abeo. –
Pa.   Neque te remoror neque tango neque te – taceo.
Py. Iube maturare illam exire huc. Iam istic rei
> praevortemur.

PYRGOPOLYNICES PALAESTRIO

Py. Quid nunc mi es auctor ut faciam, Palaestrio,
de concubina? Nam nullo pacto potest 1095
prius haec in aedis recipi quam illam amiserim.
Pa. Quid me consultas quid agas? Dixi equidem tibi
quo id pacto fieri possit clementissume.
Aurum atque vestem muliebrem omnem habeat sibi
quae illi instruxisti: sumat, habeat, auferat; 1100
dicasque tempus maxume esse ut eat domum:
sororem geminam adesse et matrem dicito,
quibu' concomitata recte deveniat domum.
Py. Qui tu scis eas adesse?
Pa.   Quia oculis meis
vidi hic sororem esse eiius.
Py.   Convenitne eam? 1105
Pa. Convenit.
Py.   Ecquid fortis visast?
Pa.   Omnia
vis optinere.
Py.   Ubi matrem esse aiebat soror?
Pa. Cubare in navi lippam atque oculis turgidis
nauclerus dixit, qui illas advexit, mihi.
Is ad hos nauclerus hospitio devortitur. 1110
Py. Quid is? Ecquid fortis?
Pa.   Abi sis hinc, nam tu quidem
ad equas fuisti scitus admissarius,
qui consectare qua maris qua feminas.
Hoc age nunc.

nostre parole.
Pa. Molto bene. Partendo dalle nostre parole, continueranno meglio il viaggio.
Mi. Mi fai perdere tempo. Me ne vado.
Pa. No, non ti trattengo, non ti tocco, non ti... basta!
Pi. Dille che si sbrighi a venir qua. Noi, qui, intanto, ci occuperemo di quell'altro affare. (*Milfidippa esce.*)

PIRGOPOLINICE PALESTRIONE

Pi. Palestrione, che cosa mi consigli di fare con la concubina? Mica posso ricevere l'una, in casa mia, prima di aver scacciato l'altra.
Pa. Perché mi interroghi sul da farsi? Già te l'ho detto come si possa fare senza scandali. Si tenga, quella, l'oro e le vesti che le hai regalato. Prenda, tenga, porti via. Tu dille che questo è il momento giusto perché faccia ritorno a casa sua. Dille anche che la sua gemella e sua madre stanno qui, e che con loro, in loro compagnia, potrà ritornarsene in patria.
Pi. E come lo sai, tu, che quelle stanno qui?
Pa. Perché con questi occhi l'ho veduta, sua sorella, qui.
Pi. È venuta a cercarla?
Pa. È venuta.
Pi. Come ti è sembrata? Bbona?
Pa. Ma tu le vuoi tutte.
Pi. La sorella ha detto dove si trova la madre?
Pa. È a bordo, con gli occhi gonfi e cisposi, mi ha detto il comandante della loro nave.[68] Lui si è sistemato dai nostri vicini.
Pi. E lui, com'è? È bbono?
Pa. Piantala, ti prego. Saresti proprio un ottimo stallone tu che corri dietro ad uomini e donne. Adesso pensa alla tua faccenda.

Py.   Istuc quod das consilium mihi,
te cum illa verba facere de ista re volo;   1115
nam cum illa sane congruos sermo tibi.
Pa. Qui potius quam tute adeas, tuam rem tute agas?
Dicas uxorem tibi necessum ducere;
cognatos persuadere, amicos cogere.
Py. Itan tu censes?
Pa.   Quid ego ní ita censeam?   1120
Py. Ibo igitur intro. Tu hic ante aedis interim
speculare, ut, ubi illaec prodeat, me provoces.
Pa. Tu modo istuc cura quod agis.
Py.   Curatum id quidemst.
Quin si voluntáte nolet, ví extrudam foras.
Pa. Istuc cave faxis; quin potius per gratiam   1125
bonam abeat aps te. Atque illaec quae dixi dato,
aurum, ornamenta quae illi instruxisti ferat.
Py. Cupio hercle.
Pa.   Credo te facile impetrassere.
Sed abi intro. Noli stare.
Py.   Tibi sum oboediens. –
Pa. Numquid videtur demutare †aut utique†   1130
dixi esse vobis dudum hunc moechum militem?
Nunc ad me ut veniat usust Acroteleutium aut
ancillula eius aut Pleusicles. Pro Iuppiter,
satine ut Commoditas usquequaque me adiuvat!
Nam quos videre exoptabam me maxume,   1135
una exeuntis video | hinc e proxumo.

ACROTELEUTIUM MILPHIDIPPA PALAESTRIO PLEUSICLES

Ac. Sequimini, simul círcumspicite ne quis adsit arbiter.
Mi. Neminem pol video, nisi hunc quem volumus
                                           conventum.
Pa.   Et ego vos.
Mi. Quid agis, noster architecte?
Pa.   Egone architectus? Vah.

Pi. Su quanto mi hai consigliato, voglio che sia tu a parlarle. Tu con lei hai piena confidenza.
Pa. Non è meglio se ci vai tu? E tratti tu la faccenda? Dille che sei costretto a prender moglie, che i parenti ti assillano, che gli amici ti tampinano.
Pi. Tu la pensi così?
Pa. E perché non dovrei pensarla così?
Pi. Allora me ne torno in casa. Tu, intanto, qui davanti, guardati bene intorno, e, non appena quella arriva, dammi una voce.
Pa. Tu pensa soltanto a ciò che devi fare.
Pi. Ci ho pensato già. Non vuole andarsene? E io la sbatto fuori con le brutte.
Pa. No, non così. Meglio che lei ti lasci di buon grado. E dalle tutto ciò che ti ho detto: l'oro e le vesti che le hai regalato.
Pi. Per Ercole, è quello che voglio.
Pa. Secondo me non farai fatica a convincerla. Ma non startene qui, rientra.
Pi. Ti do subito retta. (*Entra in casa.*)
Pa. Vi sembra forse che sia diverso da quel che vi ho detto, questo puttaniere di soldato? Adesso mi serve che arrivi qui Acroteleuzio, o la sua schiava, o Pleusicle. Per Giove! Non mi sta aiutando per il meglio, e in ogni momento, la Fortuna? Ecco, quelli che smaniavo di vedere, proprio loro, eccoli lì, li vedo tutti insieme, che escono dalla casa del vicino.

ACROTELEUZIO MILFIDIPPA PALESTRIONE PLEUSICLE

Ac. Venitemi dietro. E intanto date un'occhiata in giro, che non ci sia qualche spione.
Mi. Per Polluce, non vedo nessuno, tolto quello che vogliamo proprio incontrare.
Pa. E io voi.
Mi. Architetto nostro, come va?
Pa. Architetto io? Ma via...

Mi.   Quid est?
Pa. Qui\<a\> enim non sum dignus prae te palum ut
                                        figam in parietem. 1140
Ac. Heia vero!
Pa.   Nimi' facete nimi'que facunde mala's.
Ut lepide deruncinavit militem!
Mi.   At etiam parum.
Pa. Bono animo es: negotium omne iam succedit sub
                                                    manus;
vos modo porro, ut occepistis, date operam
                                             adiutabilem.
Nam ipse miles concubinam intro abiit oratum
                                                   suam 1145
ab se ut abeat cum sorore et matre Athenas.
Pl.   Eu, probe!
Pa. Quin etiam aurum atque ornamenta quae ipse
                                        instruxit mulieri
omnia dat dono, a se ut abeat: ita ego consilium dedi.
Pl. Facile istuc quidemst, si et illa volt et ille autem
                                                  cupit.
Pa. Non tu scis, quom ex alto puteo susum ad
                                 summum escenderis, 1150
maxumum periclum inde esse ab summo ne rusum
                                                  cadas?
Nunc haec res apud summum puteum geritur: si
                                             prosenserit
miles, nihil ecferri poterit huiius: nunc quom
                                                 maxume
opust dolis.
Pl.   Domi esse ad eam rem video silvai satis:
mulieres tres, quartus tute's, quintus ego, sextus
                                                 senex. 1155
Quod apud nos fallaciarum sex situmst, certo scio,
oppidum quodvis videtur posse expugnari dolis.
Date modo operam.
Ac.   Íd nos ad te, si quid velles, venimus.
Pa. Lepide facitis. Nunc hanc tíbi ego ímpero
                                            provinciam.

Mi. Che c'è?
Pa. C'è che non sono nemmeno degno, in confronto a te, di piantare un piolo nel muro.
Ac. Ma davvero!
Pa. Questa briccona è troppo furba, troppo svelta. Oh come ha messo nel sacco quel soldato!
Mi. E questo è niente.
Pa. (*a Pleusicle*) Stattene di buon animo. La faccenda è tutta sotto controllo. Continuate soltanto a darmi una mano, come avete cominciato. Il soldato è già entrato in casa a pregare la sua concubina perché se ne vada ad Atene con madre e sorella.
Pl. Magnifico!
Pa. E le lascia in dono, purché se ne vada, l'oro e le vesti che le aveva regalato. È quel che io gli ho consigliato.
Pl. Lei vuole, lui desidera, l'affare marcia a gonfie vele.
Pa. Ma non lo sai, tu, che, quando dal fondo del pozzo stai arrivando in cima, il pericolo più grosso è quello di ricadere giù? Noi, adesso, siamo prossimi all'orlo del pozzo. Se il soldato mangia la foglia, non si combina più niente di niente. Ora c'è bisogno, più che mai, di astuzia.
Pl. Di questa, vedo che in casa nostra ce n'è in abbondanza. Tre donne, e tu per quarto, io quinto, e sesto il vecchio. Con quel che c'è, da noi, di trappole e di trucchi, sono sicuro che qualsiasi fortezza potrebbe venir presa col raggiro. Ma concedetemi un poco di attenzione.
Ac. Noi veniamo appunto da te per ascoltarti, se hai qualcosa da dirci.
Pa. Molto bene. Io, a te, affido questo incarico.

Ac. Impetrabis, imperator, quod ego potero, quod voles. 1160
Pa. Militem lepide et facete, laute ludificarier
volo.
Ac. Voluptatem mecastor mi imperas.
Pa. Scin quém ad modum?
Ac. Nempe ut adsimulem me amore istius differri.
Pa. Tenes.
Ac. Quasique istius caussa amoris ex hoc matrimonio
abierim, cupiens istius nuptiarum.
Pa. Omne ordine. 1165
Nisi modo unum hoc: hasce esse aedis dicas dotalis
tuas,
hinc senem aps te abiisse, postquam feceris
divortium:
ne ille mox vereatur introire in alienam domum.
Ac. Bene mones.
Pa. Sed ubi ille exierit intus, istinc te procul
ita volo adsimulare, prae illius fórma quasi spernas
tuam 1170
quasique eius opulentitatem reverearis, et simul
formam, amoenitatem illius, faciem, pulchritudinem
conlaudato. Satin praeceptumst?
Ac. Teneo. Satinest, si tibi
meum opus ita dabo expolitum ut inprobare non
queas?
Pa. Sat habeo. Nunc tibi vicissim quae imperabo ea
discito. 1175
Quom extemplo hoc erit factum, ubi intro haec
abierit, ibi tu ilico
facito uti venias ornatu húc ad nos nauclerico;
causeam habeas ferrugineam, [et] scutulam ob
oculos laneam,
palliolum habeas ferrugineum (nam is colos
thalassicust),
id conexum in umero laevo, exfafillato bracchio, 1180
praecinctus aliqui: adsimulato quasi gubernator sies;
atque apud hunc senem omnia haec sunt, nam is
piscatores habet.

Ac.	Comandami, generale. Farò quello che vuoi, per quanto è in mio potere.
Pa.	Voglio che il soldato venga messo nel sacco: con grazia, con spirito e senza economia.
Ac.	Per Castore, mi comandi di fare ciò che desidero di più.
Pa.	E il modo, lo sai?
Ac.	Ma sì, facendo finta che muoio d'amore per lui.
Pa.	Ci sei.
Ac.	E che per questo amore voglio divorziare, perché è lui che desidero come sposo.
Pa.	Tutto bene. Con un particolare in più: gli dirai che questa casa rientra nella tua dote, e che il vecchio è partito dopo che hai divorziato. Che non abbia paura, il soldato, di metter piede in casa d'altri.
Ac.	Ottimo consiglio.
Pa.	Ma quando uscirà, quello, voglio che tu – da qui, di lontano – faccia la scena, mostrando disprezzo per la tua bellezza al confronto con la sua, e squadernando venerazione per la sua magnificenza. E insieme andrai esaltandone il fascino e la grazia, la figura e la bellezza. Mi sono spiegato bene?
Ac.	Ho afferrato. È sufficiente che ti offra un lavoretto così ben rifinito che non ci troverai il minimo difetto?
Pa.	Sì, è sufficiente. (*A Pleusicle*) Adesso tu: impara bene quel che ti insegno. Non appena la sua scena sarà finita, e lei sarà rientrata in casa, tu presentati subito qui travestito da marinaio. Procurati un cappello a falde larghe, color ferro, una benda di lana sull'occhio, un mantelluccio sempre color ferro, poi che questo è il colore della gente di mare. Allaccialo sulla spalla sinistra, il mantello, col braccio scoperto, e che la tunica sia corta.[69] Fa' finta di essere un pilota. In casa del nostro vecchio troverai ogni cosa, perché lui, tra i suoi servi, ci ha dei pescatori.

Pl. Quid? Ubi ero exornatus quin tu dicis quid facturu' sim?
Pa. Huc venito et matris verbis Philocomasium arcessito, 1185
 ut, si itura siet Athenas, eat tecum ad portum cito
 atque ut iubeat ferri in navim si quid imponi velit.
 Nisi eat, te soluturum esse navim: ventum operam dare.
Pl. Sati' placet pictura. Perge.
Pa. Ille extemplo illam hortabitur
 ut eat, ut properet, ne sit matri morae.
Pl. Múltimodis sapis. 1190
Pa. Ego illi dicam, ut me adiutorem, qui onu' feram ad portum, roget.
 Ille iubebit me ire cum illa ad portum. Ego adeo, ut tu scias,
 prorsum Athenas protinam abibo tecum.
Pl. Atque ubi illo veneris,
 triduom servire numquam te quin liber sis sinam.
Pa. Abi cito atque orna te.
Pl. Numquid aliud?
Pa. Haec ut memineris. 1195
Pl. Abeo. –
Pa. Et vos abite hinc intro actutum; nam illum huc sat scio
 iam exiturum esse intus.
Ac. Celebre apud nos imperium tuomst. –
Pa. Agite apscedite ergo. Ecce autem commodum aperitur foris.
 Hilarus exit: impetravit. Inhiat quod nusquam est miser.

PYRGOPOLYNICES PALAESTRIO

Py. Quod volui ut volui impetravi, per amicitiam et gratiam, 1200
 a Philocomasio.

Pl. E allora? Quando sarò travestito, vuoi dirmi che cosa dovrò fare?

Pa. Verrai qui e, a nome della madre, chiamerai Filocomasio, perché, se vuol partire per Atene, se ne venga al porto con te ed al più presto, e faccia caricare sulla nave ciò che intende portar via. Le dirai che, se non vuole andar via, tu salperai comunque, dato che il vento ora è propizio.

Pl. Mi piace proprio, questo quadro. Va' avanti.

Pa. Il soldato, subito subito, la spingerà a partire, le dirà che si affretti, che non faccia attendere sua madre.

Pl. Sei un pozzo di scienza.

Pa. A lei dirò di chiedere il mio aiuto, perché le porti il bagaglio sino al porto. E lui mi ordinerà di andare al porto con lei. E così io, perché tu lo sappia, insieme con te me ne andrò difilato ad Atene.

Pl. E quando ci sarai arrivato, non consentirò che tu rimanga in schiavitù neppure per tre giorni, e ti farò libero.

Pa. Vattene, e travestiti.

Pl. C'è altro?

Pa. Tientele bene in testa, queste cose.

Pl. Vado. (*Entra nella casa di Periplecomeno.*)

Pa. Anche voi, rientrate subito. Mi sa che quello sta per uscir fuori.

Ac. Sacrosanto per noi è l'ordine tuo.

Pa. E dunque via, smammate. Ma ecco che, proprio adesso, la porta si spalanca. E lui esce tutto contento. Ce l'ha fatta, lui. Il poveraccio va in cerca di quel che non esiste.

PIRGOPOLINICE PALESTRIONE

Pi. Ciò che volevo, e come lo volevo, da Filocomasio, io l'ho ottenuto d'amore e d'accordo.

MILES GLORIOSUS · ACTUS IV

Pa. Quid tam intus fuisse te dicam diu?
Py. Numquam ego me tam sensi amari quam nunc ab
  illa muliere.
Pa. Quid iam?
Py. Ut multa verba feci, ut lenta materies fuit!
Verum postremo impetravi ut volui: donavi, dedi
quae voluit, quae postulavit; <te> quoque <ei>
  dono dedi. 1205
Pa. Etiam me? Quo modo ego vivam sine te?
Py. Áge, animo bono es,
idem ego te liberabo. Nam si possem ullo modo
impetrare ut abiret, ne te abduceret, operam dedi;
verum oppressit.
Pa. Deos sperabo teque. Postremo tamen
etsi istuc mi acerbumst, quia ero te carendum est
  optumo, 1210
saltem id volup est quom ex virtute formai evenit tibi
mea opera super hac vicina, quam ego nunc
  concilio tibi.
Py. Quid opust verbis? Libertatem tibi ego et divitias
  dabo,
si impetras.
Pa. Reddam impetratum.
Py. At gestio.
Pa. At modice decet:
moderare animo, ne sis cupidus. Sed eccam ipsam,
  egreditur foras. 1215

MILPHIDIPPA ACROTELEUTIUM PYRGOPOLYNICES PALAESTRIO

Mi. Era, eccum praesto militém.
Ac. Ubi est?
Mi. Ad laevam.
Ac. Video.
Mi. Aspicito limis, ne ille nos se sentiat videre.
Ac. Video. Edepol nunc nos tempus est malas peiores
  fieri.

206

Pa. Come mai, là dentro, ci hai messo tanto?
Pi. Mai l'avevo capito come oggi quanto sono amato da quella donna.
Pa. E perché?
Pi. Ce ne sono voluti, dei discorsi, quell'osso era così duro! Però, alla fine, quel che volevo l'ho ottenuto. Ho dato, ho regalato tutto ciò che voleva e che chiedeva. Anche te le ho regalato.
Pa. Anche me? Ma come faccio a vivere, io, senza di te?
Pi. Su, fatti cuore. Perché io stesso provvederò a riscattarti. In verità ho fatto di tutto, io, per ottenere che se ne andasse senza portarti via. Ma lei, cocciuta.
Pa. Confido negli dèi, e in te. Infine, anche se è terribile esser privato di un padrone così buono, tuttavia qualcosa mi rallegra: il pensiero di ciò che ti toccherà grazie alla tua bellezza e mercé l'opera mia sulla vicina, che ora ti servo su un piatto d'argento.
Pi. C'è bisogno di parlarne? Se ci riesci, ti faccio libero e ricco.
Pa. Quel che mi chiedi, io te lo darò.
Pi. Ma io mi sto arrapando.[70]
Pa. Datti una regolata, frenati, non esser così focoso. Ma eccola là, è lei, esce di casa.

MILFIDIPPA ACROTELEUZIO PIRGOPOLINICE PALESTRIONE

Mi. Signora, eccolo là, il soldato.
Ac. E dov'è?
Mi. Là, a sinistra.
Ac. Lo vedo.
Mi. Sbircialo con la coda dell'occhio, che non si avveda che lo guardiamo.
Ac. Lo vedo, sì. Ecco, questo è il momento di mostrarci più ribalde che mai.

Mi. Tuomst principium.
Ac.   Ópsecro, tute ipsum convenisti?
Ne parce vocem, ut audiat.
Mi.   Cum ipso pol sum locuta,   1220
placide, ipsae dum lubitum est mihi, otiose, meo
                                        arbitratu.
Py. Audin quae loquitur?
Pa.   Audio. Quam laeta est quia ted adiit!
Ac. O, fortunata mulier es!
Py.   Ut amari videor!
Pa.   Dignu's.
Ac. Permirum ecastor praedicas te adiisse atque
                                        exorasse;
per epistulam aut per nuntium, quasi regem, adiri
                                      eum aiunt.   1225
Mi. Namque edepol vix fuit copiá adeundi atque
                                        impetrandi.
Pa. Ut tu inclutu's apud mulieres!
Py.   Patiar, quando ita Venus volt.
Ac. Veneri pol habeo gratiam, eandémque et oro et
                                        quaeso
ut eiius mihi sit copiá quem amo quemque
                                        expetesso
benignusque erga me siet, quod cupiam ne gravetur.   1230
Mi. Spero ita futurum, quamquam multae illum sibi
                                        expetessunt:
ille illas spernit, segregat hasce omnis, extra te
                                              unam.
Ac. Ergo iste metus me macerat, quod ille fastidiosust,
ne óculi eiius sententiam mutent, ubi viderit me,
atque eiius elegantia meam extémplo speciem
                                            spernat.   1235
Mi. Non faciet, <modo> bonum animum habé.
Py.   Ut ipsa se contemnit!
Ac. Metuo ne praedicatio tua nunc meam fórmam
                                        exsuperet.
Mi. Istuc curavi, ut opinione illius pulchrior sis.
Ac. Si pol me nolet duceré uxorem, genua amplectar

Mi. La prima mossa è tua.
Ac. (*più forte*) Ma tu, ti prego, sei riuscita a incontrare proprio lui? (*Piano*) Non risparmiar la voce, deve sentirci, lui.
Mi. Perbacco, ho parlato con lui, sicuro, tranquillamente, sì, sin che mi è piaciuto, sì, e con tutta calma, proprio come volevo.
Pi. Ma tu la senti cosa sta dicendo?
Pa. Lo sento. Dio com'è felice di averti incontrato!
Ac. Ma tu sei proprio una donna fortunata!
Pi. Come capisco di essere amato.
Pa. E tu ne sei degno.
Ac. Per Castore, che cosa straordinaria mi racconti. L'hai incontrato, l'hai supplicato. Dicono che per incontrarlo ci vuole prima una lettera o l'ambasciata di un ambasciatore, come se fosse un re.
Mi. E già, solo con grande fatica sono riuscita a presentargli le mie suppliche.
Pa. Come sei famoso fra le donne!
Pi. Debbo rassegnarmi, poi che Venere vuole così.
Ac. A Venere io rendo omaggio, e la prego, e la invoco perché mi sia dato colui che amo ed adoro, e perché sia benigno verso di me, e non gli sia molesto questo mio desiderio.
Mi. Mi auguro che vada così. Benché molte donne aspirino a lui, lui le disprezza, puah, le tiene lontane, puah puah, fatta eccezione per te sola.
Ac. Ma è proprio questo il timore che mi tormenta. Perché lui è tanto difficile e io non vorrei che, nel guardarmi, i suoi occhi mutassero parere e subito la sua classe disprezzasse la mia figura.[71]
Mi. No, non lo farà, sta' di buon animo.
Pi. Come si sottovaluta!
Ac. Ho tanta paura che i tuoi discorsi sulla mia bellezza siano stati eccessivi.
Mi. Sono stata attenta, io, proprio a questo: che tu gli appaia più bella di quel che si aspetta.
Ac. Per gli dèi, se non vorrà prendermi come sposa, abbrac-

MILES GLORIOSUS · ACTUS IV

        atque opsecrabo; alio modo, si non quibo
                                impetrare, 1240
        consciscam letum: vivere sine illó scio mé non posse.
Py. Prohibendam mortem mulieri videó. Adibon?
Pa.   Minime;
        nam tu te vilem feceris, si te ultro largiere:
        sine ultro veniat; quaeritet, desideret, exspectet
        sine: perdere istam gloriam vis quám habes? Cave
                                    sis faxis. 1245
        Nam nulli mortali scio optigisse hoc nisi duobus,
        tibi et Phaoni Lesbio, tam mulier sé ut amaret.
Ac. Eo intro, an tu illunc evocas foras, mea
                                  Milphidippa?
Mi. Immo opperiamur dum exeat aliquis.
Ac.   Durare nequeo
        quin eam intro.
Mi.   Occlusae sunt fores.
Ac.   Ecfringam.
Mi.   Sana non es[t]. 1250
Ac. Si amavit umquam aut si parem sapientiam [hic]
                              habet ac formam,
        per amorem si quid fecero, clementi <hic> animo
                                ignoscet.
Pa. Ut, quaeso, amore perditast te misera!
Py.   Mutuom fit.
Pa. Tace, ne aúdiat.
Mi.   Quid astitisti opstupida? Qur non pultas?
Ac. Quia non est intus quem ego volo.
Mi.   Qui scis?
Ac.   Scio de olefactu; 1255
        nam odore nasum sentiat, si intus sit.
Py.   Hariolatur.
        Quia mé amat, propterea Venus fecit eam ut
                                  dívinaret.
Ac. Nescio ubi hic prope adest quem expeto videre:
                                  olet profecto.
Py. Naso pol iam haecquidem plus videt quam óculis.
Pa.   Caeca amore est.

cerò le sue ginocchia, l'implorerò. E se non riuscirò a piegarlo, mi darò la morte. So troppo bene che non potrei vivere senza di lui.

Pi. Sento che debbo proibirle di morire. Le vado incontro?
Pa. Manco per sogno! Se vai tu ad offrirti, finisci per svalutarti. Lascia che venga lei, e ti chieda, ti supplichi, ti desideri. Attento a non farlo, se non vuoi perdere il prestigio che hai. Perché lo so bene, io, che a nessun uomo mortale, tranne che a voi due, a te e a Faone di Lesbo, è successo d'esser tanto amati da una donna.[72]
Ac. Vado io da lui oppure tu, Milfidippa mia, lo pregherai di uscire?
Mi. Ma no, aspettiamo che esca qualcuno.
Ac. Non posso resistere, bisogna che vada da lui.
Mi. La porta è sbarrata.
Ac. La sfonderò.
Mi. Tu sei matta.
Ac. Se mai gli è successo di amare, se la sua saggezza è pari alla sua bellezza, con animo clemente concederà il suo perdono, perché io lo faccio solo per amore.
Pa. Poveretta, guarda come si tormenta per amore!
Pi. E io pure.
Pa. Zitto, che non ti senta.
Mi. (*ad Acroteleuzio*) Perché te ne stai lì imbambolata? Perché non bussi alla porta?
Ac. Perché non è in casa colui che io desidero.
Mi. Come lo sai?
Ac. Lo so, per Polluce. Se fosse lì dentro, il mio fiuto ne sentirebbe l'odore.
Pi. È un'indovina. Proprio perché mi ama, Venere le ha concesso spirito profetico.
Ac. Non so dove, ma qui vicino c'è lui, l'uomo che desidero vedere. C'è il suo profumo.
Pi. Accidenti, il suo naso vede più che i suoi occhi.[73]
Pa. Cieca è divenuta per amore.

MILES GLORIOSUS · ACTUS IV

Ac. Tene me ópsecro.
Mi. Qur?
Ac. Ne cadam.
Mi. Quid ita?
Ac. Quia stare nequeo, 1260
ita animus per oculos meos <meu'> defit.
Mi. Militem pol
tu aspexisti.
Ac. Ita.
Mi. Non video. Ubi est?
Ac. Videres pol, si amares.
Mi. Non edepol tu illum magis amas quam ego, mea, si
per te liceat.
Pa. Omnes profecto mulieres te amant, ut quaeque
aspexit.
Py. Nescio tu ex me hoc audiveris an non: nepos sum
Veneris. 1265
Ac. Mea Milphidippa, adi opsecro et congredere.
Py. Ut me veretur!
Pa. Illa ad nos pergit.
Mi. Vos voló.
Py. Et nos te.
Mi. Út iussisti,
eram meam eduxi foras.
Py. Video.
Mi. Iube ergo adire.
Py. Induxi in animum ne oderím item ut alias, quando
orasti.
Mi. Verbum edepol facere non potis, si accesserit prope
ad te. 1270
Dum te optuetur, interim linguam oculi
praeciderunt.
Py. Levandum morbum mulieri video.
Mi. Ut tremit! Atque extimuit,
postquam te aspexit.
Py. Viri quoque armáti idem istuc faciunt,
ne tu mirere mulierem. Sed quid <est quod> volt
me facere?

212

Ac. Sorreggimi, ti prego.
Mi. Che c'è?
Ac. Ho paura di cadere.
Mi. E perché?
Ac. Non mi reggo più. L'anima mi sfugge dagli occhi.
Mi. Per Polluce, tu l'hai visto, il soldato!
Ac. Sì.
Mi. Ma io non lo vedo. Dov'è?
Ac. Per gli dèi, lo vedresti, tu, se lo amassi.
Mi. Amarlo? Ma io lo amerei più di te, se tu me lo consentissi.
Pa. Non c'è dubbio! Ti amano tutte al primo sguardo.
Pi. Non te l'ho mai detto? Sono nipote di Venere, io.
Ac. Milfidippa mia, va' tu, ti prego, e parlagli.
Pi. Ah, che soggezione ha di me!
Pa. Viene dalla nostra parte.
Mi. Cerco di voi.
Pi. E noi di te.
Mi. Come mi hai ordinato, ho accompagnato qui fuori la mia padrona.
Pi. La vedo.
Mi. E allora dille di avvicinarsi.
Pi. Mi sono proposto di non…
Mi. Ma lei, se ti viene vicino, non riuscirà a spiccicare una parola. Gli occhi, mentre ti osservava, le han tagliato la lingua.
Pi. Penso proprio che bisogna guarirla dal suo male.
Mi. Come trema, come è atterrita, poi che ti ha veduto.
Pi. Capita così anche agli uomini d'arme. Non meravigliarti se una donna… Ma, secondo lei, che cosa debbo fare?

MILES GLORIOSUS · ACTUS IV

Mi. Ad se ut eas: tecum viveré volt atque aetatem
                                                       exigere. 1275
Py. Egon ád illam eam quae nupta sit? Vir eius me
                                               deprehendat.
Mi. Quin tua caussa exegit virúm ab se.
Py.   Qui id facere potuit?
Mi. [Quia] Aedes dotalis huiiu' sunt.
Py.   Itane?
Mi.   Ita pol.
Py.   Iube domum ire.
Iam ego illi ero.
Mi.   Vide né sies in exspectatione,
ne illam animi excrucies.
Py.   Non ero profecto. Abite.
Mi.   Abimus. – 1280
Py. Sed quid ego video?
Pa.   Quid vides?
Py.   Nescioquis eccum incedit
ornatu quidem thalassico.
Pa.   It ad nos, volt te profecto.
Nauclerus hicquidem est.
Py.   Videlicet accersit hanc iam.
Pa.   Credo.

PLEUSICLES PALAESTRIO PYRGOPOLYNICES

Pl. Alium alio pacto propter amorem ni sciam
fecisse multa nequiter, verear magis   1285
me amoris caussa <huc> hoc ornatu incedere.
Verum quom multos multa admisse acceperim
inhonesta propter amorem atque aliena a bonis:
mitto iam, ut occídi Achilles civis passus est –
Sed eccúm Palaestrionem, stat cum militi: 1290
oratio alio mihi demutandast mea.
Mulier profecto natast ex ipsa Mora;
nam quaevis alia, quae morast aeque, mora
minor ea videtur quam quae propter mulieremst.

214

Mi. Recarti da lei. Vuol vivere con te, trascorrere al tuo fianco la vita.
Pi. Io andare da lei, che è sposata? Perché suo marito mi acciuffi?
Mi. Per amor tuo, lei ha scacciato suo marito.
Pi. E come ha potuto farlo?
Mi. Perché questa casa è bene dotale.[74]
Pi. Davvero?
Mi. Davvero, per Polluce.
Pi. Dille che rientri in casa. Sarò subito da lei.
Mi. Cerca di non tardare, che non si strugga.
Pi. Non tarderò. Andate.
Mi. E noi andiamo.
Pi. Ma cosa vedo?
Pa. Ma cosa vedi?
Pi. C'è qualcuno, non so chi, che sta arrivando. Dall'abito, un marinaio.
Pa. Viene da noi. Certo vuole te. Certo è il comandante della nave.
Pi. Verrà a prendere l'altra.
Pa. Lo penso anch'io.

PLEUSICLE PALESTRIONE PIRGOPOLINICE

Pl. Se non lo sapessi che, in un modo o nell'altro, per amore si è fatto anche di peggio, avrei vergogna ad andarmene in giro in questa foggia, per amore. Ma visto che so che molti, per lo stesso motivo, hanno fatto fior di puttanate, alla faccia dell'onestà, e lascio perdere Achille che soffrì che i suoi compatrioti venissero uccisi…[75] Ma ecco là Palestrione, che sta insieme al soldato. Le mie parole debbon mutare registro. (*Forte*) La donna, ci puoi giurare, è figlia del Ritardo in persona: già, ogni altro ritardo, per quanto ritardi, sembra sempre più breve di quello che dipende da una donna. Son convinto che

MILES GLORIOSUS · ACTUS IV

    Hoc adeo fieri credo consuetudine. 1295
    Nam ego hanc accerso Philocomasium. Sed fores
    pultabo. Heus, ecquis hic est?
Pa.   Adulescens, quid est?
    Quid veis? Quid pultas?
Pl.   Philocomasium quaerito.
    A matre illius venio. Sí iturast, eat.
    Omnis moratur: navim cupimus solvere. 1300
Py. Iam dudum res paratast. I, Palaestrio,
    aurum, ornamenta, vestem, pretiosa omnia
    duc adiutores tecum ad navim qui ferant.
    Omnia composita sunt quae donavi: auferat.
Pa. Eo. –
Pl.   Quaeso hercle propera.
Py.   Non morabitur. 1305
    Quid istuc, quaeso? Quid oculo factumst tuo?
Pl. Habeo equidem hercle oculum.
Py.   At laevom dico.
Pl.   Eloquar.
    Amoris caussa hercle hoc ego oculo utor minus,
    nam si apstinuissem amorem, tamquam hoc uterer.
    Sed nimi' morantur me diu.
Py.   Eccos exeunt. 1310

PALAESTRIO PHILOCOMASIUM PYRGOPOLYNICES PLEUSICLES

Pa. Quid modi flendo quaeso hodie facies?
Ph.   Quid ego ni fleam?
    Ubi pulcherrume egi aetatem, inde abeo.
Pa.   Ém hominem tibi
    qui a matre et sorore venit.
Ph.   Video.
Py.   Audin, Palaestrio?
Pa. Quid vis?
Py.   Quin tu iubes ecferri ómniá quae istí dedi?
Pl. Philocomasium, salve.
Ph.   Ét tu salve.

216

ce l'abbiano nel sangue, le donne. E io sono qui a chiamare Filocomasio. Busserò alla porta. Ehi, c'è qualcuno qui?
Pa. Ragazzo, che c'è? Che vuoi? Perché stai bussando?
Pl. Cerco Filocomasio. Mi manda sua madre. Se ha voglia di partire, si spicci. Ci sta bloccando tutti. E noi vogliamo che la nave salpi.
Pi. Tutto è pronto, e da un pezzo. Tu, Palestrione, prendi con te gente che ti aiuti a portare sulla nave oro, gioielli, vestiti e quant'altro ha di prezioso. Ogni mio regalo è impacchettato. Se lo porti via.
Pa. Vado.
Pl. Per Ercole, fa' presto, te ne prego.
Pi. Non tarderà. Ma questo, di grazia, che cos'è? Che ti è successo all'occhio?
Pl. Per Ercole, l'occhio ce l'ho, di sicuro.
Pi. Dico quello sinistro.
Pl. Ti spiegherò. È per la vita a mare che mi servo meno di quest'occhio. Se rinunciassi ad amare, potrei servirmene come dell'altro.[76] Ma mi fanno aspettare troppo tempo.
Pi. Ecco che stanno uscendo.

PALESTRIONE FILOCOMASIO PIRGOPOLINICE PLEUSICLE

Pa. Tu, oggi, quand'è che la pianti di frignare? Per piacere!
Fi. Non dovrei piangere? Sto lasciando il luogo dove ho vissuto i giorni più belli.
Pa. (*indica Pleusicle*) Ecco l'uomo che viene per conto di tua madre e tua sorella.
Fi. Lo vedo.
Pi. Mi ascolti, Palestrione?
Pa. Cosa vuoi?
Pi. Perché non fai portar fuori tutta la roba che le ho dato?
Pl. Filocomasio, salute.
Fi. Salute a te.

Pl.   Materque et soror   1315
tibi salutem me iusserunt diceré.
Ph.   Salvae sient.
Pl. Orant te ut eas, ventus operam dum dat, ut velum
                                                      explicent;
nam matri oculi si valerent, mecum venissent simul.
Ph. Ibo; quamquam invita facio: hómini pietas –
Pl.   Scio; sapis.
Py. Si non mecum aetatem egisset, hodie stulta viveret.   1320
Ph. Istuc crucior, a viro me tali abalienarier,
nam tu quemvis potis es facere ut afluat facetiis;
et quia tecum eram, propterea ánimo eram ferocior:
eam nobilitatem amittendam video.
Py.   A! Ne fle.
Ph.   Non queo,
quom te video.
Py.   Habe bonum animum.
Ph.   Scio ego quid doleat mihi.   1325
Pa. Nam nil miror, si lubenter, Philocomasium, híc eras,
<si> forma huiius, mores, virtus, attinere animum
                                                      hic tuom,
quóm ego servos quando aspicio hunc, lacrumo
                                                      quia diiungimur.
Ph. Opsecro licet complecti priu' quam proficisco?
Py.   Licet.
Ph. O mi ócule, ó mi ánime.
Pa.   Ópsecro, tene mulierem,   1330
ne adfligatur.
Py.   Quid istuc quaesost?
Pa.   Quia aps te abit, animo male
factum est huic repente miserae.
Py.   Curre intro atque ecferto aquam.
Pa. Nil aquam moror, quiescat malo. Ne interveneris,
quaeso, dum resipiscit.
Py.   Capita inter se nimi' nexa hisce habent.
Non placet. Labra ab labellis aufer, nauta, cave
                                                      malum.   1335
Pl. Temptabam spiraret an non.

Pl. Tua madre e tua sorella mi han dato l'incarico di salutarti.
Fi. Che stiano bene.
Pl. Ti pregano di venire, perché le vele siano spiegate sinché il vento è propizio. Sarebbe venuta con me, tua madre, se i suoi occhi non fossero malati.
Fi. Verrò, anche se a malincuore. La pietà filiale mi costringe a farlo.
Pl. Tu sai come comportarti.
Pi. Ma se non fosse stata con me, oggi si comporterebbe da sciocca.
Fi. È questo che mi affligge, che debbo separarmi da un uomo così. Perché tu sei in grado di trasformare chiunque in una persona di spirito. Perché quand'ero con te, l'animo mio era più coraggioso. Debbo rinunciare, lo capisco, a tale privilegio.
Pi. Su, non piangere.
Fi. Non riesco a trattenermi, perché ti sto guardando.
Pi. Devi farti coraggio.
Fi. Lo so io quello che sto soffrendo.
Pa. Non mi meraviglio, Filocomasio, se stavi tanto volentieri qui; se la sua bellezza, i suoi modi, il suo valore hanno conquistato il tuo animo, perché anch'io, che pure sono uno schiavo, quando lo guardo mi sciolgo in pianto al pensiero della separazione.
Fi. Ti prego, posso darti un abbraccio prima di partire?
Pi. Puoi.
Fi. Occhi miei, anima mia!
Pa. (*a Pleusicle*) Attento! Sorreggila, la ragazza, che non cada.
Pi. Che c'è, dimmi.
Pa. Poiché deve strapparsi da te, la miserella, d'improvviso si è sentita mancare.
Pi. Precipitati, porta dell'acqua da casa.
Pa. Niente acqua, non serve. Preferisco che si riposi un po'. Non far nulla, ti prego, sin che non si sia ripresa.
Pi. Le teste, le tengono troppo vicine, quei due. Non mi va. Marinaio, via le tue labbra dalle sue. Tu stai cercando guai.
Pl. Cercavo di capire se respira o no.

Py.   Aurem admotam oportuit.
Pl. Si magi' vis, eam omittam.
Py.   Nolo: retineas.
Pa.   Fio miser.
Py. Exite atque ecferte huc intus omniá quae istí dedi.
Pa. Etiam nunc saluto te, \<Lar\> familiaris, priu' quam
                                                             eo.
    Conservi conservaeque omnes, bene valete et vivite, 1340
    bene quaeso inter vos dicatis †et me† apsenti
                                                              tamen.
Py. Age, Palaestrio, bono animo es.
Pa.   Eheu! Nequeo quin fleam,
    quom aps te abeam.
Py.   Fer aequo | animo.
Pa.   Scio ego quid doleat mihi.
Ph. Sed quid hoc? Quae res? Quid video? Lux,
                                                         salve ***
Pl.   * \<Salve.\> Iam resipisti?
Ph.   Ópsecro, quem amplexa sum 1345
    hominem? Perii! Sumne ego apud me?
Pl.   Ne time, voluptas mea.
Py. Quid istuc est negoti?
Pa.   Ánimus hanc modo hic reliquerat.
    Metuoque et timeo ne hoc tandem propalam fiat
                                                             nimis.
Py. Quid id est?
Pa.   Nos secundum ferri nunc per urbem haec omnia,
1350 ne quis tíbi hoc vítio vortat.
Py.   Mea, non illorum dedi:
    parvi ego illos facio. Agite, ite cum dis
                                                       benevolentibus.
Pa. Tua ego hoc caussa dico.
Py.   Credo.
Pa.   Iam vale.
Py.   Et tu bene vale.
Pa. Ite cito, iam ego adsequar vos: cúm ero pauca volo
                                                              loqui. –
    Quamquam alios fideliores semper habuisti tibi

Pi.	Bastava accostar l'orecchio.
Pl.	Se preferisci, la lascio andare.
Pi.	No, sorreggila.
Pl.	Ma io la lascio andare volentieri.
Pi.	(*verso l'interno della casa*) Venite qua, portate tutto quel che le ho regalato.
Pa.	Ancora e ancora ti saluto, o Lare familiare, prima di partire. A tutti voi, compagni e compagne di servitù, un saluto, un augurio. E parlate bene di me, vi prego, quando sarò lontano.
Pi.	Suvvia, Palestrione, fatti cuore.
Pa.	Ahimè, come non piangere, se debbo separarmi da te?
Pi.	Sopporta con coraggio.
Pa.	Lo so soltanto io quel che patisco.
Fi.	Che succede? Che è? Che cosa vedo? O luce, ti saluto [...].
Pl.	[...] Ti saluto. Ti sei ripresa?
Fi.	Vi prego! Chi era l'uomo cui ero abbracciata? Sono morta! Sono fuori di me?
Pl.	Non aver paura, gioia mia.
Pi.	E questa, che roba è?
Pa.	Era svenuta, lei... Adesso temo, adesso ho paura che quest'affare sia troppo scoperto, alla fine.
Pi.	E cioè?
Pa.	Noi, a portare attraverso la città tutta 'sta roba, be', qualcuno potrebbe trovarci da ridire.
Pi.	Mia, mica d'altri, era la roba che ho regalato. Degli altri me ne infischio. Avanti, partite con l'aiuto degli dèi.
Pa.	Ma io parlavo nel tuo interesse.
Pi.	Ti credo.
Pa.	Allora, addio.
Pi.	E stammi bene.
Pa.	Muovetevi, presto, vi seguo subito. Al mio padrone voglio dire due parole. (*Escono Pleusicle, Filocomasio e i servi.*) Certo, tu hai sempre avuto servi più fidati di me,

quam me, tamen tibi habeo magnam gratiam
            rerum omnium; 1355
et, si | ita sententia esset, tibi servire malui
multo quám alii libertus esse.
Py.   Hábe animum bonum.
Pa. Eheu, quom venit mi in mentem ut mores mutandi
            sient,
muliebres mores discendi, obliviscendi stratiotici!
Py. Fac sis frugi.
Pa.   Iam non possum, amisi omnem lubidinem. 1360
Py. I, sequere illos, ne morere.
Pa.   Bene vale.
Py.   Et tu bene vale.
Pa. Quaeso memineris, si forte liber fieri occeperim
(mittam nuntium ad te), ne me deseras.
Py.   Non est meum.
Pa. Cogitato identidem tibi quam fidelis fuerim.
Si id facies, tum demum scibis tibi qui bonu' sit,
            qui malus. 1365
Py. Scio et perspexi saepe.
Pa.   Verum quom antehac, hodie maxume
scies: immo hodie †meorum† factum faxo post
            dices magis.
Py. Vix reprimor quin te manere iubeam.
Pa.   Cave istuc feceris:
dicant te mendacem nec verum esse, fide nulla esse
            te,
dicant servorum praeter me ésse fidelem neminem. 1370
Nam si honeste censeam te facere posse, suadeam;
verum non potest. Cave fáxis.
Py.   Abi iam.
Pa.   Patiar quidquid est.
Py. Bene vale igitur.
Pa.   Ire meliust strenue. –
Py.   Etiam nunc vale.
Ante hoc factum hunc sum arbitratus semper
            servom pessumum:
eum fidelem mihi esse invenio. Quom egomet

tuttavia io per te nutro grande riconoscenza per tutto. E se tale fosse l'opinione tua, per me, io preferirei restar tuo servo che diventare il liberto di altri.
Pi. Su, fatti cuore.
Pa. Ah come mi tormenta il pensiero di dover mutare le mie abitudini! Dovrò imparare modi donneschi dimenticando quelli soldateschi.
Pi. Tu bada di essere onesto.
Pa. No, non posso, ne ho perduto la voglia.
Pi. Vattene con loro, non tardare.
Pa. Addio!
Pi. Stammi bene.
Pa. Non dimenticarmi, ti prego. Se per caso diventerò libero, ti manderò un messaggio perché tu non mi abbandoni.
Pi. Tale non è il mio costume.
Pa. Penserai ogni tanto a come ti sono stato fedele. Se lo farai, potrai finalmente sapere chi è stato buono con te e chi cattivo.
Pi. Lo so bene e più volte l'ho constatato.
Pa. Però mai come oggi lo saprai. Anzi oggi farò sì che tu debba ripeterlo più che mai, per il futuro.
Pi. A stento mi trattengo dal dirti: rimani!
Pa. Guardati dal farlo. Sai cosa direbbero? Che sei falso e bugiardo e senza fede; che qui non hai alcun servo leale, fuori di me. Se io pensassi che tu puoi farlo senza danno, insisterei io stesso per persuaderti. Ma proprio non si può; e tu non farlo.
Pi. E allora va'!
Pa. Dovrò rassegnarmi.
Pi. E dunque addio.
Pa. È meglio che io mi faccia coraggio, e parta.
Pi. Addio e ancora addio. (*Tra sé*) Prima di oggi l'ho sempre ritenuto un pessimo servitore. Scopro adesso che mi

                                        mecum cogito,
stulte feci qui hunc amisi. Íbo hinc intro nunciam
ad amores meos. Sed, sensi, hinc sonitum fecerunt
                                                      fores.

PUER PYRGOPOLYNICES

Pu. Ne me moneatis, memini ego officium meum,
    ego †nam† conveniam illum, ubi ubi est gentium;
    investigabo, óperae non parco meae.
Py. Me quaerit illic. Ibo huïc puero obviam.
Pu. Ehem, te quaero. Salve, vir lepidissume,
    cumulate commoditate, praeter ceteros
    duo dí quem curant.
Py.   Qui duo?
Pu.   Mars et Venus.
Py. Facetum puerum!
Pu.   Intro te ut eas opsecrat,
    te volt, te quaerit, teque exspectans expetit.
    Amanti fer opem. Quid stas? Quin intro is?
Py.   Eo. –
Pu. Ipsus illic sese iam impedivit in plagas;
    paratae insidiae sunt: in statu stat senex,
    ut adoriatur moechum, qui formast ferox,
    qui omnis se amare credit, quaeque aspexerit
    mulier: eum oderunt qua viri qua mulieres.
    Nunc in tumultum ibo: intus clamorem audio. –

è fedele. Penso, tra me e me, che ho fatto uno sbaglio lasciandolo partire...[77] Ora mi muovo, passo da questa parte, verso i miei amori. Ma sento che la porta sta cigolando.

SCHIAVETTO PIRGOPOLINICE

Sch. (*uscendo dalla casa di Periplecomeno si volge verso l'interno*) Basta con le raccomandazioni! Lo so io quel che debbo fare. Vado a cercarlo, dovunque sia. Lo cercherò, sì, e senza risparmiarmi.
Pi. Questo cerca me. Vado subito verso il ragazzo.
Sch. Oh! Stavo cercando proprio te. Ti saluto, uomo delizioso, da tutti i favori favorito, amato più d'ogni altro dalla coppia divina.
Pi. Quale coppia?
Sch. Marte e Venere.
Pi. Simpatico, il ragazzo!
Sch. Ti supplica di entrare. Ti vuole, lei, e ti cerca, e fremendo ti aspetta. Corri in soccorso di chi ti ama. Perché indugi? Perché non entri?
Pi. Vado. (*Entra.*)
Sch. Lui, da solo, si è andato a cacciare nella trappola, la quale è ben preparata. Sta in guardia, il mio vecchio, per saltare addosso a questo scopatore,[78] che della sua bellezza è fiero e crede che ogni donna, che gli abbia lanciato uno sguardo, sia costretta ad amarlo. Invece lo odiano tutti, uomini e donne. Adesso sta entrando in quel casino, sento già il fracasso di là dentro. (*Entra in casa.*)

ACTUS V

PERIPLECTOMENUS PYRGOPOLYNICES CARIO LORARII SCELEDRUS

Pe. Ducite istum; si non sequitur, rapite sublimem
                                               foras,
    facite inter terram atque caelum út siet, discindite.   1395
Py. Opsecro hercle, Periplectomene, te.
Pe.   Nequiquam hercle opsecras.
    Vide ut istic tibi sit acutus, Cario, culter probe.
Ca. Quin iamdudum gestit moecho hóc abdomen
                                               adimere,
    ut faciam quasi puero in collo pendeant crepundia.
Py. Perii!
Pe.   Haud etiam, numero hoc dicis.
Ca.   Iamne <ego> in hominem involo?   1400
Pe. Immo etiam priu' verberetur fustibus.
Ca.   Multum quidem.
        *   *   *   *   *   *   *
Pe. Qur es ausus subigitare álienam uxorem, inpudens?
Py. Ita me dí ament, ultro ventumst ad me.
Pe.   Mentitur, feri.
Py. Mane dum narro.
Pe.   Quid cessatis?
Py.   Non licet mi dicere?
Pe. Dice.
Py.   Oratus sum ad eam ut irem.
Pe.   Qur ire ausu's? Em tibi!   1405
Py. Oiei! Sati' sum verberatus. Opsecro.
Ca.   Quam mox seco?
Pe. Ubi lubet: dispennite hominem divorsum et
                                                 distendite.

ATTO V

PERIPLECOMENO PIRGOPOLINICE CARIONE SERVI SCELEDRO

Pe. Portatelo qui. Non vuol seguirvi? Portatelo fuori di peso. Tenetelo ben sollevato, tra cielo e terra. Tagliatelo a fettine!
Pi. Ti prego, Periplecomeno, per Ercole!
Pe. Per Ercole, sono inutili le tue preghiere. Tu, Carione, guarda che sia affilato, il tuo coltello.
Ca. Come no? È un pezzo che non vede l'ora di castrarlo, questo scopatore. Gli appenderò al collo i suoi cosini, come i sonagli ad un bambino.[79]
Pi. Sono perduto!
Pe. Non ancora. È presto per dirlo.
Ca. È ora che gli piombi addosso?
Pe. Eh no. Prima dev'essere legnato.
Ca. E molto.

* * * * * * *

Pe. Tu, svergognato, come ti sei permesso di adescare la moglie di un altro?
Pi. Che gli dèi mi salvino! È stata lei a venir da me, di sua iniziativa.
Pe. Sta mentendo. Addosso!
Pi. Fermati, mentre racconto.
Pe. Vi fermate? E perché?
Pi. Non mi è consentito di parlare?
Pe. Parla.
Pi. Sono stato pregato, io, di andare da lei.
Pe. E perché hai osato? To', beccati questo.
Pi. Ahi, ahi, ne ho prese abbastanza! Ti prego!
Ca. Ecché lo taglio, adesso?
Pe. Come ti pare. Tenetelo disteso, tiratelo ben bene.

MILES GLORIOSUS · ACTUS V

Py. Opsecro hercle te ut mea verba aúdias priu' quam
secat.
Pe. Loquere.
Py. Non de nihilo factumst: viduam hercle esse censui,
itaque ancilla, conciliatrix quaé erat, dicebat mihi. 1410
Pe. Iura te non nociturum esse hómini de hac re
nemini,
quod tu hódie hic verberatu's aut quod
verberabere,
si te salvom hinc amittemus Venerium nepotulum.
Py. Iuro per Iovem et Mavortem me nociturum nemini,
quod ego hic hodie vapularim, iureque id factum
arbitror; 1415
et si intestatus non abeo hinc, bene agitur pro
noxia.
Pe. Quid si id non faxis?
Py. Ut vivam semper intestabilis.
Ca. Verberetur etiam, postibi amittendum censeo.
Py. Di tibi bene faciant semper, quom advocatus mihi
bene's.
Ca. Ergo des minam auri nobis.
Py. Quám ob rem?
Ca. Salvis testibus 1420
ut ted hodie hinc amittamus Venerium nepotulum;
aliter hinc non eibis, ne sis frustra.
Py. Dabitur.
Ca. Magi' sapis.
De tunica et chlamyde et machaera ne quid speres,
non feres.
Lo. Verberon etiam, an iam mittis?
Py. Mitis sum equidem fustibus.
Opsecro vos.
Pe. Solvite istunc.
Py. Gratiám habeo tibi. 1425
Pe. Si posthac prehendero ego te híc, carebis testibus.
Py. Caussam hau dico.
Pe. Eamus intro, Cario. –
Py. Servos meos

228

Pi. Nel nome di Ercole! Ti prego di darmi ascolto prima che questo qui mi tagli.[80]
Pe. Parla.
Pi. Per Ercole, non ho voluto, io, e non c'è stato nulla. Ero convinto che fosse vedova, lei, perché la serva, che mi faceva da ruffiana, mi aveva detto così.
Pe. Tu giura: che non farai del male a nessuno per questa faccenda, per quel che hai buscato di legnate e per quel che ne buscherai, se ti lasceremo andar via di qui sano e salvo, o nipotino di Venere.
Pi. Su Giove e su Marte io giuro che non farò del male a nessuno per quel che ho buscato di legnate, e dichiaro che tutto è accaduto secondo il diritto. E se di qui posso andar via coi cosiddetti, mi è andata ancora bene, vista e considerata la mia colpa.
Pe. E se verrai meno alla parola?
Pi. Che io divenga proprio un cosiddetto.[81]
Pe. Ancora qualche legnata, poi ritengo che si possa mollarlo.
Pi. Che gli dèi ti rimeritino, e sempre, perché vieni in mia difesa.
Ca. Allora dacci una mina d'oro.
Pi. E perché?
Ca. Perché ti lasciamo andar via, oggi, coi tuoi cosiddetti, caro nipotino di Venere.[82] Se no col cavolo che te ne andavi; e non farti illusioni.
Pi. Vi sarà data.
Ca. Fai progressi. Per la tunica, la clamide, la spada, non farci conto. No, non le porterai via. (*A Periplecomeno*) Lo bastono ancora o lo molli?
Pi. Molle son già per le botte. Vi prego!
Pe. Sciogliételo.
Pi. Ti ringrazio.
Pe. Se ti sorprenderò qui un'altra volta, addio ai tuoi cosiddetti.
Pi. Nulla da obiettare.
Pe. Rientriamo in casa, Carione. (*Rientrano.*)
Pi. Eccoli là; li vedo, i miei servi. (*A Sceledro*) Filocomasio,

eccos video. Philocomasium iam profecta est? Dic
                                                mihi.
Sc. Iam dudum.
Py.   Ei mihi!
Sc.   Magi' dicas, si scias quod ego scio.
Nam illic qui | ob oculum habebat lanam nauta
                                            non erat. 1430
Py. Quis erat igitur?
Sc.   Philocomasio amator.
Py.   Qui tu scis?
Sc.   Scio.
Nam postquam porta exierunt, nihil cessarunt ilico
osculari atque amplexari inter se.
Py.   Vae misero mihi!
Verba mihi data esse video. Scelu' viri Palaestrio,
is me in hanc inlexit fraudem. Iure factum iudico; 1435
si sic aliis moechis fiat, minus hic moechorum siet,
magi' metuant, minus has res studeant. Eamus ad
                                         me. Plaudite.

	è già partita? Parla.
Sc.	Da un pezzo.
Pi.	Accidenti!
Sc.	Diresti anche di peggio se sapessi ciò che so io. Mica era un marinaio quello che aveva l'occhio sinistro bendato.
Pi.	E allora chi era?
Sc.	L'innamorato di Filocomasio.
Pi.	E tu che ne sai?
Sc.	Lo so. Non appena sono usciti dalla porta di città, non la finivano più di baciarsi e abbracciarsi.
Pi.	O me misero! Capisco che mi hanno gabbato. Che canaglia quel Palestrione! È lui che mi ha tirato questo pacco. Però debbo confessare che è giusto. Se succedesse così a tutti gli adulteri, di adulteri ce ne sarebbero meno, in questo paese.[83] Avrebbero più paura e ci penserebbero meno, a queste cose... Entriamo in casa mia... Applaudite.

MOSTELLARIA / LA COMMEDIA DEGLI SPETTRI

PERSONAE

TRANIO SERVUS
GRUMIO SERVUS
PHILOLACHES ADULESCENS
PHILEMATIUM MERETRIX
SCAPHA ANCILLA
CALLIDAMATES ADULESCENS
DELPHIUM MERETRIX
THEOPROPIDES SENEX
MISARGYRIDES DANISTA
SIMO SENEX
PHANISCUS SERVUS
PINACIUM (?) SERVUS
SPHAERIO (?) SERVUS
LORARII

Scaena Athenis.

PERSONAGGI

TRANIONE SERVO
GRUMIONE SERVO
FILOLACHETE GIOVANE
FILEMAZIO MERETRICE
SCAFA SERVA
CALLIDAMATE GIOVANE
DELFIO MERETRICE
TEOPROPIDE VECCHIO
MISARGIRIDE USURAIO
SIMONE VECCHIO
FANISCO SERVO
PINACIO (?) SERVO
SFERIONE (?) SERVO
AGUZZINI

La scena è ad Atene.
Presenta due case vicine: quella di Teopropide e quella di Simone.

ARGUMENTUM

Manu misit emptos suos amores Philolaches
Omnemque absente rem suo absumit patre.
Senem ut revenit ludificatur Tranio:
Terrifica monstra dicit fieri in aedibus
Et inde pridem emigratum. Intervenit   5
Lucripeta faenus faenerator postulans
Ludosque rursum fit senex; nam mutuom
Acceptum dicit pignus emptis aedibus.
Requirit quae sint: ait vicini proxumi.
Inspectat illas. Post se derisum dolet,   10
Ab sui sodale gnati exoratur tamen.

ARGOMENTO

Mise in libertà l'amante,[1] e sprecò Filolachete
Ogni avere in assenza del padre, dissipando.
Se ne ritorna il padre ma il servo Tranione
Tira al vecchio un bidone dicendogli che in casa
Eventi spaventosi[2] avvennero, che quindi
La si dové lasciare. Ma giunge un usuraio,
La pecunia reclama urgentemente. Il vecchio
Ancora è corbellato, crede che il mutuo sia
Rivolto ad acquistare una casa, ma quale?
Il servo dice quella del vicino. Ed il vecchio
A vederla si reca, vien deriso, si adira.
    Ma intercede un amico di suo figlio.

ACTUS I

GRUMIO TRANIO

Gr. Exi e culina sis foras, mastigia,
 qui mi inter patinas exhibes argutias.
 Egredere, erilis permities, ex aedibus.
 Ego pol te ruri, si vivam, ulciscar probe.
 <Exi,> exi, inquam, nidoricupi, nam quid lates? 5
Tr. Quid tibi, malum, hic ante aedis clamitatiost?
 An ruri censes te esse? Apscede ab aedibus.
 Abi rús, abi díerecte, apscede ab ianua.
 Em, hoccine volebas?
Gr.   Perii! Qur me verberas? 10
Tr. Quia vivis.
Gr.   Patiar. Sine modo adveniat senex.
 Sine modo venire salvom quem apsentem comes.
Tr. Nec veri simile loquere nec verum, frutex,
 comesse quemquam ut quisquam apsentem possiet.
Gr. Tu urbanus vero scurra, deliciae popli, 15
 rus mihi tu obiectas? Sane hoc, credo, Tranio,
 quod te in pistrinum scis actutum tradier.
 Cis hercle paucas tempestates, Tranio,
 augebis ruri numerum, genu' ferratile.
 Nunc, dum tibi lúbet licetque, pota, perde rem, 20
 corrumpe   *   erilem adulescentem optumum;
 dies noctesque bibite, pergraecaminei,
 amicas, emite liberate: pascite
 parasitos: opsonate pollucibiliter.
 Haecine mandavit tibi, quom peregre hinc it, senex? 25
 Hocine modo hic rem curatam offendet suam?
 Hoccine boni esse officium servi existumas

ATTO I

GRUMIONE TRANIONE

Gr. Ti decidi ad uscire, razza di furfante, invece di star lì tra le padelle a sfoggiar battute di spirito contro di me? Vieni fuori, rovinapadroni! Per Polluce! Di certo, se campo te la farò pagare, là in campagna. Esci, ti dico, via da quella cucina puzzolente. Ecché ti nascondi?[3]

Tr. Maledetto, cos'hai da gridare, qui davanti?[4] Ti credi di essere tra i porci? Via da questa casa, ritorna in campagna, va' a farti crocifiggere. Tirati via da questa porta. To'. (*Lo percuote.*)[5] È questo che volevi?

Gr. Sono morto! Perché mi bastoni?

Tr. Perché esisti.

Gr. Pazienza, lascia che ritorni il vecchio, lascia che ritorni sano e salvo quello che tu stai spolpando perché ora non c'è.

Tr. Non è vero, non è neanche verosimile quel che vai dicendo, razza di balordo. Come si fa a spolpare uno che non c'è?

Gr. Buffone di città, zimbello del popolo, tu mi rinfacci che sto in campagna?[6] Va là, Tranione, tra poco ci sarai tu in campagna, e messo alla mola. Perdio, Tranione, presto ci sarai tu a far crescere la razza dei portatori di catena. Intanto, fin che ti va bene, sbevazza, sperpera, deprava […] il figlio del padrone, che è un bravo ragazzo. Forza a bere giorno e notte, a spassartela alla greca. Comprate ragazze, liberatele; ingrassate parassiti, spendete e spandete a tutta forza! È questo che ti ha raccomandato il vecchio sul punto di partire? È in questo modo che si aspetta di veder curare i suoi interessi? Ritieni che sia questo il dovere di un buon servo?[7] Di andar rovinando

MOSTELLARIA · ACTUS I

    ut eri sui corrumpat et rem et filium?
    Nam ego illúm corruptum duco quom his factis
                                          studet;
    quo nemo adaeque iuventute ex omni Attica   30
    antehac est habitus parcus nec magi' continens,
    is nunc in aliam partem palmam possidet.
    Virtute id factum tua et magisterio tuo.
Tr. Quid tibi, malum, méd aut quid ego agam
                                         curatiost?
    An ruri, quaeso, non sunt quos cures boves?   35
    Lubet potare, amare, scorta ducere.
    Mei tergi facio haec, non tui fiducia.
Gr. Quam confidenter loquitur [fue]!
Tr.   At te Iuppiter
    dique omnes perdant! <Fu!> Oboluisti alium
    (germana inluvies, rusticus, hircus, hara suis),   40
    cane, capram commixtam.
Gr.   Quid vis fieri?
    Non omnes possunt olere unguenta exotica,
    si tú oles, neque superiores accumbere
    neque tam facetis quam tu vivis victibus.   45
    Tu tibi istos habeas turtures, piscis, avis,
    sine me aliato fungi fortunas meas.
    Tu fortunatu's, ego miser: patiunda sunt.
    Meum bonum me, te tuom maneat malum.   50
Tr. Quasi invidere mi hoc videre, Grumio,
    quia mihi bene est et tibi male est; dignissumumst:
    decet méd amare et te bubulcitarier,
    me victitare pulchre, te miseris modis.
Gr. O carnuficium cribrum, quod credo fore,   55
    ita te forabunt patibulatum per vias
    stimulis,   * si huc reveniat senex.
Tr. Qui scis an tibi istuc eveniat priu' quam mihi?
Gr. Quia numquam merui, tu meruisti et nunc meres.
Tr. Orationis operam compendi face,   60
    nisi te mala re magna mactari cupis.
Gr. Ervom daturin estis bubus quod feram?
    Date aes inhonestis: agite, porro pergite

240

i beni e il figlio del padrone? Perché io, sì, io lo considero rovinato, dato che si dà a questa vita. Tra tutti i giovani dell'Attica, prima, era ritenuto il migliore, il più parsimonioso, il più modesto, ma ora è il primo in ben diverso campo. E questo grazie a te e alla tua scuola.

Tr. Accidenti! Perché t'impicci in quel che faccio e che sono? Non ce li hai più in campagna i buoi da custodire? Sì, mi piace sbevazzare, amare, andare a puttane. Lo faccio e rischio la mia pelle, non la tua.

Gr. Senti che faccia tosta![8]

Tr. Giove e gli dèi ti mandino in rovina! Puah, hai l'alito che puzza di aglio. Tu, letamaio, rustico, caprone, porcile, cane ed impasto di fango e di sterco.

Gr. Che vuoi che sia? Mica possono tutti olezzare di esotici profumi, ammesso che tu olezzi, né starsene sdraiati sul triclinio come il padrone, né sbafare, come tu fai, i piatti più stuzzicanti. A te tortore, i pesci, gli uccelletti; a me lascia che tocchi quel che mi tocca, aglio compreso.[9] Tu sei fortunato, io no; a ciascuno il suo. A me il bene, il male a te.

Tr. O Grumione, mi pare quasi che tu mi porti invidia, perché a me tutto va bene e a te di male in peggio. È giusto così! Io debbo far l'amatore, tu il bifolco, io vivere tra le rose e tu fra le spine.

Gr. Credo proprio che diventerai un setaccio per il boia, tu. Sì sì, ti trascineranno per le strade con il giogo sul collo e ti crivelleranno con i pungoli [...]. Basta che il vecchio torni a casa.

Tr. E come puoi sapere che non tocchi a te prima che a me?

Gr. Perché io non me lo sono meritato. Tu sì, te lo sei meritato e te lo meriti.

Tr. Risparmiati la fatica di discorrere, se non vuoi finire come bestia da macello.

Gr. Me la date la veccia da portar ai buoi? Datela a me se non ve la mangiate. Avanti, continuate così, come avete

| | quoniam occepistis: bibite, pergraecamini,
este, ecfercite vos, saginam caedite. | 65 |
| ---- | --- | --- |
| Tr. | Tace atque abi rús. Ego ire in Piraeum volo,
in vesperum parare piscatum mihi.
Ervom tibi aliquis cras faxo ad villam adferat.
Quid est quod tu me nunc optuere, furcifer? | |
| Gr. | Pol tibi istuc credo nomen actutum fore. | 70 |
| Tr. | Dum interea sic sit, istuc 'actutum' sino. | |
| Gr. | Ita est. Sed unum hoc scito, nimio celerius
venire quod obest quam illuc quod cupide petas. | |
| Tr. | Molestus ne sis nunciam, i rus, te amove.
Ne tu hercle praeterhac mihi non facies moram. – | 75 |
| Gr. | Satin abiit neque quod dixi flocci existumat?
Pro di inmortales, opsecro vostram fidem!
Facite huc ut redeat noster quam primum senex,
triennium qui iam hinc abest, priu' quam omnia
periere, et aedis et ager; qui nisi huc redit,
paucorum mensum sunt relictae reliquiae.
Nunc rus abibo. Nam eccum erilem filium
video, corruptum | ex adulescente optumo. – | 80 |

PHILOLACHES

| Ph. | Recordatu' multum et diu cogitavi
argumentaque in pectus multa instituí
ego, atque in meo corde, si est quod mihi cor,
eam rem volutavi et diu disputavi,
hominem quoiiu' rei, quando natus est
similem esse arbitrarer simulacrumque habere
id repperi iam exemplum.
Novarum aedium esse arbitro similem ego hominem
quando hic natus est. Ei rei argumenta dicam.
Atque hoc hau videtur veri simile vobis,
at ego id faciam esse ita ut credatis.
Profecto esse ita ut praedico vera vincam.
Atque hoc vosmet ipsi, scio, proinde uti nunc
ego esse autumo, quando dicta audietis | 85

90

95 |

	cominciato. Sbevazzate, spassatevela come greci, sbafate, ingozzatevi di bocconi grassi!
Tr.	Zitto e fila in campagna. Io voglio andare al Pireo a scegliere i pesci per stasera. Ti farò portare la veccia domani in villa da qualcuno… Che c'è? Perché mi fissi, furfante?
Gr.	Perdio! Credo proprio che questo nome sarà il tuo fra non molto.
Tr.	L'accetto, questo «fra non molto», purché intanto la vada come adesso.
Gr.	Così è. Ma sappi una cosa sola: ciò che ti spiace arriva prima di quel che desideri avidamente.
Tr.	Non fare il rompiscatole. Vattene ai tuoi campi, levati dai piedi. Per Ercole, non mi farai perdere altro tempo. (*Rientra in casa.*)[10]
Gr.	Se ne è andato? Se ne infischia di quel che gli ho detto? O dèi immortali, io mi rivolgo a voi, vi supplico, che il vecchio padrone ritorni quanto prima, sono già tre anni che è lontano, ritorni prima che tutto vada perso, e la casa e i campi. Se non fa ritorno lui, in pochi mesi nemmeno quel che resta resterà più. Ora me ne ritorno in campagna. Ma eccolo, il figlio del padrone, lo vedo. Era un bravo ragazzo, si è guastato. (*Si allontana.*)[11]

FILOLACHETE

Filo.	(*uscendo dalla casa paterna*) Pensa e ripensa, quanti pensieri ho suscitato nel mio petto e nel mio cuore, io, se mai ce l'ho ancora, il cuore; io ho riflettuto e a lungo discusso: l'uomo, quando viene al mondo, a che somiglia? A che cosa è simile? A che cosa può paragonarsi? Ecco, ho trovato la risposta. Penso che l'uomo sia, quando nasce, come una casa nuova.[12] E vi spiego perché. Forse a voi non sembrerà verisimile, ma io farò in modo di convincervi. Sicuramente riuscirò a dimostrarvi che quel che dico è vero. E voi, voi stessi, lo so, quando avrete ascoltato le mie parole, direte che le cose stanno così, e

[mea], haud aliter id dicetis.
Auscultate, argumenta dum dico ad hanc rem:
simul gnaruris vos volo esse hanc rem mecum.   100
Aedes quom extemplo sunt paratae, expolitae,
factae probe examussim,
laudant fabrum atque aedes probant, sibi quisque
                              inde exemplum expetunt,
sibi quisque similis volt suas, sumptum, operam
                              <parum> parcunt suam.
Atque ubi illo immigrat nequam homo, indiligens   105
cum pigra familia, inmundus, instrenuos,
hic iam aedibus vitium additur, bonae quom
                              curantur male;
atque illud saepe fit: tempestas venit,
confringit tegulas imbricesque: ibi
dominus indiligens reddere alias nevolt;   110
venit imber, lavit parietes, perpluont,
tigna putefacit, perdit operam fabri:
nequior factus iam est usus aedium.
Atque <ea> haud est fabri culpa, sed magna pars
morem hunc induxerunt: si quid nummo sarciri
                              potest, 115
usque mantant neque id faciunt donicum
parietes ruont: aédificantur aedes totae denuo.
Haec argumenta ego aedificiis dixi; nunc etiam volo
dicere uti hómines aedium esse similis arbitremini.
Primumdum parentes fabri liberum sunt: 120
i fundamentum supstruont liberorum;
extollunt, parant sedulo in firmitatem,
et ut <et> in usum boni et in speciem
poplo sint sibique, hau materiae reparcunt
nec sumptus ibi sumptui ducunt esse;   125
expoliunt: docent litteras, iura, leges,
sumptu suo et labore
nituntur ut alii sibi esse illorum similis expetant.
Ad legionem quom ita * * * adminiclum is danunt
tum iam, aliquem cognatum suom.   130
Eatenus abeunt a fabris. Unum ubi emeritum est

non diversamente. Ascoltate gli argomenti che vi espongo al riguardo perché voglio che ne siate informati quanto me.[13] La casa, non appena è pronta, tirata a lucido, fatta a regola d'arte, tutti a lodare l'architetto, ad esaltare la costruzione, ognuno se la prende a modello per la sua, non badano alle spese e alle fatiche. Ma poi, nella casa, ci va ad abitare un uomo dappoco, un fiaccone servito da pigroni, sporco e sfaticato; ed ecco che nella casa cominciano i guai, perché quel che è buono è mal tenuto. Capita spesso, anche, che arrivi la tempesta, la quale manda in briciole le tegole e gli embrici. Il padrone non li cambia, quel buono a nulla; arrivano rovesci di pioggia, infradiciano i muri, l'acqua si infiltra, fa marcire le travi, manda in malora l'opera dell'architetto. La conduzione della casa va di male in peggio e l'architetto non ne ha colpa, lui. Troppa gente segue questo andazzo, che se può farsi un lavoretto da due soldi, loro aspettano, loro, non muovono un dito, sinché i muri crollano. E allora la casa va rifatta di bel nuovo. Questi discorsi, io li ho fatti per la casa, ma ora voglio dirvi come e perché sono convinto che gli uomini sono come le case.[14] Punto primo: i genitori sono gli architetti dei figli. Gli danno le fondamenta, li fan crescere, curano che vengano su belli e robusti e non stanno a lesinare sui materiali purché nell'apparenza e nella sostanza siano buoni per sé e per la gente. Le spese che fanno, mica le considerano spese. Li educano, li indottrinano in lettere e leggi e diritto. Si dan da fare, spendendo e faticando perché nasca negli altri il desiderio di aver figli simili. Sotto le armi, poi, gli danno [...] come scorta e sostegno qualcuno di casa. Ed ecco che, a questo punto, cominciano a staccarsi dagli architetti, i figli. E, dopo appena

MOSTELLARIA · ACTUS I

> stipendium,
igitur tum specimen cernitur quo eveniat
> aedificatio.
Nam ego ad illud frugi usque et probus fui
in fabrorum potestate dum fui.
Postea quom immigravi ingenium in meum, 135
perdidi operam fabrorum ilico oppido.
Venit ignavia, ea mi tempestas fuit,
mihi advéntú suo grandinem imbrem[que] attulit;
haec verecundiam mi et virtutis modum
deturbavit detexitque a med ilico; 140
postilla optigere me neglegens fui.
Continuo pro imbre amor advenit †in cor meum†,
is usque in pectus permanavit, permadefecit cor
> meum.
Nunc simul res, fides, fama, virtus, decus
deseruerunt: ego sum in usu factus nimio nequior. 145
Atque edepol ita haec tigna umiditate putent: non
> videor mihi
sarcire posse aedis meas quin totae perpetuae ruant,
cum fundamento perierint nec quisquam esse
> auxilio queat.
Cor dolet quom scio ut nunc sum atque ut fui,
quo neque industrior de iuventute erat 150
* * * * arte gymnastica:
disco, hastis, pila, cursu, armis, equo
victitabam volup,
parsimonia et duritia discipulinae alieis eram,
optumi quique expetebant a me doctrinam sibi. 155
Nunc, postquam nihili sum, id vero meopte ingenio
> repperi.

PHILEMATIUM SCAPHA PHILOLACHES

Phi. Iam pridem ecastor frigida non lavi magi' lubenter
nec quom me melius, mea Scapha, rear esse
> deficatam.

un anno di servizio,[15] si scopre il primo indizio di ciò che sarà della casa.

Sinché io rimasi presso gli architetti, io mi dimostrai onesto e bravo; ma poi, non appena fui libero di seguire le mie inclinazioni, mandai in rovina tutte le loro fatiche. Venne l'ignavia, e per me fu come la tempesta, e, con l'arrivo suo, mi inondò di grandine e pioggia. Verecondia, virtù, se le portò via. Fatto e disfatto. E dopo, non mi curai di rimediare. E dopo, al posto della pioggia, si presentò l'amore, nel mio petto. E mentre ci restava, nel petto, alluvionò il mio cuore. E ora, tutti insieme, beni e fiducia, fama e virtù e decoro m'hanno piantato in asso. In realtà sono diventato un buono a nulla. Per Polluce, queste travi trasudano, puzzano di marcio.[16] No, non credo che la mia casa possa venir riparata, non credo che si possa salvarla dal crollo totale. Quando le fondamenta non reggono più, non c'è nessuno che possa darti aiuto. Mi fa male il cuore al pensiero di quel che sono e di quel che ero, quando nella ginnastica, [...] tra i giovani, nessuno era più svelto di me. Disco, asta, palla, corsa ed armi, equitazione, riempivano la mia vita, l'appagavano. Per frugalità e resistenza ero di esempio agli altri. Anche i migliori mi prendevano come modello di vita. E ora, ora che son diventato uno straccio, a chi lo debbo? Solo alla mia testaccia.

FILEMAZIO SCAFA FILOLACHETE

File. Per Castore, mai l'avevo fatto un bagno freddo così delizioso. Scafa mia, non mi sono mai sentita così lustra.

Sc. Eventus rebus omnibus, velut horno messis magna fuit.
Phi. Quíd ea messis attinet ad meam lavationem? 160
Sc. Nihilo plus quam lavatio tua ad messim.
Ph. O Venu' venusta,
haec illa est tempestas mea, mihi quae modestiam omnem
detexit, tectus qua fui, quom mihi Amor et Cupido
in pectus perpluit meum, neque iam umquam optigere possum:
madent iam in corde parietes, periere haec oppido aedes. 165
Phi. Contempla, amabo, mea Scapha, satin haec me vestis deceat.
Volo mé placere Philolachi, meo ocello, meo patrono.
Sc. Quin tu te exornas moribus lepidis, quom lepida tute es?
Non vestem amatores amant mulieri', sed vestis fartim.
Ph. Ita me di ament, lepidast Scaphá, sapit scelesta multum. 170
Ut lepide res omnis tenet sententiasque amantum!
Phi. Quid nunc?
Sc. Quid est?
Phi. Quin me aspice et contempla ut haec me deceat.
Sc. Virtute formai [id] evenit te ut deceat quidquid habeas.
Ph. Ergo ob istoc verbum te, Scaphá, donabo ego hodie – áliqui
neque patiar te istanc gratiis laudasse, quae placet mi. 175
Phi. Nolo ego te adsentari mihi.
Sc. Nimi' tuquidem stulta es mulier.
Eho, mavis vituperarier falso quam vero extolli?
Equidem pol vel falso tamen laudari multo malo
quam vero culpari aut meam speciem alios inridere. 180
Phi. Ego verum amo, verum volo dici mi: mendacem odi.

Sc. Tutto ti gira bene, come il raccolto di quest'anno che è abbondante.
File. Che c'entra il raccolto col mio bagno?
Sc. Non più che il tuo bagno col raccolto.
Filo. Venere bellissima! È qui la tempesta che mi ha strappato dall'assennatezza sotto cui mi riparavo.[17] Cupido e Amore, allora, sono piovuti nel mio petto e ormai per me non c'è più rimedio. Nel mio cuore le pareti sono marce, la casa va tutta in rovina.
File. Scafa mia, per piacere: guarda se mi sta bene questa veste. Voglio piacergli, a Filolachete, che è la luce dei miei occhi, il mio patrono.[18]
Sc. Ma che stai ad agghindarti? Sei bella, tu, hai modi graziosi. Gli amanti mica amano la veste, ma quello che c'è sotto.
Filo. Che gli dèi mi aiutino quant'è vero che Scafa ci sa fare. Ne sa di cose questa furbastra. E come li conosce i gusti e gli usi degli innamorati!
File. E allora?
Sc. Allora che?
File. Guardami, no?, e dimmi se mi sta bene.
Sc. Mettiti quel che ti pare, ti sta bene tutto, bella come sei.
Filo. Ben detto, Scafa, e perciò oggi ti farò un regalo. Mica posso permettere che tu me la lodi, la ragazza che mi piace, senza buscarti un premio.
File. Non voglio che tu mi lisci.
Sc. Che sciocca sei! Ma che cosa preferisci? Esser criticata con bugie o esser lodata secondo verità? Accidenti, io, per me, preferisco che mi diano lodi bugiarde piuttosto che critiche sincere, o che gli altri deridano il mio aspetto.
File. Io amo la sincerità. Voglio che mi si dica la verità. I bugiardi, io non li sopporto.

Sc. Ita tu me ames, ita Philolaches tuo' té amet, ut
                                             venusta es.
Ph. Quid ais, scelesta? Quo modo adiurasti? Ita ego
                                             istam amarem?
Quid istaéc me, id qur non additum est? Infecta
                                             dona facio.
Periisti: quod promiseram tibi dono perdidisti.   185
Sc. Equidem pol miror tam catam, tam doctam te et
                                             bene edúctam
nunc stultam stulte facere.
Phi.   Quin mone quaéso, si quid erro.
Sc. Tu ecastor erras quae quidem illum expectes unum
                                             atque illi
morem praecipue sic geras atque alios asperneris.
Matronae, non meretricium est unum inservire
                                             amantem.   190
Ph. Pro Iuppiter! Nam quod malum vorsatur meae
                                             domi illud?
Di deaeque omnes me pessumis exemplis
                                             interficiant,
nisi ego illam anum interfecero siti fameque atque
                                             algu.
Phi. Nolo ego mihi male te, Scaphá, praecipere.
Sc.   Stulta es plane
quae illum tibi aeternum putes fore amicum et
                                             benevolentem.   195
Moneo ego te: te ille deseret aetate et satietate.
Phi. Non spero.
Sc. Insperata accidunt magi' saepe quam quae speres.
Postremo, si dictis nequis perduci ut vera haec
                                             credas
mea dicta, ex factis nosce rem. Vides quaé sim et
                                             quae fui ante.
Nihilo ego quam nunc tu * * * * * * * * *   200
* * * * * * amata sum; atque uni modo gessi morem:
qui pol me, ubi aetate hoc caput colorem
                                             commutavit,
reliquit deseruitque me. Tibi idem futurum credo.

Sc. Che tu mi voglia bene, che il tuo Filolachete ti voglia bene quanto sei bella.

Filo. Ma cosa stai dicendo, manigolda? Che razza di voto è questo? Che io voglia bene alla ragazza? E perché non hai aggiunto che lei voglia bene a me? No, il regalo non te lo faccio. Sei morta. Te lo sogni il regalo che t'avevo promesso.

Sc. Mi meraviglio, io, che tu, dritta come sei, esperta e più che esperta, adesso ti metta a far la stupida così stupidamente.

File. Se sbaglio, correggimi, te ne prego.

Sc. Sbagli, per Castore! Perché tu pensi solo a lui, per lui solo sei così compiacente, e tutti gli altri li disprezzi. Un solo amore? Roba da gentildonne, non da meretrici.

Filo. Perdio! Che razza di mostro si è infilato in casa mia? Che tutti gli dèi e le dee mi faccian morire di mala morte se io non la faccio crepare, la vecchia, di fame e di sete e di freddo.

File. No, Scafa, non voglio che tu mi dia dei brutti consigli.

Sc. Sei proprio stupida se credi che lui ti sarà amico ed amante per tutta la vita. Io ti avviso: quando sarai vecchia e lui sarà sazio, ti pianterà.[19]

File. Credo di no.

Sc. Le cose, quelle che non credi, succedon più spesso di quelle che ti aspetti. In fin dei conti, se dubiti delle mie parole, se ritieni che non siano sincere, stattene alla realtà. Vedi come sono ridotta. E com'ero una volta! No, non ero amata [...] meno di te, che oggi lo sei, e anch'io ne tenevo uno, uno solo, il quale poi, quando gli anni mi sbiancarono i capelli, se ne andò piantandomi in asso. Capiterà anche a te, sono convinta.

MOSTELLARIA · ACTUS I

Ph. Vix comprimor quin involem illi in oculos
                                                stimulatrici.
Phi. Solam ille me soli sibi suo <súmptu> liberavit:
illi me soli censeo esse oportere opsequentem.   205
Ph. Pro di inmortales, mulierem lepidam et pudico
                                                ingenio!
Bene hercle factum et gaudeo mihi nihil esse huiius
                                                caussa.
Sc. Inscita ecastor tu quidem es.
Phi.   Quapropter?
Sc.   Quae istuc <cures>,
ut te ille amet.
Phi.   Qur opsecro non curem?
Sc.   Libera es iam.
Tu iam quod quaerebas habes: ill' te nisi amabit
                                                 ultro, 210
id pro capité tuo quod dedit perdiderit tantum
                                                argenti.
Ph. Perii hercle, ni ego illam pessumis exemplis
                                                enicasso!
Illa hanc corrumpit mulierem malesuada †vitilena†.
Phi. Numquam ego illi possum gratiam referre ut
                                                meritust de me.
Scapha, id tu mihi ne suadeas ut illúm minoris
                                                pendam. 215
Sc. At hoc únum facito cogites: si illum inservibis
                                                solum
dum tibist nunc haec aetatula, in senecta male
                                                querere.
Ph. In anginam ego nunc me velim vorti, ut veneficae
                                                  illi
fauces prehendam atque enicem scelestam
                                                stimulatricem.
Phi. Eundem ánimum oportet nunc mihi esse gratum,
                                                ut impetravi, 220
atque olim, priu' quam id extudi, quom illi
                                                subblandiebar.
Ph. Di<vi> me faciant quod volunt, ni ob istam

252

Filo. Che fatica trattenermi! Razza di mettimale, vorrei saltarle agli occhi.

File. A sue spese mi ha liberato, me sola per lui solo. E io penso di dover obbedienza solo a lui.

Filo. Per gli dèi immortali, che donna amabile, che animo pudico! Per Ercole, certo che ho fatto bene se mi sono rovinato per lei.

Sc. Per Castore, tu non capisci niente.

File. Perché?

Sc. Perché ti dai da fare per essere amata da lui.

File. Perché non dovrei? Ti prego!

Sc. Sei libera, ormai. Ciò che volevi l'hai avuto. Quello, se non ti amerà più, ci rimetterà i soldi che ha speso per liberarti.

Filo. Sono morto! Per Ercole, se non l'accoppo, quella, nella maniera più atroce... Mi corrompe la donna, lei, quella mezzana, linguaccia di impicciona.

File. Non gli sarò mai grata abbastanza, per quel che ha fatto per me. Scafa, non cercare di persuadermi a tenerlo in minor conto.

Sc. Quanto meno rifletti su una cosa: se ti tieni per lui solo, adesso che sei negli anni belli, da vecchia te ne pentirai, e sin troppo.

Filo. Io ora vorrei diventare un'angina per stringerla per il collo e farla crepare, quella maledetta consigliera.[20]

File. Io debbo essergli grata con tutto il cuore, ora che ho ottenuto quel che chiedevo, così come una volta, prima di ottenerlo, gli facevo le moine.

Filo. Facciano di me quel che vogliono, gli dèi, se per queste

MOSTELLARIA · ACTUS I

                                                 orationem
te liberasso denuó et ni Scapham enicasso.
Sc. Si tibi sat acceptum est fore tibi victum
                                    sempiternum
atque illum amatorem tibi proprium futurum in
                                           vita, 225
soli gerundum censeo morem et capiundas crinis.
Phi. Ut fama est homini, exin solet pecuniam invenire.
Ego si bonam famam mihi servasso, sat ero dives.
Ph. Siquidem hercle vendundust pater, venibit multo
                                       potius
quam te me vivo umquam sinám egere aut
                                      mendicare. 230
Sc. Quid illís futurum est ceteris qui té amant?
Phi.   Magis amabunt,
quom <me> videbunt gratiam referre <bene
                                       mere>nti.
Ph. Utinam meus nunc mortuos pater ad me nuntietur,
ut ego exheredem me meis bonis fáciam atque haec
                                      sit heres. 235
Sc. Iam ista quidem apsumpta res erit: dies nóctesque
                                  estur, bibitur,
neque quisquam parsimoniám adhibet: sagina plane
                                              est.
Ph. In té hercle certumst principi ut sim parcus experiri,
nam neque edes quicquam neque bibes apud mé his
                                    decem diebus.
Phi. Si quid tu in illum bene voles loqui, id loqui licebit:
nec recte si illi dixeris, iam ecastor vapulabis.   240
Ph. Edepol si summo Iovi bo<nó> argento
                                  sacruficassem,
pro illius capite quod dedi, numquam aeque id
                                  bene locassem.
Videas eam medullitus me amare. Oh! Probus
                                  homo sum:
quae pro me caussam diceret, patronum liberavi.
Sc. Video enim te nihili pendere prae Philolache omnis
                                  homines. 245

	tue parole io non ti libero un'altra volta e non accoppo Scafa!
Sc.	Se proprio sei convinta che lui ti manterrà in eterno, e che sarà tuo per tutta la vita, bene, pensa che dovrai dedicarti a lui solo... e annodarti i capelli e fatti sposare.[21]
File.	Il denaro, l'uomo se lo procura grazie alla sua reputazione; io, se conserverò il mio buon nome, sarò ricca quanto basta.
Filo.	Dovessi vendere mio padre... Perdio, lo venderei davvero piuttosto che lasciarti nelle ristrettezze, a mendicare, mentre resto in vita.
Sc.	E gli altri che ti fan la corte? Che ne sarà di loro?
File.	Mi vorranno ancor più bene quando vedranno che io sono grata verso chi se lo merita.
Filo.	Ah se mi annunciassero che mio padre ha tirato le cuoia! Come vorrei diseredarmi per farla erede di tutto!
Sc.	Qui la pecunia presto sarà finita: giorno e notte si mangia, si beve, nessuno risparmia, siamo quasi all'ingrasso.
Filo.	Comincerò da te a risparmiare, per Ercole! Per dieci giorni filati, tu, a casa mia, starai senza mangiare e senza bere.
File.	Vuoi dire qualcosa di bello su di lui? Parla pure. Ma se non ne parli bene, tu le buscherai.
Filo.	Perdio! Avessi speso in sacrifici a Giove ciò che ho speso per liberarla, non avrei impiegato meglio il mio denaro. Oh come mi ama dal profondo del cuore! Sono in gamba, io: ho liberato un avvocato pronto a difendere la mia causa.
Sc.	Capisco bene che te ne infischi di tutti, tolto Filolache-

Nunc, ne eius caussa vapulem, tibi potius
                                                  adsentabor,
si acceptum sat habes, tibi fore illum amicum
                                                  sempiternum.
Phi. Cedo mi speculum et cum ornamentis arculam
                                                  actutum, Scapha,
ornata ut sim, quom huc adveniat Philolaches
                                                  voluptas mea.
Sc. Mulier quae se suamque aetatem spernit, speculo ei
                                                  usus est: 250
quid opust speculo tibi quae tute speculo speculum
                                                  es maxumum?
Ph. Ob istuc verbum, ne nequiquam, Scapha, tam
                                                  lepide dixeris,
dabo aliquid hodie peculi – tibi, Philematium mea.
Phi. Suo quique loco viden capillum sati' compositumst
                                                  commode?
Sc. Ubi tu commoda es, capillum commodum esse
                                                  credito. 255
Ph. Vah! Quid illá pote peius quicquam mulieri
                                                  memorarier?
Nunc adsentatrix scelesta est, dudum advorsatrix
                                                  erat.
Phi. Cedo cerussam.
Sc.   Quid cerussa opust nám?
Phi.   Qui malas oblinam.
Sc. Una operá | ebur atramento candefacere postules.
Ph. Lepide dictum de atramento atque ebore. Eugae!
                                                  Plaudo Scaphae. 260
Phi. Tum tu igitur cedo purpurissum.
Sc.   Non do. Scita es tu quidem.
Nova pictura interpolare vis opus lepidissumum?
Non istanc aetatem oportet pigmentum ullum
                                                  attingere,
neque cerussam neque Melinum neque aliam ullam
                                                  offuciam.
Phi. Cape igitur speculum.
Ph.   Ei mihi misero! Savium speculo dedit. 265

te. E allora, per non buscarle per causa sua, io ti voglio assecondare, se proprio ti sei convinta di aver trovato in lui l'uomo di tutta la tua vita.

File. E adesso, Scafa, passami lo specchio, subito, e lo scrigno dei gioielli. Voglio essere elegante quando verrà Filolachete, la gioia mia.

Sc. Lo specchio serve alla donna che di sé, della sua età, non si fida. Ma tu che bisogno ne hai? Sei tu lo specchio più bello di te stessa.

Filo. Queste parole, che sono così belle, non le hai dette invano, Scafa. Oggi stesso sborserò qualcosa... a te, adorata Filemazio.

File. Tu, guardami. Sono a posto i miei capelli? Sono aggiustati bene?

Sc. Stattene sicura: se sei a posto tu, anche i tuoi capelli sono a posto.

Filo. Ma dove la trovo, io, dove la trovo una donna peggiore di quella? Ora la lisci, neh, razza di briccona, ma prima le davi contro.

File. La cipria, prego.
Sc. La cipria? Che bisogno ne hai?
File. Per schiarirmi le gote.
Sc. Padrona mia, è fatica sprecata. Vuoi sbiancare l'avorio con l'inchiostro.
Filo. L'avorio e l'inchiostro, è detto bene. E brava Scafa!
File. Allora il rossetto, per favore.[22]
Sc. Macché rossetto. Che bella pensata hai avuto. Vuoi coprire con nuovi colori un'opera che è già perfetta? All'età tua non c'è bisogno di ricorrere ai cosmetici, alla cipria, agli unguenti e simili trucchi.
File. Dammi almeno lo specchio.
Filo. O povero me! Un bacio gli ha dato, allo specchio. Vor-

MOSTELLARIA · ACTUS I

      Nimi' velim lapidem qui ego illi speculo
                              dimminuam caput.
Sc.   Linteum cape atque exterge tibi manus.
Phi.   Quid ita, opsecro?
Sc.   Ut speculum tenuisti, metuo né olant argentum
                                     manus:
ne usquam argentum te accepisse suspicetur
                                  Philolaches.
Ph.   Non videor vidisse lenam callidiorem ullam alteras.   270
      Ut lepide atque astute in mentem venit de speculo
                                         malae!
Phi.   Etiamne unguentis unguendam censes?
Sc.   Minime feceris.
Phi.   Quapropter?
Sc.   Quia ecástor mulier recte olet ubi nihil olet.
Nam istae veteres, quae se unguentis unctitant,
                                       interpoles,
vetulae, edentulae, quae vitia corporis fuco
                                       occulunt,   275
ubi sese sudor cum unguentis consociavit, ilico
itidem olent quasi quom una multa iura confudit
                                         coquos.
Quid olant nescias, nisi id unum út male olere
                                       intellegas.
Ph.   Ut perdocte cuncta callet! Nihil hac docta doctius.
      Verum illuc est: maxuma adeo pars vostrorum
                                     intellegit,   280
quibus anus domi súnt uxores, quae vos dote
                                       meruerunt.
Phi.   Agedum contempla aurum et pallam, satin haec
                     <me> deceat, Scapha.
Sc.   Non me istuc curare oportet.
Phi.   Quém opsecro igitur?
Sc.   Eloquar:
Philolachem, is ne quid emat, nisi quod tibi placere
                                       censeat.   285
Nám amator meretricis mores sibi emit auro et
                                         purpura.

rei avere un sasso per rompergli la testa, a quello specchio.
Sc. Prenditi questo panno e pulisciti le mani.
File. E perché, di grazia?
Sc. Hai tenuto in mano lo specchio, no?, e io ho paura che le tue mani sappiano d'argento. Che a Filolachete non gli venga il dubbio che tu abbia accettato dell'argento.
Filo. No, non credo di averla mai veduta una ruffiana così furba. Guarda che idea carina e astuta le è venuta per lo specchio, a quell'imbrogliona!
File. E non pensi anche che mi debba spruzzare del profumo?
Sc. Ma niente affatto.
File. E perché no?
Sc. Per Castore, la donna ha buon profumo quando non sa di alcun profumo. Eh sì, le vecchiacce, che si spalmano di unguenti, quelle rimesse a nuovo, cadenti e sdentate, che nascondono coi belletti le magagne della persona, quelle lì, quando il sudore si mischia alle pomate, puzzano come le salse che il cuoco rimescola in cucina. Non sai di cosa puzzino, ma di sicuro lo senti, che puzzano.
Filo. Come se ne intende! Non ce n'è una più esperta. Dice proprio la verità e voi del pubblico – voi, la maggior parte – voi lo sapete bene, già che ci avete a casa quelle vecchiacce di mogli che vi hanno comprato a suon di dote.[23]
File. Presto, Scafa! Guarda se mi stanno bene questi gioielli d'oro e il mantello.
Sc. Di questo non mi debbo interessare.
File. E chi allora? Ti prego.
Sc. Te lo dico subito: Filolachete. Lui non deve comprarti nulla, se non quello che pensa che ti piaccia. Chi s'innamora d'una meretrice, se ne compra l'amore con l'oro e

Quid opust, quod suom esse nolit, ei ultro
                                        ostentarier?
Purpura aetati occultandaest, aurum turpi mulieri.
Pulchra mulier nuda erit quam purpurata pulchrior:
poste nequiquam exornata est bene, si morata est
                                                male. 290
Pulchrum ornatum turpes mores peius caeno
                                        conlinunt.
Nam si pulchra est nimis ornata est.
Ph.   Nimi' diu apstineo manum.
Quid hic vos diu agitis?
Phi.   Tibi me exorno ut placeam.
Ph.   Ornata es satis.
Abi tu hinc intro atque ornamenta haec aufer. Sed,
                                        voluptas mea,
mea Philematium, potare tecum conlibitum est mihi. 295
Phi. Et edepol mihi tecum, nam quod tibi lubet idem
                                            míhi lubet,
mea voluptas.
Ph.   Ém istuc verbum vile est viginti minis.
Phi. Cedo, amabo, decem: bene emptum tibi dare hoc
                                        verbum volo.
Ph. Etiam nunc decem minae apud te sunt; vel
                                        rationem puta.
Triginta minas pro capite tuo dedi.
Phi.   Qur exprobras? 300
Ph. Egone id exprobrem, qui mihimet cupio id
                                        opprobrarier?
Nec quicquam argenti locavi iam diu usquam aeque
                                                bene.
Phi. Certe ego, quod te amo, operam nusquam melius
                                        potui ponere.
Ph. Bene igitur ratio accepti atque expensi inter nos
                                        convenit:
tu me amas, ego té amo; merito id fieri uterque
                                        existumat. 305
Haec qui gaudent, gaudeant perpetuo suo semper
                                            bono;

la porpora. Che bisogno c'è di mettere in mostra quel che non gli interessa? Con la porpora si nascondono gli anni, con l'oro la bruttezza. Una bella donna sarà sempre più bella nuda che ricoperta di porpora. E poi non conta nulla l'essere elegante, se la donna è sgraziata. Modi villani rovinano una bella veste più del fango. Se una è bella, è già sin troppo elegante.

Filo. Troppo a lungo son rimasto fuori del gioco. (*Alle due donne, forte*) E voi, che cosa fate qui?

File. Mi sto facendo bella per piacerti.

Filo. Bella lo sei, e quanto. (*A Scafa*) Tu fila dentro casa e porta via questi ornamenti. Ma tu, Filemazio, mia gioia, mi è venuta una gran voglia di bere in tua compagnia.

File. E pure a me, insieme con te. Ciò che ti piace, piace pure a me, mia gioia.

Filo. Ah! Per questa parola venti mine son poche.

File. No, ti prego: dammene solo dieci. Quella parola, te la voglio cedere a buon prezzo.

Filo. Ora sono in credito con te di dieci mine. Fa' pure il calcolo: ne ho speso trenta per riscattarti.

File. Forse me lo rinfacci?

Filo. Rinfacciartelo? Qualcuno dovrebbe rinfacciarlo a me, perché non mi era mai successo di fare un così buon investimento.

File. E io? Dato che ti amo, non avrei mai potuto impiegar meglio le mie attenzioni.

Filo. E allora, tra noi due, il conto del dare e dell'avere è perfetto. Mi ami, ti amo. Entrambi siamo sicuri che tutto vada bene. Chi ne gode, goda in eterno il bene suo. Se

MOSTELLARIA · ACTUS I

       qui invident, ne umquam eorum quisquam invideat
                                        prosus commodis.
Phi. Age accumbe igitur. Cedo aquam manibus, puere,
                                        appone hic mensulam.
     Vide tali ubi sint. Vin unguenta?
Ph.   Quid opust? Cum stacta accubo.
     Sed estne hic meu' sodalis qui huc incedit cúm
                                          amica sua? 310
     Is est, Callidamates cum amica incedit. Eugae!
                                          Oculus meus,
     conveniunt manuplares eccos: praedam participes
                                                 petunt.

CALLIDAMATES DELPHIUM PHILOLACHES PHILEMATIUM

Ca. Advorsum veniri mihi ad Philolachem
     volo temperi. Audi, em tibi imperatum est.
     Nam illi ubi fui, inde ecfugi foras,   315
     ita me ibi male convivi sermonisque taesumst.
     Nunc comissatum ibó ad Philolachetem,
     ubi nos hilari ingenio et lepide accipie<n>t.
     Ecquid tibi videor mamma-madere?
De. Semper istoc modo.   320
     Moratus †vite† debebas.
Ca. Visne ego te ac tu me amplectare?
De. Si tibi cordi est face[re], licet.
Ca.   Lepida es.
     Duce me amabo.
De.   Cave [ne] cadas, asta.
Ca. O – o – ocellu's meus;   325
     tuos sum alumnus, mel meum.
De. Cave modo ne prius in via accumbas
     quam illi, ubi lectust stratu', coimus.
Ca. Sine, siné cadere me.
De. Sino.
Ca.   Sed et hoc quod mihi ín manus est.
De. Si cades, non cades quin cadam tecum.

qualcuno nutre invidia, che nessuno debba mai invidiarlo per qualcosa che gli va dritto.
File. Presto, mettiti a tavola. Tu, ragazzo, per favore, porta l'acqua per le mani, sistema qui un tavolino.[24] I dadi, guarda dove sono. (*A Filolachete*) Vuoi del profumo?
Filo. A che serve? Sto giacendo vicino al profumo. Ma quello là, quello che arriva con la sua ragazza, non è il mio amico? Ma sì, è Callidamate che arriva con la sua bella. Evviva! Luce dei miei occhi, eccoli che arrivano, i nostri commilitoni: vogliono la loro parte della preda.[25]

CALLIDAMATE DELFIO FILOLACHETE FILEMAZIO

Ca. (*ai suoi servi*) Voglio che veniate a riprendermi da Filolachete, e subito. Ascolta, tu: è un ordine...[26] Ho tagliato la corda, io, là dov'ero, perché mi scocciavo della cena e delle chiacchiere. Ora me ne vado da Filolachete a far baldoria. Là ci accoglieranno felici e contenti. Ecché ti sembra, a te, che io sia sbr... sbr... sbronzo?[27]
De. Sempre uguale, tu. Con l'abitudine che ti ritrovi, dovevi...
Ca. Vuoi che io abbracci te, che tu abbracci me?
De. Se ti va di farlo, fallo.
Ca. Sei carina. Guidami, per favore.
De. Bada di non cadere. Dritto!
Ca. Lu... lu... luce dei miei occhi, io sono il bimbo tuo, tu sei il mio miele.
De. Attento a non sdraiarti sulla strada, prima che arriviamo al triclinio che ci aspetta.
Ca. Lasciami, lasciami cadere.
De. E casca.
Ca. Casco anche con ciò che tengo stretto.
De. Se cadi, non cadi ch'io non cada.

Ca. Iacentis tollet postea nos ambos aliquis. 330
De. Madet homo.
Ca.   Tun me ais mamma-madere?
De. Cedo manum, nolo equidem te adfligi.
Ca. Em tene.
De.   Age, i simul.
Ca.   Quo ego eam?
<*De.*>   An <ne>scis?
Ca. Scio, in mentem venit modo: nemp' domum eo 335
                                             comissatum.
De. Immo, istuc quidem.
Ca.   Iam memini.
Ph. Num non vis me obviam his ire, anime mi?
    Illi ego ex omnibús optume volo.
    Iam revortar.
Phi.   Diu ést «iam» íd mihi.
Ca. Ecquis hic est?
Ph.   Adest.
Ca.   Eu, Philolaches,
    salve, amicissume mi omnium hominum. 340
Ph. Di te ament. Accuba, Callidamates.
    Unde agis te?
Ca.   Unde homó ebriu' probe.
Phi. Quin amabo accubas, Delphium mea?
    Da illi quod bibat.
Ca.   Dormiam ego iam.
Ph. Num mirum aut novom quippiam facit? 345
De. Quid ego <ist>oc faciam postea?
Phi.   Mea, sic sine eumpse.
    Age tu interim da ab Delphio cito cantharum
                                               circum.

Ca. Ma poi qualcuno ci tira su da terra.
De. È sbronzo, l'uomo.
Ca. Che dici? Sbr... sbr... sbronzo io?
De. Dammi la mano. Non voglio mica che tu vada a sbattere.
Ca. Ecco, tieni.
De. Forza, vieni con me.
Ca. Dove debbo andare?
De. E non lo sai?
Ca. Lo so. Mi è venuto in mente: vado a far baldoria.
De. Ma è proprio qui.
Ca. Adesso sì che mi ricordo.
Filo. (*a Filemazio*) Anima mia, se non ti spiace io gli vado incontro. È lui che preferisco tra tutti gli amici. E ritorno subito.
File. Subito è già tardi, per me.
Ca. Ehi, c'è qualcuno qui?
Filo. C'è.
Ca. Ehi, tu, Filolachete! Salute al più amico fra tutti gli uomini.
Filo. Che gli dèi ti proteggano, Callidamate. Mettiti a tavola.[28] Da dove sbuchi?
Ca. Proprio da dove sbuca un uomo sbronzo.
File. Delfio, cara, perché non vieni a tavola? (*A un servo*) Dalle qualcosa da bere.
Ca. Io mi faccio una dormitina.
Filo. Ecché fa qualcosa di strano, qualcosa di diverso dal solito?
De. (*A Filemazio*) Ma poi, cara, che cosa debbo fare?
File. Tu lascialo così. (*A un servo*) Su, svelto, a cominciare da Delfio fa passare in giro il boccale.

ACTUS II

TRANIO PHILOLACHES CALLIDAMATES DELPHIUM
PHILEMATIUM SPHAERIO

Tr. Iuppiter supremus summis opibus atque industriis
 me periisse et Philolachetem cupit erilem filium.
 Occidit spes nostra, nusquam stabulum est
  confidentiae, 350
 nec Salus nobis saluti iam esse, si cupiat, potest:
 ita mali, maeroris montem maxumum ad portum
  modo
 conspicatus sum: erus advenit peregre, periit
  Tranio.
 Ecquis homo est qui facere argenti cupiat
  aliquantum lucri,
 quí hodie sese excruciari meam vicem possit pati? 355
 Ubi sunt isti plagipatidae, ferritribaces viri,
 vel isti qui hosticas trium númmum caussa subeunt
  sub falas,
 ubi †aliqui quique† denis hastis corpus transfigi
  solet?
 Ego dabo ei talentum primus qui in crucem
  excucurrerit;
 sed ea lege ut offigantur bis pedes, bis bracchia. 360
 Ubi id erit factum, a me argentum petito
  praesentarium.
 Sed ego – sumne infelix qui non curro curriculo
  domum?
Ph. <Adest>, adest opsonium. Eccum Tranio a portu
  redit.
Tr. Philolaches.

ATTO II

TRANIONE FILOLACHETE CALLIDAMATE DELFIO
FILEMAZIO SFERIONE

Tr. (*giungendo dal porto, con aria allarmata*) Il sommo Giove lo vuole a tutti i costi che io sia perduto, e così il mio giovin signore Filolachete. La speranza è morta, per noi. Per noi non c'è più scampo. Manco la Salute in persona, se pure lo volesse, potrebbe salvarci. Al porto, poco fa, che ho veduto? Un grandissimo monte di malanni. È ritornato dall'estero il padrone, e Tranione è liquidato. C'è qualcuno, qui, che voglia guadagnarsi un bel po' di soldi facendosi mettere alla tortura al posto mio? Dove, dove sono i buscalegnate, gli scassacatene? Dove sono quelli che per tre soldi si fan sotto alle torri dei nemici, là dove qualcuno finisce trapassato da cinque o dieci colpi di lancia? Gli darò un miliardo, io, al primo che sia disposto a salire sulla croce, ad una condizione: che venga inchiodato due volte ai piedi, due volte alle braccia. Quando sarà sistemato così, potrà chiedermi il pagamento a pronta cassa. Ma io, io, sono o non sono un disgraziato, io che non sto galoppando verso casa?[29]
Filo. Arriva, arriva la spesa! C'è Tranione che fa ritorno dal porto.
Tr. Filolachete!

MOSTELLARIA · ACTUS II

Ph.   Quid est?
Tr.   <Et> ego et tu –
Ph.   Quid et ego et tu?
Tr.   Periimus.
Ph. Quid ita?
Tr.   Pater adest.
Ph.   Quid ego ex te aúdio?
Tr.   Apsumpti sumus. 365
Pater inquam tuo' venit.
Ph.   Ubi is est, opsecró?
Tr.   <Ubi is est?> Adest.
Ph. Quis id ait? Quis vidit?
Tr.   Egomet inquam vidi.
Ph.   Vae mihi!
Quid ego ago?
Tr.   Nam quid tu, malum, me rogitas quid
                                     agas? Accubas.
Ph. Tutin vidisti?
Tr.   Egomet inquam.
Ph.   Certe?
Tr.   <Certe> inquam.
Ph.   Occidi,
si tu vera memoras.
Tr.   Quid mihi sit boni, si mentiar? 370
Ph. Quid ego nunc faciam?
Tr.   Iube haec hinc omnia amolirier.
Quis istic dormit?
Ph.   Callidamates. Suscita istum, Delphium.
De. Callidamates, Callidamates, vigila!
Ca.   Vigilo, cedo [ut] bibam.
De. Vigila. Pater advenit peregre Philolache<i>.
Ca.   Valeat pater.
Ph. Valet illequidem atque <ego> disperii
Ca.   Bis periisti? Qui potest? 375
Ph. Quaeso edepol, exsurge; pater advenit.
Ca.   Tuo' venit pater?
Iube abíre rusum. Quid illi reditio | etiam huc fuit?
Ph. Quid ego agam? Pater iam híc me offendet

Filo. Che c'è?
Tr. C'è che io e tu...
Filo. Io e tu che cosa?
Tr. Siamo morti.
Filo. E perché?
Tr. Tuo padre è qui.
Filo. Ehi, tu, che cosa mi tocca di ascoltare?
Tr. Siamo in trappola. Te l'ho detto: tuo padre è ritornato.
Filo. Ma che dici! Chi l'ha visto?
Tr. Io, ti dico.
Filo. Guai a me! E adesso, io, che faccio?
Tr. Accidenti, mi chiedi che cosa stai facendo? Te ne stai lì a tavola.
Filo. Tu, proprio tu, l'hai visto?
Tr. Io, ti ripeto.
Filo. Sicuro?
Tr. Sicuro, ti dico.
Filo. Sono morto, se dici la verità.
Tr. Che ci guadagnerei a mentire?
Filo. E io, adesso, che faccio?
Tr. Tu comanda. Comanda che qui sgombrino tutto... E quello là che dorme, chi è?
Filo. È Callidamate. Tu, Delfio, sveglialo.
De. Callidamate, Callidamate, sveglia!
Ca. Sono sveglio io. Su, dammi da bere.
De. Sveglia! Dall'estero è ritornato il padre di Filolachete.
Ca. Benvenuto al padre.
Filo. Lui sta bene, sta, io sono morto e stramorto.
Ca. Due volte morto? E come è possibile?[30]
Filo. Alzati, te ne prego. Su, sta arrivando mio padre.
Ca. Tuo padre è arrivato? Tu digli che riparta. Ma perché mai è ritornato?
Filo. Mo' che faccio? Mio padre è qui che arriva, mi troverà

miserum adveniens ebrium,
aedis plenas convivarum et mulierum. Miserum est opus
igitur demum fodere puteum, úbi sitis faucis tenet; 380
sicut ego adventu patris nunc quaero quid faciam miser.

Tr. Ecce<re> autem hic deposivit caput et dormit. Suscita.
Ph. Etiam vigilas? Pater, inquam, aderit iam hic meus.
Ca. Ain tu, pater?
Cedo soleas mi, ut arma capiam. Iam pol ego occidam patrem.
Ph. Perdis rem.
De. Tace, amabo.
Ph. Abripite hunc intro actutum inter manus. 385
Ca. Iam hercle ego vos pro matula habebo, nisi mihi matulam datis.
Ph. Perii!
Tr. Habe bonum animum: ego istum lepide medicabo metum.
Ph. Nullus sum!
Tr. Taceas: ego quí istaec sedem meditabor tibi.
Satin habes si ego advenientem íta patrem faciam tuom,
non modo ne intro eat, verum etiam ut fugiat longe ab aedibus? 390
Vos modo hinc abite intro atque haec hinc propere amolimini.
Ph. Ubi ego eró?
Tr. Ubi maxume esse vis: cum hác, cum istac eris.
De. Quid si igitur abeamus hinc nos?
Tr. Non hoc longe, Delphium.
Nam intus potate hau tantillo hác quidem caussa minus.
Ph. Ei mihi! Quóm istaec blanda dicta quó eveniánt madeo metu. 395
Tr. Potin animo ut sies quieto et facias quod iubeo?
Ph. Potest.

ubriaco, la casa piena di gaudenti e di ragazze... È inutile mettersi a scavare un pozzo mentre la gola ti brucia già dalla sete.[31] E così io, qui, adesso, col padre che sta arrivando, mi chiedo, povero me, che cosa fare.
Tr. E questo invece ha reclinato il capo e se la dorme. Svegliralo!
Filo. Ti svegli? Te l'ho detto, mio padre tra poco sarà qui.
Ca. Tuo padre, dici? presto, a me i sandali, che io impugni la spada![32] per Polluce, lo faccio fuori io, tuo padre.
Filo. Tu mi vuoi rovinare tutto.
De. (*a Callidamate*) Sta' zitto, per favore.
Tr. Prendetelo, questo qui, e portatelo dentro di peso. Subito!
Ca. Per Ercole! Userò voi come un pitale, se non me lo date subito, un pitale.[33]
Filo. Sono perduto!
Tr. Su coraggio. Lo troverò io il rimedio giusto contro la tua paura.[34]
Filo. Io sono una nullità.
Tr. Zitto. Io sto ponzando, per sistemare tutto. Ti basta se io, a tuo padre che arriva, mica lo lascio entrare in casa, anzi, lo faccio scappare il più lontano possibile? Voi, basta che entriate in casa e sbaracchiate tutto. E subito.
Filo. Io dove starò?
Tr. Dove meglio ti pare. Sarai con questa (*indica Filemazio*) o con quella (*indica Delfio*).
De. E se noi ce ne andassimo via?
Tr. No, Delfio, non un passo. Malgrado tutto questo trambusto, non berrete un sorso di meno, in casa.
Filo. Ahimè, sto sudando dalla paura, io, se penso dove ci porteranno le tue belle parole.
Tr. Ti decidi a star buono e a fare quel che ti comando?
Filo. Mi decido.

Tr.	Omnium primum, Philematium, intro abi, et tu, Delphium.
De.	Morigerae tibi erimus ambae. –
Tr.	Íta ille faxit Iuppiter! Animum advorte nunciam tu quae volo accurarier. Omnium primumdum	aedes iam fac occlusae sient; 400 intus cave muttire quemquam siveris.
Ph.	Curabitur.
Tr.	Tamquam si intus natus nemo in aedibus habitet.
Ph.	Licet.
Tr.	Neu quisquam responset quando hasce aedis pultabit senex.
Ph.	Numquid aliud?
Tr.	Clavem mi harunc aedium Laconicam iam iube ecferri intus: hasce ego aedis occludam hinc foris. 405
Ph.	In tuam cústodelam meque et meas spes trado, Tranio. –
Tr.	Pluma haud interest patronus an cliens probior siet. Homini, quoi nulla in pectore est audacia, nam quoivis homini vel optumo vel pessumo, 410 quamvis desubito facile est facere nequiter: verum id videndum est, id viri doctist opus, quae dissignata sint et facta nequiter, tranquille cuncta et ut proveniant sine malo, ne quid potiatur quam ob rem pigeat vivere. 415 Sicut ego ecficiam, quae facta hic turbavimus, profecto ut liqueant omnia et tranquilla sint neque quicquam nobis pariant ex se incommodi. Sed quid tu egredere, Sphaerio? Iam iam. Optume praeceptis paruisti.
Pu.	Iussit maxumo 420 opere orare ut patrem aliquo apsterreres modo ne intro iret ad se.
Tr.	Quin etiam illi hoc dicito, facturum \<me\> ut ne etiam aspicere aedis audeat, capite obvoluto ut fugiat cum summo metu.

Tr. Punto primo: tu, Filemazio, vattene in casa. E anche tu, Delfio.
De. Ti saremo obbedienti tutte e due.
Tr. Così voglia il sommo Giove! (*A Filolachete*) Apri le orecchie, tu; ecco quel che voglio sia fatto a regola d'arte. Anzitutto bada che la casa sia ben chiusa; e, dentro, che nessuno dica una parola.
Filo. Lo farò.
Tr. Come se, in casa, non ci abitasse nessuno.
Filo. Va bene.
Tr. E nessuno si sogni di rispondere quando il vecchio busserà alla porta.
Filo. E nient'altro?
Tr. Sì, la chiave a tre denti. Chiuderò io la casa dal di fuori.
Filo. Tranione! La mia persona e le mie speranze sono nelle tue mani.
Tr. Tra l'avvocato e il cliente, chi è il migliore? No, non c'è differenza.[35] Ad un uomo senza qualità – ad ogni uomo, buono o cattivo che sia – è facile rifilare un brutto tiro, e su due piedi. Attenzione però: ci vuole un tipo sveglio perché i piani giungano in porto sicuri e senza danni, e perché non ti capiti un castigo di quelli che ti tolgon la voglia di vivere. Così io provvederò a che ritorni limpido e tranquillo tutto ciò che abbiamo intorbidato; e che nessun guaio ci caschi… Ma tu, Sferione, perché vieni fuori? Sì, sì, va bene. Hai obbedito a puntino.
Sf. Filolachete mi ha chiesto di supplicarti caldamente perché tu faccia il possibile per tener lontano suo padre e per impedirgli di entrare.
Tr. Tu digli così: io farò in modo che non osi nemmeno guardarla, la casa, e che anzi tagli la corda nasconden-

Clavim cedo atque abi [hinc] intro atque occlude 425
ostium,
et ego hinc occludam. Iube venire nunciam.
Ludos ego hodie vivo praesenti hic seni
faciam, quod credo mortuo numquam fore.
Concedam a foribus huc, hinc speculabor procul,
unde advenienti sarcinam imponam seni. 430

THEOPROPIDES TRANIO

Th. Habeo, Neptune, gratiam magnam tibi,
quom med amisisti a te vix vivom domum.
Verum si posthac me pedem latum modo
scies ímposisse in undam, hau caussast ilico
quod nunc voluisti facere quin facias mihi. 435
Apage, apage te a me nunciam post hunc diem!
Quod crediturus tibi fui omne credidi.
Tr. Edepol, Neptune, peccavisti largiter
qui occasionem hanc amisisti tam bonam.
Th. Triennio post Aegypto advenio domum; 440
credo exspectatus veniam familiaribus.
Tr. Nimio edepol ille potuit exspectatior
venire qui te nuntiaret mortuom.
Th. Sed quid hoc? Occlusa ianua est interdius.
Pultabo. Heus, ecquis †ist†? Aperitin fores? 445
Tr. Quis homo est qui nostras aedis accessit prope?
Th. Meu' servos hicquidem est Tranio.
Tr.   O Theopropides,
ere, salve, salvom te advenisse gaudeo.
Usquin valuisti?
Th.   Usque, ut vides.
Tr.   Factum optume.
Th. Quid vos? Insanin estis?
Tr.   Quidum?
Th.   Sic, quia 450
foris ámbulatis, natus nemo in aedibus

dosi il capo per la fifa. Dammela, la chiave, e rientra, e da dentro chiudi la porta. Io la chiuderò da fuori. (*Il servo rientra in casa.*) Digli pure che venga adesso: oggi gli farò dei giochetti, al vecchio vivo e presente, che, credo, non avrà da morto.[36] Ora mi piazzo qui, lontano dalla porta. E da qui mi metterò a spiare tutt'intorno, così, quando il vecchio arriverà, potrò mettergli il basto.[37]

TEOPROPIDE TRANIONE

Te. Io provo, o Nettuno, grande riconoscenza verso di te, perché hai consentito che, sia pure a stento, da te giungessi a casa mia. Però, dopo tutto questo, se verrai a sapere che ho posato sulle tue onde anche solo la punta del piede, tu allora, solo per questo, fammi subito quel che volevi farmi oggi. Dopo questo giorno qui, lungi, lungi da te la mia persona! Tutto ciò che ti dovevo, te l'ho pagato.[38]

Tr. O Nettuno, tu l'hai fatta grossa. Hai perduto un'occasione così bella!

Te. Dopo tre anni ritorno a casa dall'Egitto. Credo che sarò atteso dai miei familiari.

Tr. Per Polluce, nessuno arriverebbe più gradito di colui che annunciasse che sei morto.

Te. Ma che è? La porta, in pieno giorno, è chiusa. Ora mi metto a bussare. (*Esegue.*) Eh, chi c'è in casa? Non aprite la porta?

Tr. (*facendosi avanti*) Che uomo è mai questo che ha osato accostarsi alla nostra casa?

Te. Ma questo è Tranione, il mio schiavo.

Tr. O Teopropide, o padrone, salute a te. Sono felice che tu sia arrivato sano e salvo. Sei stato sempre bene?

Te. Sin qui, sì, come vedi.

Tr. Magnifico.

Te. E voi? Siete diventati matti?

Tr. E perché?

Te. Perché sì. Perché vi aggirate qui fuori e in casa non c'è

servat neque qui recludat neque [qui] respondeat.
Pultando [pedibus] paene confregi hasce ambas
<fores>.
Tr. Eho an tú tetigisti has aedis?
Th. Qur non tangerem? 455
Quin pultando, inquam, paene confregi fores.
Tr. Tetigistin?
Th. Tetigi, inquam, et pultavi.
Tr. Vah!
Th. Quid est?
Tr. Male hercle factum.
Th. Quid est negoti?
Tr. Non potest
dici quam indignum facinus fecisti et malum.
Th. Quid iam?
Tr. Fuge, opsecro, atque apscede ab aedibus. 460
Fuge huc, fuge ad me propius. Tetigistin fores?
Th. Quo modo pultare potui, si non tangerem?
Tr. Occidisti hercle –
Th. Quem mortalem?
Tr. Omnis tuos.
Th. Di te deaeque ómnes faxint cum istoc omine –
Tr. Metuo te atque istos expiare ut possies. 465
Th. Quam ob rem? Aut quam subito rem mihi adportas
novam?
Tr. Et heus, iube illos illinc ambo apscedere.
Th. Apscedite.
Tr. Aedis ne attigatis. Tangite
vos quoque terram.
Th. Opsecro hercle, quin eloquere <rem>.
Tr. Quia septem menses sunt quom in hasce aedis
pedem 470
nemo intro tetulit, semel ut emigravimus.
Th. Eloquere, quid ita?
Tr. Circumspicedum, numquis est
sermonem nostrum qui aucupet?
Th. Tutum probest.
Tr. Circumspice etiam.

nessuno che stia a far la guardia e a rispondere. Li ho quasi scassati, i due battenti, bussando coi piedi.[39]

Tr. Oh! Tu, questa casa, l'hai forse toccata?
Te. L'ho toccata sì, ti dico, ed ho bussato.
Tr. Oh!
Te. Che c'è?
Tr. Perdio, hai fatto male.
Te. Che storia è questa?
Tr. Che guaio hai combinato, che disastro: roba da non dire!
Te. Ma cosa mai?
Tr. Scappa, ti prego! Via da questa casa, fuggi, vieni vicino a me. Tu l'hai toccata, la porta?
Te. E come potevo bussare senza toccarla?
Tr. Ahimè, tu hai ucciso!
Te. Quale mortale ho ucciso?
Tr. Tutti i tuoi.
Te. Per questo presagio, che tutti gli dèi, tutte le dee ti facciano...
Tr. Temo forte che tu, e tutti questi, non riuscirete mai a purificarvi.
Te. E perché mai? O quale novità mi sbatti in faccia?
Tr. (*indicando i servi di Teopropide*) Ehi, ehi, comandagli, a quei due, che si scostino di là.
Te. Voi, allontanatevi di là.
Tr. Non toccatela, la casa. Toccate invece la terra, anche voi.
Te. Accidenti, perché non ti degni di spiegarti?
Tr. Il fatto è che da sette mesi nessuno mette piede in questa casa, da quando noi l'abbiamo abbandonata.
Te. E perché? Spiegati.
Tr. Qui bisogna guardarsi intorno. Non ci sarà qualcuno che ascolta le nostre parole?
Te. Tutto è tranquillo.
Tr. Guarda ancora.

MOSTELLARIA · ACTUS II

Th.   Nemo est. Loquere nunciam.
Tr.   Capitale scelu' factumst.
Th.   Quid est? Nón intellego.   475
Tr.   Scelus, inquam, factum est iam diu, antiquom et
                                             vetus.
Th.   Antiquom?
Tr.   Id adeo nos nunc factum invenimus.
Th.   Quid istuc †est sceleste†? Aut quis id fecit? Cedo.
Tr.   Hospes necavit hospitem captum manu;
      iste, ut ego opinor, qui has tibi aedis vendidit.   480
Th.   Necavit?
Tr.   Aurumque ei ademit hospiti
      eumque híc defodit hospitem ibidem in aedibus.
Th.   Quapropter id vos factum suspicamini?
Tr.   Ego dicam, ausculta. Út foris cenaverat
      tuo' gnatus, postquam rediit a cena domum,   485
      abimus omnes cubitum; condormivimus:
      lucernam forte oblitus fueram exstinguere;
      atque ille exclamat derepente maxumum.
Th.   Quis homo? an gnatus meus?
Tr.   St! Tace, ausculta modo.
      Ait vénisse illum in somnis ad se mortuom.   490
Th.   Nempe ergo in somnis?
Tr.   Ita. Sed ausculta modo.
      Ait illum hoc pacto sibi dixisse mortuom –
Th.   In somnis?
Tr.   Mirum quin vigilanti diceret,
      qui abhinc sexaginta annos occisus foret.
      Interdum inepte stultus es   * * * * *   495
Th.   Taceo.
Tr.   Sed ecce quae illi in   * *
      «Ego transmarinus hospes sum Diapontius.
      Hic habito, haéc mihi dedita est habitatio.
      Nam me Accheruntem recipere Orcus noluit,
      quia praemature vita careo. Per fidem   500
      deceptus sum: hospes me hic necavit isque me
      defodit insepultum clám [ibidem] in hisce aedibus,
      scelestus, auri caussa. Nunc tu hinc emigra.

Te. No, non c'è un'anima. E adesso parla.
Tr. C'è stato un delitto capitale.
Te. Cosa? Non ci capisco nulla.
Tr. Un delitto, ti dico, commesso tempo addietro, vecchio e antico.
Te. Antico?
Tr. Sì, però noi lo abbiamo scoperto solo adesso.
Te. Per favore! Che delitto? E chi l'ha compiuto?
Tr. Ospite uccise ospite, con le sue mani. Ho idea che il colpevole sia quello che ti ha venduto la casa.
Te. L'ha ucciso?
Tr. E ha sottratto il suo tesoro. E qui, proprio in questa casa, ha sotterrato l'ospite.
Te. E per quali motivi voi sospettate tutto questo?
Tr. Ti dirò, e tu ascolta. Una volta tuo figlio aveva cenato fuori e, quando rientrò, andammo tutti a dormire, e ci assopimmo. Io, per caso, mi ero scordato di spegnere la lucerna.[40] E d'improvviso lui lancia un altissimo grido.
Te. Chi? Forse mio figlio?
Tr. Zitto, tu, ascolta e basta. Quel morto – dice – è venuto a visitarlo in sogno.
Te. Dunque fu in un sogno?
Tr. Sì, ma tu ascolta e basta. Quel morto – dice – gli parlò in questo modo…
Te. Nel sogno?
Tr. Strano, eh, che non abbia parlato ad uno sveglio, lui che era stato ucciso già da sessant'anni! A volte tu mi sembri proprio sciocco […]
Te. Sto zitto.
Tr. Ma ecco che cosa […] gli disse: «Io sono Diaponzio, l'ospite d'oltremare.[41] Qui abito io. Questa è la casa che mi fu data. Sulle rive dell'Acheronte, l'Orco non ha voluto accogliermi perché prematura fu la mia morte. La mia fiducia fu tradita, l'ospite qui mi uccise, di nascosto mi sotterrò, in questa casa, senza funebri onori. Per il mio tesoro, quell'infame! Ora tu vattene da qui, maledetta è questa casa, abitarvi è cosa empia». Non mi ba-

†Scelestae haet† sunt aedes, inpia est habitatio».
Quae hic monstra fiunt anno vix possum eloqui. 505
Th. St, st!
Tr. Quid, opsecro hercle, factum est?
Th.   Concrepuit foris.
Tr. Hicin percussit!
Th.   Guttam haud habeo sanguinis,
vivom me accersunt Accheruntem mortui.
Tr. Perii! Illisce hodie hanc conturbabunt fabulam. 510
Nimi' quam formido ne manufesto hic me opprimat.
Th. Quid tute tecum loquere?
Tr.   Apscede ab ianua.
Fuge, opsecro hercle.
Th.   Quo fugiam? Etiam tu fuge.
Tr. Nihil ego formido, pax mihi est cum mortuis.
INTUS Heus, Tranio!
Tr.   Non me appellabis si sapis. 515
Nihil ego commerui neque istas percussi fores.
              * * * * * quaeso, quid segreges
* * * * * * * * * * * * es te agitat, Tranio?
Quicum istaec loquere?
Tr.   An quaeso tu appellaveras?
Ita me di amabunt, mortuom illum credidi 520
expostulare quia percussisses fores.
Sed tu, etiamne astas nec quae dico optemperas?
Th. Quid faciam?
Tr.   Cave respexis, fuge, [atque] operi caput.
Th. Qur non fugis tu?
Tr.   Pax mihi est cum mortuis.
Th. Scio. Quíd modo igitur? Qur tanto opere
                                   extimueras? 525
Tr. Nil me curassis, inquam, ego míhi providero:
tu, ut occepisti, tantum quantum quis fuge
atque Herculem invoca.
Th.   Hercules, ted invoco. –
Tr. Et ego – tibi hodie ut det, senex, magnum malum.
Pro di inmortales, opsecro vostram fidem! 530
Quid ego hodie negoti confeci mali.

sterebbe un anno per raccontarvi quali prodigi avvengano lì dentro...
Te. Ssst!
Tr. Per Ercole, ti prego, cosa sta succedendo?
Te. La porta ha cigolato.
Tr. Ha bussato lui![42]
Te. Mi s'è gelato il sangue nelle vene. Vivo, mi chiamano i morti nell'Acheronte.
Tr. Sono fottuto! Quelli là mi rovinano la favola. Ho una paura che mai!, che il vecchio mi colga in flagrante.
Te. Che cosa stai dicendo tra di te?
Tr. Via dalla porta, ti supplico, scappa!
Te. Scappare dove? E scappa anche tu.
Tr. Non ho paura, io. C'è pace tra me e i morti.
(*Voce da dentro*) Ehi, Tranione!
Tr. Non mi chiamare, tu, se capisci qualcosa. Non ho fatto nulla, io, ho mica bussato alla porta [...] Ti prego [...] vattene

[...] cos'è che ti agita, Tranione? Con chi stai parlando in disparte?
Tr. Ma allora eri tu che mi chiamavi? Chi gli dèi mi proteggano, credevo che fosse quel morto che mi chiedesse perché hai bussato alla porta. Ma tu stai ancora lì? Non fai quel che ti dico?
Te. Che debbo fare?
Tr. Non voltarti indietro, scappa e nasconditi la testa.
Te. Perché non scappi tu?
Tr. Io ho fatto la pace con i morti.
Te. Lo so. Ma allora perché avevi tanta paura poco fa?
Tr. Non badare a me, ti dico. A me stesso ci penso io. Tu, già che hai cominciato, scappa alla maniera di chi scappa e prega Ercole.[43]
Te. Ercole, ti prego! (*Esce correndo.*)
Tr. Lo prego anch'io, vecchio: che oggi ti dia il malaugurio. O dèi immortali, invoco il vostro favore penché io, oggi, ho combinato una bella canagliata.

ACTUS III

DANISTA TRANIO THEOPROPIDES

Da. Scelestiorem ego annum argento faenori
 numquam ullum vidi quam hic mihi annus optigit.
 A mani ad noctem usque in foro dego diem,
 locare argenti nemini nummum queo. 535
Tr. Nunc pol ego perii plane in perpetuom modum.
 Danista adest qui dedit * * * *
 qui amica est empta quoque * * * * *
 Manufesta res est, nisi quid occurro prius,
 ne | hoc senex resciscat. Ibo huic obviam. 540
 Sed quidnam hic sese tam cito recipit domum?
 Metuo ne de hac re quippiam indaudiverit.
 Accedam atque appellabo. Ei, quam timeo miser!
 Nihil est miserius quam animus hominis conscius,
 sicut me †habet†. Verum utut res sese habet, 545
 pergam turbare porro: ita haec res postulat.
 Unde is?
Th.   Conveni illum unde hasce aedis emeram.
Tr. Numquid dixisti de illo quod dixi tibi?
Th. Dixi hercle vero | omnia.
Tr.   Ei misero mihi!
 Metuo ne techinae meae perpetuo perierint. 550
Th. Quid tute tecum?
Tr.   Nihil enim. Sed dic mihi,
 dixtine quaeso?
Th.   Dixi, inquam, ordine omnia.
Tr. Etiam fatetur de hospite?
Th.   Immo pernegat.
Tr. Negat * * * * * * quom.

ATTO III

USURAIO TRANIONE TEOPROPIDE

Us. (*tra sé*) Non l'avevo mai visto, io, un anno dannato come questo, questo che mi è toccato, per chi dà danari in prestito. Per tutto il giorno, da mattina a sera, me ne sto al foro e non riesco a combinare nemmeno uno straccio di contratto.[44]

Tr. Io adesso sono fottuto una volta per sempre. Arriva l'usuraio che ci ha prestato […] la pecunia per riscattare la ragazza […] Qui si scoperchia tutto se non gioco d'anticipo, in modo che il vecchio non venga a sapere. Gli vado incontro. (*Vede che Teopropide sta arrivando.*) E questo qui, perché mai se ne torna così presto verso casa? Ho paura che abbia sentito qualcosa sulla faccenda. L'abbordo e lo chiamo… Povero me, che fifa! Non c'è nulla di peggio di una coscienza sporca. E così mi tormenta… Sia come sia, continuerò ad intorbidare le acque, lo esige la situazione. (*A Teopropide*) Da dove arrivi?

Te. L'ho incontrato, io, quel tale che mi ha venduto questa casa.

Tr. E di ciò che ti ho detto su di lui, mica gli avrai fatto, parola?

Te. Perdio, tutto gli ho detto, tutto.

Tr. Povero me! I miei trucchi, ho paura, sono finiti per sempre.

Te. Che cosa stai dicendo fra di te?

Tr. Niente… Ma tu, per favore, parla: gli hai detto?…

Te. Certo che glielo ho detto. Tutto quanto.

Tr. E lui, per l'ospite, confessa?

Te. Macché. Quello nega decisamente.

Tr. Nega? […]

Th.   Cogita:
       *   *   *   *   *   dicam si confessu' sit.   555
       Quid nunc faciundum censes?
Tr.   Egon quid censeam?
       Cape, opsecro hercle, cúm eo <tu> una iudicem,
       (sed eum videto ut capias, qui credat mihi)
       tam facile vinces quam pirum volpes comest.
Da. Sed Philolachetis servom éccum Tranium,   560
       qui mihi neque faenus neque sortem argenti danunt.
Th. Quo té agis?
Tr.   Nec quoquam abeo. Né ego sum miser,
       scelestus, natus dis inimicis omnibus.
       Iam illo praesente adibit. Ne ego homo sum miser,
       ita et hinc et illinc mi exhibent negotium.   565
       Sed occupabo adire.
Da.   Hic ad me it, salvo' sum,
       spes est de argento.
Tr.   Hílarus est: frustra est homo.
       Salvere iubeo te, Misargyrides, bene.
Da. Salve et tu. Quid de argentost?
Tr.   Abi sis, belua.
       Continuo adveniens pilum iniecisti mihi.   570
Da. Hic homo inánis est.
Tr.   Hic homo est certe hariolus.
Da. Quin tu istas mittis tricas?
Tr.   Quin quid vis cedo.
Da. Ubi Philolaches est?
Tr.   Numquam potuisti mihi
       magis opportunus adven<ire quam> advenis.
Da. Quid est?
Tr.   Concede huc.
<*Da.*   Quin mihi faenus red>ditur? 575
Tr.   Scio té bona esse voce, ne clama nimis.
Da. Ego hercle vero clamo.
Tr.   Ah, gere morem mihi.
Da. Quid tibi ego morem vis geram?
Tr.   Abi quaeso hinc domum.
Da. Abeam?

Te. [...] Te lo direi, se avesse confessato. E adesso, secondo te, che cosa bisogna fare?

Tr. Che cosa ne penso? Scegli – te ne supplico per Ercole – un giudice, d'accordo con quello. Ma bada di sceglierne uno che mi presti fede. Vincerai facile facile, come una volpe che si sbafa una pera.[45]

Us. (*tra sé*) Eccolo là il servo di Filolachete. Ma sì, è Tranione. Quelli lì non mi sganciano né il capitale né gli interessi.

Te. (*a Tranione*) Ma tu dove vai?

Tr. Niente, non me ne vado in nessun posto. (*Tra sé*) Guarda come sono sfortunato, disgraziato, venuto al mondo in odio a tutti gli dèi. Quello là mi abborderà subito, in presenza del padrone. Sì, sono proprio sfortunato, mi danno addosso da una parte e dell'altra. Ma io prendo l'iniziativa.

Us. Sta venendo verso di me. Sono salvo. C'è speranza per la mia pecunia.

Tr. È contento, lui. Ma non ne ha motivo. (*Forte*) Misargiride, tanti cari saluti.[46]

Us. Anche a te. E la pecunia?

Tr. Vattene, bestione. Manco arrivi e già mi tiri una stoccata.

Us. Di sicuro questo qui è al verde.

Tr. Di sicuro questo qui è un indovino.[47]

Us. Perché non li lasci perdere questi trucchi?

Tr. Per piacere, che cosa desideri?

Us. Filolachete, dov'è?

Tr. Ma tu arrivi proprio al momento giusto.

Us. Che c'è?

Tr. Vieni un po' qua.

Us. Perché non mi si pagano gli interessi?

Tr. Lo so che hai una bella voce. Non c'è bisogno che gridi.

Us. Invece sì che grido, per Ercole!

Tr. Ma fammelo, il favore.

Us. Che favore debbo farti?

Tr. Il favore di andartene a casa.

Us. Io andarmene?

MOSTELLARIA · ACTUS III

Tr.   Redito huc circiter meridie.
Da.   Reddeturne igitur faenus?
Tr.   Reddet: nunc abi.   580
Da.   Quid ego huc recursem aut operam sumam aut
                                                conteram?
     Quid si hic manebo potius ad meridie?
Tr.   Immo abi domum, verum hercle dico, abi modo.
     * * * faenus * nqu * <mod>o,
Da.   Quin vos mihi faenus date. Quid hic nugamini?   585
Tr.   Eu hércle, ne tu – abi modo, ausculta mihi.
Da.   Iam hercle ego illunc nominabo.
Tr.   Eúgae strenue!
     Beatus vero es nunc quom clamas.
Da.   Meum peto.
     Multos me hoc pacto iam dies frustramini.
     Molestus si sum reddite argentum: abiero.   590
     Responsiones omnis hoc verbo eripis.
Tr.   Sortem accipe.
Da.   Immo faenus, id primum volo.
Tr.   Quid ais tu, omniúm hominum taeterrume?
     Venisti huc te extentatum? Agas quod in manumst.
     Non dat, non debet.
Da.   Non debet?
Tr.   Ne[c] frit quidem   595
     ferre hinc potes. An metuis ne quo abeat foras
     urbe exsolatum faenoris caussa tui,
     quoi sortem accipere iam lice[bi]t?
Da.   Quin non peto
     sortem: illuc primum, faenus, reddundum est mihi.   600
Tr.   Molestus ne sis. Nemo dat, age quidlubet.
     Tu solus, credo, faenore argentum datas.
Da.   Cedo faenus, redde faenus, faenus reddite.
     Daturin estis faenus actutum mihi?
     Datur faenus mi?
Tr.   Faenus illic, faenus hic!   605
     Nescit quidem nisi faenus fabularier.
     Ultro te! Neque ego taetriorem beluam
     vidisse me umquam quemquam quam te censeo.

Tr. Ma sì. Poi, a mezzogiorno, ritorna.
Us. Mi saranno pagati gli interessi?
Tr. Lo saranno. Ma ora vattene.
Us. E perché? Perché dovrei andare avanti e indietro? Perché fare e disfare? Non è meglio se resto qui sino a mezzogiorno?
Tr. No, vattene a casa. Per Ercole, parlo sul serio: vattene a casa [...].
Us. Voglio gli interessi, io.[48] Pagatemi. Perché menate il can per l'aia?
Tr. Bene, perdio, ma bada... Vattene subito, dammi retta.
Us. Adesso, subito, mi metterò a gridare il suo nome.
Tr. Bene, coraggio! Adesso che hai gridato, sei a posto.
Us. Reclamo il mio. Son già molti giorni che mi pigliate per il naso. Sono molesto? Datemi la grana e me ne andrò. Con una parola sola puoi evitare tutte le discussioni.
Tr. Prenditi il capitale.
Us. No, voglio prima gli interessi.
Tr. Cosa dici, tu, vergogna del genere umano? Sei venuto qui a fare il gradasso? Ma fa' quel che è in tuo potere. Lui non dà niente, non deve niente.
Us. Non deve?
Tr. Tu, di qui, non puoi portar via nemmeno la punta di una spiga. O che hai paura che lui se ne vada via dalla città, come un esule, per causa dei tuoi interessi? Mentre tu sei già in grado di riscuotere il capitale?
Us. No, non chiedo il capitale. Dovete pagarmi, prima di tutto, gli interessi.
Tr. Non fare lo scocciatore. Nessuno paga. Arrangiati come credi. Credi di essere il solo che fa prestiti ad interesse?
Us. Dammi gli interessi, pagami gli interessi, sborsami gli interessi. Me li pagate sull'unghia gli interessi? Mi si sganciano gli interessi?
Tr. Interessi qui, interessi lì. Non sa dire altro che «interessi». Fuori dai piedi! So io che non l'ho mai vista una bestiaccia più lurida di te.

Da. Non edepol tu nunc me istis verbis territas.
Th. Calidum hoc est: etsi procul abest, urit male.
Quod illúc est faenus, opsecro, quod illíc petit? 610
Tr. Pater eccum advenit peregre non multo prius
illius, is tibi et faénus et sortem dabit,
ne inconciliare quid nos porro postules.
Vide núm moratur.
Da.   Quin feram, si quid datur.
Th. Quid ais tu?
Tr.   Quid vis?
Th.   Quis illic est? Quid illíc petit? 615
Quid Philolachetem gnatum compellat \<meum\>
sic et praesenti tibi facit convicium?
Quid illí debetur?
Tr.   Opsecro hercle, \<tu\> iube
obi\<cere\> argentum ob os inpurae beluae.
Th. Iubeam –?
Tr.   Iuben hómini argento os verberarier? 620
Da. Perfacile ego ictus perpetior argenteos.
Th. Quod illúc argentum est?
Tr.   Est – huic debet Philolaches
paullum.
Th.   Quantillum?
Tr.   Quasi – quadraginta minas;
ne sane id multum censeas.
Da.   Paullum id quidem est.
Tr. Audin? Videtur\<ne\>, opsecro hercle, idoneus 625
danista qui sit, genu' quod inprobissumum est?
Th. Non ego istuc curo qui sit, \<quid sit\>, unde sit:
\<id\>, id volo mihi dici, id me scire expeto.
Adeo etiam argenti faenus creditum audio?
Tr. Quattuor quadraginta illi debentur minae; 630
dic te daturum, ut abeat.
Th.   Egon dicam dare?
Tr. Dice.
Th.   Egone?
Tr.   Tu ipsus. Dic modo, ausculta mihi.
Promitte, age inquam: ego iubeo.

Us. Non crederti, adesso, che con queste parole mi fai paura.
Te. Scotta la faccenda. Anche da lontano puzza terribilmente di bruciato. Che razza di interessi, mi chiedo, sono quelli che vuole?
Tr. Ma ecco suo padre, è arrivato dall'estero da poco. Ti pagherà lui, interessi e capitale. Tu non provarci più a mettermi nei guai. (*Tra sé, mentre l'Usuraio va verso Teopropide*) Guarda un po' se perde tempo.
Us. Se sborsa qualcosa, io non dico di no.
Te. (*rivolgendosi a Tranione*) Tu che mi dici?
Tr. Che cosa vuoi?
Te. Questo qui, chi è? Che cosa vuole? Perché tira in ballo il mio Filolachete e a te, che sei qui, fa una scenata? Che cosa gli è dovuto?[49]
Tr. Per Ercole, io ti supplico: da' ordine che gli buttino in faccia la pecunia, a questo bestione.
Te. Dar ordine?
Tr. Sì, di prenderlo a schiaffi. Col denaro.
Us. Schiaffi? Li prendo subito, gli schiaffi d'argento.
Te. Di che somma parla?
Tr. È... la piccola somma che Filolachete gli deve.
Te. Piccola quanto?
Tr. Sulle quaranta mine. Tu non credere che sia molto.
Us. È veramente poco.
Tr. Hai sentito? Per Ercole, non ti sembra, di grazia, il tipo giusto per far l'usuraio, la peggior genia che esista?
Te. Chi sia, da dove venga, a me non interessa. Una cosa voglio che tu mi dica, una cosa mi preme di sapere. E così sento parlare di un prestito a interessi?
Tr. Digli che pagherai, così si toglie dai piedi.
Te. Debbo promettergli che pagherò?
Tr. Devi.
Te. Io?
Tr. Tu in persona. Diglielo e basta, dammi retta. Via, prometti, te lo ordino io.

Th.   Responde mihi: 635
quid eo est argento factum?
Tr.   Salvom est.
Th.   Solvite
vosmet igitur, si salvomst.
Tr.   Aedis filius
tuos emit.
Th.   Aedis?
Tr.   Aedis.
Th.   Eugae! Philolaches
patrissat: iám homo in mercatura vortitur.
Ain tu, aedis?
Tr.   Aedis inquam. Sed scin quoiusmodi?   640
Th. Qui scire possum?
Tr.   Vah!
Th.   Quid est?
Tr.   Ne me roga.
Th. Nam quid ita?
Tr.   Speculoclaras, candorem merum.
Th. Bene hercle factum. Quid, eas quanti destinat?
Tr. Talentis magnis totidem quot ego et tu sumus.
Sed arraboni has dedit quadraginta minas;   645
hinc sumpsit quas ei dedimus. Satin intellegis?
Nam postquam haec aedes ita erant, ut dixi tibi,
contínuo est alias aedis mercatus sibi.
Th. Bene hercle factum.
Da.   Heus, iam adpetit meridie.   650
Tr. Apsolve hunc quaeso, vomitu[m] ne hic nos enicet.
Quattuor quadraginta illi debentur minae,
et sors et faenus.
Da.   Tantumst, nihilo plus peto.
Tr. Velim quidem hercle ut uno nummo plus petas.
Th. Adulescens, mecum rém habe.
Da.   Nempe aps te petam?
Th. Petito cras.
Da.   Abeo: sat habeo si cras fero. –
Tr. Malum quod isti di deaeque omnes duint!   655
Ita mea consilia perturbat paenissume.

Te. Tu dimmi: che ne avete fatto del denaro?
Tr. È al sicuro, quello.
Te. Se è al sicuro, pagate voi il debito.
Tr. Tuo figlio ha comperato una casa.
Te. Una casa?
Tr. Una casa.
Te. Evviva! Patrizza il mio Filolachete.[50] Fa già l'uomo d'affari. Ma dimmi: una casa?
Tr. Una casa, ripeto. Ma tu lo sai che razza di casa?
Te. Come potrei saperlo?
Tr. Ah!
Te. Che c'è?
Tr. Non chiedermi niente.
Te. Perché mai?
Tr. È uno specchio, lo splendore fatto casa.
Te. Per Ercole, bel colpo. Quanto ci vuol investire?
Tr. Due talenti, quanti siamo tu e io. Ma di caparra ha già dato quaranta mine. Le abbiamo prese da questo e date a quello. Ne sai abbastanza? Poiché questa casa (*indica quella del suo padrone*) era nello stato che ti ho detto, lui subito ne ha comprato un'altra.
Te. Bene ha fatto, per Ercole.
Us. (*tra sé*) Ohi! Mezzogiorno sta arrivando.
Tr. (*a Teopropide*) Ti prego, pagalo, che non ci faccia crepare col vomito delle sue ingiurie. Gli spettano quarantaquattro mine, capitale e interessi.
Us. È proprio così. Non chiedo un soldo di più.
Tr. Vorrei vedere che chiedesse un centesimo di più.
Te. (*all'Usuraio*) Giovanotto, vieni a trattare con me.
Us. Ecché riscuoto da te?
Te. Riscuoterai domani.
Us. Me ne vado. Ne avrò abbastanza se domani avrò. (*Si allontana.*)
Tr. Che gli dèi gli mandino un colpo, a quello, gli dèi e le dee tutti insieme! I miei piani, per un pelo me li rovina-

MOSTELLARIA · ACTUS III

      Nullum edepol hodie genus est hominum taetrius
      nec minu' bono cum iure quam danisticum.
Th. Qua in regione istas aedis emit filius?
Tr. Ecce autem perii!
Th.   Dicisne hoc quod te rogo?   660
Tr. Dicam. Sed nomen domini quaero quid siet.
Th. Age comminiscere ergo.
Tr.   Quid ego nunc agam
      nisi ut in vicinum hunc proxumum   * *,
      eas émisse aedis huiius dicam filium?
      Calidum hercle esse audivi optumum mendacium.   665
      Quidquid di dicunt, id decretumst dicere.
Th. Quid igitur? Iam commentu's?
Tr.   Dí istum perduint –
      (immo istunc potius) de vicino hoc proxumo
      tuos emit aedis filius.
Th.   Bonan fide?   670
Tr. Siquidem tu argentum reddituru's, tum bona,
      si redditurus non es, non emit bona.
Th. Non in loco emit perbono.
Tr.   Immo in optumo.
Th. Cupio hercle inspicere hasce aedis. Pultadum fores
      atque evocá aliquem intus ad te, Tranio.   675
Tr. Ecce autem perii! Nunc quid dicam nescio.
      Iterum iam ad unum saxum me fluctus ferunt.
Th. Quid nunc?
Tr.   Non hercle quid nunc faciam reperio:
      manufesto teneor.
Th.   Evocadum aliquem ocius,
      roga círcumducat.
Tr.   Heus tu, at hic sunt mulieres: 680
      videndumst primum utrum eae velintne an non
                                                      velint.
Th. Bonum aequomque oras. I, percontare et roga.
      Ego hic tantisper, dum exis, te opperiar foris.
Tr. Di te deaeque ómnes funditus perdant, senex,
      ita mea consilia undique oppugnas male.   685
      Eugae! Optume eccum aédium dominus foras

292

va. (*A Teopropide*) Per Polluce! Non c'è niente di peggio della maledetta razza strozzinesca!
Te. In che zona sta la casa che mio figlio ha comperato?
Tr. (*tra sé*) Adesso sono proprio spacciato!
Te. Rispondi o no a quel che ti chiedo?
Tr. Rispondo. Mi sto chiedendo che nome abbia mai il padrone.
Te. Avanti, sforzati, su.
Tr. (*tra sé*) Che combino adesso? E se la buttassi sul nostro vicino? E se dicessi […] che suo figlio ha comprato questa casa qui? Una menzogna servita bella calda, dicono che è la migliore. Quel che suggeriscono gli dèi, bisogna dirlo.
Te. E allora? Hai trovato?
Tr. (*tra sé*) Accidenti a lui!, no, a questo qui. (*Forte*) Tuo figlio ha comprato la casa del vicino.
Te. Secondo buona fede?
Tr. Buona fede sì, se tu la vorrai pagare. Se non vuoi pagare, invece, l'ha comprata in mala fede.
Te. La zona, dove ha comprato, non è pregiata.
Tr. Pregiatissima, invece.
Te. Ho proprio voglia di vederla, questa casa. Tu bussa alla porta e chiama qualcuno, Tranione.
Tr. (*tra sé*) Non mi viene in mente cosa dire. Sono riportato dalle onde contro gli scogli.
Te. E allora? Svelto, fa' venir fuori qualcuno. Digli che ce la faccia visitare.
Tr. Ma tu sai, qui ci sono delle donne; bisogna prima vedere se sono disposte o no.
Te. Dici una cosa giusta. Bussa e chiedi. Io aspetterò qui fuori che tu esca.
Tr. (*tra sé*) Vecchio, che gli dèi ti radano al suolo! In questo modo stai sabotando i miei piani… Ma bene, benissimo,

Simo progreditur ipsus. Huc concessero,
dum mi senatum consili in cor convoco.
Igitur tum accedam hunc, quando quid agam
                                    invenero.

SIMO TRANIO THEOPROPIDES

Si.   Melius anno hoc mihi non fuit domi   690
nec quod una esca me iuverit magis.
Prandium uxor mihi perbonum dedit,
nunc dormitum iubet me ire: minime.
Non mihi forte visum ilico fuit,
melius quom prandium quam solet dedit: 695
voluit in cubiculum abducere me anus.
Non bonust somnu' de prandio. Apage.
Clanculum ex aedibus me edidi foras.
Tota turget mihi uxor, scio, domi.
Tr.   Res parata est mala in vesperum huic seni.   700
Nam et cenandum et cubandumst ei male.
Si.   Quom magis cogito cum meo animo:
si qui' dotatam uxorem atque anum habet,
neminem sollicitat sopor: [in] omnibus
ire dormitum odio est, veluti nunc mihi   705
exsequi certa res est ut abeam
potius hinc ad forum quam domi cubem.
Atque pol nescio ut moribus sient
vostrae: haéc sát scio quam me habe[a]t male \<et\>
peiius posthac foré quam fuit mihi.   710
Tr.   Abitus tuo' tibi, senex, fecerit male:
nil erit quod deorum nullum accusites;
te ipse iure optumo merito incuses licet.
Tempus nunc est senem hunc adloqui mihi.
Hoc habet! Repperi qui senem ducerem,   715
quo dolo a me dolorem procul pellerem.
Accedam. Di te ament plurumum, Simo.
Si.   Salvos sis, Tranió.
Tr.   Ut vales?

ecco che esce di casa Simone, il padrone. Mi metto in disparte, qui, e intanto convoco nella mia testa il senato delle mie pensate. Poi, quando avrò trovato il cosafare, gli andrò incontro.[51]

SIMONE TRANIONE TEOPROPIDE

Si. (*tra sé*) Mai mi era capitato, in casa mia, un anno migliore di questo. Né mai una mangiata mi è piaciuta di più. Mia moglie mi ha servito un pranzo delizioso. E adesso vuole che vada a letto. Non ci penso neppure! L'ho capito subito, io, che non per niente mi serviva un pranzo migliore del solito. Voleva portarmi a letto, la vecchia. Il sonno, dopopranzo, mi fa bene... Via, via! Sono scappato di casa di nascosto. So bene, adesso, che mia moglie, in casa, scoppia dalla rabbia.

Tr. (*tra sé*) Stasera, a questo vecchio, gli si prepara una brutta sera. A cena come a letto, gli andrà male.

Si. Più vado rimuginando fra di me, più mi persuado che uno, se ha una moglie vecchia e con la grana, mica ci ha voglia di coricarsi, anzi ha in odio l'idea di andare a letto. Così io, adesso, so bene quel che debbo fare. Meglio andare al foro che infilarmi nel mio letto. (*Al pubblico*) Per Polluce, io non so mica come vi trattino le vostre mogli, ma so bene una cosa: la mia mi tratta male e in futuro me la passerò anche peggio.[52]

Tr. Vecchio mio, se pagherai cara questa fuga, mica potrai dar colpa agli dèi, eh no, potrai dar la colpa solo a te stesso, con ogni ragione. Ma è venuto il momento di parlargli, al vecchio. Toccato![53] Sì, ho pensato a come raggirarlo, e come allontanar da me il duolo col dolo. Ora vado. (*Forte*) Simone! Che gli dèi ti coprano di doni!

Si. Tranione, salute.

Tr. Come stai?

Si.   Non male.
Quid agis?
Tr.   Hominem optumum teneo.
Si.   Amice facis
quom me laudas.
Tr.   Decet.
Si.   Certe. Quin hercle te   720
hau bonum teneo servom.
Th. Heia! Mastigia, ad me redi.
Tr.   Iam isti ero.
Si. Quid nunc? Quam mox?
Tr.   Quid est?
Si.   Quod solet fieri hic
intu'.
Tr.   Quid id est?
Si.   Scis iam quid loquar. Sic decet.
 *   *   *   morem geras.
Vita quam sit brevis simul cogita.   725
Tr. Quid? Ehem,
vix tandem percepi super his rebus nostris te loqui.
Si. Musice hercle agitis aetatem, ita ut vos decet,
vino et victu, piscatu probo, electili   730
vitam colitís.
Tr.   Immo vita antehac erat:
nunc nobis com[mun]ia haec exciderunt, <Simo.>
Si. Quidum?
Tr.   Ita oppido occidimus omnés, Simo.
Si. Non taces? Prospere vobis cuncta usque adhuc
processerunt.
Tr.   Ita ut dicis facta hau nego.   735
Nos profecto probe ut voluimus viximus.
Sed, Simo, ita nunc ventus navem <nostram>
                                        deseruit –
Si.   Quid est?
Quo modo?
Tr.   Pessumo.
Si.   Quaen subducta erat
tuto in terra?

Si. Non male. E tu, che fai?
Tr. Sto stringendo la mano a un uomo eccellente.
Si. Mi lodi come fa un amico.
Tr. Ma così è giusto.
Si. Per Ercole, io stringo la mano a un pessimo servo.
Te. Tu, mascalzone, ritorna qui.
Tr. Arrivo subito.[54]
Si. E ora? Quanto durerà?
Tr. Che cosa?
Si. La cosa che suole avvenire là dentro…
Tr. Ma cosa?
Si. Lo sai di cosa parlo. Bisogna fare proprio così, al modo tuo […]. Pensa quanto sia breve la vita.
Tr. Ah sì? Ah, ci sono arrivato. Tu parli delle nostre usanze.
Si. Per Ercole, voi sì vivete come gioventù comanda. Vino, pietanze, pesce fino, roba di prima scelta. Ve la passate bene!
Tr. Non più. Prima la vita era vita. Adesso, per noi, la pacchia è finita.
Si. Perché?
Tr. O Simone, noi siamo già morti, tutti quanti.
Si. Perché non taci? Sinora tutto vi è andato a gonfie vele.
Tr. Ma sì, non lo nego, è andata come dici tu; e noi certamente siamo vissuti alla grande, come ci piaceva. Ma ora, Simone, il vento che spingeva la nave è caduto.
Si. E perché? E percome?
Tr. Nel percome peggiore.
Si. Ma la nave non venne tirata al sicuro sulla riva?

Tr.   Ei!
Si.   Quid est?
Tr.   Me miserum, occidi!
Si.   Qui?
Tr.   Quia venit navis nostrae navi quae frangat ratem.   740
Si.   Velim ut tu velles, Tranio. Sed quid est negoti?
Tr.   Éloquar.
Eru' peregre vénit.
Si.   Tunc * * portenditur,
ind' ferriterium, postea <crux.
Tr.   Per tua te g>enua opsecro,
ne indicium ero facias meo.
Si.   E me, ne quid metuas, nihil sciet.   745
Tr.   Patrone, salve.
Si.   Nil moror mi istiusmodi clientes.
Tr.   Nunc hoc quod ad te noster me misit senex –
Si.   Hoc mihi responde primum quod ego te rogo:
iam de istis rebus voster quid sensit senex?
Tr.   Nil quicquam.
Si.   Numquid increpitavit filium?   750
Tr.   Tam liquidust quam liquida esse tempestas solet.
Nunc te hoc orare iussit opere maxumo,
ut sibi liceret inspicere hasce aedis tuas.
Si.   Non sunt venales.
Tr.   Scio equidem istuc. Sed senex
gynaeceum aedificare volt hic in suis   755
et balineas et ambulacrum et porticum.
Si.   Quid ergo somniavit?
Tr.   Ego dicam tibi.
Dare volt uxorem filio quantum potest,
ad eam rem facere volt novom gynaeceum.
Nam sibi laudavisse hasce ait architectonem   760
nescioquem exaedificatas insanum bene;
nunc hinc exemplum capere volt, nisi tu nevis.
Nam ille eo maiore hinc opere ex te exemplum petit,
quia isti úmbram aestate tíbi esse audivit perbonam
sub divo columine usque perpetuom diem.   765
Si.   Immo edepol vero, quom usquequaque umbra est,

Tr. Ahimè!
Si. Che c'è?
Tr. Povero me, sono finito.
Si. Perché?
Tr. Perché arriva una nave che sfonderà lo scafo della nostra.[55]
Si. Io vorrei che tutto andasse come vuoi tu, Tranione. Ma che cosa succede?
Tr. Ti dirò. Dall'estero è ritornato il padrone.
Si. E allora si annuncia […] l'ergastolo, e poi la croce.
Tr. Per le ginocchia tue, io ti prego, non far parola con il mio padrone.
Si. Da me, non aver paura, non saprà nulla.
Tr. Saluto in te il mio patrono.
Si. Di un cliente così, non me ne faccio nulla.
Tr. E ora, ecco perché il nostro vecchio mi ha spedito da te.
Si. Prima rispondi alla mia domanda: delle faccende vostre, il vostro vecchio ha già fiutato qualcosina?
Tr. Nulla di nulla.
Si. Il figlio, lo ha forse strapazzato?
Tr. C'è il sereno, come fa sereno col bel tempo. Ora mi ha comandato di chiederti, con molta premura, se gli è lecito dare un'occhiata in casa tua.
Si. Ma non è in vendita.
Tr. Lo so bene. Ma il vecchio, in casa sua, vuol fare costruire un gineceo, bagni, ambulacro e portico.[56]
Si. Che cosa si è sognato?
Tr. Ti dirò. Ha molta fretta di sposare il figlio e, per questo, vuole fare un nuovo gineceo. Dice che ha sentito di un certo architetto che lodava la tua casa, edificata a regola d'arte. Ora lui vuole prenderla a modello, se la cosa non ti spiace. Tanto più vuole imitarla perché ha sentito che da te, anche nei giorni più caldi dell'estate, per tutta la giornata c'è una bellissima ombra.
Si. Macché, macché. Quando c'è ombra da ogni parte, qui

	tamen
	sol semper hic est usque a mani ad vesperum:
	quasi flagitator astat usque ad ostium,
	nec mi umbra hic usquamst nisi si in puteo
	quaepiamst.
Tr.	Quid? Sarsinatis ecqua est, si Umbram non habes? 770
Si.	Molestus ne sis. Haec sunt sicut praedico.
Tr.	At tamen inspicere volt.
Si.	Inspiciat, si lubet;
	si quid erit quod illi placeat, de exemplo meo
	ipse aedificato.
Tr.	Eon, voco huc hominem?
Si.	I, voca.
Tr.	Alexándrum magnum atque Agathoclem aiunt
	maxumas 775
	duo rés gessisse: quid mihi fiet tertio,
	qui solus facio facinora inmortalia?
	Vehit hic clitellas, vehit hic autem alter senex.
	Novicium mihi quaestum institui non malum:
	nam muliones mulos clitellarios 780
	habent, at ego habeo homines clitellarios.
	Magni sunt oneris: quidquid imponas vehunt.
	Nunc hunc hau scio an conloquar. Congrediar.
	Heus Theopropides!
Th.	Hem quís hic nominat me?
Tr.	Ero servo' multis modis fidus.
Th.	Unde is? 785
Tr.	Quod me miseras, adfero omne impetratum.
Th.	Quid illi, opsecro, tam diu destitisti?
Tr.	Seni non erat otium, id sum opperitus.
Th.	Antiquom optines hoc tuom, tardus ut sis.
Tr.	Heus tu, si voles verbum hoc cogitare, 790
	simul flare sorbereque hau factu facilest.
	Ego hic esse et illi simitu hau potui.
Th.	Quid nunc?
Tr.	Vise, specta tuo usque arbitratu.
Th.	Age <i>, duce me.
Tr.	Num moror?

il sole picchia da mattina a sera. Sta sempre lì, davanti alla porta, manco fosse un creditore che sollecita. Non c'è ombra di un'ombra, qui, se non un poco giù nel pozzo.
Tr. Cosa? Non hai ombra? Ce l'hai almeno un'umbra? Una di Sarsina?[57]
Si. Non scocciare. La faccenda sta come ti ho detto.
Tr. Ma lui vuol guardare lo stesso.
Si. E guardi, se ne ha voglia. Se ci sarà qualcosa che gli garba, se la faccia costruire sul mio esempio.
Tr. Allora vado a chiamarlo?
Si. Va' e chiamalo.
Tr. (*tra sé, mentre si avvia verso Teopropide*) Alessandro Magno e Agatocle? Dicono che compirono grandi imprese, quei due. E io, che sono il terzo, e che da solo compio gesta immortali?[58] Questo qui (*guarda verso Simone*) porta il basto, e anche l'altro vecchio ci ha il suo. Mica male questo nuovo mestiere che ho intrapreso. I mulattieri mettono il basto ai muli, io agli uomini. È gente da carichi pesanti, porta tutto quello che gli metti addosso. E ora, non so se debbo parlargli, a questo. Gli andrò incontro. (*Forte*) Ehi, Teopropide!
Te. Be', chi è che mi chiama?
Tr. Un servo che al padrone suo è fedele in tutte le maniere.
Te. Da dove esci?
Tr. Mi avevi dato un incarico? E io ti porto il risultato.
Te. Di grazia, perché ti sei trattenuto là così a lungo?
Tr. Era occupato, il vecchio. Ho dovuto aspettare.
Te. Ce l'hai sempre quel vizio di far tardi.
Tr. Ti spiace tener presente quel detto che fa: «Soffiare e sorbire insieme non è facile»?[59] Io non potevo essere là e qua nel medesimo tempo.
Te. E ora?
Tr. Va', guarda, osserva sin che ti pare.
Te. Avanti, fammi da guida.
Tr. Ecché sono io che ritardo?

Th. Supsequor te.
Tr. Senex ipsus te ante ostium eccum opperitur. 795
Sed ut maestust sese hasce vendidisse!
Th. Quid tandem?
Tr. Orat ut suadeam Philolacheti
ut istas remittat sibí.
Th. Haud opinor.
Sibi quisque ruri metit. Si male emptae
forent, nobis istas redhibere hau liceret. 800
Lucri quidquid est, id domum trahere oportet.
Misericordia s * hominem oportet.
Tr. Morare hercle, * facis. Supsequere.
Th. Fiat.
Do tibi ego operam.
Tr. Senex illic est. Em, tibi adduxi hominem.
Si. Salvom te advenisse peregre gaudeo, Theopropides. 805
Th. Di te ament.
Si. Inspicere te aedis has velle aiebat mihi.
Th. Nisi tibi est incommodum.
Si. Immo commodum. I intro atque inspice.
Th. At enim mulieres –
Si. Cave tu ullam flocci faxis mulierem.
Qualubet perambula aedis oppido tamquam tuas.
Th. «Tamquam»?
Tr. Áh, cave tu illi obiectes nunc in aegritudine 810
te has emisse. Non tu vides hunc voltu uti tristi est
senex?
Th. Video.
Tr. Ergo inridere ne videare et gestire admodum;
noli facere mentionem ted emisse.
Th. Intellego
et bene monitum duco, atque esse existumo
humani ingeni.
Quid nunc?
Si. Quin tu is intro atque otiose perspecta ut lubet. 815
Th. Bene benigneque arbitror te facere.
Si. Factum edepol volo.
[vin qui perductet?

Te. Ti seguo.
Tr. Eccolo là il vecchio che ti aspetta dinanzi alla porta. Ma come è triste per aver venduto la casa!
Te. E allora?
Tr. Mi prega perché convinca Filolachete a rivendergliela.
Te. Non sono d'accordo. Ciascuno miete per se stesso, in campagna. Noi, se l'avessimo comprata rimettendoci, mica potremmo dargliela indietro. Quando c'è un guadagno, è bene portarselo a casa. All'uomo [...] non si addice la beneficenza.[60]
Tr. Ma tu vai piano, [...] ti perdi in chiacchiere. Seguimi.
Te. E sia. Sono al tuo servizio.
Tr. Il vecchio, eccolo là. (*A Simone*) Ecco, ti ho portato l'uomo che sai.
Si. Sono felice, Teopropide, che tu sia ritornato dall'estero sano e salvo.
Te. Che gli dèi ti siano benevoli.
Si. Mi diceva, lui, che tu vuoi visitare questa casa.
Te. Se non disturbo troppo.
Si. Nessun disturbo. Entra pure e guarda.
Te. Le donne, però...
Si. Non farci caso, alle donne. Gira per la casa come credi, come se fosse tua.
Te. «Come se»?
Tr. Attento a non ricordargli, nella tristezza che si ritrova, che hai comprato la casa. Non glielo leggi in faccia come è triste, il vecchio?
Te. Mi pare di sì.
Tr. E dunque tu non mostrare di compiacerti troppo. Non far cenno che hai comprato.
Te. Capisco. Sì, credo proprio che tu mi dia un buon consiglio. E penso che tu sia di buoni sentimenti.
Si. Entra, su, e guarda con calma, come ti piace.
Te. Penso proprio che tu sia molto gentile.
Si. Voglio essere tale, per Polluce! Desideri che qualcuno ti introduca?

Th.   Apage istum perductorem, non placet.
Quidquid est, errabo potius quam perductet
                                                   quispiam.]
Tr.   Viden vestibulum ante aedis hoc et ambulacrum,
                                                     quoiusmodi?
Th.   Luculentum edepol profecto.
Tr.   Age specta postis, quoiusmodi,
quanta firmitate facti et quanta crassitudine.
Th.   Non videor vidisse postis pulchriores.
Si.   Pol mihi   820
eo pretio empti fuerant olim.
Tr.   Aúdin «fuerant» dicere?
Vix videtur continere lacrumas.
Th.   Quanti hosce emeras?
Si.   Tris minas pro istis duobus praeter vecturam dedi.
Th.   Hercle qui multum inprobiores sunt quam a primo
                                                                credidi.
Tr.   Quapropter?
Th.   Quia edepol ambo ab infumo tarmes secat.   825
Tr.   Intempestivos excissos credo, id is vitium nocet.
Atque etiam nunc sati' boni sunt, si sunt inducti pice;
non enim haec pultiphagus opifex opera fecit
                                                                 barbarus.
Viden coagménta in foribus?
Th.   Video.
Tr.   Specta quam arte dormiunt.
Th.   Dormiunt?
Tr.   Illud quidem «ut conivent» volui dicere.   830
Satin habes?
Th.   Ut quidquid magi' contemplo, tanto magi' placet.
Tr.   Viden pictum, ubi ludificat una cornix volturios
                                                               duos?
Th.   Non edepol video.
Tr.   At ego video. Nam inter volturios duos
cornix astat, ea volturios duo vicissim vellicat.
Quaeso huc ad me specta, cornicem ut conspicere
                                                              possies.   835
Iam vides?

Te. Proprio no, non mi piace che qualcuno mi introduca. Comunque vada, meglio perdermi che farmi introdurre da qualcuno.
Tr. Vedi come sono il vestibolo e l'ambulacro?
Te. Per Polluce, proprio splendidi.
Tr. Guarda, guarda gli stipiti. Come sono, eh? Solidi e spessi.
Te. Stipiti così belli, credo di non averne mai visti.
Si. Quando li comprai, accidenti, li pagai salati.
Tr. (*a Teopropide*) Hai sentito che dice «comprai»? Trattiene le lacrime a stento, mi pare.
Te. (*a Simone*) Quanto li hai pagati?
Si. Ho sborsato tre mine, più il trasporto, per questi due.
Te. Per Ercole, sono più scarsi di quel che mi pareva a prima vista.
Si. E perché mai?
Te. Perché le tarme li hanno corrosi tutti e due, dalla base in su.
Tr. Credo che il legno sia stato tagliato fuori stagione. E questo gli nuoce. Però sono ancora abbastanza buoni, basta ripassarli con la pece. Mica li ha fatti un barbaro di artigiano polentone. Nelle porte, hai notato le connessure?
Te. Ho visto, sì.
Tr. Guarda come si amano.
Te. Si amano?
Tr. Ma sì, volevo dire che com... baciano.[61] Va bene così?
Te. Ogni cosa, più la guardo più mi piace.
Tr. La vedi la pittura? C'è una cornacchia che si fa beffe di due avvoltoi.
Te. Non vedo niente.
Tr. Io sì che la vedo; tra i due avvoltoi c'è la cornacchia, che li becca uno alla volta. Tu, adesso, guarda verso di me, per favore, per poter vedere la cornacchia. Ci riesci?

Th.	Profecto nullam equidem illic cornicem intuor.
Tr.	At tu isto ad vos optuere, quoniam cornicem nequis conspicari, si volturios forte possis contui.
Th.	Omnino, ut te apsolvam, nullam pictam conspicio hic avem.
Tr.	Age, iam mitto, ignosco: aetate non quis optuerier. 840
Th.	Haec, quae possum, ea mihi profecto cuncta vehementer placent.
Si.	Latiu' demumst operae pretium ivisse.
Th.	Recte edepol mones.
Si.	Eho istum, puere, circumduce hasce aedis et conclavia. Nam egomet ductarem, nisi mi esset apud forum negotium.
Th.	Apage istum a me perductorem, nil moror ductarier. 845 Quidquid est, errabo potius quam perductet quispiam.
Si.	Aedis dico.
Th.	Ergo intro eo igitur sine perductore.
Si.	Ilicet.
Th.	Ibo intro igitur.
Tr.	Mane sis videam, ne canes –
Th.	Agedum vide.
Tr.	St! Abi, cánes. St! Abin diérecta? Abin hinc in malam crucem? 850 At etiam restas? St! Abi istinc.
Si.	Nil pericli est, age * Tam placidast quam feta quaevis. Eire intro audacter licet. Eo ego hinc ad forum. –
Th.	Fecisti commode, bene ambula. Tranio, | age, canem | istanc a foribus abducant face, etsi non metuenda est.
Tr.	Quin tu illam aspice ut placide accubat; 855 nisi molestum vis videri te atque ignavom.
Th.	Iam ut lubet. Sequere hac me igitur. –
Tr.	Equidem haud usquam a pedibus apscedam tuis. –

Te. No, non vedo nessuna cornacchia.
Tr. Ma guarda lì, dalla vostra parte. Se non riesci a vedere la cornacchia, forse potrai vedere gli avvoltoi.[62]
Te. Niente di niente. Per farla finita con te, qui non ci vedo dipinto alcun uccello.
Tr. Suvvia, lascia perdere. Capisco bene, io. Con l'età, non tutti riescono a veder bene.
Te. Le cose che riesco a vedere, mi piacciono tutte quante, e molto.
Si. Val la pena, a questo punto, che tu vada più avanti.
Te. Mi dai un buon consiglio, per Polluce.
Si. (*ad uno schiavo*) Ragazzo, guidalo per tutta la casa e per le stanze. Vorrei essere io ad introdurti, ma c'è un affare che mi attende al foro.
Te. Alla larga da un compagno così. Non mi va che qualcuno mi introduca. Comunque sia, meglio perdermi che essere introdotto.[63]
Si. Ma io intendevo nella casa.
Te. Allora entro senza alcuna guida.
Si. Entra pure.
Te. Allora vado.
Tr. Un momento! Lascia che guardi se la cagna...
Te. E tu sbrigati a guardare.
Tr. Pssst! Pssst! Cagna! Va' sulla forca, vattene in malora! Sei ancora lì? Pssst! Via di lì.
Si. Non c'è pericolo. Avanti. È tranquilla come tutte le cagne gravide. Potete entrare senza paura. Io invece me ne vado al foro.
Te. Ci hai trattati con garbo. Buona camminata. (*Simone esce.*) Tranione, sbrigati. Fa' che qualcuno la tiri via dalla porta, questa cagna. Anche se non fa paura.
Tr. Ma guardala, guardala, come sta a cuccia tutta buona. Tu, se non vuoi fare la figura del rompiballe e del fifone...
Te. Come ti pare. E dunque seguimi da questa parte.[64]
Tr. Sta' sicuro che non mi scosto dai tuoi piedi. (*Entrano in casa.*)

ACTUS IV

PHANISCUS

Pha. Servi qui quom culpa carent tamen malum métuont,
i solent esse eris utibiles.
Nam illi qui nil metuont postquam sunt malum
meriti, 860
stulta sibi expetunt consilia:
exercent sese ad cursuram, fugiunt, sed i si
reprehensi sunt,
faciunt a malo, peculio quod nequeunt, augent,
ex pauxillo   *   de parant. 865
Mihi in pectore consili   *   *   *   *   malam rem
prius quam ut meum.
Ut adhuc fuit mi, corium esse oportet,
sincerum atque uti votem verberari.
Si huïc imperabo, probe tectum habebo, 870
malum quom impluit ceteris, ne impluat mi.
Nam, ut servi volunt esse erum, ita solet.
Boni sunt, <bonust>; inprobi sunt, malus fit.
Nam nunc domi nóstrae tot pessumi vívont,
peculi sui prodigi, plagigeruli. 875
Ubi advorsum ut eant voc<it>antur ero:
«Non eo, molestu' ne sis.
Scio quo properas: gestis aliquo; iam hercle ire vis,
mula, foras pastum».
Bene merens hoc preti inde apstuli. Abii foras.
Solus nunc eo advorsum ero ex plurumis servis. 880
Hoc die crastini quóm erus resciverit,
mane castigabit eos bubulis exuviis.
Postremo minoris pendo tergum illorum quam

ATTO IV

FANISCO

Fa. (*arrivando dalla piazza*) I servi che, anche quando non han colpe, temono ugualmente il castigo, sono i più utili ai padroni. Quelli che non han paura di niente, e poi si sono meritati un bel castigo, si mettono a fare dei piani da stupidi. Si allenano alla corsa e tagliano la corda. Ma se vengono acchiappati, fan provvista di guai, non di beni. Da pochi ne fanno tanti […] se li preparano. Io, per conto mio […] Bisogna proprio che la mia pelle rimanga com'era e come è, bella liscia, e quindi la preservo dalla frusta. Se sto attento a questo, avrò un buon riparo, sicché non piova su di me tutto quel male che piove sugli altri. Perché il padrone è tale, quale i servi lo vogliono. Sono buoni loro? Lui è buono. Se loro sono cattivi è cattivo anche lui. Il fatto è che a casa nostra ce ne sono dei pessimi, e tanti, prodighi del loro gruzzoletto, tappeti da frustate. Quando li chiamano perché vadano dal padrone: «Non ci vado, non rompere. Lo so perché tu ti affretti, tu vuoi combinare qualcosa… Sì, vuoi andar fuori al pascolo, tu che sei una mula». Ho fatto il mio dovere, io, ed ecco quel che ne ho ricavato. Sono stato fuori e adesso, unico fra tanti servi, vado incontro al padrone.[65] Domani, quando il padrone verrà a sapere tutto, li punirà con un nerbo di bue. Infine, della loro schiena m'importa assai meno che della mia. Frusteran-

                meum:
illi erunt bucaedae multo potius quam ego sim restio.

PINACIUM PHANISCUS

Pi. Mane tu atque adsiste ilico,   885
  Phanisce. Etiam respicis?
Pha. Mihi molestus ne sies.
Pi. Vide ut fastidit simia!
  Manesne ilico, inpure parasite?
Pha. Qui parasitus sum?
Pi.   Ego enim dicam: cibo perduci poteris quovis.
Pha. Mihi sum, lubet esse. Quid id curas?
Pi. Ferocem facis, quia te erus amat.
Pha.   Vah!   890
  Oculi dolent.
Pi.   Qur?
Pha.   Quia fumu' molestust.
Pi. Tace sis, faber, qui cudere soles plúmbeos nússmos.
Pha. Non \<pol\> potes tu cogere me ut tibi male dicam.
  Novit erus me.
Pi.   Suam quidem [pol] culcitulam oportet. 895
Pha. Si sobriu' sis, male non dicas.
Pi.   Tibi optemperem, quom tu mihi nequeas?
  At tu mecum, pessume, ito advorsus.
Pha.   Quaeso hercle apstine
  iam sermonem de istis rebus.
Pi.   Faciam et pultabo fores.
  Heus, ecquis hic est, maxumam qui his iniuriam
  foribus defendat? Ecquis has aperit fores?   900
  Homo nemo hinc quidem foras exit.
  Ut esse addecet nequam homines, ita sunt. Sed eo
         magi' cauto est opu' ne huc
  exeat qui male me mulcet.

no la frusta, loro, prima che io finisca a far corde.

PINACIO FANISCO

Pi. Fermati, tu, fermati subito. Vuoi voltarti, Fanisco?
Fa. Non scocciare.
Pi. Ma guardala, questa scimmia, che fa la sdegnosa! Ti fermi subito o no, sporco parassita?
Fa. Parassita? Perché?
Pi. Te lo spiego subito. Di te, con la promessa della mangiatoria, chiunque può fare quel che gli pare.
Fa. Sono come mi piace. Che te ne frega?[66]
Pi. Fai la faccia feroce perché il padrone ti vuol bene.
Fa. Ahi! Mi fanno male gli occhi.
Pi. Perché?
Fa. Il fumo mi disturba.[67]
Pi. Taci, per favore, tu che come fabbro batti moneta falsa.
Fa. No, non puoi indurmi a coprirti di male parole. Tanto il padrone mi conosce.
Pi. Bisogna pure, per Polluce, che lo conosca, il suo bel materasso.
Fa. Se tu fossi sobrio, non mi diresti queste parolacce.
Pi. Dovrei trattarti bene mentre tu non fai nulla per me? Ma tu, briccone, vieni con me, avanti.
Fa. Per Ercole, sei pregato di smetterla. Basta con queste chiacchiere.
Pi. D'accordo. E busserò alla porta. Ehi, c'è nessuno qui che guardi la porta dai pericoli?[68] C'è nessuno che apra? No, da questa porta non vien fuori nessuno. Succede così con i buoni a nulla. Ma proprio per questo bisogna star attenti, che non salti fuori qualcuno che me le suoni.

THEOPROPIDES TRANIO

Tr. Quid tibi visum est mercimoni?
Th. <Totus,> totus gaudeo.
Tr. Num nimio emptae tibi videntur?
Th. Nusquam edepol ego me scio 905
vidisse umquam abiectas aedis nisi modo hasce.
Tr. Ecquid placent?
Th. Ecquid placeant me rogas? Immo hercle vero
                                          perplacent.
Tr. Quoiusmodi gynaeceum? Quid porticum?
Th. Insanum bonam.
Non equidem ullam in publico esse maiorem hac
                                          existumo.
Tr. Quin ego ipse et Philolaches in publico omnis
                                          porticus 910
sumu' commensi.
Th. Quid igitur?
Tr. Longe omnium longissuma est.
Th. Di inmortales, mercimoni lepidi! <Si> hercle nunc
                                          ferat
sex talenta magna argenti pro istis praesentaria,
numquam accipiam.
Tr. Si hercle accipere cupies, ego numquam sinam.
Th. Bene res nostra conlocata est istoc mercimonio. 915
Tr. Me suasore atque impulsore id factum audacter
                                          dicito,
qui subegi faenore argentum ab danista ut sumeret,
quod isti dedimus arraboni.
Th. Servavisti omnem ratem.
Nempe octoginta debentur huic minae?
Tr. Hau nummo amplius.
Th. Hodie accipiat.
Tr. Ita enim vero, ne qua caussa supsiet. 920
Vel mihi denumerato, ego illi porro denumeravero.
Th. At enim ne quid captioni mihi sit, si dederim tibi.
Tr. Egone te ioculo modo ausim dicto aut facto fallere?
Th. Egone aps te ausim non cavere, ni quid committam
                                          tibi?

TEOPROPIDE TRANIONE

Tr. (*esce con Teopropide dalla casa di Simone*) Che te ne pare dell'affare?
Te. Sono pienamente soddisfatto.
Tr. Ti sembra che sia stata pagata troppo?
Te. No, per Polluce! Ch'io sappia, mai casa fu buttata via come questa.
Tr. Allora ti piace?
Te. E me lo chiedi? Per Ercole, mi piace e strapiace.
Tr. E il gineceo com'è? E il portico?
Te. Un prodigio! Sono convinto che non c'è cosa più grande, nemmeno nei pubblici edifici.
Tr. Pensa che io e Filolachete ce li siamo misurati tutti, i portici dei pubblici edifici.
Te. E allora?
Tr. Il più lungo è questo, e di gran lunga.[69]
Te. Che bell'affare, dèi immortali! Se uno mi offrisse ora sei talenti d'argento, se me li offrisse sull'unghia, per Ercole, non li accetterei.
Tr. Per Ercole, se tu volessi accettarli, non te lo permetterei.
Te. Con questo affare, i nostri soldi son stati ben investiti.
Tr. Dillo, dillo pure. Quest'affare è stato fatto su mio consiglio. L'ho spinto io dall'usuraio, a farsi prestare la pecunia che poi abbiamo dato al vicino come caparra.
Te. Hai salvato la barca. E allora gli dobbiamo ottanta mine, no?
Tr. Non un soldo di più.
Te. Che le abbia oggi stesso.
Tr. È giusto così, che non ci siano cavilli. Tu versa a me, se credi, io poi verserò a lui.
Te. Se sborso a te, mi sa che possa nascere un bidone.
Tr. Io oserei ingannarti? Anche solo per scherzo? A parole o coi fatti?
Te. Oserei fidarmi, io, a consegnarti qualcosa?

MOSTELLARIA · ACTUS IV

Tr. Quia tibi umquam quicquam, postquam tuo' sum,
                                            verborum dedi? 925
Th. Ego enim cavi recte: eam dis gratiam atque animo
                                                     meo!
    Sat sapio si aps te modo uno caveo.
Tr.   Tecum sentio.
Th. Nunc abi rús, dic me advenisse filio.
Tr.   Faciam ut iubes.
Th. Curriculo iube in urbem veniat iam simul tecum.
Tr.   Licet. 930
    Nunc ego me illac per posticum ad congerrones
                                                     conferam.
    Dicam ut hic res sint quietae atque hunc ut hinc
                                                     amoverim. –

PHANISCUS THEOPROPIDES PINACIUM

Pha. Hic quidem néque convivarum sonitus itidém ut
                                                antehac fuit,
    neque tibicinam cantantem neque alium
                                              quemquam audio.
Th. Quaé illaec res est? Quid illisce homines quaerunt
                                             apud aedis meas? 935
    Quid volunt? Quid intro spectant?
Pha.   Pergam pultare ostium.
    Heus, reclude, heus, Tranio, etiamne aperis?
Th.   Quaé haec est fabula?
Pha. Etiamne aperis? Callidamati nostro advorsum
                                               venimus.
Th. Heus vos, pueri, quid istic agitis? Quid istas aedis
                                               frangitis?
Pi. Heus senex, quid tu percontare ad te quod nihil
                                              attinet? 940
Th. Nihil ad me attinet?
Pi.   Nisi forte factu's praefectus novos,
    qui res alienas procures, quaeras, videas, audias.
Th. Non sunt istae aedes ubi statis.

Tr. Cosa? Io, da quando sono tuo servo, ti ho mai venduto parole?
Te. Proprio perché ci sto attento, io, grazie agli dèi e alla mia testa. Sono abbastanza furbo, se riesco a tenerti d'occhio.
Tr. Consento.
Te. Ora corri in campagna e avverti mio figlio del mio arrivo.
Tr. Come comandi, eseguirò.
Te. Digli che venga in città, con te, e di corsa.
Tr. Così sia. (*Tra sé*) Io, adesso, attraverso la porta di dietro,[70] raggiungo i miei amiconi; gli dirò che qui c'è bonaccia e che il vecchio l'ho fatto allontanare. (*Esce.*)

FANISCO TEOPROPIDE PINACIO

Fa. (*a Pinacio*) Ma qui non si sente più il chiasso dei convitati, che prima non mancava mai. Non sento nemmeno la flautista, e neppure gli altri.
Te. (*tra sé*) Che razza di roba è? Questi due, dinanzi a casa mia, che cosa van cercando? Che cosa vogliono? Perché spiano la casa?
Fa. Io continuo a bussare. Eilà, apri! Eilà, Tranione, ti decidi ad aprire?
Te. Ma che razza di storia è?
Fa. Ti sbrighi ad aprire? È per il nostro Callidamate che siamo venuti.
Te. Voi, giovanotti, perché fate così? Perché state scassando questa casa?
Pi. Tu, vecchio, perché ti impicci in ciò che non ti riguarda?
Te. Che non mi riguarda?
Pi. Per caso, ti hanno appena nominato prefetto per curare gli affari altrui, per indagare, guardare, ascoltare...[71]
Te. Quella casa lì, lì dove siete voi, è mia.

Pi.   Quid ais? An iam vendidit
aedis Philolaches? Aut quidem iste nos defrustratur
                                          senex.
Th. Vera dico. Sed quid vobis est negoti hic?
Pha.   Eloquar.   945
Erus hic noster potat.
Th.   Erus hic voster potat?
Pha.   Ita loquor.
Th. Puere, nimium delicatu's.
Pi.   Ei advorsum venimus.
Th. Quoí hominí?
Pi.   Ero nostro. Quaeso, quotiens dicendumst tibi?
Th. Puere, nemo hic habitat. Nam te esse arbitror
                               puerum probum.
Pha. Non hic Philolaches adulescens habitat hisce in
                                      aedibus? 950
Th. Habitavit, verum emigravit iam diu ex hisce
                                      aedibus.
Pi. Senex hic elleborosust certe. Érras pervorse, pater.
Nam nisi hinc hodie emigravit aut heri, certo scio
hic habitare.
Th.   Quin sex menses iam hic nemo habitat.
Pi.   Somnias.
Th. Egone?
Pi.   Tu.
Th.   Tu ne molestu's. Sine me cum puero loqui. 955
Nemo habitat.
Pha.   Habitat profecto, nám heri et nudius tertius,
quartus, quintus, sextus, usque postquam hinc
                                  peregri eiius pater
abiit, numquam hic triduom unum desitum est
                                           potarier.
Th. Quid ais?
Pha.   Triduom unum est haud intermissum hic
                                    esse et bibi,
scorta duci, pergraecari, fidicinas, tibicinas   960
ducere.
Th.   Quis istaec faciebat?

Pi. Che vai dicendo? Ecché Filolachete l'ha già venduta? O questo vecchio ci sta prendendo per il naso.
Te. Dico la verità, io. Ma voi, qui, di che vi preoccupate?
Fa. Te lo dico subito. Qui dentro, a bere, c'è il nostro padrone.
Te. Beve, qui dentro, il vostro padrone?
Fa. Così ho detto.
Te. Ragazzo mio, fai troppo lo spiritoso.
Pi. Ma noi gli veniamo incontro.
Te. Incontro a chi?
Pi. Al nostro padrone. Ma scusa, quante volte te lo dobbiamo ripetere?
Te. Ragazzo, qui dentro non ci abita nessuno. Perché credo che tu sia un buon ragazzo.
Fa. Filolachete, il giovanotto, non abita in questa casa?
Te. Ci abitava, sì, ma se ne è andato da un pezzo.
Fa. (*tra sé*) Questo vecchio è pazzo di sicuro. (*A Teopropide*) Padre, ti sbagli di grosso. Perché se lui non se ne è andato via oggi, o ieri, sono sicuro che abita proprio qui.
Te. Ma sono sei mesi che qui non ci sta più nessuno.
Pi. Ma tu stai sognando.
Te. Io?
Pi. Tu.
Te. Non seccare. Lasciami parlare con il ragazzo. No, non ci abita nessuno.
Fa. E invece sì, ci abita. Da ieri l'altro, tre quattro cinque giorni fa, da quando suo padre è andato all'estero, qui non si è mai stati tre giorni di fila senza bere.
Te. Ma cosa dici?
Fa. Non c'è stato giorno che si sia smesso, qui, di sbevazzare, mangiare, spassarsela alla greca, pagar puttane e suonatrici di cetra e di flauto.
Te. Chi faceva queste prodezze?

Pha.   Philolaches.
Th.   Qui Philolaches?
Pha. Quoiiu' patrem Theopropidem esse opinor.
Th.   Ei <ei>, occidi,
si haec hic vera memorat! Pergam porro
                                     percontarier.
Ain tu istic potare solitum Philolachem istum,
                         quisquis est,
cúm ero vostro?
Pha.   Aio, inquam.
Th.   Puere, praeter speciem stultus es.   965
Vide sis ne forte ad merendam quopiam devorteris
atque ibi ampliuscule quam sati' fuerít biberis.
Pha.   Quid est?
Th. Ita dico, ne ad alias aedis perperam deveneris.
Pha. Scio qua me eire oportet et quo venerim novi
                                        locum.
Philolaches hic habitat,quoiius est pater
                                 Theopropides.   970
Qui, postquam pater ad mercatum hinc abiit, hic
                                      tibicinam
liberavit.
Th.   Philolachesne ergo?
Pha.   Ita, Philematium quidem.
Th. Quanti?
Pha.   Triginta –
Th.   Talentis?
Pha.   Μὰ τὸν Ἀπόλλω, sed minis.
Th. Liberavit?
Pha.   Liberavit valide, triginta minis.
Th. Ain minis triginta amicam destinatam
                                     Philolachem? –
Pha. Aiio.
Th.   Atque eam manu emisisse?
Pha.   Aiio.
Th.   Et, postquam eius hinc pater   975
sit profectus peregre, perpotasse adsiduo, ác simul
tuo cum domino?

Fa. Filolachete.
Te. Quale Filolachete?
Fa. Quello, mi pare, che è figlio di Teopropide.
Te. Ahimè, sono perduto, se questo qui dice la verità. Continuerò ad interrogarlo. Filolachete, chiunque sia, tu dici che qui continuava a far festa insieme col tuo padrone?
Fa. Sì, ti dico.
Te. Ragazzo, tu sei scemo più di quel che sembri. Forse ti sei fermato a fare uno spuntino da qualche parte e hai bevuto più del necessario.
Fa. Che cosa?
Te. Dico così, che tu non sia arrivato per sbaglio a una casa che non c'entra.
Fa. Lo so bene dove debbo andare, conosco bene il posto dove son venuto. Abita qui, Filolachete, il figlio di Teopropide, il quale, dopo che suo padre è partito per affari, ha liberato una flautista.
Te. E così Filolachete...
Fa. Ma sì, Filemazio.
Te. Quanto ha speso?
Fa. Trenta.
Te. Trenta talenti?
Fa. No, mine, per Apollo![72]
Te. L'ha liberata?
Fa. Liberata. Trenta mine.
Te. Tu mi stai dicendo che Filolachete, per trenta mine, la sua amante...
Fa. Confermo.
Te. E l'ha liberata?
Fa. Confermo.
Te. E dopo la partenza per l'estero del padre ha continuato a far baldoria insieme con il tuo padrone?

Pha.   Aiio.
Th.   Quid? Is aedis emit has hinc proxumas?
Pha. Non aiio.
Th.   Quadraginta etiam dedit huic quae essent pignori?
Pha. Neque istuc aiio.
Th.   Ei! Perdis.
Pha.   Immo suom patrem illic perdidit.
Th. Vera cantas.
Pha.   Vana vellem. Patris amicu's videlicet. 980
Th. Eu edepol patrem eiius miserum praedicas!
Pha.   Nihil hoc quidem est,
triginta minae, prae quam alios dapsilis sumptus
                                                    facit.
Th. Perdidit patrem.
Pha.   Unus istic servos est sacerrumus,
Tranio: is vel Herculi †conterere quaestum potest†.
Edepol ne me eius patris misere miseret, qui quom
                                                istaec sciet 985
facta ita, amburet ei misero corculum carbunculus.
Th. Si quidem istaec vera sunt.
Pha.   Quid merear quam ob rem mentiar?
Pi. Heus vos, ecquis hasce áperit?
Pha.   Quid istas pultas ubi nemo intus est?
Alio credo comissatum abiisse. Abeamus nunciam –
Th. Puere –
<*Pha.*> Átque porro quaeritemus. Sequere hac me.
<*Pi.*   Sequor>. 990
Th. Puere, iamne abis?
Pha.   Libertas paenulast tergo tuo:
mihi, nisi ut erum metuam et curem, nihil est qui
                                                    tergum tegam. –

THEOPROPIDES SIMO

Th. Perii hercle! Quid opust verbis? Ut verba audio,
non equidem in Aegyptum hinc modo vectus fui,
sed etiam in terras solas orasque ultumas 995

Fa. Confermo.
Te. Che altro? Ha comperato la casa qui vicina?
Fa. Non confermo.
Te. E ha versato al vicino, per caparra, quaranta mine?
Fa. Non confermo neppure questo.
Te. Ahi, ahi, tu mi uccidi.
Fa. No, è lui che ha ucciso suo padre.
Te. Dici la verità.
Fa. Tu sei, vorrei sbagliarmi, un amico del padre, a quanto sembra.
Te. Ah come è disgraziato il padre di cui parli!
Fa. Sono niente, le trenta mine, rispetto alle altre spese pazze che ha fatto.
Te. Ha ucciso suo padre.
Fa. Qui c'è un servo tremendo, Tranione. Quello riuscirebbe a far fuori anche il tesoro di Ercole.[73] Per Polluce, provo davvero una gran compassione per suo padre, per quando verrà a sapere queste cose. Un carboncino ardente gli brucerà il cuore a quel poveraccio.
Te. Se tutte queste cose sono vere.
Fa. Che ci guadagno a raccontarti delle frottole?
Pi. (*bussando alla porta*) Ehi, voi, chi apre qui?
Fa. Ma che bussi a fare, se dentro non c'è nessuno? Ho idea che siano andati altrove a festeggiare. Muoviamoci, su...
Te. Ragazzo...
Fa. ... e ricominciamo a ricercare. Tu seguimi da questa parte.
Pi. Ti seguo.
Te. Te ne vai, ragazzo?
Fa. La libertà difende la tua schiena. La mia non ha difese se non rispetto e servo il mio padrone. (*Si allontana con Pinacio.*)

TEOPROPIDE SIMONE

Te. (*tra sé*) Sono morto, per Ercole! C'è bisogno di dirlo? Stando a quel che ho sentito, io da qui non sono andato soltanto in Egitto, no, sono andato sino alle terre solita-

sum circumvectus, ita ubi nunc sim nescio.
Verum iam scibo, nam eccum unde aedis filius
meus emit. Quid agis tu?
Si.   A foro incedo domum.
Th. Numquid processit ad forum | hodie novi?
Si. Etiam.
Th.   Quid tandem?
Si.   Vidi ecferri mortuom.
Th.   Hem!   1000
Si. Novom unum vidi mortuom ecferri foras.
Modo eum vixisse aiebant.
Th.   Vae capiti tuo!
Si. Quid tu otiosus res novas requiritas?
Th. Quia hodie adveni peregre.
Si.   Promisi foras,
ad cenam ne me te vocare censeas.   1005
Th. Hau postulo edepol.
Si.   Verum cras, nisi <qui> prius
vocaverit – me, vel apud te cenavero.
Th. Ne istuc quidem edepol postulo. Nisi quid magis
es occupatus, operam mihi da.
Si.   Maxume.
Th. Minas quadraginta accepisti, quod sciam,   1010
a Philolachete?
Si.   Numquam nummum, quod sciam.
Th. Quid, a Tránione servo?
Si.   <Nimi'> multo id minus.
Th. Quas arraboni tibi dedit?
Si.   Quid somnias?
Th. Egone? At quidem tu, qui istoc speras te modo
potesse dissimulando infectum hoc reddere.   1015
Si. Quid autem?
Th.   Quod me apsente hic tecum filius
negoti gessit.
Si.   Mecum ut ille hic gesserit,
dum tu hinc abes, negoti? Quidnam aut quo die?   1020
Th. Minas tibi octoginta argenti debeo.
Si. Non mihi quidem hercle. Verum, si debes, cedo.

rie alla fine del mondo, tanto che non so nemmeno dove mi trovo. Ma presto saprò la verità. Sì, ecco l'uomo da cui mio figlio ha comprato la casa. (*Forte*) Ehi, che stai facendo?

Si. Rientro a casa dal foro.
Te. È successo qualcosa di nuovo oggi al foro?
Si. Sì, certo.
Te. Cioè cosa?
Si. Ho visto portar via un morto.
Te. Oh che novità![74]
Si. Ho visto portar via un morto e dicevamo che prima era vivo.
Te. Ti venisse un accidente!
Si. E tu, scioperato, perché vai cercando novità?
Te. Perché io sono ritornato, proprio oggi, dall'estero.
Si. Ho promesso di uscire fuori a cena. Non ti illudere che ti inviti.
Te. Ma neanche ci penso, perdio.
Si. Però domani, se qualcun altro non invita... me, verrò a cenare a casa tua.
Te. Non penso nemmeno a questo. Se non hai di meglio da fare, dammi un po' del tuo tempo.
Si. Tutto quello che vuoi.
Te. Ch'io sappia, tu hai ricevuto quaranta mine da Filolachete?
Si. Nemmeno un soldo, ch'io sappia.
Te. E dallo schiavo Tranione?
Si. Meno ancora.
Te. Quelle che ti ha dato per caparra?
Si. Ma che ti stai sognando?
Te. Io? Tu piuttosto, che speri così, facendo il tonto, di render nullo il contratto.
Si. Cosa?
Te. Il contratto che, in mia assenza, mio figlio ha fatto con te.
Si. Quello, mentre tu eri via, avrebbe fatto un contratto con me? Quale contratto? In quale giorno?
Te. Ti son debitore di ottanta mine.
Si. Mio debitore? No, per Ercole. Però, se mi devi qualco-

Fides servanda est, ne ire infitias postules.
Th. Profecto non negabo debere, et dabo;
tu cave quadraginta accepisse hinc te neges. 1025
Si. Quaeso edepol huc me aspecta et responde mihi.
Q * * * * * * argenti minas
fu * * * * * *
Th.   Ego dicam tibi.
Tantu * * * * * * * * ebeat
de te aedis.
Si.   I<tane? De me> ille aedis emerit?
  *   *   *   *   *
Si. Te velle uxorem aiebat tuo nato dare,
ideo aedificare hic velle aiebat in tuis.
Th. Hic aedificare volui?
Si.   Sic dixit mihi.
Th. Ei mihi, disperii! Vocis non habeo satis. 1030
Vicine, perii, interii!
Si.   Numquid Tranio
turbavit?
Th.   Immo éxturbavit omnia.
Deludificatust mé hodie indignis modis.
Si. Quid tú ais?
Th.   Haec res sic est ut narro tibi:
deludificatust me hodie in perpetuom modum. 1035
Nunc te opsecro ut me bene iuves operamque des.
Si. Quid vis?
Th.   I mecum, | opsecro, | una simul.
Si. Fiat.
Th.   Servorumque operam et lora mihi cedo.
Si. Sume.
Th.   Eademque opera <ego> haec tibi narravero,
quis med exemplis hodie eludificatus est. 1040

sa, paga. Bisogna rispettarla, la parola data. Non sognarti di poter negare.

Te. Non negherò certo di esserti debitore. E pagherò. Ma tu, bada bene di non negare di aver ricevuto da noi quaranta mine.
Si. Per favore, guardami bene, per Polluce, e rispondimi: quaranta [...] mine d'argento? [...]
Te. Te lo ripeto. Per la tua casa, date [...]
Si. Così? Avrebbe, quello, comprato la casa da me?

* * * * *

Si. Tranione diceva che tu intendevi dar moglie a tuo figlio e perciò, diceva, volevi costruire qui, sul tuo.
Te. Io volevo costruire qui?
Si. Così mi ha detto.
Te. Ahimè, sono finito. Non ho più voce. Vicino mio, sono morto e stramorto.
Si. Forse che Tranione ha combinato?...
Te. No, ha scombinato. Tutto. Indegnissimamente mi ha turlupinato. Oggi e per sempre. E ora io ti supplico di soccorrermi, di aiutarmi.
Si. Che vuoi?
Te. Vieni con me, ti prego.
Si. E sia.
Te. Prestami i servizi dei tuoi servi. E qualche frusta.
Si. Prendili pure.
Te. Ti racconterò, nel frattempo, chi è che oggi mi ha conciato per le feste. (*Entrano in casa di Simone.*)

ACTUS V

TRANIO THEOPROPIDES

Tr. Quí homo timidus erit in rebus dubiis, nauci non
erit;
atque equidem quid id esse dicam verbum nauci
nescio.
Nám erus me postquam rus misit filium ut suom
arcésserem,
abii illac per angiportum ad hortum nostrum
clanculum, 1045
ostium quod in angiporto est horti, patefeci fores,
eaque eduxi omnem legionem, ét maris et feminas.
Postquam ex opsidione in tutum eduxi manuplaris
meos,
capio consilíum ut senatum congerronem
convocem.
Quoniam convocavi, atque illi me ex senatu
segregant. 1050
Ubi ego me video venire in meo foro, quantum
potest
facio idem quod plurumi alii, quibu' res timida aut
turbidast:
pergunt turbare usque ut ne quid possit
conquiescere.
Nam scio equidem nullo pacto iam esse posse haec
clam senem. 1055
Non amicus alius quis   *   *   *   rivabo se   *
aut   *   *   *   *   *   *   *   *   *
pro   *   *   *   *   *   *   *   *   *
ille qui   *   *   *   *   *   *   ero simul   *   1060

ATTO V

TRANIONE TEOPROPIDE

Tr. (*tra sé*) L'uomo che si mostra esitante nel pericolo non vale un fico. E io non saprei neanche dire che significhi la parola fico... Quando il padrone mi ha spedito in campagna a rimorchiargli il figlio, io, di nascosto, attraverso una viuzza, ho fatto un giro sino al nostro giardino. La porta del giardino, che dà sulla viuzza, io l'ho spalancata e di lì ho tirato fuori tutta la banda, uomini e donne. Dopo aver sottratto all'assedio la mia soldataglia, e averla messa al sicuro, delibero di convocare il senato dei bisboccianti. Non appena li convoco, mi scacciano dal senato, loro. E io, quando vedo che vengo tradito in casa mia, faccio, per quel che mi è possibile, ciò che fanno quelli, e sono tanti, che stanno in un guaio o in un pasticcio: vado avanti ad incasinare le cose sinché di tranquillo non c'è più niente. Lo so, lo so bene che non c'è modo di tener nascosta la faccenda al vecchio. Non c'è amico che [...][75] Gioco di anticipo, lo prendo

praeoccupabo atque anteveniam et foedus feriam.
                                    Me moror.
Sed quid hoc ést quod fori' concrepuit proxuma
                                    vicinia?
Eru' meus hicquidem est. Gustare ego eius
                                    sermonem volo.

Th. Ilico intra limen isti astate, ut, quom extemplo
                                    vocem,
continuo exsiliatis. Manicas celeriter conectite. 1065
Ego illum ante aedis praestolabor ludificatorem
                                    meum,
quoius ego hodie ludificabo corium, si vivo, probe.

Tr. Res palam est. Nunc te videre meliust quid agas,
                                    Tranio.

Th. Docte atque astu mihi captandumst cum illoc, ubi
                                    huc advenerit.
Non ego illi éxtemplo hamum ostendam, sensim
                                    mittam lineam. 1070
Dissimulabo me horum quicquam scire.

Tr.   O mortalem malum!
Alter hoc Athenis nemo doctior dici potest.
Verba illi non magi' dare hodie quisquam quam
                                    lapidi potest.
Adgrediar hominem, appellabo.

Th.   Nunc ego ille húc veniat velim.
Tr. Siquidem pol me quaeris, adsum praesens
                                    praesenti tibi. 1075
Th. Eugae! Tranio, quid agitur?
Tr.   Veniunt ruri rustici.
Philolaches iam hic aderit.

Th.   Edepol mi oppórtune advenis.
Nostrum ego hunc vicinum opinor esse hominem
                                    audacem et malum.

Tr. Quidum?
Th.   Quia negat novisse vos –
Tr.   Negat?
Th.   Nec vos sibi
nummum umquam argenti dedisse.

328

alla sprovvista, e stipulo un accordo. Ma che sto a perder tempo? Ma che c'è? La porta qui vicina sta cigolando. È il mio padrone, proprio lui. Voglio godermi il suo ragionamento.

Te. (*ai servi di Simone*) Statevene lì, sulla soglia, e, non appena vi do una voce, saltate subito fuori. Mettetegli rapidamente le manette. Io, davanti a casa, sarò ad aspettarlo, l'uomo che mi ha spellato vivo. Io gli spellerò la schiena, come si deve, e oggi stesso, se campo.

Tr. Tutto è scoperchiato. Tranione mio, ora è tempo che tu pensi ai cavoli tuoi.

Te. Debbo prenderlo, quello, giocando di fino, non appena arriva. No, non glielo mostrerò subito, l'amo, lancerò il filo poco a poco. Farò finta di non saper niente di niente.

Tr. Razza di carogna! Non puoi trovarne uno più furbo di lui ad Atene. A lui, oggi, nessuno può dargliela a bere più che a un sasso…[76] L'abbordo, lo chiamo.

Te. Vorrei che arrivasse, e subito.

Tr. Se per caso mi cerchi, per Polluce, sono qui, presente alla tua presenza.

Te. Salve, Tranione. Che si fa?

Tr. Vengono dai campi i campagnoli. Sarà subito qui Filolachete.

Te. Per Polluce, arrivi da me proprio a proposito. Ho idea che il nostro vicino sia uomo sfrontato e disonesto.

Tr. Perché?

Te. Dice, lui, che non vi conosce, voi.

Tr. Dice che non…

Te. … e che voi non gli avete dato nemmeno mezzo soldo.

Tr.   Abi, lúdis me, credo hau negat.   1080
Th. Quid iam?
Tr.   Scio, iocaris tu nunc \<istuc\>. Nam ille
quidem hau negat.
Th. Immo edepol negat profecto, neque se hasce aedis
Philolachi
vendidisse.
Tr.   Ého an negavit sibi datum argentum, opsecro?
Th. Quin ius iurandum pollicitust dare se, si vellem,
mihi,
neque se hasce aedis vendidisse neque sibi
argentum datum.   1085
       *   *   *   \<datum\> est.
Th. Dixi ego istuc idem illi.
Tr.   Quid ait?
Th.   Servos pollicitust dare
suos mihi omnis quaestioni.
Tr.   Nugas! Numquam edepol dabit.
Th. Dat profecto.
Tr.   Quin †et illum in ius si veniam†.
Th.   Mane.
Experiar, ut opino.
Tr.   \<«Opino»?\> Certum est. Mihi hominem cedo.   1090
Th. Quid si igitur ego accersam \<iam\> homines?
Tr.   Factum iam esse oportuit.
Vel hominem aedis iube mancupio poscere.
Th.   Immo hóc primum volo,
quaestioni accipere servos.
Tr.   Faciundum edepol censeo.
Ego interim hanc aram occupabo.
Th.   Quid ita?
Tr.   Nullam rem sapis.
Né enim illi huc confugere possint quaestioni quos
dabit.   1095
Hic ego tibi praesidebo, ne interbitat quaestio.
Th. Surge.
Tr.   Minime.
Th.   Ne occupassis, opsecro, aram.

Tr. Via, tu mi sfotti. Non credo che lui possa negare.
Te. E perché mai?
Tr. Lo so, tu stai scherzando, ora. Perché lui non nega di sicuro.
Te. Invece sì che nega. E dice anche che non l'ha venduta a Filolachete, la casa.
Tr. No?! E dice anche, di grazia, che non gli fu data la pecunia?
Te. Sicuro. E dice anche che confermerà con giuramento, se glielo chiedo, che non ha venduto la casa e che non ha ricevuto la pecunia [...] È proprio così che gli ho detto.
Tr. E lui, che risponde?
Te. Promette di consegnare tutti i suoi servi perché siano interrogati.[77]
Tr. Balle. Non li consegna di sicuro.
Te. Invece sì che li consegna.
Tr. E se io andassi in tribunale contro di lui?
Te. Aspetta. Credo che tenterò.
Tr. Tu credi? È sicuro. Dammelo, quell'uomo.
Te. E se io pretendessi subito i suoi servi?
Tr. Bisognerebbe averlo già fatto. Oppure da' l'ordine di citare quell'uomo per rivendicare la proprietà della casa.
Te. No, la prima cosa che pretendo è di ottenere gli schiavi per l'inchiesta.
Tr. Penso proprio che sia la cosa da fare. Intanto io vado ad occupare questo altare.[78] (*Prende posto sull'altare.*)
Te. E perché?
Tr. Non capisci niente. Perché gli schiavi, che ti consegnerà per l'inchiesta, non possano rifugiarsi qui. Io starò qui di presidio, in modo che l'inchiesta non si inceppi.
Te. Togliti di lì.
Tr. Manco per idea.
Te. Per favore, non tenerlo occupato, l'altare.

Tr.	Qur?
Th.	Scies.

Quia enim id maxume volo, ut illi ístoc confugiant.
 Sine:
tanto apud iudicem hunc argenti condemnabo
 facilius.

Tr. Quod agas, id agas. Quid tu porro serere vis
 negotium? 1100
Nescis quam metuculosa res sit ire ad iudicem?
Th. Surgedum huc igitur. Consulere quiddam est quod
 tecum volo.
Tr. Sic tamen hinc consilium dedero. Nimio plus sapio
 sedens.
Tum consilia firmiora sunt de divinis locis.
Th. Surge, ne nugare. Aspicedum contra me.
Tr. Aspexi.
Th. Vides? 1105
Tr. Video. Huc si quis intercedat tertius, pereat fame.
Th. Quidum?
Tr. Quia nil <illi> quaesti sit. Mali hercle
 ambo sumus.
Th. Perii!
Tr. Quid tibi est?
Th. Dedisti verba.
Tr. Qui tandem?
Th. Probe
med emunxti.
Tr. Vide sis, satine recte: num mucci fluont?
Th. Immo etiam cerebrum quoque omne é capite
 emunxti meo. 1110
Nam omnia male facta vostra repperi radicitus,
non radicitus quidem hercle verum etiam
 exradicitus.
Tr. Numquam edepol hodie †invitus destinant† tibi.
Th. Iam iubebo ignem et sarmenta, carnufex,
 circumdari.
Tr. Ne faxis, nam elixus esse quam assus soleo suavior. 1115
Th. Exempla edepol faciam ego in te.

Tr. Perché?
Te. Lo saprai. Perché io voglio proprio questo, che loro si rifugino lì. Ammetti: nel processo, mi sarà molto più facile farlo condannare al pagamento.
Tr. Fa' quel che hai da fare. Ma perché vuoi incasinare la faccenda? Lo sai bene che fregatura sono i processi.
Te. Togliti di lì, perché mi pare opportuno consigliarmi con te.
Tr. Anche di qui ti darò i miei consigli. Quando sono seduto io ragiono meglio. E poi i consigli che scendono dai luoghi sacri sono i più attendibili.
Te. Muoviti e non scherzare. Tu, guardami bene in faccia.
Tr. Ecco, ti ho guardato.
Te. Vedi?
Tr. Vedo. Qui, se si mette di mezzo un terzo, creperà di fame.
Te. Perché?
Tr. Che potrebbe guadagnarci lui? Per Ercole, noi due siamo troppo astuti.
Te. Io sono morto.[79]
Tr. Che ti prende?
Te. Me l'hai fatta.
Tr. Come?
Te. Mi hai proprio spremuto.
Tr. E tu non sei contento? Hai forse il moccolo al naso?
Te. No, non ce l'ho, perché tu dalla mia testa hai spremuto anche il cervello. Eh sì, le vostre malefatte, tutte quante, io le ho scoperte sino alle radici. Anzi, fin sotto le radici, per Ercole!
Tr. Per Polluce! Oggi, se io non consento, nessuno può mettermi nelle tue mani.
Te. Razza di boia, ora faccio portar qui sarmenti e fuoco, tutt'intorno a te.
Tr. Non farlo, prego. Son più saporito a lesso che in arrosto.
Te. Farò sì che tu sia citato come esempio.[80]

Tr.   Quia placeo, exemplum expetis?
Th.   Loquere: quoiusmodi reliqui, quom hinc abibam,
                                    filium?
Tr.   Cum pedibus, manibus, cum digitis, auribus,
                                  oculis, labris.
Th.   Aliud te rogo.
Tr.   Aliud ergo nunc tibi respondeo.
     Sed eccum tui gnati sodalem video | huc incedere   1120
     Callidamatem: illo praesente mecum agito, si quid
                                      voles.

CALLIDAMATES THEOPROPIDES TRANIO

Ca.   Ubi somno sepelivi omnem atque óbdormivi
                                  crapulam,
     Philolaches venisse \<dixit\> mihi suom peregre huc
                                  patrem
     quoque modo hominem ad\<venientem\> servos
                                  ludificatu' sit,
     ait se metuere in conspe\<ctum sui patris
                                  pr\>ocedere.   1125
     Nunc ego de sodalitate solus sum orator datus
     qui a patre eiius conciliarem pacem. Átque eccum
                                    optume!
     Iubeo te salvere et salvos quom advenis,
                                  Theopropides,
     peregre gaudeo. Hic apud nos hodie cenes, sic
                                      face.
Th.   Callidamate\<s\>, di te ament. De cena facio
                                  gratiam.   1130
Ca.   Quin venis?
Tr.   Promitte: ego ibo pro te, si tibi non lubet.
Th.   Verbero, etiam inrides?
Tr.   Quian me pro te ire ad cenam autumo?
Th.   Non enim ibis. Ego ferare faxo, ut meruisti, in
                                  crucem.
Ca.   Age mitte istaec. Tu ad me ad cenam –

Tr. Mi prendi ad esempio perché piaccio?
Te. Parla. Mio figlio, quando sono partito, come te l'ho lasciato?
Tr. Con i piedi e le mani, con le labbra e gli orecchi, gli occhi e le dita.
Te. Ben altro ti sto domandando.
Tr. Ben altro ti rispondo, adesso. Ma ecco là, cosa vedo, l'amico di tuo figlio, Callidamate, che sta arrivando qui. In sua presenza, se ti serve qualcosa, parlane pure con me.

CALLIDAMATE TEOPROPIDE TRANIONE

Ca. (*tra sé*) Dopo una bella dormita, ho sepolto tutta la mia sbornia. Filolachete mi ha detto che dall'estero è ritornato suo padre e mi ha spiegato come il suo schiavo lo abbia bidonato al primo incontro. Dice anche che ha paura di apparire al cospetto del suo genitore. Ora io sono stato eletto, da tutta la compagnia, come suo unico difensore, per ottenergli il perdono del padre. Ma eccolo là, proprio a proposito. (*Forte*) Ti auguro salute, Teopropide, e, poiché sei arrivato sano e salvo dall'estero, me ne rallegro. Oggi, qui, tu cenerai insieme con noi. Dimmi di sì.
Te. Callidamate, che gli dèi ti favoriscano. Ti faccio grazia della cena.
Ca. Non vuoi venire?
Tr. Accetta, dài. Se tu non ne hai voglia, ci andrò io.
Te. Tu, pelle da frustate, sfotti anche?
Tr. Perché mi offro di andare a cena al posto tuo?
Te. No, non ci andrai. Ti farò mettere in croce, come meriti.
Ca. Lascia perdere, via. E vieni da me, a cena...

MOSTELLARIA · ACTUS V

Tr.   Dic venturum. Quid taces?
Ca. Sed tu istuc quid confugisti in aram?
Tr.   Inscitissumus 1135
     adveniens perterruit me. Loquere nunc quid
                                            fecerim:
     nunc utrisque disceptator eccum adest, age
                                            disputa.
Th. Filium corrupisse aio te meum.
Tr.   Ausculta modo.
     Fateor peccavisse, amicam liberasse apsente te,
     faenori argentum sumpsisse; id esse apsumptum
                                            praedico. 1140
     Numquid aliud fecit nisi quod [faciunt] summis
                                     gnati generibus?
Th. Hercle mihi tecum cavendum est, nimi' qui's orator
                                           catus.
Ca. Sine me dum istuc iudicare. Surge, ego isti
                                      adsedero.
Th. Maxume, accipe hanc <tute> ad te litem.
Tr.   Enim istic captio est.
     Fac ego ne metuam <mihi atque> ut tu meam
                                    timeas vicem. 1145
Th. Iam minoris * * <fa>cio praequam quibu' modis
     me ludificatust.
Tr.   Bene hercle factum, et factum gaudeo:
     sapere istac aetate oportet qui sunt capite candido.
Th. Quid ego nunc faciam?
Tr.   Si amicus Diphilo aut Philemoni es,
     dicito is quo pacto tuo' te servos ludificaverit: 1150
     optumas frustrationes dederis in comoediis.
Ca. Tace parumper, sine vicissim me loqui, ausculta.
Th.   Licet.
Ca. Omnium primum sodalem me esse scis gnato tuo.
     Is adi[i]t me, nam illum prodire pudet in
                                     conspectum tuom 1155
     propterea quia fecit quae te scire scit. Nunc te
                                               opsecro,
     stultitiae adulescentiaeque éiius ignoscas: tuost;

Tr. Digli che ci sarai. Ma perché taci?
Ca. Ma tu, perché ti sei rifugiato lì sull'altare?
Tr. Questo sciocco mi ha fatto paura, al suo arrivo. (*A Teopropide*) Tu adesso digli che cosa ho fatto. Eccolo qui l'arbitro fra noi due. Avanti, per ora.
Te. Dico che ha corrotto il figlio mio.
Tr. Ascolta un po'. Confesso che è caduto in fallo, che in tua assenza ha riscattato una ragazza, che ha contratto un mutuo ad interesse, e aggiungo che ha speso tutto quanto. Ma che ha fatto più di quel che fanno i figli di buona famiglia?
Te. Perdio, con te bisogna stare in guardia. Sei un avvocato troppo furbo.
Ca. Permetti che sia io a giudicare. (*A Tranione*) Levati, qui mi metto a sedere io.
Te. Ottimamente. Assumi tu l'incarico di giudicare.
Tr. Mica c'è una trappola, qui? Fa' in modo che io non abbia a temere per me, che anzi sia tu a temere per te.
Te. Delle altre cose poco mi curo, [...] ma non della maniera con cui mi ha bidonato.
Tr. L'ho fatto a regola d'arte e mi compiaccio di averlo fatto. Quelli della tua età, con i capelli bianchi, debbono avere un po' di sale in zucca.
Te. E io adesso che faccio?
Tr. Sei amico di Difilo e Filemone? Digli in che modo il servo tuo ti ha bidonato. Gli darai, per le loro commedie, bellissimi esempi di bidone.[81]
Ca. Stattene un po' zitto. Permetti che sia io a parlare. (*A Teopropide*) Ascolta.
Te. Ti ascolto.
Ca. Anzitutto tu sai che sono amico di tuo figlio, il quale si è rivolto a me perché si vergogna di comparire al tuo cospetto, dato che sa bene che tu sei al corrente di tutto ciò che ha combinato. Ora io ti supplico: perdona alla sua stupidità e alla sua giovinezza. È tuo figlio. Sai bene

MOSTELLARIA · ACTUS V

    scis solere illanc aetatem tali ludo ludere.
    Quidquid fecit, nobiscum una fecit: nos
                                       deliquimus.
    Faenus, sortem sumptumque omnem, quí amica
                           <empta> est, omnia   1160
    nos dabimus, nos conferemus, nostro sumptu,
                                           non tuo.
Th. Non potuit venire orator magis ad me impetrabilis
    quam tu; neque sum illic iratus neque quicquam
                                      suscenseo.
    Immo me praesente amato, bibito, facito quod
                                      lubet:
    si hoc pudet, fecisse sumptum, supplicí habeo
                                            satis.   1165
Ca. Dispudet.
Tr.   <Post> istam veniam quid me fiet nunciam?
Th. Verberibus, lutum, caedere pendens.
Tr.   Tamen etsi pudet?
Th. Interimam hercle ego <te> si vivo.
Ca.   Fac istam cunctam gratiam:
    Tranio remitte quaeso hanc noxiam caussa mea.
Th. Aliud quidvis impetrari a me facilius perferam   1170
    quam ut non ego istum pro suis fáctis pessumis
                                         pessum premam.
Ca. Mitte quaeso istum.   *
Th.   Viden ut restat furcifer?
Ca. Tranio, quiesce, si sapi'.
Th.   Tu quiesce hanc rem modo
    petere: ego illum, ut sit quietus, verberibus
                                       subegero.
Tr. Nihil opust profecto.
Ca.   Áge iam, sine ted exorarier.   1175
Th. Nolo ores.
Ca.   Quaeso hercle.
Th.   Nolo, inquam, ores.
Ca.   Nequiquam nevis.
    Hanc modo unam noxiam, unam – quaeso, fac
                                   caussa mea.

che alla sua età si fanno simili giochi. Tutto ciò che ha fatto, l'ha fatto insieme con me: noi abbiamo sbagliato.[82] Prestito a interesse, tutte le spese che abbiam fatto per liberare la sua bella, noi le renderemo, noi le salderemo, a carico nostro, non tuo.

Te. No, non poteva presentarsi a me oratore più irresistibile di te. Non sono più in collera con lui e nemmeno sdegnato. Dirò di più: faccia, in mia presenza, ciò che gli pare, amando e bevendo. Se prova vergogna per quanto ha dissipato, la pena per me è sufficiente.

Ca. E lui si vergogna profondamente.

Tr. Dopo tanta clemenza, che mi succederà?

Te. Tu, immondizia, sarai appeso e distrutto a suon di bastonate.

Tr. Anche se provo tanta vergogna?

Te. Per Ercole, io stesso ti accopperò, se campo.

Ca. Fa' che il tuo perdono sia totale: fagli la grazia, ti prego, per la sua colpa. Per amor mio!

Te. Rinunciare a punire questo furfante per le sue furfanterie? Piuttosto mi lascio convincere a tutto.

Ca. Ti supplico, perdonalo. […]

Te. Non vedi com'è insolente, questo pendaglio da forca?

Ca. Piantala, Tranione, se hai un briciolo di cervello.

Te. Piantala tu di sollecitare il mio perdono. Lo metto a posto, io, a suon di bastonate.

Tr. Ma non ce n'è bisogno.

Ca. Suvvia, dammi il permesso di pregarti.

Te. No, non voglio che tu mi preghi.

Ca. Per Ercole, ti prego.

Te. Ripeto che non voglio che mi preghi.

Ca. Non vuoi? È inutile. Concedigli il perdono per questa sua unica colpa, te ne prego. Fallo per amor mio.

Tr. Quid gravaris? Quasi non cras iam commeream
                              aliam noxiam:
  ibi utrúmque, et hoc et illud, poteris ulcisci probe.
Ca. Sine te exorem.
Th.   Age abi, abi inpune. Em huíc habeto gratiam. 1180
  Spectatores, fabula haec est acta, vos plausum date.

Tr. Perché rifiuti? Come se già domani non potessi combinartene un'altra. Allora tu potrai, e giustamente, vendicarti di tutte e due le colpe, questa e quella.[83]
Ca. Su, lascia che io ti supplichi.
Te. Suvvia, vattene! Vattene impunito. A lui devi dir grazie. Spettatori, la commedia è giunta alla fine. A voi non resta che applaudire.

NOTE

AULULARIA

1 Le lettere con cui cominciano i nove versi del secondo *Argomento* forniscono il nome della commedia. Gli acrostici (così si chiamano queste composizioni letterarie) plautini risalgono probabilmente a un grammatico del I sec. a.C., Aurelio Opilio. Vico Faggi ha salvato il giochetto ricorrendo a una serie di doppi endecasillabi.
2 Al genio protettivo della famiglia, il Lare, spettavano nell'ambito della casa corone di fiori, libagioni, offerte d'incenso alle calende, alle none, alle idi e nei compleanni, nei matrimoni ... La fanciulla che lo venera tutti i giorni dimostra, dunque, eccezionale pietà religiosa. Non è raro, nella commedia, che un dio disposto amichevolmente esponga quanto sta per succedere: così fa Pan nel *Misantropo*, così fa la dea Agnoia nella *Donna dai capelli tagliati* di Menandro. Cfr. anche la nota 3.
3 Come osserva Antifane, un poeta della cosiddetta Commedia di Mezzo, al contrario che nella tragedia, nella commedia «sono nuovi i nomi, l'antefatto del passato, le vicende in atto, l'inizio e la conclusione» (fr. 191 Kock). Occorre, dunque, abbondare in informazioni. E così fa Plauto nei suoi prologhi. Terenzio invece usa i prologhi come arma di discussione, come mezzo per chiarire e difendere il suo modo di far teatro. Contrariamente al proprio nome, il prologo non sempre apriva la commedia: qualche volta era preceduto da una scena dialogata; così succede più volte in Menandro (*L'arbitrato*, *Il Genio tutelare*, *Lo scudo*), e nella *Cistellaria* o nella *Mostellaria* di Plauto.
4 Il motivo di una fanciulla violentata durante una festa notturna da uno sconosciuto e che finirà per sposarsi felicemente con il suo seduttore è frequente nella Commedia Nuova e viene utilizzato anche da Plauto: cfr. *Cistellaria* 156-158. Le feste durante le quali si verificava il malfatto potevano essere le Adonie, le Demetrie, le Dionisie, le Tauropolie... Plauto parla di *Cereris vigiliae*. È un calco dal greco o un'allusione effettiva ai cosiddetti *initia Cereris*, ovvero i *Graeca sacra festa Cereris ex Graecia translata*, istituiti durante la seconda guerra punica e celebrati nel mese di agosto?
5 L'avaro è tormentato da varie ansie: il desiderio di possedere, la paura di perdere, il bisogno di guardare il proprio oro e argento. Tale esigenza nasce sia dalla gioia contemplativa sia dalla diffidenza. Appunto fra i *tic* del diffidente, Teofrasto (*Caratteri* XVIII 2-3) mette quello di fermarsi a contare a ogni stadio il denaro che ha addosso e quello di alzarsi

NOTE

dal letto prima di addormentarsi per controllare, nonostante le assicurazioni della moglie in proposito, se è stato chiuso bene il forziere, se la credenza con il vasellame è stata ben sigillata.

6 Così Molière imita, ne *L'avaro* (1668), la felice entrata in scena di Euclione: «Fuori, subito, senza fiatare. *Marche*, fila via, canaglia, pezzo da forca... non voglio sentirmi sempre alle costole uno spione, un traditore, che con quegli occhi maledetti assedia ogni mio gesto...» (trad. Massimo Bontempelli). *Cum oculis emissiciis* (v. 41) è bel conio linguistico di Plauto (*emissus* appartiene alla sfera militare e vale 'mandato in esplorazione') che suggerisce occhi che si staccano dal corpo, e poi si aprono sulla nuca (v. 64; per questi ed altri *monstra* anatomici, atti a convogliare lo spettatore su particolari forti cfr. Giannina Solimano, *Il corpo nel teatro plautino*, «Studi italiani di filologia classica» LXXXVI, 1993, pp. 224-42). Il nome Euclione vale tanto 'Buonafama', ove lo si colleghi con *kleos* 'gloria', quanto 'Serrabene' se lo si connetta maliziosamente con *kleio* 'chiudo'. L'appellativo della serva, Stafila, ossia 'grappolo d'uva', potrebbe indicare una tendenza al bere come quello di Canthara (una serva dell'*Epidico*): la 'Bicchierona'.

7 *Incedit* indica il camminare senza premura, cfr. Terenzio, *Eunuco* 918-919 (*virum bonum eccum Parmenionem incedere video: vide ut otiosus sit!*). Il tono di Euclione si fa più irritato nel deprecare il successivo «passo di tartaruga»; l'alterco tra l'avaro e la serva ricompare puntualmente in tutte le riprese moderne di *Aulularia*, fino a *Il vero amico* di Carlo Goldoni (atto I, sc. VII).

8 Si notino, nel testo, l'espressione allitterante *scelesta sola secum*, ma anche il gioco fonico delle vocali scure, *secum murmurat*, un brontolio che fa seguito alle sibilanti maledizioni del vecchio. Più avanti, a v. 55, la triplice ripetizione di *etiam* pare scandire i tre passi indietro della serva, prima dello *stop*.

9 Nella Roma repubblicana, la croce era la più severa punizione per gli schiavi e per i liberi non romani. Più tardi venne applicata come supplizio ai cristiani. Rimane unica nella commedia la sincera confessione di v. 66: l'oro è anche un tormento.

10 Il calzolaio, per definizione *sedentarius* (v. 513), per di più anche zoppo, suggerisce un'immagine di assoluta immobilità. Tra una battuta e l'altra, attraverso i dialoghi oppure indirettamente, tramite le indicazioni del Lare e della serva, si va delineando il carattere di Euclione (vv. 22; 37-39; 60-66; 71-73; 90-100; 113-117). Il primo atto è privo di azione vera e propria, e il *senex avarus* è padrone assoluto della scena. La tipologia dell'avaro si presenta con varie sfaccettature nella commedia antica: dal taccagno di Difilo (fr. 99 Kock) allo zio malvagio che vuole avere tutto, allo Smicrine attaccato al centesimo (rispettivamente nello *Scudo* e nell'*Arbitrato* di Menandro). Teofrasto descrive ben quattro maniere di essere avaro; cfr. *Caratteri* IX, X, XXII, XXX. Nell'*Aulularia* di Plauto l'attaccamento all'oro del protagonista è divertente, ma si rivela anche pericolosamente patologico.

11 *Defaecato animo*, rafforzato dal *demum* allitterante, è espressione molto colorita, che si sarebbe tentati di tradurre «con l'animo scaricato». L'aggettivo deriva da *fex* 'il residuo dell'uva torchiata', 'la feccia', da cui l'italiano 'feci', 'escrementi'.

12 La moneta aurea più pregiata in Grecia fu in un primo tempo il darico, messo in circolazione verso il 515 a.C. dal re persiano Dario I. Ma a partire dalla metà del IV sec. a.C. ne circolò un'altra, coniata nel 348 dal sovrano di Macedonia Filippo II. Per la ricchezza di Filippo cfr. anche v. 704.

13 È ovvio che Euclione si preoccupi molto dell'eventualità che un vicino chieda un po' di brace, dato che la pentola è sepolta nel focolare. Senza nesso logico, per analogia comica, il divieto viene esteso all'acqua. La *aquae et ignis interdictio* era la formula, nel mondo romano, per l'interdizione e per l'esilio. Secondo David Konstan, il divieto dell'acqua e del fuoco nominato da Euclione è un segno della sua emarginazione, della sua condizione di "diverso" concentrato sul proprio tesoro ed estraneo al vivere sociale («*Aulularia*»: *City State and Individual*, in *Roman Comedy*, Ithaca-Londra 1983, pp. 33-46). Stilisticamente, è notevole qui la mitraglia comica con iperbole crescente fino al paradosso. Si passa dal fuoco, senza motivo, a coltelli, scure, pestello, mortaio... e Buona Fortuna.

14 *Occlude ianuam* (v. 89) e *Occlude fores* (v. 104) sono ordini secchi che ricordano l'idea ossessiva che Euclione (cfr. la nota 6) porta anche nel nome proprio. Vi è una significativa consonanza con il misantropo menandreo (*Dyskolos* 427).

15 È uno stato d'animo complesso, quello di Euclione, dominato dallo stupore che si nutre di sospetto e paura. Tutti si interessano a lui: come mai è divenuto oggetto di tante attenzioni? Cosa sta succedendo? Euclione passa in rassegna le cortesie che gli vengono tributate e si rode nel dubbio: «sanno o non sanno?». Ma l'interrogativo resta senza risposta esplicita.

16 L'azione riparte con uno staccato, passando dal discorsivo (accelerato) dei senari giambici a una sorta di duetto in metri svariati. L'agitato con foga cede il posto a un adagio cantabile.

17 Le punte comiche sono almeno due. Intanto, l'attacco contro la loquacità femminile proviene non da un uomo ma da una donna (cfr. G. Petrone, *Ridere in silenzio*, in *La donna nel mondo antico. Atti del II Convegno Nazionale di Studi*, Torino 1989, pp. 96-97). E poi, Eunomia depreca il gran blaterare delle altre con uno sproloquio che non concede spazio alcuno per Megadoro.

18 Megadoro in un infervorato asindeto elenca in due versi le cause dei guai e i guai relativi: una *uxor dotata* è solo preludio di mali. L'efficacia dell'asindeto è rinforzata dalle allitterazioni finali: *dotes dapsiles, pallas, purpuram*. Plauto è un virtuoso degli asindeti, si inventa serie spettacolose. Si veda per es. il torrentizio sussequirsi di ingiurie nel *Persa* (vv. 406 sgg.): *lutum lenonium, commixtum caeno, sterculinum publicum,*

impure, inhoneste, iniure, inlex, labes popli, pecuniae accipiter...
19 Il colloquio molto corretto (probabile eco di toni menandrei) tra due persone comprensive, attente a non offendersi, dotate di ironia e di buon senso si chiude con una dichiarazione ferma di Megadoro: «E povera mi piace». Essa non contraddice l'educato comportamento del vecchio, non si configura come un secco "è così e basta". È una constatazione realistica: e fratello e sorella si lasciano affettuosamente.
20 L'accento, nel soliloquio di Euclione, batte su una parola dolente, *domus*, ripetuta tre volte. Egli si sdoppia: materialmente è lì, ma con il cuore è a casa sua, in quella casa che non voleva abbandonare (v. 105). «Che fretta di fare in fretta» rispetta il giochetto *properare propero*, per il quale cfr. anche v. 393.
21 *Dote cassam* alla lettera significa 'senza dote' (da *careo* 'sono privo', e cfr. i vv. 238; 256; 258). In una ripresa rinascimentale di *Aulularia*, *La sporta* (1542), il fiorentino Giambattista Gelli sfruttò il potenziale comico della lamentela di Euclione, facendo di «senza dote» il ritornello dell'avaro Ghirigoro (atto I, sc. 3; atto III, scc. 1, 6 e 7). Molière rincarò felicemente la dose, accentuando l'ossessione di Arpagone (*L'avaro*: atto I, scc. 6 e 10).
22 Gli incubi dell'avaro prendono la forma di mostri dalle bocche spalancate, di delinquenti che ammansiscono un cane da guardia, di piovre tentacolari. Ma il punto di partenza è reale, è la coscienza, ben salda nei latini, che il ricco è sempre superiore, in tutto e per tutto, al povero. Lo ricorda ad ogni passo lo stesso uso della coppia di aggettivi *dives / pauper*: *dives* è sempre soggetto delle frasi (oltre v. 196 cfr. vv. 184; 226; 284; 489; per il troneggiare dell'oro, cfr. vv. 701-702. Uno studio approfondito sull'argomento in Monique Crampon, *Salve lucrum*, Parigi 1985, pp. 218-20 in particolare).
23 *Harpagare*, letteralmente 'cogliere con l'arpione' è estroso calco plautino dal greco *harpazo*. L'indovinato vocabolo si trova anche altrove: nelle *Bacchidi* si dichiara che la persona onesta deve saper fare il bene e il male, perciò deve essere carogna con le carogne ed arraffare (*harpaget*, v. 657) con i ladri. Nello *Pseudolus*, un cuoco è considerato un modesto briccone, visto che fino a quel momento ha "arraffato" solo una tazza e un boccale (v. 957). Un personaggio dello stesso *Pseudolus* si chiama *Harpax* 'Rapinatore' (vv. 652-654). L'amore, nel *Trinummus*, viene definito, tra l'altro, «rapace» (*harpago*, v. 238). Molière ha adottato l'invenzione plautina, chiamando *Harpagon* il protagonista del suo *Avaro*.
24 *Aurum olet* diviene proverbiale e rimane nella memoria letteraria anche durante il millennio medievale, quando Plauto era solo un nome. Da questa battuta al v. 216 prende le mosse la scena iniziale del II atto del *Querolus sive Aulularia* di autore anonimo (V secolo?): *aurum est quod sequor: hoc est quod ultra maria et terras olet*. Il *Querolus*, che trasse molto poco (il monologo del Lare e qualche suggestione, cfr. la nota 58) dalla commedia plautina, venne imitato da Vitale di Blois (XII sec.) in una *Aulularia* in cui Vitale credette di riprendere Plauto.

25 La versione di Vico Faggi, «sorbirmi mali e malanni mescolati», cerca di riprodurre la felice allitterazione *malum maerore metuo mixtum*, per la quale cfr. anche *Pseudolus* 784 (*male malum metuo miser*). La dichiarazione è frizzante, perché la beona (cfr. la nota 6) è costretta a bere «vino annacquato dalle lacrime».
26 Pitodico entra con i viveri comprati e i cuochi e le flautiste ingaggiate dal generoso Megadoro, a pro anche del vecchio avaro. Il termine *obsonium* 'noleggio' viene applicato con malizia da Antrace anche a cuochi e flautiste. Da qui scaturisce una serie di lazzi scurrili. *Aulularia* utilizza molti aspetti del comico, e non poteva mancare il ricorso ad un osceno allegro. I nomi dei personaggi sono, ancora una volta, parlanti: Antrace indica il colore della pelle, Strobilo equivale al nostro 'Trottola' e Congrione, che corrisponde al nostro pesce grongo, ben si adatta ad un cuoco. Anche se Strobilo è Trottola, però, la parte del *servus currens* toccherà al cuoco (cfr. la nota 32). La commedia alterna tre tipi di comico: quello ricco di *verve* di Euclione e della vecchia, quello ironico-garbato di Eunomia e Megadoro e questo, popolaresco e osceno, dell'altercò dei servitori (*velitatio*), il più gradito al pubblico romano.
27 L'aggettivo *aridus* suggerì a Lorenzino de' Medici il nome proprio Aridosio per il protagonista dell'omonima commedia (1536) modellata in gran parte su *Aulularia*. Lorenzino completò i tratti del *senex avarus* con quelli del *danista* (l'"usuraio' di *Mostellaria*, atto III, sc. 1) creando un tipo drammatico destinato a grande fortuna (il punto d'arrivo è Shylock, lo strozzino derubato di oro e figlia ne *Il mercante di Venezia* di Shakespeare).
28 Giovani innamorati, etere, fanciulle sedotte, cuochi sono, secondo un retore antico, tra i personaggi più familiari a Menandro. In effetti, in almeno undici delle commedie di Menandro si affaccia il *mageiros* 'cuoco'. In Plauto tale figura si incontra sette volte (accanto all'*Aulularia* si vedano *Casina, Curculio, Menaechmi, Mercator, Miles, Pseudolus*). Nell'*Aulularia* e nello *Pseudolus* il cuoco occupa una posizione di spicco: nello *Pseudolus* per oltre cento versi (790-904) entrano in ballo lui e la sua professione (cfr. i dati raccolti da A. Giannini in «Acme» XIII, 1960, pp. 135-214).
29 La vecchia Stafila, sempre pronta a rinfrescarsi l'ugola, domanda ironicamente se si celebrano le nozze di Cerere. Durante le feste matronali per Cerere-Demetra introdotte dalla Grecia nel III sec. a.C. (cfr. nota 4) ci si asteneva dal pane, dal vino ed era obbligatoria la castità. Ma il divieto non riguarda il culto nazionale antico: in esso il vino giocava un suo ruolo. Cfr. H. Le Bonniec, *Le culte de Cérès a Rome*, Paris 1958, pp. 416-17 e 439-40.
30 La tirata di Euclione sul costo della vita ha goduto meritata fortuna nella storia del teatro. Carlo Goldoni, per esempio, se ne ricordò nella lagna di Ottavio: «Tutto caro, tutto caro» lamenta l'avaro, deprecando con il servo Trappola gli sperperi al mercato (*Il vero amico*, atto I, sc. 7).
31 Euclione regolarmente ordina a Stafila di chiudere la porta (vv. 89;

103-104; 274) e ora non solo la trova aperta, ma sente urlare dal di dentro e da una voce sconosciuta la terrificante parola «Pentola». Immediatamente equivoca, perché è preda di un'ossessione. L'equivoco è uno degli strumenti del riso nell'*Aulularia*: cfr. la splendida scena (vv. 731-764) in cui Liconide parla della fanciulla e Euclione crede che parli della pentola.

32 È una variante delle scene del *servus currens* tipiche nella commedia latina (se ne contano quindici). In Plauto il servo irrompe trafelato, ha fretta di portare una notizia importante e ne ritarda il più possibile la comunicazione (contrasto comico: vedi la nota 26). Probabilmente l'appello a cedere il passo, a fare largo è rivolto agli spettatori, come se fossero la folla che il servo deve fendere. Ma non esiste in Plauto un espediente che si riproponga identico a se stesso. Qui il *servus currens* è un cuoco, il quale informa sì di quanto è successo all'interno di una casa, ma soprattutto si preoccupa di mettersi in salvo.

33 In scena, probabilmente, i due sono entrati impugnando rispettivamente un legno ed un coltello da cucina (che Congrione brandisce da quando ha detto «so io come regolarmi», v. 412). La traduzione del v. 422 restituisce l'assonanza in liquida (*mollior... ullus*) ed il significato dell'insulto. Il termine *cinaedus* (di incerta etimologia) indicò, probabilmente, ballerini di origine ionica che si esibivano in danze lascive. Ben presto, però, acquistò significato ingiurioso, passò a indicare (sia in greco che in latino, cfr. Catullo, XVI 2) gli effeminati, i molli.

34 *Ita me amet* è la tipica formula di invocazione ad un dio perché porti aiuto, ma assume qui valore asseverativo. Laverna era una divinità forse di provenienza etrusca, connessa con l'oscurità, protettrice dei guadagni illeciti, e quindi dei truffatori e dei ladri (chiamati anche *laverniones*). A Roma esistevano una Porta Lavernale, un'ara ed un bosco sacro alla dea.

35 Il momento in cui Euclione dichiara convinto che anche i polli cercano, prezzolati da qualcuno, il suo oro, costituisce l'acme grottesca di una fissazione. «Fu la guerra del gallo gallinaceo» significa probabilmente «fu un vero trionfo gallico», quello cioè di un romano contro temibili nemici, i Galli. Il *metus* dell'avaro è stato recentemente riletto come «forma acuta di isteria che, scatenata nel subconscio, diviene sfrenata a livello conscio» (D. Averna, *Male malum metuo*, Palermo 1990, pp. 157-61).

36 Megadoro rovescia la prospettiva di Euclione sulla distanza incolmabile tra *divites e pauperes* (vv. 226-227) e arriva a immaginarsi un mondo migliore ove i ricchi sposano le povere, a scusa forse della sua trasgressione (cfr. la nota 19). Un esame puntuale dei ragionamenti opposti dei due *senes* in W. Stockert, *Zur sprachlichen Charakterisierung der Personen in Plautus' «Aulularia»*, «Gymnasium» LXXXIX, 1982, pp. 7-8). Euclione giunge ad augurarsi che Megadoro divenga «prefetto dei costumi delle donne» (v. 504), che non è una carica romana (a meno che non si pensi al *censor*: cfr. la nota 71 a *Mostellaria*), ma greca. Come esisteva ad Atene (e altrove) un sorvegliante dei ragazzi, il *paidonomos*, co-

sì c'era un *gynaikonomos* per controllare il comportamento delle donne (una magistratura che Aristotele, *Politica* 1300 a 4-5 definisce istituzione aristocratica).

37 Megadoro attacca gli sperperi delle donne con parole a raffica, affastellate, rimate, assonanti (entro i vv. 505-522 compaiono ben sedici sostantivi in *-arii*). L'accavallarsi delle parole, il loro susseguirsi mozzafiato conta più del significato delle parole stesse, contribuisce a dare l'idea del torrente di denaro che fluisce via. Al tempo stesso c'è un elogio (involontario) del dinamismo, della frenetica attività di una grande città come Roma.

38 Euclione tiene ancora nascosta sotto le vesti la pentola con l'oro (cfr. i vv. 449 e v. 467); è colto subito dal sospetto, non capisce che Megadoro sta parlando in termini augurali e generici.

39 Euclione si apparta per sfogarsi e borbottare in santa pace, Megadoro lo invita scherzosamente a non allontanarsi dal senato, cioè dal dialogo fra due *senes*.

40 Il gioco di parole è con *cura* ('affanno') ma anche con *curia* (il *magister curiae* poteva distribuire da mangiare: cfr. vv. 179-180).

41 La pentola sembra quasi una persona che conservi tra le proprie braccia un bene immenso; di qui il vocativo affettuoso che il *senex* indirizza al custode del proprio tesoro. È uno splendido esempio di sineddoche (il contenente per il contenuto) che verrà adottato largamente nelle commedie del '500 e '600 europeo, regolarmente da Carlo Goldoni (cfr. *Il geloso avaro*: «Caro el mio scrigno, che tu me costi tanti spasimi»).

42 Ben cinque volte, nel finale della sua preghiera, Euclione insiste sulla *fides* o termini derivati (*fiducia, fretus*). Ma della Fede Euclione finirà per dubitare (vv. 667-676) e così porterà altrove il suo oro. Tale gesto, unitamente alla ferrea volontà di tenere fermo il proprio peculio (a Roma la circolazione del capitale era una *virtus*) è segno dell'emarginazione dell'avaro dal vivere sociale (D. Konstan, *op. cit.*, p. 35); «infatti a Roma l'organizzazione dei rapporti civili avviene intorno alla nozione di *fides*, credito, lealtà, prestigio, credibilità» (G. Petrone, *op. cit.*, p. 536). Per i Romani, *Fides* era una divinità ritenuta più antica di Giove e aveva un tempio sul Campidoglio accanto a quello di Giove.

43 Nelle commedie di Menandro l'azione dello schiavo è inutile o destinata all'insuccesso; in quelle di Plauto è il perno dell'azione. Ed è logico: i raggiri dei servi non mettono in crisi i modelli civili. Lo schiavo è autorizzato, per così dire, a raggirare gli altri con la malizia.

44 Nel ripetere invocazioni ferventi alla *Fides* (enfaticamente collocata due volte a fine verso e due volte a inizio, vv. 608 e 611; 614 e 615; vedi anche nota 42) Euclione rivolge tutte le sue attenzioni alla pentola; quanto alla figlia, gliela portino pure via subito (*extemplo*, v. 613).

45 Intraducibile è il bisticcio verbale del latino fra *Fides* e *fidelia*, un recipiente per liquidi. Si tratta del noto espediente comico di "lauda" a due voci, il canto "nobile" del padrone e quello "basso" del servo su uno stesso tema.

46 La paradossale battuta plautina ebbe fortuna ininterrotta nel comico antico e moderno (cfr., per tutte, la felice ripresa di Molière nell'*Avaro*, atto I, sc. 3). L'ultima imitazione proviene dal teatro contemporaneo iberoamericano. Nella commedia *O Santo e a Porca* del brasiliano Adriano Vilar Suassuna (1957), il protagonista, Euricão, passa in rivista le mani del servo: «Fai vedere la mano destra!… Guarda!… Adesso la sinistra… Guarda!… Fatto vedere, la prima?… Sì!… E la seconda?… Sì… Fai vedere la terza…» (cfr. S. Boldrini, *Il santo e la porca: un'imitazione di Plauto nel Nord-est brasiliano*, «Materiali e discussioni per l'analisi dei testi classici» XIV, 1985, pp. 251-70).

47 *Attat* (*attatae*) è un'interiezione comune in Plauto e Terenzio, ed esprime diversi sentimenti a seconda del diverso tono con cui viene pronunziata: qui è una esclamazione di soddisfazione.

48 Per tre volte Euclione cambia il posto dove celare l'oro: casa, tempio della Fortuna, bosco del dio Silvano. È la coazione a ripetere il nascondiglio: l'ossessione dell'occultare è dettata naturalmente dalla paura che il nascondiglio non sia abbastanza sicuro. La pennellata comica nascerà dal camminare furtivo dell'attore (che magari bacia la pentola o se la stringe al seno): e così il pubblico constaterà con i propri occhi la monomania dell'avaro.

49 Come felicemente osserva L. Spitzer, le interiezioni sono uno squillo di tromba che dà l'intonazione a ciò che segue. L'«evviva, evviva» (*euge, euge*, per cui cfr. Aristofane, *Cavalieri* 470; *Pace* 285; *Ecclesiazuse* 213) si accompagna a una constatazione gioiosa. Quest'ultima è ricavata da una formula sacrale allitterante: «Che gli dèi mi vogliano sano e salvo».

50 È un tipico prolungamento di scena verso gli interni: il giovane Liconide (che compare solo ora nell'azione) continua sulla soglia di casa un colloquio con la madre, che sta dentro. Il personaggio dell'innamorato, così importante in Menandro, in Plauto passa in secondo piano rispetto all'eroe comico che lo protegge e lo salva. Su Plauto "decostruttore" di Menandro e comico originale è tornato di recente W.S. Anderson, *Barbarian Play: Plautus' Roman Comedy*, Toronto 1993 (vedi soprattutto pp. 66-68).

51 Le convenzioni tanto della Commedia Nuova quanto della *palliata* prevedono che, quando una fanciulla partorisce, si odano le sue grida in scena. Teatralmente, le invocazioni di Fedria sono l'espediente per risolvere e concludere il dialogo tra madre e figlio.

52 Lo schiavo di Liconide, che certo esibisce al pubblico la pentola aurea, si proclama il vero, l'unico re Filippo di Macedonia (noi diremmo "Creso"), ora che è diventato più ricco di leggendari grifoni, custodi dell'oro dei monti Rifei. Plauto però fa confusione e cita non i grifoni (indicati dal mito) ma le sfingi: *picis* (v. 701, accus. plurale) corrisponde infatti a una forma greca dorica *phikas* 'sfingi', cfr. Festo, 226 Lindsay.

53 È molto discusso il senso di questi versi, in particolare di *video recipere se senem* (v. 710). Il servo racconta di aver visto l'avaro tornarse-

352

ne indietro, a casa, o tornare sui propri passi, a verificare se la pentola è al suo posto? La seconda ipotesi sarebbe in accordo con la mania del vecchio, che torna sempre a controllare l'oro (vv. 65; 206; 393; 627). La prima ipotesi, accolta da E. Paratore (*Plauto. Tutte le commedie*, I, Roma 1976, p. 319), è meno congrua, poiché Euclione immediatamente irrompe sulla scena lamentando il furto.

54 Il *canticum* dell'avaro derubato non è solo uno straordinario pezzo di bravura di Plauto, ma anche il monologo più imitato e ammirato della commedia latina. I motivi sono diversi. Da una parte il ritmo, la sintassi, lo stile. Si avvera, esplode, alla fine, l'incubo figurato nella mente di Euclione dall'inizio della commedia (v. 202) e cento volte temuto. L'esplosione avviene tra grida spezzate, il dire è breve, scandito, asindetico (caratteristico dell'avaro, cfr. vv. 373 sgg.; 455 sgg.; e W. Stockert, *art. cit.*, p. 5; si osservi inoltre la serie martellante *perii interii occidi*, composta da tre verbi di identico significato). La concitazione viene esaltata dal metro anapestico. Le trovate verbali sono numerose: tra queste *il quo curram, quo non curram?* parodia delle scene di dolore e disperazione nei tragici greci (e loro imitatori romani), il concitato *tene, tene* (a cui Molière aggiunse l'irresistibile didascalia: «a se stesso, afferrandosi un braccio»). Ma il monologo travalica anche le attese dello spettatore in quanto la comicità evidente sfuma verso il patetico.

55 L'allocuzione agli spettatori, presi tutti insieme, o chiamati singolarmente in causa è di grande effetto: per la rottura dell'illusione scenica in Plauto, cfr. la nota 8 a *Mostellaria*. La reazione degli spettatori, le loro risate fanno da necessario *pendant* al monologo e paiono sollecitarlo. Cfr. anche D. Averna, *Spettatore-attore in Plauto?*, «Dioniso» LIV, 1983, pp. 205-09; l'ultimo confronto tra questo monologo e quello reinventato da Molière ne *L'avaro* (atto IV, sc. 7) è di G. Lieberg, in «Atene e Roma» XXXVII, 1992, pp. 27-33.

56 L'imitazione dei vv. 717-720 compare in tutte le commedie moderne che hanno tra le fonti *Aulularia*. Lorenzino de' Medici nella *Aridosia* (1536), divide la battuta del v. 418 tra due servi: «E c'è di molti ladri tra costoro» / «Non dubitate, io li conosco tutti». Per l'apostrofe a un solo spettatore, cfr. il prologo dei *Captivi*, v. 11: «Quello laggiù in fondo, venga avanti».

57 Nel finale il *canticum* piega, come si è detto, sul patetico (vv. 721 sgg.). Il traduttore stacca ad effetto l'inizio della "lamentazione", risolvendo v. 721 con due coppie di settenari ricchi di assonanze («Oh misero, me misero, miseramente morto! / Malamente perduto, mi aggiro malconcio»).

58 Dagli ululati e uggiolii dell'avaro deriva probabilmente il nome di *Querolus* del protagonista della commedia *Querolus sive Aulularia*, di anonimo (cfr. la nota 24).

59 Gli affetti, i dubbi, le ansie dell'*adulescens*, che dovevano avere spazio nel modello greco, rientrano negli adattamenti moderni della commedia. Ne *La sporta* di Giambattista Gelli (cfr. la nota 21) il giovane in-

namorato, Alamanno, balza in primo piano, mentre la parte dell'avaro subisce un ridimensionamento a causa anche della creazione di un "doppio", quello di madonna Lisabetta «un poco avaretta».

60 Inizia il gioco dei fraintendimenti. Dapprima l'equivoco avviene sul termine *facinus* (v. 733), lo stupro per Liconide, e il furto per il vecchio; poi sul pronome femminile che è *illam* (v. 737 sgg.), la fanciulla secondo il giovane, la pentola nella convinzione dell'avaro. Plauto crea il più bell'esempio nel teatro antico di incomprensione tra le parti, e una lettura di questa scena come esempio di interferenze mentali reciproche venne inserita da Henri Bergson nel suo saggio *Il riso*. Il più gran divulgatore, in commedia, resta Molière che con imitazione sfolgorante sviluppò e arricchì la scena dell'*Aulularia* nell'*Avaro* atto V, sc. 3.

61 Cfr. Terenzio, *Andria* 780-781: *coactus legibus eam uxorem ducet*; *Adelphoe* 729: *et ducenda indotatast* («il seduttore se la deve sposare senza dote»). È assai dubbio che nel diritto attico una legge imponesse al seduttore di sposare la fanciulla sedotta (se libera cittadina): cfr., comunque, A.R.W. Harrison, *The Law of Athens. The Family and Property*, Oxford 1968, p. 19 e nota 2. Secondo D. Konstan (*op. cit.*, p. 39), la confusione tra stupro e furto su cui gioca questa scena ha sfondi non solo comici: in entrambi i casi si commette la stessa colpa, si viola una proprietà.

62 La dichiarazione di v. 763 *aulam auri, inquam* è come un grido soffocato: la sua forza emotiva è anche nell'allitterazione *au-au*. Vico Faggi ha cercato di conservare il tumulto degli affetti isolando l'"oggetto" in un'esclamazione.

63 Si deve immaginare che Eunomia abbia convinto rapidamente il fratello a questo ripudio quando è uscita di scena (vv. 694-695). *Repudium* era una dichiarazione di volontà, con la quale si comunicava alla promessa sposa (o sposo) la rottura dell'impegno.

64 Euclione esce di scena lamentandosi forte come quando vi era entrato: per il suo comportamento lagnoso cfr. i vv. 318 (*plorans, eiulans*), 721-726 (*cur eiulas*), 786 (*infelix, miser*), 796. Dall'altro lato Liconide, logico e tranquillo, costituisce un'ottima spalla per il vecchio, ma non diventa un vero personaggio.

65 Vale a dire "non certo una cosetta da niente". Conosciamo tanti giochi dei bambini romani: testa o croce, pari o dispari, mossa, trottola, cerchio, altalena, aquilone, "ai soldati", "ai giudici"... Per quanto riguarda, però, la ricerca di qualcosa in mezzo alla fava, non abbiamo dati attendibili.

66 A questo punto Liconide aggiunge le percosse alle minacce, o forse le grida dei due contendenti richiamano subito Euclione in scena. Il testo che segue è mutilo e la lacuna, come in *Anfitrione*, riguarda proprio una parte determinante e conclusiva.

67 I frammenti III e IV fanno pensare ad un rinsavimento del vecchio, che guarisce dal suo vizio e concede l'oro in dote alla figlia (alla dote si potrebbe riferire il frammento I). Il lieto fine era stato d'altra parte prean-

nunziato dal Lare (vv. 32-36). Antonio Codro Urceo, umanista e professore a Bologna ai primi del '500, completò la commedia con un finale scritto da lui così abilmente da ingannare più di un lettore nei secoli successivi.

MILES GLORIOSUS

1 Ben dodici personaggi, più la scorta del soldato e i servi del vecchio affollano il *Miles*. In un certo senso si assiste ad una moltiplicazione delle voci, si ha un quadro della parlata comune, che si avvantaggia dal fatto di essere pronunziata da più individui. D'altra parte, il *Miles* è una vera e propria commedia da primati. È la più lunga fra quelle di Plauto (1437 versi), la più ricca di dialoghi (*deverbia*: il cantato costituisce solo il 5% dell'insieme), la più ricca di contaminazioni. Plauto ha attinto, infatti, dal *Fantasma* e dall'*Adulatore* di Menandro, oltre che dall'*Alazon* (cfr. v. 86).

2 Le due dimore sono contigue, come nel *Fantasma* di Menandro. In tale commedia una madre, e la figlia da lei avuta prima di sposarsi, abitano accanto, e riescono a vedersi grazie a un buco praticato dalla madre nella parete che divide le loro due case (e opportunamente nascosto con un altare addobbato). Il tema, venato di patetismo in Menandro, diventa farsesco in Plauto (cfr. la nota 14).

3 I nove endecasillabi finali della versione di Vico Faggi dilatano i vv. 13-14 del primo prologo. Nell'originale tali versi suonano: «il soldato la prega di andarsene e le fa molti doni: sorpreso poi nella casa del vecchio, viene punito come adultero». Grazie alla versione allargata viene mantenuta la lettura acrostica dell'argomento primo (cfr. *Aulularia*, nota 1). Sulla vicenda della commedia (antefatti e eventi in corso) ragguaglierà anche lo schiavo Palestrione all'inizio del secondo atto.

4 L'entrata di Pirgopolinice è notevole per effetti. Prevede satelliti e servi intorno, altri dentro casa, uno scudo enorme (il *clipeum*, più importante dello *scutum*, copre l'intera persona), una spada animata pronta a lamentarsi e a smaniare. Il personaggio si caratterizza immediatamente, parla e procede solo attraverso imperativi, ha un nome significante e pluricomposto ('Espugnator di torri e di città'). Prove epigrafiche attestano che a Roma si adottavano pittoreschi pseudonimi per la gente di guerra (cfr. J.C. Dumont, *Guerre, Paix et servitude dans le «Miles gloriosus»*, in *Autour du «Miles gloriosus» de Plaute*, Toulouse 1993, pp. 39-54). Aveva, invece, rifiutato i legami tra l'uomo d'armi plautino e i guerrieri reali della Roma di fine II secolo a.C. lo studio di M. Baillat, *De l'«Alazon» au «Miles»: personnalité de Pyrgopolinice*, «Museum Helveticum» XLVIII, 1991, pp. 296-303. Quello che è certo è che Plauto ha creato, nel *Miles*, un protagonista iperbolico, assoluto: esso è divenuto il capostipite del-

la genia dei soldati spacconi e vittime dell'amore. Dal *Miles* derivano, tra l'altro, sia il Capitan Spavento di *Vall'Inferno* di Francesco Andreini, sia il Matamoro dell'*Illusion comique* di Corneille.

5 Pirgopolinice e Artotrogo sono rispettivamente un buffo soprannome encomiastico e una divertente circonlocuzione espressiva composta da una parte verbale che regge il proprio complemento. Ma mentre Artotrogo trova con relativa facilità un corrispettivo in italiano (tipo 'Rosicapane') Pirgopolinice, ossia 'eversore di torri e città', necessita di un giro di parole che indebolisce la forza dell'originale.

6 Il parassita è necessariamente un adulatore. C'è in lui un costume cortigiano: chi mangia alla tavola altrui deve dire bene di chi lo sfama. «Lodo l'anfitrione e se qualcuno osa contrastarlo, lo insulto, mi ci scaldo» dichiara nella sua malinconica autoconfessione il Parassita di Epicarmo (fr. 103b Olivieri). Naturalmente il parassita può concorrere all'intrigo e ai raggiri, come succede, per es., nel *Curculio* ('Gorgoglione'). Essere parassita è una sorta di mestiere: l'adulatore, invece, non è tale per professione. Può esercitare i più diversi mestieri ed avere come tipico contrassegno il vizio dell'incensamento (che può rivelarsi utile anche per scroccare pranzi...).

7 Il nome coniato da Plauto ancorché non del tutto chiaro nelle sue componenti etimologiche ('Bumbumpugnacide Arciminchionstrategide'?) risuona fragoroso e martellante, evoca in maniera canzonatoria echi di battaglie (che si svolgono sui campi gorgoglionici, ossia dei parassiti). Forse c'è una frecciatina contro i condottieri romani che ai *tria nomina* usuali aggiungevano un quarto sonoro epiteto, come ricordo delle loro imprese in Asia o in Africa.

8 Artotrogo si rivolge confidenzialmente al pubblico. Il ritmo dialogico subisce un brusco arresto: l'opportuna decelerazione permetterà alla girandola di fandonie di rimettersi, più avanti, allegramente in moto.

9 La prodezza di Pirgopolinice che con un pugno rompe «un braccio» (un femore) a un elefante sarà irridente ricalco di un'impresa di Alessandro Magno che avrebbe ucciso un elefante con un colpo solo di giavellotto (notizia inventata e trasmessa, secondo il maligno Luciano, dallo storico Aristobulo che aveva seguito Alessandro nella campagna d'Asia: cfr. *Sul modo di scrivere la storia* 12).

10 La matematica fantasiosa di Artotrogo si esalta linguisticamente grazie al guazzabuglio dei vv. 42-45, ove compaiono un paese vero ed uno inventato, guerrieri noti e guerrieri meno noti (chi sono i Sardiesi?) e mette corpo a un totale clamorosamente falsato. Pare che la tendenza a tirar male le somme fosse propria del *dux* romano, cui per il trionfo erano richiesti 5000 nemici. L'enumerazione frenetico-irreale sarà frequente espediente comico sia del teatro di prosa, sia del melodramma (fino al "catalogo" di Sganarello: cfr. C. Questa, *Plauto. Miles gloriosus*, Milano 1988, p. 64).

11 Letteralmente 'i buoni bocconcini me la rinfrescano', detto a parte

agli spettatori. Il basso ventre agisce da stimolatore delle idee e delle azioni del parassita, che crea così un universo immaginario per Pirgopolinice (G. Solimano, *art. cit.*, p. 234).

12 I tre verbi, in scala ascendente e in rapida successione, sottolineano energicamente il potere ammaliatore del soldato. La nota beffarda sulla bellezza di Pirgopolinice (che si proclama più avvenente di Paride e si dichiara nipote di Venere, vv. 777 e 1265) si ripete più volte nel corso della commedia: cfr. anche vv. 59; 63, 1037).

13 Entrate e uscite avvenivano attraverso ingressi laterali che si aprivano agli estremi della scena: quella a destra degli spettatori indicava la via che conduceva al foro, cioè alla città. La strada a sinistra, nella convenzione scenica della *palliata*, conduceva invece verso il porto o in campagna, a seconda dell'ambientazione.

14 Dalla fonte a cui dichiara di attingere Plauto desume la prima scena e questo prologo: poi abbandona il suo modello. Tornerà a rifarvisi a v. 947. Secondo una suggestiva ipotesi di C. Questa (*op. cit.*, pp. 72-76) la struttura dell'*Alazon* ricalca quella dell'*Elena* euripidea, cui il *Miles* somiglia nell'intreccio narrativo. In entrambe le opere vi sono una donna prigioniera, due travestimenti, una fuga e una beffa. Per i legami con *Elena* e con la novellistica orientale e per la questione delle fonti e della *contaminatio* nel *Miles* vedi L. Schaaf, *Der «Miles gloriosus» des Plautus und sein Griechisches Original*, München 1977, pp. 52-56; 346-77. Di recente, O. Zwierlein (*Zur Kritik und Exegese des Plautus II. Miles Gloriosus*, Stuttgart 1991, pp. 228-35) ha posto l'accento sui possibili rimaneggiamenti attuati nel *Miles* da parte dei direttori di scena e generalmente postplautini.

15 La commedia prende il nome dal bravaccio, ma ha un deuterogonista di tutto rispetto. Palestrione (da *palaistra*, e dunque l'"atletico', il 'ginnasta').

16 Metà dei versi della commedia sono in bocca a Palestrione: è lui che fora il muro per gli amanti, lui che ordisce ben due inganni, l'uno ai danni del conservo Sceledro, l'altro ai danni di Pirgopolinice. Come tutti gli schiavi plautini, dirige persone e cose (v. 611) ed architetta l'azione (v. 901, *Hic noster architectus* e v. 1139), a somiglianza di un *artifex*, di un 'artista', dell'autore stesso. Un recente studio stilistico dimostra come egli crei e mandi avanti l'ordito comico chiedendo, interrogando, informandosi (conta più di trecento domande J.P. Maurel, *Interrogation et Exhibition dans le «Miles»*, in *Autour du «Miles gloriosus» de Plaute, cit.*, pp. 37-79, nell'intento di dimostrare come per Palestrione «interroger c'est agir»). Nella Commedia Nuova (vedi *Lo Scudo* di Menandro) e in Plauto (vedi anche *Cistellaria*) l'informazione recente può essere fornita all'inizio, in forma mimetica, attraverso un dialogo tra personaggi, l'informazione remota è fornita in un secondo tempo dal *deus loquens* o da uno dei personaggi. È un modo di variare la struttura del prologo. Cfr. F. Sisti, *L'inizio del «Misoumenos» e il cosiddetto prologo posticipato*, «Helikon» XIII-XIV, 1973-1974, pp. 485-91; Id., *Sul prologo della Nea*,

in *Filologia e forme letterarie. Studi offerti a F. Della Corte*, I, Urbino 1988, p. 303 sgg.

17 Il nominativo *conclave* di v. 140, «una camera», parola importante collocata all'inizio del verso, rimane deliberatamente in aria e verrà ripreso, sempre in inizio di verso, da un ablativo ('in quella camera'). Il periodo è animato, oltre che da questo anacoluto, da due allitterazioni: *conclave concubinae* e *perfodi parietem*.

18 Esistevano due tipi di dadi in Grecia e a Roma, quelli a sei facce, chiamati in Grecia cubi, a Roma tessere, e quelli a quattro facce utili, chiamati rispettivamente astragali e tali. L'astragalo era un ossicino del tarso e *talus* indicava il 'tallone', il 'malleolo'. Di qui il giochetto plautino «non abbiano più ossa per giocare agli ossi». Il gioco dei dadi era il più praticato a Roma fra i giochi d'azzardo: ma la legge lo consentiva, ufficialmente, solo durante i Saturnali.

19 Il soffitto dell'atrio (il centro della parte anteriore della casa romana) aveva un'ampia apertura (*impluvium*): in corrispondenza ad essa si trovava una vasca rettangolare che raccoglieva l'acqua piovana (*compluvium*). Palestrione si rivolge agli schiavi utilizzando un linguaggio giuridico: notifica l'editto, ricorre a imperativi futuri, e così via.

20 L'elenco delle subdole arti femminili è non meno accurato che pittoresco. Nelle commedie latine serpeggia una tradizione misogina in chiave divertente (cfr. la tirata di Megadoro in *Aulularia* 505-522 e vedi qui la nota 44). La profluvie di male arti si riversa tumultuosa e si condensa in allitterazioni, paronomasie, brillanti neologismi. Si noti anche l'ossessiva ripetizione di *domi* ('dentro di lei') a v. 192.

21 Plauto infiora spesso il dire corposo e popolaresco degli schiavi con metafore tratte dal mondo politico (o militare o giuridico vedi più avanti, vv. 219-225; 226 sgg.; 266-270; 334; 454; 592-595; 598). La metafora è qui esaltata dalla scelta di singoli termini assillabanti (*consilia... convoco... consulto*, v. 197).

22 Il poeta menzionato è Gneo Nevio, autore di un *Bellum Punicum*, adattatore di tragedie e di commedie delle quali ci rimangono solo frammenti. Entrato in polemica con la potente famiglia dei Metelli fu per breve tempo imprigionato, forse nel 206 a.C., quando Quinto Cecilio Metello era console e Marco Cecilio Metello pretore. «Sappiamo che anche Nevio, come Plauto, scrisse due commedie in carcere» racconta Gellio (III 3, 15), sottolineando le affinità tra due poeti "plebei" nei confronti dell'aristocratico Ennio. Non è chiaro se Plauto qui descriva Nevio in carcere, «con il mento poggiato a colonna sul braccio» perché pensieroso, (nell'atteggiamento indicato a v. 209 per Palestrione) oppure perché costretto ad una sorta di berlina da due sbirri (*bini custodes*; nella prima ipotesi, *custodes* sarebbero invece due catene). In ogni caso, il *Miles* grazie a questo verso può essere datato verso il 206 a.C., con un margine di approssimazione di qualche anno (L. Schaaf, *op. cit.*, p. 373).

23 Periplecomeno, spettatore, registra dal vivo i movimenti e i gesti di Palestrione. Questo originale impiego della voce fuori campo si trova an-

che in Seneca. Per es., nell'*Ercole impazzito*, Anfitrione, presente, racconta come una cronaca la strage che Ercole sta compiendo. Le interiezioni finali, *euge*, *euscheme*, sono riprese pari pari dal greco: rientrano nell'area d'importazione anche i due avverbi *doulice* e *comoedice*. È difficile però determinare se fossero entrati ormai nell'uso corrente o appartenessero al linguaggio della gente più raffinata.

24 Se Palestrione prima si era, per così dire, improvvisato giureconsulto, Periplecomeno si improvvisa stratego e attinge dal repertorio militare una serie impressionante di immagini e di metafore. Questo scherzoso profilo del buon condottiero era suggerito dalle imprese in corso di Scipione. Notevole, nel vibrante decalogo, l'allitterazione di v. 226 *comminiscere, cedo, calidum consilium cito*.

25 Per indicare perfette identità la lingua italiana paragona fra loro due gocce d'acqua, quella latina due gocce di latte. Come è ovvio, il paragone compare nelle commedie dei *simillimi*: *Anfitrione* (v. 601), *Bacchidi* (fr. V), *Menecmi* (v. 1089).

26 La commedia gioca in modo articolato e sottile sulle "plurivocità" delle situazioni (oltre che delle parole). C'è chi ama essere visto e crede di veder bene (Pirgopolinice) e chi vede benissimo e non vuole vedere (il parassita), c'è chi ha visto bene e giusto (Sceledro) e chi lo convince che non ha visto bene (Palestrione).

27 Sceledro costituisce l'opposto del servo intrigante e furfantesco come Palestrione. Si muove con zelo, ma anche con cautela e timore, si affida al buon senso. Il nome proprio, in questo caso, è antifrastico rispetto al personaggio (Sceledro da *scelus*, cfr. vv. 330 e 494).

28 La dichiarazione di Palestrione, che più di un interprete carica gravemente, nell'originale non è priva di eleganza. Palestrione si serve di un'indovinata allitterazione, *ludo luto* 'gioco con la melma'.

29 L'indicazione prelude a una fugace apparizione di Filocomasio sulla soglia di casa? Probabilmente sì, ma il testo non offre altro supporto a tale ipotesi. Comunque ogni decisione spetta, in casi del genere, al regista.

30 Sceledro si piazza davanti alla porta principale (*recto ostio* v. 329) della casa del *senex*, perché in essa ha visto la fanciulla con l'amante (v. 275). La sua posizione ricorda a Palestrione (vv. 359-360) quella di chi veniva crocifisso *extra portam*, cioè fuori dalle porte Esquiline, luogo di supplizi e sepolture, a Roma naturalmente, e non ad Efeso ove si finge la *fabula*.

31 Il sogno, che in tragedia ha forte rilevanza, nelle commedie è di solito un espediente ai fini drammaturgici. Cfr., per un esempio, Menandro, *Misantropo*, atto II, sc. 3, dove l'arrivo imprevisto dei cuochi è giustificato appunto dal sogno della madre di Sostrato.

32 *Ita dorsus totus prurit*, dipodia giambica, ben rende le paure di Sceledro, timoroso di venire percosso: il gioco tra *erre* e dentali riproduce un vero e proprio batter di denti (cfr. per un analogo, stridulo inseguirsi di dentali Euripide, *Alcesti* 75-76).

33 Dinanzi all'inganno dei sosia (davvero tali come in *Anfitrione* e *Menecmi*, oppure pretesi tali, come nel *Miles*) il personaggio plautino reagisce prima con incredulità, poi con sconcerto per la perdita del proprio senso del reale ed infine con imprevedibili note di tristezza (Sosia in *Anfitrione* 456; Menecmo I in *Menecmi* 961-962 e lo stesso Sceledro a v. 429).

34 Per il ringraziamento agli dèi alla fine di un viaggio cfr. *Trinummus* 820-838. Filocomasio, che si finge la gemella arrivata da Atene, si esprime in tono altamente sacrale, ricorrendo ad una serie di allitterazioni (vv. 413-414; il *fumificem* di v. 412 è neoformazione plautina).

35 Lo scontro tra Sceledro e Filocomasio è stato reso con robusta immediatezza da Pier Paolo Pasolini (*Plauto. Er vantone*, Milano 1963, pp. 47-48): «Rispondi, a zozzona, vai coi vicini eh? / E chi è 'sta persona? Che, lei ce l'ha con me? / Si proprio co' te / Ma mi facci capire, prego, lei chi è? / Come? E me lo chiedi? / Oh bella! Non lo so! / Se lui non lo conosci, allora io chi so'? / Lei è un altro antipatico pure lei come lui! / Dunque, nun ce conosci? / No, nessuno dei due! / Mmh, me sa tanto che… / Che… / Che noi non semo qua! Semo da 'n'altra parte, co' n'altra identità!». L'uso del romanesco, della parlata dei ragazzi di vita, il ricorso ai doppi settenari dalle facili rime in *Er vantone* irritarono filologi e critici: e tuttavia si tratta di «un Plauto scorciato e rappezzato, un po' involgarito, privo della sua componente musicale, *dimidiatus* se volete: ma infine un Plauto vivo» (A. Traina, recensione in «Convivium» 1965, p. 220).

36 Non si tratta di scudisciate da poco: il *supplicium stimuleum* era quello usato nei campi, per i buoi sotto il giogo, con una sferza a punte aguzze. Le punizioni servili erano durissime. A parte la fustigazione che si poteva inasprire in molti modi, c'era l'*eculeus*, una sorta di cavalletto che stirava il corpo, il *crugifragium*, per la frattura violenta delle gambe, e così via.

37 Sceledro, vale a dire, è più "sciocco", secondo la metafora, più insipido di una scrofa macellata, cioè ancor cruda, non ancora arrostita e salata.

38 Tra i compiti del senato (la sede in cui, nella sostanza, si elaborava la politica romana) c'era l'assegnazione delle province ai magistrati: il *senex* vuole dai suoi tre compagni una bella parte nell'inganno che si sta per tramare contro Pirgopolinice.

39 *Venator* (v. 609) richiama la metafora del predatore dei vv. 268-269, ove Palestrione si descrive *quasi canis venaticus*; un'immagine simile torna a v. 1380 (*investigabo*), e 1389 (*insidiae*). Per una analisi della metafora della caccia in Plauto vedi M. Crampon, *Sur le bestiaire de Plaute dans le «Miles gloriosus»*, in *Autour du «Miles gloriosus» de Plaute, cit.* pp. 13-88.

40 Nominare l'Acheronte significa alludere, per metonimia, al mondo dei morti, l'Ade, ove quel fiume scorreva. *Acherunticus* è invenzione di Plauto, cfr. *Mercator* 290-291 (*Acherunticus senex vetus decrepitus*).

41 La scena è dominata, sostanzialmente, da Periplecomeno, un celibe di saggia filosofia esistenziale, tutt'altro che sordo alla voce della gioia e del piacere e pronto ad aiutare gli amici (soprattutto in un'intricata vicenda d'amore). Si è definito *aristia* ('gesta insigni') l'intervento di Periplecomeno e lo si è guardato con sospetto, come un'inopportuna intrusione. Ma al sapido banchetto imbandito da Plauto c'è posto anche per i convitati più a modo, per qualche persona quasi per bene, e per questo "inserto" la commedia non perde né in vivacità né in freschezza.

42 Noi diremmo "non sono mica nato a Roccacannuccia", paese immaginario tanto quanto questa *Animula* di Puglia. Il *senex* si dilunga qui (e pure in seguito) sul buon carattere che lo contraddistingue, elencando non le proprie virtù ma l'assenza di pecche o di magagne; più di un editore ritiene la tirata un'inserzione di Plauto da altre commedie oppure un'interpolazione di epoca posteriore (O. Zwierlein, *op. cit.*, pp. 96-127).

43 Il latino gioca sull'equivalenza tra *liberi* ('figli') e *liberum* ('libero', v. 683); è difficile recuperare la battuta anche spostando il campo semantico.

44 Il dileggio delle donne è fonte sicura di ilarità. Dopo il primo, serrato attacco alla perfidia muliebre (cfr. la nota 20) Plauto ostenta in una sorta di carosello i vari aspetti negativi della donna spendacciona: è una accumulazione affollata, che stordisce.

45 «Ispettore dell'annona» traduce *agoranomo*. Plauto chiama in causa una magistratura greca: gli *agoranomoi* sovrintendevano e disciplinavano l'attività dei mercati (per es., controllavano qualità e corretta pesatura delle merci). A Roma identica competenza sui mercati avevano gli edili (che però si occupavano anche di costruzioni, di organizzazione degli spettacoli, e altro).

46 L'espressione era stata usata da Demostene a proposito dei guai toccati ai Tebani (*Sulla corrotta ambasceria* 48). Di *malorum Ilias* parla anche Cicerone, *Epistulae ad Atticum* VIII 11, 3. Il detto era diventato proverbiale?

47 Plauto, inventore di parole-sorpresa, di superlativi burleschi (e inesistenti), di dissonanze inattese, padrone del lessico arcaico e signore del colloquiale non discetta mai sul proprio modo di scrivere. La sua polemica, qui, non è contro un certo stile espressivo, ma contro affermazioni noiose e antiquate.

48 L'espressione gioca sul duplice valore di *corpus*, 'vita' e 'corpo', 'fisico': una che viva del proprio corpo è naturalmente una prostituta, come conferma il v. 789.

49 «Così...» sottintende che il servo disegni rapidamente nell'aria le curve di una bella donna. Al nostro orecchio i versi plautini suonano: «La vuoi pulita o no?» «La voglio al naturale».

50 È tuttora controverso se nel teatro latino si portasse o no la maschera (cfr. per ultimo sulla questione N.W. Slater, *Plautus in Performance*, Princeton, N.J. 1985, p. 6, nota 7); passi come questo però indicano con cer-

tezza che venivano usate parrucche (per il *miles* cfr. i vv. 64, 768, 923 e per l'*adulescens* v. 1168). Il grammatico Diomede (IV sec. d.C.) ricorda che in antico a teatro non si usavano maschere ma *galearia* ('parrucche') e che il primo a usare la maschera fu l'attore Roscio, perché aveva gli occhi storti ed era brutto.

51 La commedia ha un intreccio complicato perché i raggiri sono due: la beffa della parete forata e della finta gemella, e la trappola erotica tesa al soldato. Per passare da un tema all'altro è necessaria una scena di sutura: ecco il motivo dell'incontro tra Palestrione e Lurchione, preludio alla ricomparsa di Pirgopolinice.

52 Il testo latino qui non è comprensibile: le *cruces* (v. 824) indicano la mancanza di una soluzione soddisfacente. Si è voluto leggere *dum prompsit* ('mentre stappava') o *deprompsit* ('si è tirato fuori'); con l'estratto di nardo o di mirra, gli antichi profumavano i vini (cfr. Plinio, *Naturalis historia* XIV 15, 92-93 che si rifà a due passi di Plauto).

53 Il *cadus* era un orcio dalla bocca larga priva di base, che veniva inserito in un sostegno quando era pieno, rovesciato con la bocca a terra quando era vuoto. Orcio e boccale sono gli attori del teatrino di Lurchione, che si proclama così ingenuo spettatore di una scena di oggetti in movimento: il boccale si dava all'orgia, gli orci "capitombolavano" (letteralmente).

54 Lurchione si congeda con una battuta di spirito strapparisate. Per questa scena del *Miles*, conchiusa in sé, di gusto tutto plautino, E. Paratore (*Miles gloriosus*, Firenze 1959, p. 22) ipotizza il ricorso a situazioni della farsa italica preletteraria. Ma non manca chi insiste sull'idea di un brano tratto da una commedia della *Nea*. Cfr. K. Gaiser, *Zum «Miles gloriosus» des Plautus: Eine neuerschlossene Menander-Komödie und ihre literaturgeschichtliche Stellung*, in *Die römische Komödie: Plautus und Terenz*, hrsg. v. E. Lefèvre, Darmstadt 1973, p. 211 e nota 13: Gaiser arriva a ricostruire un *Ephesios* o *Alazon* di Menandro, da cui discenderebbe il *Miles* plautino.

55 Per frecciate antimuliebri come queste, poste in bocca ad un personaggio femminile, cfr. *Aulularia* 123-128, dove una donna deprica la loquacità delle donne (e vedi la nota 20).

56 Letteralmente 'che brutta merce la donna', con triplice assonanza in latino. Il traduttore ricorre ad un proverbio nostro equivalente, "chi dice donna dice danno", condensandolo in una battuta fulminea.

57 In generale, le addette ai servizi erotici, a Roma, non erano molto eleganti ed educate (anche se sparavano tariffe da diecimila sesterzi, cfr. Catullo, XLI). Acroteleuzio, intelligente e fine, richiama le etere di ambiente greco (K. Gaiser, *art. cit.*, p. 243).

58 Pirgopolinice si riaffaccia alla ribalta dopo 900 versi, e snocciola le ragioni del suo rientro: ha concluso la sua missione al foro (vv. 75-77), ha lasciato il parassita a guida dei mercenari (v. 948). Si spiega così perché Artotrogo non torni più in scena, dove sarebbe di troppo (mentre era spalla necessaria nella fase iniziale).

59 Come a dire che la forza erculea di Pirgopolinice può essere sostituita solo da un intero drappello di mercenari. Questo elemento, quello dell'"ammazzasette", o dello "spaccamontagne" (vv. 42-46) sono tipici del profilo del soldato vanaglorioso.

60 A Roma gli schiavi venivano affrancati tramite la *manumissio* (cfr. la nota 1 alla *Mostellaria*), di cui esistevano varie forme: quella cui allude Pirgopolinice consisteva nel toccare il capo dello schiavo con una bacchetta leggera (*festuca*): l'azione era compiuta da un littore del pretore o dal padrone stesso, davanti al pretore.

61 *Bellula* è un diminutivo vezzeggiativo che fa il paio con il precedente *ancellula*. Faggi scorcia il testo (*Quae est celox?* v. 987) e per rendere più veloce il discorso riunisce in una le due battute di Palestrione.

62 *Circus, ludi, dissimulabo* (vv. 991-992): Milfidippa si appresta a compiere la sua recita all'interno della più vasta recita organizzata da Palestrione. Non mancano varianti personali al piano prestabilito, come l'"a parte" simulato perché Pirgopolinice caschi ancor meglio nella rete.

63 Le feste in onore di Bacco a Roma erano sinonimo di celebrazione iniziatica, setta segreta. Opportunamente Faggi, come già E. Paratore, traduce con il più vasto «misteri» l'allusione di Milfidippa ai Baccanali (v. 1016). Ai tempi del *Miles*, verso la fine del III secolo fervevano le polemiche e si moltiplicavano gli attacchi dei conservatori contro queste feste, pretesto per eccessi e licenziosità di ogni tipo. Plauto le nomina molto spesso (*Anfitrione* 703; *Bacchidi* 53; *Casina* 979-981, ove si allude forse alla soppressione del culto per decreto del Senato nel 186 a.C.). Di recente N.W. Slater («*Amphitruo*», «*Bacchae*» and *Metatheatre*, «Lexis» V-VI, 1990, pp. 101-25) sostiene che l'interesse di Plauto verso il culto di Bacco è più significativo di quanto si creda ed equivale ad una celebrazione del potere del teatro, di cui Dioniso è il dio.

64 Il profluvio inarrestabile di battute di (e su) Pirgopolinice costituisce il punto di forza di ogni spettacolo legato al *miles*. Ha ottenuto gran successo un *musical* di Broadway del 1962, che contamina *Pseudolus, Miles, Casina* e *Mostellaria*, importato in Italia con il titolo *Dolci vizi al foro* (musiche di Stephen Sondheim, versione cinematografica del 1966 con Zero Mostel e Buster Keaton, versione italiana del *musical* a cura di Saverio Marconi). È stato da più parti rilevato come, pur entro uno spettacolo tutto farsesco, quello che funzionava immancabilmente su scena e su schermo era la parte in cui agiva Pirgopolinice.

65 *Pulcher, salve!* È il saluto giusto per ringalluzzire Pirgopolinice e rinforzare la caricatura: *Pulcher* non poteva non evocare per il pubblico romano di fine III sec. a.C. il nome del console Claudio Pulcro, responsabile di una clamorosa sconfitta a Drepano nel 249 a.C. (o dei suoi figli, generali anch'essi). L'allusione doveva deliziare tanto più i romani in quanto gli attacchi politici per nome, sulle scene comiche, erano mal tollerati e nelle leggi delle XII tavole esisteva la pena di morte *si quis carmen condidisset quod infamiam faceret* (Cicerone, *De republica* IV 10, citato da Agostino, *De civitate Dei* II 9; Cicerone deprea la libertà dei co-

mici greci antichi verso politici pur di malaffare poiché *a censore melius est quam a poëta notari*).
66 Nel testo latino le lusinghe delle ancelle hanno suoni musicali: vedi lo squittio coccolante del suono *co* (v. 1052) oppure, poco sopra, la suasività delle coppie di parole assillabate dei vv. 1042-1043 (*pulchrum et praeclarum, et forma et factis, Deus dignior, quisquam... qui*) o ancora, più avanti, l'ulteriore gioco *pulcher* e *pulchram*, le assonanze in *um* (vv. 1054-1055).
67 *Perii* ('Povera me!', v. 1081) segna il culmine e conclude il gioco di iperboli in un crescente *climax* comico del dialogo a tre: il «verro» di v. 1059 diviene ricchissimo, magnificamente prolifico, e infine divino.
68 Il *nauclerus* che entra nel gioco è finalmente Pleusicle, l'innamorato, cui Plauto assegna, come sempre, poca parte. Nel *Miles* il ruolo dell'*adulescens* sospiroso è delimitato dal nome stesso, 'colui che acquista gloria per mare', tratto dal travestimento finale del giovane come comandante di nave.
69 In accordo, per una volta, con le verisimiglianze di una vicenda che si svolge ad Efeso, la tunica di marinaio qui descritta non è romana, è la veste dei lavoratori greci, che lasciava liberi la spalla e il braccio destro.
70 Letteralmente *At gestio* significa 'smanio', 'non ce la faccio più', ma a buon diritto, dato il contesto, si può tradurre, come Faggi, con un più concreto verbo legato alla sfera erotica.
71 La padrona, in pratica, ripete l'espediente dell'ancella e ad alta voce simula un "a parte" perché Pirgopolinice ascolti. La finzione poggia su un dire ansioso e tremebondo (*metus me macerat*, v. 1233) o su echi intenzionali (*Venus... veneri* vv. 1227-1228).
72 Tra le leggende fiorite intorno e Saffo, poetessa di Lesbo (VI sec. a.C.) vi è quella per cui la donna si sarebbe suicidata buttandosi da una rupe per amore di Faone, un mitico traghettatore. Dai frr. 312-313 Körte di Menandro, risulta chiaro che tale leggenda era divenuta di dominio corrente.
73 La battuta di Acroteleuzio è ambigua, perché Pirgopolinice può essere *unguentatus*, 'olezzante di profumi', come il vecchio pronto all'avventuretta nella *Casina* (v. 236) o, da rude soldato, *hircus unctus nautea* 'un nauseabondo caprone che puzza di sentina' come la finta sposa, sempre nella *Casina* (v. 1018). Il più divertente *sketch* sugli effluvi, però, resta quello della vecchia ubriacona nel *Curculio* (vv. 81; 96 sgg).
74 Ancora una allusione a costumi greci. In Atene, la donna poteva rescindere il matrimonio e riprendersi la dote, che per lei amministrava il marito (cfr. anche [Andocide], *Contro Alcibiade* 14; Demostene, *Contro Atenore* 1; 17; 26; 31). Una commedia di Difilo si intitolava appunto *Apoleipousa*, 'La sposa che lascia il marito'.
75 È una classica formula di *praeteritio*: fingendo di non far menzione di un caso, lo si riferisce. Qui c'è anche dell'ironia perché Pleusicle accomuna se stesso ad Achille: per delirio d'amore egli compie la follia di

travestirsi come per delirio d'amore Achille aveva compiuto la follia di lasciar massacrare i Greci.

76 I vv. 1308-1309 sono di lettura controversa. Faggi, visto che in latino sembra esserci un gioco di parole tra *mare* e *a-mare*, opta per una versione che sottolinei il giochetto di parole; ma l'italiano non consente di riprodurre a pieno la battuta burlesca.

77 Si tratta dell'unico momento di incertezza di un personaggio che fa costantemente dell'autocompiacimento la propria regola di vita. In realtà, Plauto ha disegnato il suo soldato senza concedergli nessun tratto problematico, nessun dubbio che lo renda cordiale e umano. Forse davvero c'è nella commedia una morale pacifista, poiché i mezzi non violenti del servo bloccano l'azione dell'uomo di guerra (A.D. Leeman, *Aspects dramatologiques du miles plautinen*, act IX Budé, Parigi 1975, pp. 322-25; J. Dumont, cit., p. 49).

78 Letteralmente 'adultero'. L'influenza del modello greco è dimostrata forse dal termine *moechus* ma soprattutto, a v. 1395, dalla punizione minacciata «tagliatelo a fettine». Cfr. la dichiarazione di Palestrione ai vv. 461-462: «Chiunque trova che stia baciando Filocomasio, zac, io gli taglio la testa». Nel diritto attico era consentito uccidere l'adultero colto sul fatto.

79 Era consentito infliggere all'adultero le pene corporali più gravi, come il marchio a fuoco, la "rafanizzazione", la depilazione violenta, l'ustione di alcune parti del corpo con pece nera e, naturalmente, la bastonatura. Dell'evirazione parla questo passo del *Miles*, nei testi greci non se ne trova traccia. Per la gravità delle sanzioni (inclusa la morte) cfr., comunque, Terenzio, *Eunuco*, vv. 957-958: «e adesso minaccia di propinargli il trattamento riservato agli adulteri, una cosa che non ho mai visto e non vorrei vedere».

80 Pirgopolinice subisce la massima umiliazione: tenuto da 4 servi per le braccia e per le gambe, forse bocconi (v. 1395) e mezzo nudo (v. 1423) viene minacciato della peggiore punizione che possa esistere per un uomo che della propria virilità ha fatto una bandiera. Viene preso a legnate come uno schiavo (v. 1418), mentre il servo si avvia verso la libertà. Il meccanismo del ribaltamento incornicia in Plauto non solo un'intera commedia (*Casina*, ove il *senex* dapprima vincitore finisce pesto ed umiliato; *Menecmi*, ove il gemello I entra in scena sicuro di sé e perde via via tutto ciò che possedeva) ma anche singole scene (*Anfitrione*, atto I, sc. 1 dove Sosia arriva baldanzoso e tronfio e perde via via perfino la coscienza di esistere).

81 *Intestabilis*, come *intestatus* (v. 1416) e *carebis testibus* (1426), gioca sul doppio significato di *testis* ('testimone' e 'testicolo').

82 Intraducibile il gioco tra *advocatus* (v. 1419) cioè 'difensore' (attività per cui Corione vuol essere compensato con le mine d'oro) e *testis*, vedi nota precedente, che vale 'testimone', 'garante' ma anche 'testicoli'. «Nipotino di Venere» è una sarcastica ripresa dell'asserzione di Pirgopolinice a v. 1265.

83 La commedia si chiude con una morale, con un aggiustamento sbrigativo, edificante per gli spettatori. Punisce invece, realmente se stesso, con l'autocastrazione, il soldato "Sanguinario Cinque" nel finale di *un uomo è un uomo* di Bertolt Brecht (cfr. Introduzione, p. XXV).

MOSTELLARIA

1 Letteralmente 'comperò ed affrancò la fanciulla amata'. La manumissione nel diritto romano era un negozio giuridico mediante il quale si concedeva la libertà a uno schiavo, e del quale esistevano varie forme. La scelta del traduttore del verbo "mettere in libertà" nel senso di 'affrancare' è dovuta al desiderio di conservare l'acrostico (lette verticalmente, le prime lettere di ogni verso forniscono il nome della commedia, cfr. la nota 1 all'*Aulularia*). Nella *Mostellaria* è possibile individuare più di un registro di lettura: infatti, accanto alla commedia dell'astuzia, che vede un servo sciorinare mille trovate e sotterfugi, esiste una commedia dei sentimenti, che vede i due innamorati esprimere con parole commosse dubbi, fedeltà, speranze.

2 È la traduzione di *monstra* nel suo senso più generale. Tanto il v. 4 dell'*Argomento*, però, quanto la commedia e il suo stesso titolo puntano sul significato specifico di 'spettri', 'fantasmi'. Da un supposto diminutivo *mo(n)stellum* deriva l'aggettivo femminile *mo(n)stellaria (fabula)* 'commedia degli spettri'. Più comune nei manoscritti plautini risulta la forma *Mustellaria*, (dovuta a probabile adattamento ad una pronuncia scura della *o*), titolo della prima traduzione rinascimentale della commedia, ad opera di Geronimo Berardo (1501). Il primo rifacimento, invece, è quello di una "comedia" in volgare del ferrarese Ercole Bentivoglio, *I fantasmi* (1545), cui è stata recentemente riconosciuta autonomia e qualità rispetto al modello plautino (F. Bertini, *Un rifacimento rinascimentale di Plauto: «I fantasmi» di Ercole Bentivoglio*, «Res Publica Litterarum» XV, 1992, pp. 161-169).

3 Come si possono fornire agli spettatori informazioni indirette, e dunque non tediose, sulla rappresentazione in corso? Una rissa con pugni tra servi (il comico delle busse) cattura subito il pubblico e dallo scontro viene fuori naturalmente il tema della vicenda che sta per dipanarsi. Invece che al litigio si può ricorrere anche al pettegolezzo: è uno degli espedienti più fruttuosi in campo teatrale (cfr. anche la nota 6). Per questo prologo possiamo immaginare tre tipi di scena. Grumione arriva da fuori, bussa rabbiosamente alla porta e invita chi è dentro a uscire fuori (è lo schema collaudato della *pulsatio ostii*, e basti per tutti ricordare, per la sua violenza comica, W. Shakespeare, *Macbeth*, atto II, sc. 3). Oppure Grumione sta sulla soglia e continua il suo discorso con un interlocutore invisibile (prolungamento della scena, per cui cfr. Me-

nandro, *L'arbitrato*, inizio dell'atto III). Oppure – è l'ipotesi suggestiva di I. Mariotti, *La prima scena della «Mostellaria» di Plauto*, «Museum Helveticum» IL, 1992, p. 110 – prima ha luogo una breve azione mimica muta di spintoni e pugni e poi scatta il parlato.
4 «C'hai tu nel capo bestia, che sì forte / t'odo gridar dinanzi a queste porte?» traduce Ercole Bentivoglio (cfr. la nota 2), rilevando l'indicazione scenica plautina.
5 Una didascalia di strattoni e percosse è già suggerita dalla progressione «Via da questa casa... da questa porta», e cfr. nel testo latino il quadruplice imperativo disposto a chiasmo (*abscede, abi, abi, abscede*, vv. 7-8). Il linguaggio dei vv. 1-8, «simile a quello di una coppia di italiani che contendono all'angolo di una strada», secondo lo studioso americano John Wright (*Dancing in Chains: The Stylistic Unity of the Comoedia Palliata*, Roma 1974, pp. 1-13) conferma come Plauto ricorra a un colloquiale svelto e aggressivo, di presa immediata benché costruito su precise convenzioni e formule fisse.
6 L'antitesi tra città e campagna suggerisce spunti alla commedia antica a partire dagli *Acarnesi* di Aristofane (vv. 32-36: «e guardo verso la campagna, perché voglio la pace, e odio la città...»; cfr. anche *Nuvole* 42-52). Al contrario, il contrasto tra servo rustico e urbano, ridimensionato già nei rifacimenti rinascimentali della commedia, si perde del tutto nella tradizione moderna. Fa scuola, invece, l'alterco, l'avvio con una discussione sulla soglia di casa: Molière, ad esempio, cui lo schema era ben noto (*Aulularia*, atto I, sc. 1 = *L'avaro*, atto I, sc. 3), dà inizio con una disputa tra signore e serve al suo *Tartuffo*, comincia con un dibattito tra due servi il *Don Giovanni*, con un battibecco e percosse tra Sganarello e moglie *Il medico per forza*.
7 Ne *La bisbetica domata*, atto I, sc. 1, Tranio, servo dell'innamorato Lucenzio, gli dichiara: «credete, non è alcun profitto ove non è diletto... è mio obbligo di esservi obbediente, poiché appunto di questo m'incaricò vostro padre alla nostra partenza... ancorché, io penso, fosse in un altro senso che l'intendeva». Shakespeare lesse certamente, in traduzione o in una versione italiana, la *Mostellaria* (W. Riehle, *Shakespeare, Plautus and the Humanist Tradition*, Cambridge 1990, *passim*). Oltre al calco dei due nomi propri, Grumio e Tranio, vi è pure analogia di funzione tra il servo e il Tranione plautino, tra il vecchio Vincenzo Bentivoglio e il *senex* Teopropide.
8 *Quam confidenter loquitur* (alla lettera 'con quanta sfacciataggine parla costui!') è una battuta rivolta al pubblico. Vico Faggi rinunzia al passaggio del testo dalla seconda alla terza persona singolare, ma il suo «senti che faccia tosta» è un'evidente strizzatina d'occhi all'uditorio. G. Chiarini, *Variazioni su un verso plautino*, «Studi classici e orientali» XXI, 1972, pp. 205-08, ritiene che Grumione raffiguri esemplarmente il servo rustico e buono. Non è improbabile che il nome Grumio sia da ricollegare non con il greco *grymea* 'cenci', 'stracci', bensì con il latino *grumus* 'zolla di terra'. Per l'etimo di Tranione sarà da tener presente il greco *tranes* 'chia-

ro', 'preciso': Tranione sarebbe dunque un buon orditore di trame. Di altro parere è M. López López, *Los personajes de la Comedia plautina: nombre y función*, Lleida 1991, p. 204, che collega decisamente Tranione con *thranites*, 'il rematore del più alto banco' nelle triremi. E. Paratore, *op. cit.*, III, p. 385, ha suggerito per i due nomi come equivalenti in italiano 'Zolla' e 'Trappola', ma è soluzione un po' incolore. Nella commedia, molti personaggi hanno nomi parlanti, che per lo più suonano buffi. L'adolescente innamorato si chiama 'amico della sorte' o meglio 'colui che segue la sorte', la meretrice da lui amata 'Bacetto', uno sgavazzatore 'domatore di bellezze', un prestasoldi 'odiadenaro'. Ma è difficile reinventarli spiritosamente, a meno di non ricorrere a conii popolari.

9 Nel teatro latino arcaico il lessico è evocativo, soccorre la povertà scenografica, suggerisce perfino odori e sapori. Da una parte, la puzza d'aglio e la povertà di Grumione (forse vestito in scena di pelli di capra, come il contadino nei drammi greci), dall'altra i profumi ed il palato fine di Tranione, che compare dalla cucina tra effluvi via via più marcati (vv. 1-3; *nidor e culina*, 5; 39-45; e cfr. I. Mariotti, *art. cit.*, p. III e nota 34).

10 Tranione abbandona la scena. Per rientrare in casa, magari sbattendo la porta sul muso di Grumione (e mettendo così platealmente fine alla disputa)? Oppure si allontana per scendere in fretta (*mihi non facies moram*) al Pireo, a scegliersi i pesci per la cena, secondo il proposito enunziato ai vv. 66-67?

11 Il congedo dei vv. 82-83, convenzionali nella *palliata*, aggiunge il tocco finale a un personaggio timoroso: sentenze e consigli, Grumione li riserva a Tranione, scappa invece quando arriva il padroncino.

12 Filolachete, 'colui segue la sorte', è un indeciso che sembra cercare a lungo le parole prima di esprimersi. Vico Faggi evidenzia le confusioni e le ripetizioni della parte iniziale del lungo *canticum* dell'adolescente. Le sovrabbondanze verbali fanno parte di una ricerca affaticata di chiarezza (vedi a v. 84 *recordatus... diu cogitavi*, a v. 87 *volutavi... disputavi*, a v. 89 *similem... simulacrumque habere*). Per il personaggio irresoluto, che fa un esame di coscienza, cfr. Menandro, *Samia* 1-57).

13 Allocuzioni dirette al pubblico, che spezzano il dialogo (vedi la nota 8) o, come qui, il monologo (vv. 93-100), che interrompono la finzione scenica, sono una vera e propria caratteristica della teatralità plautina. Il dire di Filolachete, anche rivolto agli spettatori, però, non cambia affatto, annaspa tra concetti e ripetizioni anche quando si rivolge al pubblico: non si sono resi conto dell'imbarazzo e dello smarrimento del giovane i critici che hanno espunto il v. 95 perché ripetitivo.

14 C'è una sorta di martellamento sulla parola casa 'casa' che compare ben sette volte in pochi versi (vv. 101-109). La similitudine casa-uomo si espande in un minuzioso discorso: la metafora ricalca esattamente le articolazioni della realtà. È una sorta di preludio in grande stile a quello che sarà il centro motore di tutta la vicenda, appunto un'abitazione privata.

15 Tanto in Grecia quanto a Roma, il servizio militare segnava l'allon-

tanamento dei giovani da casa e tutela paterna; ad Atene, ove si finge l'azione, avveniva con il passaggio dall'adolescenza all'efebia, intorno ai diciotto anni. Il termine *adminiclum* (v. 129, 'sostegno, guida') corrisponde all'*akoluthos* greco e indica il servo fidato che accompagnava il padroncino sotto le armi, cfr. Demostene, *Contro Conone* 4.

16 Menzione delle travi che imputridiscono si trova già nella descrizione dei danni a un edificio reale (v. 112). Ora tale menzione viene ripresa con forza, utilizzata in sede metaforica: *haec tigna* sono le 'ossa' marcite di un corpo (casa) che va in disfacimento.

17 L'incarnazione della tempesta di cui Filolachete si era appena lamentato (vv. 108; 137), Filemazio (pseudonimo di dolcezza: 'bacetto'), fa il suo ingresso in scena, accompagnata dall'ancella Scafa (gr. *skaphe* 'battello': cioè 'nave-scuola'?). Tra le due ha luogo un accalorato scambio di vedute punteggiato, per accrescere il riso, dalle reazioni "a parte" del giovane che impreca morte alla mala consigliera. Esemplare la scrittura teatrale dell'intero atto I di *Mostellaria*, ove vengono accortamente alternate le azioni animate (il prologo, questa scena e quella finale del banchetto) con i momenti di commozione (il monologo di Filolachete, il duetto di effusioni della giovane coppia, vv. 295-312).

18 Plauto è ricco di diminutivi che costellano, com'è noto, il linguaggio familiare. Qui il diminutivo *ocelle* ('il mio tesoruccio') è il segno di un atteggiamento affettivo, esprime sincera tenerezza: altrove è invece un vezzeggiativo consuetudinario. Il sale della scena è naturalmente dato dal confronto tra due poli diversi: si assiste al contrasto tra una donna sentimentale e una cinica, una creatura ingenua e una navigata, con piacevoli interventi "a parte" del giovanotto non visto. Anche nell'*Asinaria* (vv. 504-544) si affaccia il motivo del dissenso fra due donne in tema di amore mercenario e di amore non venale: una madre, ruffiana, esige che la figlia, meretrice, si conceda a chi paga e la figlia difende un suo amore "romantico". Ma la scena dell'*Asinaria* non ha risvolti comici.

19 Scafa (una ex professionista) rappresenta quel tipo di cortigiana che «tracanna, ingozza, spende, si concede per una notte e poi si tira dietro la casa» (*Trinummus* 250-251). Infatti, la regola aurea delle meretrici deve essere «ricevuto un dono, preparare un'altra stoccata... comprarsi una schiava, un vaso d'argento, un gioiello...» (*Truculentus* 50 sgg.). Scafa s'infervora cercando di ricondurre sulla corretta via del vizio la padrona «stolta che agisce stoltamente» (v. 186), la ammonisce con incisiva assonanza che «età produce sazietà» (v. 195), le sibila in un rincorrersi di *esse* una massima di saggezza: «le cose che non credi succedono più spesso di quelle che speri» (v. 197).

20 Concordemente editori e critici ritengono invenzione esclusivamente plautina un'immagine così bizzarra e potente. Per dire "che le prenda un accidente", come augurio nefasto, Filolachete vorrebbe trasformarsi, diremmo oggi, in un virus letale. L'*angina* ('costrizione') a cui fa riferimento il giovane è da identificare con una malattia frequente e inarginabile. E, dunque, non con la nostra infiammazione alla gola, ma con la difterite,

un flagello mortale sino al secolo scorso.

21 «Annodarti i capelli» vale "prender marito". A Roma, la sposa che si faceva bella per la cerimonia si ornava i capelli con bende (*vittae*) e veniva pettinata in modo speciale, chiamato *sex crines* ('sei trecce'). Un divertente elenco delle varie pettinature femminili si trova in Ovidio, *Ars amatoria* III 135-154.

22 *Cerussa* (qui tradotto per comodità espressiva con 'cipria') e *purpurissum* ('rossetto') appartengono agli elementi più comuni della cosmesi greca e latina. La *cerussa* è un carbonato basico di piombo (biacca), il *purpurissum* probabilmente andrà identificato con l'*aphronitrum*, o 'schiuma di rosso salnitro'. Entrambi i prodotti vengono citati come ingredienti indispensabili ai fini estetici da Ovidio, *Medicamina faciei* 73-74. Ma cfr. anche Plauto, *Truculentus* 294: *buccas rubrica, creta omne corpus intixti tibi*.

23 La commedia conta molto sul rapporto diretto attore-pubblico, che viene spesso chiamato in causa con effetto di sorpresa e di divertimento. Il dito puntato contro uno o più individui sulle gradinate è un sicuro elemento di repertorio: Aristofane, per es., si permette di apostrofare, in battute spiritose, i suoi spettatori con l'epiteto di «delinquenti» o di «pecoroni» (cfr. *Pace* 821-823; *Nuvole* 1201-1203).

24 Non esistono scene di interni nel teatro romano: tutto, anche i banchetti, le scene di *toilette* o di seduzione si svolgono fuori, all'aperto. Il luogo di incontro o di scontro è la strada, o la piazza davanti alle case. Sulla scenografia abituale romana, cfr. G. Petrone in U. Albini-G. Petrone, *Storia del teatro. I Greci. I Romani*, Milano 1992, p. 425.

25 Il bottino è quel che resta della ricchezza del *senex*; la metafora militare, assai frequente in Plauto soprattutto per alludere alle conquiste d'amore, menziona dei *manuplares*, ossia compagni di manipolo, inesistenti nell'Atene ove si finge l'azione (vedi, nel I atto, altre spie di usanze romane ai vv. 22; 48; 56; 129; 131; 226; 242; 304).

26 Callidamate, amico di bagordi di Filolachete, al fianco di Delfio, meretrice come Filemazio, si rivolge ai due servi, Pinacio e Fanisco, che lo accompagnano: tre coppie di attori, dunque, per una sezione musicale che parte con un assolo, prosegue con un duetto (vv. 320, 335) e chiude con un quartetto (vv. 336-347). Tra gli apporti più originali di Plauto alla scena un posto di rilievo occupa il cantato, singolo o polifonico. Nei teatri americani le commedie di Plauto vengono allestite, in genere, come veri e propri *musicals* (cfr. la nota 64 a *Miles gloriosus*).

27 «Ecché» traduce a perfezione *hecquid* di v. 319, ove l'aspirazione preposta da Plauto al più comune *ecquid* anticipa il dire impastato dell'ubriaco, che continuerà a farfugliare e a sbagliare pronuncia (v. 325, *hohohocellus*). La candida osservazione di Delfio («è sbronzo») aumenta la comicità.

28 A Roma si pranzava distesi su *lecti tricliniares* disposti intorno a tre lati della tavola (*mensa*), sulla quale venivano posate le vivande e un recipiente con il vino. Il lato anteriore rimaneva libero per consentire il ser-

vizio; si iniziava dalla persona più importante, dall'ospite: in questo caso (v. 347) da Delfio.
29 *Curro curriculo* (v. 352) chiarisce che Tranione, qui, entra "galoppando" come in ogni scena di *servus currens*. Rispetto a tale canone, che prevede arrivo trafelato, dichiarazione di messaggio importante, ritardi nel comunicarlo dovuti a divagazioni e scherzi di ogni tipo (*Captivi* 971; *Curculio* 280; *Mercator* 115; e cfr. D. Averna, *Spettatore-attore in Plauto?*, «Dioniso» LIV, 1983, p. 207), la breve sortita di Tranione pare anomala, non provoca effetti comici, e nulla attenua il senso del pericolo: *isti*, ai vv. 356 e 357 suggerisce un dito minaccioso contro il pubblico (e vedi i nessi allitteranti e la preoccupata metafora di v. 352). Si noti inoltre, sempre, a v. 356, come Plauto ami giocare con la lingua e deformarla, come esibisca uno stupefacente campionario di termini simpaticamente bizzarri, ricco di neoformazioni stravaganti: qui, per indicare dei bravacci, dei rodomonte si inventa due pittoreschi composti: 'sopportatori di percosse', 'logoratori di catene'.
30 Il gioco di parole è tra *Disperii* ('sono morto') e *Bis perii* ('sono morto due volte'), come intende Callidamate ubriaco fradicio. A Plauto dobbiamo varie divertenti figure di beoni. Qui Callidamate in preda ai fumi del vino balbetta, si aggrappa all'amica per non cadere, piomba nel sonno, ridestato si rimette a trincare, non capisce niente di ciò che gli vien detto, è colto da irresistibili bisogni corporali: è il quadro grottesco di una persona che non è più padrona di ciò che fa e dice. Nel *Curculio* (vv. 96 sgg.) Plauto mette in scena una vecchia cortigiana, Leonessa, che ormai non conosce più niente se non il vino: ne fiuta la presenza, lo coccola, lo esalta, se lo vede sfuggire, lo insegue. È pronta a aiutare un innamorato in pena purché non la faccia morire di sete. È un ritratto buffonesco, ma con un suo risvolto patetico. Nello *Pseudolus* (vv. 1246-1284) il protagonista esce, reggendosi in precario equilibrio, da un orgiastico convito, racconta della propria bravura di ballerino, si esibisce in figure di danza, volteggi e piroette, con le inevitabili cadute. L'azione è narrata e spiritosamente mimata al tempo stesso.
31 Il proverbio, del tipo "è inutile chiudere la stalla quando i buoi sono scappati", ricorre solo in Plauto.
32 Le *soleae* erano sandali tenuti fermi da striscioline di cuoio, che si facevano passare fra dito e dito e si adoperavano in casa. Si sfilavano prima del banchetto e si reinfilavano ultimato il convito. Fuori casa si adoperavano i *calcei*. Era ritenuta una grave sconvenienza uscire in pubblico con le *soleae*.
33 Probabilmente compare qualcuno che mette bene in mostra un pitale vistoso. Come oggetto scenico un pitale ci sta benissimo in una commedia. Nelle *Vespe* di Aristofane, Bdelicleone lo appende a un chiodo, a portata di mano per le eventuali necessità di suo padre Filocleone (v. 807), lo adopera poi come clessidra in un processo (v. 858). E il padre, a un certo punto, nel pitale scaricherà la vescica (v. 940).
34 Per Tranione, servo sfrontato e gaudente nel prologo, è venuto il mo-

mento di prendere eroicamente in pugno la situazione. Tranione lo fa, pur rendendosi conto dei rischi (ferri, frustate, torture) che incombono su di lui. A fine del II atto resta solo in scena ad affrontare il vecchio, nel V gli si fa incontro animosamente dopo che i compagni lo hanno abbandonato. Il tipo plautino dello schiavo furfante e vincente è funzionale al meccanismo dell'azione comica, ma assume maggior spessore nello *Pseudolus* (191 a.C.), là dove, come cosciente regista dell'intreccio, si fa proiezione estrema dell'autore stesso (N.W. Slater, *Plautus in Performance*, Princeton 1985, pp. 140-46).

35 Come a dire che lui e Filolachete sono uno peggio dell'altro. L'intrigo è già chiaro nella mente dello schiavo, che a compagni e pubblico ha fatto balenare una possibile via di uscita, e impugna ormai la bacchetta per dirigere l'orchestra.

36 *Ludos facere alicui* significa tanto 'celebrare giochi in onore di qualcuno' quanto 'farsi gioco di qualcuno'. L'esistenza di *ludi funebres* permette a Plauto la battuta irriverente.

37 Lo schiavo si nasconde nell'*angiportum*, il vicoletto che separa le due case di Teopropide e Simone a centro scena, per saltarne fuori al momento opportuno (v. 446).

38 Il vecchio Teopropide compare sulla scena dalla stessa parte da cui l'aveva preceduto lo schiavo, la strada cioè a sinistra degli spettatori che, secondo le convenzioni sceniche, portava verso (e da) porto e campagna (mentre la destra conduceva al foro e cioè al centro città). Il vecchio intona un rituale *deo gratias* alla rovescia, poiché prende accuratamente le distanze da Nettuno.

39 Teopropide, scortato da almeno due schiavi che portano i bagagli, avrà tentato di aprire la porta; trovandola chiusa (v. 445) comincia a bussare vigorosamente (secondo una glossa intrusa nel testo, addirittura «prende la porta a calci»).

40 Più una storia fantastica è ricca di particolari inutili, più risulta verosimile. Uno strumento di persuasione è anche il dosaggio attento degli ingredienti della truffa, il progredire lento delle rivelazioni (vv. 446-484) che costringono il vecchio a porre domande continue fino a sentirsi tacciare, sfrontatamente, di stupidità (*stultus es*: v. 495).

41 *Diapontius* nel testo latino figura evidentemente come un nome di persona inventato su due piedi, ed è l'equivalente del precedente *transmarinus*. È probabile che il servo, riferendo il discorso di un morto, modificasse il proprio parlato, usasse una voce da oltretomba.

42 L'abilità raggiratoria di Tranione è dimostrata sia da come il servo prepara l'ambiente per raccontare la sua storia (domanda allarmato ai neoarrivati se abbiano toccato la porta, li fa inginocchiare per terra a scopo deprecatorio, invita Teopropide a guardarsi intorno per vedere se qualcuno stia spiando) sia dal modo con cui fronteggia gli imprevisti. Per due volte corre il rischio di venir smentito (cigolii dentro una casa disabitata, una voce che lo chiama dall'interno, vv. 506-509; 515-517) e per due volte trasforma sapientemente il contrattempo in argomento a suo favore.

43 Eracle, che nel corso delle dodici fatiche aveva liberato la terra dai mostri, veniva per questo invocato come *alexikakos* 'colui che protegge dai mali' (cfr. Luciano, *Alessandro* 4).

44 Nel teatro antico soltanto nella *Mostellaria*, e solamente in questa scena agisce un usuraio. Il prestito a interesse, in Grecia, diviene comune nel mondo ellenistico (un cenno letterario in Teofrasto, *Caratteri* X 2) soprattutto in Egitto (M. Rostovzev, *Storia economica e sociale del mondo ellenistico*, trad. ital., Firenze 1966, p. 424), ma assai più diffuso risulta nella società romana. Un ritratto felice di spilorcio strozzino si deve ad Apuleio (*Metamorfosi* I 21), ma nella storia del teatro gli usurai compaiono nuovamente solo nel XVI secolo: in *Aridosia* di Lorenzino de' Medici il vecchio tirchio tende all'usura (atto III, sc. 4), e tra le fonti vi è proprio la *Mostellaria*.

45 Molti animali sono oggetto di massime e modi di dire, ma si incontrano pochi proverbi sulla volpe: quello enunciato da Plauto, poi, costituisce un *unicum* nella letteratura latina.

46 Il vecchio (che ha visto solo Tranione che stava per andare via, v. 562, e non ha scorto l'usuraio) se ne rimane per un po' defilato. Misargiride è un nome beffardamente appiccicato, per contrasto, a uno che fa lo strozzino: suona come 'Snobbagrana' (letteralmente 'odiatore del denaro'). È ovvio che l'usuraio, come il lenone (e come i padri rivali o i padri avari) appartiene alla schiera dei "cattivi" che meritano di venir raggirati.

47 Il verso è spezzato in due parti che iniziano entrambe nello stesso modo: «questo qui» nella prima battuta è detto a mezza voce, nella replica a tutto fiato. Poi si invertono i ruoli. È Tranione ad abbassare il volume e Misargiride a strepitare, conforme alle buone regole di chi esige i suoi soldi. In un tardo *Trattato di fisiognomica* di anonimo latino si legge che «coloro che sono bramosi di denaro... parlano in fretta e con voce acuta» (*De physiognomica liber* 102).

48 L'interesse (*fenus*), nominato dallo strozzino nel momento stesso in cui compare in scena, diviene nota ossessiva di un crescendo tra lo stizzoso e l'esasperato, fino alla girandola finale dei vv. 599-606, ove ricorre una decina di volte. L'intera scena non è propriamente comica, pare di quelle dove «l'allegria di Plauto è così sanguigna e brutale da suscitare talvolta una funerea tristezza» (L. Canali, *Arma virumque*, Milano 1988, p. 40). Tornano in mente le grida del servo che reclama la sua paga, nel finale del *Don Giovanni* di Molière: «Mes gages, mes gages, mes gages».

49 Dal testo non risulta che Misargiride abbia mai nominato Filolachete, anche se ha minacciato di farlo (v. 587). Si può supporre che l'attore urli, fuori copione, il nome del giovane, magari al v. 595 («Non mi deve niente... Filolachete?»). Più macchinosa pare la spiegazione solitamente offerta, secondo cui il vecchio, dal plurale usato dallo strozzino, avrebbe dedotto un coinvolgimento del figlio.

50 Faggi ricalca, ricorrendo a un termine di sapore antiquato, il latino

patrissat (v. 639; cfr. *Pseudolus*, v. 442, tradotto analogamente), che significa 'fa come il padre', 'segue le orme del padre'. Tranione ancora una volta suona la nota giusta, armonizzando in un sol colpo l'interesse per il buon investimento ed il paterno orgoglio del *senex*.

51 L'altalena fra ostacoli sempre nuovi ed espedienti ingegnosi per fronteggiare la situazione si fa più frenetica alla fine di questa scena: B.A. Taladoire, leggendo la *Mostellaria* come un poema sinfonico, la divise in "movimenti" e titolò i vv. 532-857 *Tranione in equilibrio sulla fune* (*Essai sur le comique de Plaute*, Monaco 1956, pp. 127-30).

52 Ad Atene, la donna non aveva capacità giuridica e non poteva amministrare il proprio patrimonio. A Roma godeva invece di indipendenza economica. La commedia latina conosce, dunque, un bersaglio ignoto a quella greca, la *uxor dotata* «che ringalluzzita dalla dote si mette in testa di sottomettere il marito» (*Menecmi* 765-767); cfr. anche vv. 280-281.

53 *Hoc habet* (v. 715) era il grido di trionfo dei gladiatori che colpivano l'avversario.

54 Molti editori espungono come indebita intrusione l'impaziente protesta di Teopropide e la risposta di Tranione. L'urlaccio di Teopropide potrebbe avere una sua logica: ha mandato Tranione in avanscoperta, non lo vede tornare, si spazientisce. Ma ad esprimere l'irritazione di un personaggio in disparte è molto più efficace la controscena, creata da una serie di gesti agitati.

55 La metafora marina è comune negli scrittori greci e latini: può addirittura attraversare tutta una tragedia, come succede nei *Sette a Tebe* di Eschilo. Qui è ribadita, con insistenza, per parecchi versi.

56 Le case, in Atene, erano in genere piuttosto modeste: le stanze più interne (o quelle al piano superiore, quando c'era) venivano riservate alle donne. Ma Plauto ha in mente le ampie, belle case romane, con giardino cinto di porticati, colonne, vialetti e così via.

57 Nel testo latino vi è gioco di parole tra *umbra* ('ombra') e *Umbra* ('donna dell'Umbria'). Ai confini di questa regione vi era Sarsina, città natale di Plauto, nominata subito dopo a chiudere la battuta. Il doppio senso fa presumere che il pubblico conoscesse il luogo di origine dell'autore. Non è da scartare l'ipotesi che i vv. 763-770 siano entrati nel copione perché improvvisati una volta da Plauto attore (o suggeritore, o regista) nella parte di Tranione.

58 Agatocle (360-289 a.C.), tiranno di Siracusa, acquistò particolare fama per aver attaccato Cartagine direttamente in Africa. Poteva essere citato, dunque, a Roma, al fianco di Alessandro (come era forse nel modello greco della *Mostellaria*) in quanto precursore della strategia romana all'epoca del trionfo su Annibale a Zama e delle celebrazioni in onore di Publio Cornelio Scipione l'Africano. Il servo orditore di trappole non di rado in Plauto si compiace della propria superiorità (*Miles gloriosus* 813) e si confronta con eroi e grandi personaggi (Agamennone e Ulisse in *Bacchides* 925; Agatocle in *Pseudolus* 532).

59 Il proverbio citato da Plauto è passato in eredità nell'area francese,

spagnola, tedesca e anche italiana, ma con spiritose variazioni, cfr. R. Tosi, *Dizionario delle sentenze latine e greche*, Milano 1991, n° 498.
60 *Theopropos* in greco è l'"indovino" e Teopropide viene denominato ironicamente come 'figlio di un indovino', in quanto non ne azzecca una. È diffidente e credulone al tempo stesso, ed è ancorato all'etica (si fa per dire) del mercante che mira solo al guadagno.
61 Certe formulazioni spiritose non possono essere riproposte con uguale felicità. Tranione dichiara «guarda con quanta arte dormono» e allude ai due vecchi rinsceniti; poi subito si corregge, riportando il discorso alle porte «volevo dire come chiudono (gli occhi)». Il verbo *conivent* ('com-baciano') vale anche per le palpebre che si chiudono per il sonno.
62 Naturalmente il servo addita un affresco inesistente, e lo descrive con scrupolo canzonatorio; è chiaro che egli si identifica nella cornacchia, dotata di miglior acume dei due avvoltoi (i due avidi padroni).
63 È il riso dell'equivoco; tanto *circumducere* quanto *ductare* hanno un significato concreto di 'portare in giro' e uno metaforico di 'prendere in giro'.
64 Simone esce in direzione del foro, verso destra (cfr. la nota 38), mentre servo e padrone entrano in casa sua. Non è necessaria la presenza in scena di cani da guardia, il teatro di Plauto non aveva ambizioni di spettacolarità. Ad evocare la presenza del cane basta lo *st* ('Pussa via!') di v. 850.
65 Fanisco è uno dei due *servi pedisequi* (destinati a scortare per strada il padrone) ai quali Callidamate aveva intimato di tornare a riprenderlo a casa di Filolachete dopo il banchetto (cfr. v. 314, *audi, em*). Il *canticum* propone il decalogo del servo fedele (cfr. *Asinaria* 249-257; *Aulularia* 587-607; *Menecmi* 966-983; *Pseudolo* 1103-1115 ecc.), ma soprattutto prepara lo scontro con un servo del tutto diverso, Pinacio (dal greco *pinax* 'tavoletta', mentre Fanisco è vezzeggiativo da *phanos* 'fiaccola') ai vv. 874 sgg.
66 È un esempio di *verbivelitatio*, cioè di un 'battibecco', di un alterco ricco di insulti e escandescenze (in apertura di commedia, invece, c'è la rissa dove volano pugni). La baruffa canalizzata a esiti risibili è abbastanza comune in Plauto.
67 Come a dire "i tuoi discorsi sono fumosi". Cfr. Aristofane, *Nuvole* 320, «la mia anima cerca di destreggiarsi in discorsi fumosi». Pinacio controbatte accusando Fanisco di essere un falsario che fabbrica monete di piombo, lo taccia cioè di ipocrisia.
68 *Iniurium* (v. 899) è quella che la porta subisce a causa del violento trattamento che le riservano i due.
69 Le menzogne di Tranione raggiungono l'iperbole. Giustamente G. Petrone, *op. cit.*, pp. 536-37, ha osservato che a Roma la *fides* regolava le azioni umane e che, dunque, sulla scena comica non poteva essere rotta se non da schiavi e simili, da persone disinibite e sfrontate, di rango inferiore.
70 La casa romana disponeva di due entrate, una principale (e lussuo-

sa), una di servizio, detta *posticum*, destinata ai fornitori e agli schiavi. Non si trovava però, a dispetto del nome, nella parte opposta all'entrata principale, ma di fianco, in uno dei muri laterali.

71 Forse si allude al censore, al quale in Roma spettava il *regimen morum*; una magistratura che si occupasse di sorvegliare, indagare, vedere e sentire gli affari altrui non è documentata per Atene.

72 L'imprecazione «per Apollo» è in greco. A Plauto piacevano questi inserimenti coloristici: cfr. il parassita Ergasilo, che ribadisce notizie a lui date con quattro successive esclamazioni in greco (*Captivi* 880-883); o Pseudolo, che risponde al padrone che gli pone domande imbarazzanti con *nai gar* ('appunto') su cui il padrone ironizza (*Pseudolus* 482-497).

73 Vale a dire ricchezza illimitata: a Roma, come risulta da molte fonti epigrafiche, Ercole era anche il dio dei commercianti e del guadagno in concorrenza con Mercurio: gli toccava, in offerta, un decimo di ogni utile (e un decimo anche del bottino di guerra).

74 I funerali delle persone importanti comportavano che il corteo funebre (*pompa*) passasse dal Foro e si fermasse presso i *rostra*, il luogo da dove parlavano gli oratori: veniva quindi pronunziata la *laudatio*, la celebrazione del defunto. La battuta del v. 1000 suona quindi sarcastica.

75 I manoscritti portano a questo punto una breve lacuna. Quel che rimane lascia supporre che Tranione, già abbandonato dai compagni, affermasse che nessun amico poteva ormai aiutarlo. L'eroe in commedia è isolato, e pure saldo come quello della tragedia: Tranione esprime baldanza al suo ingresso con metafore militari e politiche (vv. 1047-1050) e conclude il suo dire con piglio e frasi bellicose.

76 Probabilmente la frase corrisponde alla nostra "parlare al muro". Non mi pare che *lapis* vada inteso, in senso traslato, come 'zuccone', 'testa dura come la pietra'.

77 Si allude a una procedura giuridica tipica di Atene; un oratore poteva offrire (o chiedere) la testimonianza sotto tortura di uno schiavo. Si stabiliva quali domande dovessero venire poste agli schiavi, la maniera con cui condurre la tortura e la persona che doveva eseguirla. In realtà, per lo più ci si limitava ad una schermaglia verbale, a conclusioni tratte dall'aver offerto (o no), dall'accertare (o no) la testimonianza sotto tortura.

78 Via via che discorre, Tranione lentamente guadagna terreno fino a raggiungere l'altare al centro della scena; in tal modo si è posto in salvo, poiché era empietà strappare via da un luogo sacro chi si era messo sotto la protezione del dio. Sul diritto di asilo e la sua violazione nella tragedia greca cfr. B. Vickers, *Toward Greek Tragedy*, London 1973, pp. 452-89.

79 «O dèi mortali! O bel pezzo di furfante!... Uh, io sono rovinato, rovinato!... Mio figlio ed il mio servo mi dilapidano tutto...». Così, all'inizio dell'atto V della *Bisbetica domata*, il vecchio Vincenzo «mercante di gran traffico per tutto il mondo» (atto I, sc. 1) arriva sul più bello e scopre gli inganni del figlio Lucenzio e del servo Tranio, tra intrighi più com-

plessi ma ricchi di echi dal IV e V atto della *Mostellaria*.
80 Naturalmente Teopropide allude all'esempio di una punizione indimenticabile mentre Tranione, ormai al sicuro, scherza nel senso di *exemplum*; allo stesso modo, poco prima, aveva scherzato su *emungere* (v. 1109) che il vecchio intendeva in senso figurato ('cavar fuori, spillar denari') e il servo in senso letterale ('cavare... moccio dal naso'). Una scena di servo che si è rifugiato presso un altare, e che il padrone ordina di «mettere arrosto», si trova ne *La donna di Perinto* di Menandro, vv. 2-20.
81 Le regole del gioco vengono capovolte. Plauto si propone come modello agli autori che costituivano la base dei suoi rifacimenti. Si autoelogia come autore bravissimo nell'intessere una trama che punta sulle *frustrationes*, sui 'raggiri'. Altri ritengono che i vv. 1149-1151 siano stati tradotti direttamente da una battuta di Filemone, autore di un *Fantasma* che molti ritengono fonte della *Mostellaria*.
82 «Ciò che Tranio ha fatto, sono io che l'ho spinto a farlo» ricorda l'innamorato Lucenzio nella già citata scena della *Bisbetica domata* (atto V, sc. 1) nell'atto di chiedere perdono, mentre i servi se la battono.
83 L'emistichio finale di v. 1179 è simile a quello di v. 4 e di v. 1067; si tratta di ricorrenze che fanno parte di quella formularità su cui si basa la scrittura teatrale di Plauto (secondo J. Wright, *op. cit.*, p. 6).

INDICE

Tito Macco Plauto: la vita · profilo storico-critico
dell'autore e dell'opera · guida bibliografica V
«Plauto e le tecniche del comico» *di Vico Faggi* XXVIII

AULULARIA / LA COMMEDIA DELLA PENTOLA

Argumentum I / Argomento I	4/5
Argumentum II / Argomento II	6/7
Prologus / Prologo	8/9
Actus I / Atto I	12/13
Actus II / Atto II	18/19
Actus III / Atto III	44/45
Actus IV / Atto IV	58/59
Actus V / Atto V	82/83
Fragmenta / Frammenti	86/87

MILES GLORIOSUS / IL SOLDATO FANFARONE

Argumentum I / Argomento I	92/93
Argumentum II / Argomento II	94/95
Actus I / Atto I	96/97
Actus II / Atto II	102/103
Actus III / Atto III	148/149
Actus IV / Atto IV	180/181
Actus V / Atto V	226/227

MOSTELLARIA / LA COMMEDIA DEGLI SPETTRI

Argumentum / Argomento	236/237
Actus I / Atto I	238/239
Actus II / Atto II	266/267
Actus III / Atto III	282/283

Actus IV / Atto IV	308/309
Actus V / Atto V	326/327
Note a *Aulularia*	345
Note a *Miles gloriosus*	356
Note a *Mostellaria*	368

i grandi libri Garzanti

Greci

Aristofane	Esiodo	Omero
Gli Acarnesi - Le Nuvole -	*Opere e giorni* ⬜	*Odissea*
Le Vespe - Gli Uccelli	Euripide	Pindaro
Aristofane	*Alcesti - Ciclope* ⬜	*Olimpiche* ⬜
Pace ⬜	Euripide	Platone
Aristofane	*Andromaca - Troiane* ⬜	*Apologia di Socrate -*
Le Vespe - Gli Uccelli ⬜	Euripide	*Critone* ⬜
Callimaco	*Ecuba - Elettra* ⬜	Platone
Inni - Chioma di	Euripide	*Convito* ⬜
Berenice ⬜	*Elena - Ione* ⬜	Platone
Demostene	Euripide	*Fedone* ⬜
Filippiche ⬜	*Eracle* ⬜	Plutarco
Epitteto	Euripide	*Vita di Coriolano*
Manuale ⬜	*Eraclidi-Supplici* ⬜	*Vita di Alcibiade* ⬜
Erodoto	Euripide	Plutarco
Le Storie: Libri I-II.	*Fenicie* ⬜	*Vita di Demostene -*
Lidi - Persiani - Egizi ⬜	Euripide	*Vita di Cicerone* ⬜
Erodoto	*Ifigenia in Tauride -*	Porfirio
Le Storie: Libri III-IV.	*Baccanti* ⬜	*Sentenze* ⬜
L'impero persiano ⬜	Euripide	Procopio
Erodoto	*Medea - Ippolito* ⬜	*Carte segrete* ⬜
Le Storie: Libri V-VI-VII.	Euripide	Senofonte
I Persiani contro i	*Oreste - Ifigenia*	*Anabasi* ⬜
Greci ⬜	*in Aulide* ⬜	Sofocle
Erodoto	Lirici greci ⬜	*Aiace - Elettra - Trachinie -*
Le Storie: Libri VIII-IX.	Longo Sofista	*Filottete* ⬜
La vittoria della	*Le avventure pastorali*	Sofocle
Grecia ⬜	*di Dafni e Cloe* ⬜	*Edipo re - Edipo a Colono -*
Eschilo	Luciano	*Antigone* ⬜
Orestea ⬜	*Racconti fantastici* ⬜	Teocrito
Eschilo	Marco Aurelio	*Idilli* ⬜
Prometeo incatenato -	*A se stesso (pensieri)* ⬜	Teofrasto
I Persiani - I sette contro	Omero	*Caratteri* ⬜
Tebe - Le supplici ⬜	*Iliade*	Tucidide
		La guerra del Peloponneso

Latini

Abelardo	Agostino	Catullo
Storia delle mie disgrazie -	*Soliloqui* (8)	*Le poesie* ⬜
Lettere d'amore di Abelardo	Apuleio	Cesare
e Eloisa (2)	*Della magia* (10) ⬜	*La guerra civile* ⬜
Agostino	Apuleio	Cesare
Confessioni	*Metamorfosi* ⬜	*La guerra gallica* ⬜

Cicerone
Contro Catilina ⏢
Cicerone
Della divinazione ⏢
Cicerone
*Difesa dell'attore Roscio -
Contro Vatinio* ⏢
Cicerone
*Difesa di Archia -
Difesa di Milone* ⏢
Cicerone
Il sogno di Scipione - Il fato ⏢
Cicerone
La vecchiaia - L'amicizia ⏢
Fedro
Favole ⏢
Giovenale
Satire ⏢
Livio
*Storia di Roma: Libri I-II.
Dai Re alla Repubblica* ⏢
Livio
*Storia di Roma:
Libri III-IV. Lotte civili
e conquiste militari* ⏢
Livio
*Storia di Roma: Libri V-VI ·
Il sacco di Roma e le lotte
per il Consolato* ⏢
Livio
*Storia di Roma:
Libri VII-VIII · Il conflitto
con i Sanniti* ⏢

Livio
*Storia di Roma:
Libri IX-X · Il
trionfo sui Sanniti* ⏢
Lucano
La guerra civile (8) ⏢
Lucrezio
La natura ⏢
Marziale
Epigrammi ⏢
Orazio
Epistole ⏢
Orazio
Odi-Epodi ⏢
Orazio
Le satire ⏢
Ovidio
Amori ⏢
Ovidio
Eroidi ⏢
Ovidio
Metamorfosi ⏢
Ovidio
Tristia ⏢
Persio
Le satire ⏢
Petronio
Satiricon ⏢
Plauto
*Anfitrione - Bacchidi -
Menecmi* ⏢

Plauto
*Aulularia - Miles gloriosus -
Mostellaria* ⏢
Plauto
Casina - Pseudolo ⏢
Sallustio
La congiura di Catilina ⏢
Sallustio
La guerra giugurtina ⏢
Seneca
Lettere a Lucilio ⏢
Seneca
Medea - Fedra - Tieste
Sventonio
Vita dei Cesari
Tacito
*Agricola - Germania -
Dialogo sull'oratoria* ⏢
Tacito
Annali ⏢
Tacito
Storie ⏢
Terenzio
Le commedie ⏢
Tibullo
Elegie ⏢
Virgilio
Bucoliche ⏢
Virgilio
Eneide ⏢
Virgilio
Georgiche ⏢

Italiani

Abba	Basile	Boine
Da Quarto al Volturno	*Lo cunto de li cunti* ⏢	*Il peccato - Plausi e botte -*
Alfieri	Beccaria	*Frantumi - Altri scritti*
Filippo	*Dei delitti e delle pene -*	Boito A.
Alfieri	*Consulte criminali*	*Opere*
Mirra	Belli	Boito C.
Alfieri	*Sonetti*	*Senso - Storielle vane*
Saul	Boccaccio	Bracciolini
Alfieri	*Decameron*	*Facezie* ⏢
Tragedie	Boccaccio	Calandra
Alfieri	*Elegia di madonna*	*La bufera*
Vita	*Fiammetta - Corbaccio*	Campana
Aretino	Boccaccio	*Canti Orfici e altre poesie*
Ragionamento-Dialogo	*Trattatello in laude di Dante*	Capuana
Ariosto	Boiardo	*Il marchese di Roccaverdina*
Orlando furioso	*Canzoniere*	Carducci
Bandi	Boiardo	*Poesie*
I Mille: da Genova a Capua	*Orlando innamorato*	

Carducci
Prose
Casanova
Memorie scritte da lui medesimo
Castiglione
Il Libro del Cortegiano
Cattaneo
Notizie sulla Lombardia - La città
Collodi
Le avventure di Pinocchio
D'Annunzio
Alcyone
D'Annunzio
La figlia di Iorio
D'Annunzio
Notturno
D'Annunzio
Novelle
D'Annunzio
Il piacere
D'Annunzio
Poesie
D'Annunzio
Prose
Dante
Commedia - Inferno
Dante
Commedia - Purgatorio
Dante
Commedia - Paradiso
Dante
Convivio
Dante
De vulgari eloquentia ▭
Dante
Monarchia ▭
Dante
Le rime
Dante
Vita nuova
Da Ponte
Memorie - Libretti mozartiani: Le nozze di Figaro - Don Giovanni - Così fan tutte
De Amicis
Sull'oceano
Deledda
Canne al vento
Della Casa
Galateo
De Marchi
Demetrio Pianelli

De Roberto
L'illusione
De Roberto
I Viceré
De Sanctis
La giovinezza
De Sanctis
Un viaggio elettorale
Dossi
L'Altrieri
Dossi
La desinenza in A
Dossi
Vita di Alberto Pisani
—
I Fioretti di san Francesco - Le Considerazioni sulle Stimmate
Fogazzaro
Daniele Cortis
Fogazzaro
Malombra
Fogazzaro
Piccolo mondo antico
Fogazzaro
Piccolo mondo moderno
Foscolo
Le poesie
Foscolo
Ultime lettere di Jacopo Ortis
Goldoni
Gli innamorati - I rusteghi - La casa nova - Le smanie per la villeggiatura
Goldoni
Memorie
Goldoni
I pettegolezzi delle donne - La locandiera - Il campiello
Goldoni
Il servitore di due padroni - La famiglia dell'antiquario - La bottega del caffè
Goldoni
Sior Todero brontolon - Le baruffe chiozzotte - Una delle ultime sere di carnevale
—
Gozzano e i crepuscolari
Gozzi
Fiabe teatrali
Guicciardini
Ricordi
Guicciardini
Storia d'Italia

Leopardi
L'amore nelle prose e nei versi
Leopardi
Canti
Leopardi
Operette morali
Leopardi
Pensieri
Leopardi
La vita e le lettere
Lorenzo de' Medici
Poesie
Machiavelli
Mandragola
Machiavelli
Il Principe e altre opere politiche
Manzoni
Adelchi
Manzoni
Il Conte di Carmagnola
Manzoni
Lettere sui «Promessi sposi»
Manzoni
I promessi sposi
Manzoni
Tutte le poesie
Metastasio
Opere
Nievo
Confessioni di un italiano
—
La novella del Grasso legnaiuolo (2)
Novelle italiane
Il Duecento-Il Trecento
Novelle italiane
Il Quattrocento
Novelle italiane
Il Cinquecento
Novelle italiane
Il Seicento-Il Settecento
Novelle italiane
L'Ottocento
Novelle italiane
Il Novecento
Parini
Il Giorno - Le Odi
Pascoli
Poesie
Petrarca
Canzoniere

Pirandello
Colloquii coi personaggi e altre novelle
Pirandello
Così è (se vi pare) - Il giuoco delle parti - Come tu mi vuoi
Pirandello
Enrico IV - Diana e la Tuda
Pirandello
L'esclusa
Pirandello
Il fu Mattia Pascal
Pirandello
Liolà ⊡
Pirandello
Lumie di Sicilia
Pirandello
Novelle per un anno: Donna Mimma - Il vecchio Dio - La giara
Pirandello
Novelle per un anno: In silenzio - Tutt'e tre - Dal naso al cielo
Pirandello
Novelle per un anno: La rallegrata - L'uomo solo - La mosca
Pirandello
Novelle per un anno: Scialle nero - La vita nuda
Pirandello
Novelle per un anno: Il viaggio - Candelora - Berecche e la guerra - Una giornata
Pirandello
La nuova colonia - Lazzaro - I giganti della montagna
Pirandello
Pensaci, Giacomino! - 'A birritta cu' i ciancianeddi - Il berretto a sonagli

Pirandello
Quaderni di Serafino Gubbio operatore
Pirandello
Sei personaggi in cerca d'autore - Ciascuno a suo modo - Questa sera si recita a soggetto
Pirandello
L'umorismo
Pirandello
Uno, nessuno e centomila
Pirandello
I vecchi e i giovani
—
Poesia dialettale dal Rinascimento a oggi
Poesia italiana Il Duecento
Poesia italiana Il Trecento
Poesia italiana Il Quattrocento
Poesia italiana Il Cinquecento
Poesia italiana Il Seicento
Poesia italiana Il Settecento
Poesia italiana L'Ottocento
Poesia italiana Il Novecento
Poliziano
Stanze - Orfeo - Rime
Polo
Milione
Porta
Poesie ⊡
Pulci
Morgante

Rovani
Cento anni
Serao
Il paese di cuccagna
Stuparich
Ritorneranno
Svevo
La coscienza di Zeno
Svevo
I racconti
Svevo
Senilità
Svevo
Teatro
Svevo
Una vita
Tasso
Gerusalemme liberata
Tasso
Teatro
Tommaseo
Fede e bellezza
Tozzi
Con gli occhi chiusi
Tozzi
Il podere
Tozzi
Tre croci
Verga
I Malavoglia
Verga
Mastro-don Gesualdo
Verga
Le novelle
Verga
Teatro
Vico
Autobiografia - Poesie - Scienza Nuova

I titoli contrassegnati con numero tra parentesi sono pubblicati su licenza degli Editori:

(1) Mursia
(2) Guanda
(3) Scheiwiller
(4) Mondadori
(5) Longanesi
(6) TEA
(7) Città Nuova Editrice
(8) UTET
(9) Ponte alle Grazie
(10) Zanichelli

⊡ Titoli con testo a fronte

Finito di stampare nel mese di ottobre 2003
dalle Nuove Grafiche Artabano s.n.c., Gravellona Toce (VB)